School Violence Prevention and
Student Understanding

학교폭력 예방 및 학생의 이해

김종운 · 하미경 공저

학지사

머리말

최근 스포츠 선수들이나 연예인들이 학창 시절에 자행한 학교폭력 가해 사실이 피해자들에 의해 폭로되면서 크나큰 파장을 불러일으키고 있다. 「학교폭력예방 및 대책에 관한 법률」이 시행된 지 27년을 맞이하고 있지만 크고 작은 학교폭력은 끊이지 않고 있다.

학교폭력은 사회 발전과 더불어 다양한 형태로 변화하고 진화하여 학교의 능력 혹은 통제 범위를 벗어나기도 한다. 폭력서클이 일진회로 진화하고, 조직폭력배들이 이들을 관리함으로써 조직폭력배의 인력 공급 창구 역할까지 하며 성인 조직폭력배 수준 혹은 이를 능가하는 폭력성을 보여 주기도 한다.

신체폭력, 금품 갈취 수준이던 학교폭력은 왕따라는 폭력의 유형이 첨가되고, 빵, 숙제, 가방, 휴대전화 등의 셔틀을 거쳐 성폭행까지 발생하는 수준이 되었다. 이로 인해 적지 않은 학생들이 견디지 못해 자살을 선택하기도 한다. 눈에 보이지 않는 사이버폭력을 거쳐 학교폭력도 디지털화되었다. 안티카페를 통한 왕따와 언어폭력이 자리를 잡았고, 인터넷과 휴대전화를 통해 장소와 시간에 관계없이 폭력이 행해지고 있다. 단순한 학교폭력이 아니라 사회폭력, 디지털 폭력이다. 인터넷 집단 욕설, 메시지로 괴롭히기, 떼카 괴롭힘, 문자 폭행, 놀림, 따돌림, 욕설, 나쁜 소문 퍼뜨리기 등이 페이스북, 카카오톡, 문자메시지 등 SNS를 통한 학교폭력이 더 심각한 상태가 되었다.

이처럼 학교폭력은 저연령화, 범죄화, 흉포화, 집단화, 디지털화, 사이버화 등의 특징으로 나타나면서 그 수법은 갈수록 은밀하면서도 잔인해지고 있다. 가해학생의 입장에서 보면 철없던 시절의 학교폭력은 한갓 재미를 위한 장난으로 생각할 수도 있겠지만 피해학생은 그로 인해 평생 트라우마에 시달리면서 악몽 같은 삶을 살아가게 된다.

2020년 3월 「학교폭력예방 및 대책에 관한 법률」이 개정되었다. 주요한 내용은 첫째, 학교별로 설치 · 운영되던 학교폭력대책자치위원회를 폐지하고, 학교폭력대책심의위원회를 각 교육지원청별로 설치 · 운영한다. 둘째, 10명 이상 50명 이내의 심의위원들 중 3분의 1을 학부모위원으로 위촉한다. 셋째, 피해학생 측이 학교폭력대책심의위원회의 개최를 원하지 않는 경미한 사안은 학교장이 자체적으로 해결할 수 있도록 한다. 넷째, 학교폭력 전담기구 등이 피해 사실을 확인한 후 학교 자체적으로 해결할지 여부를 심의하도록 한다. 마지막으로 학교폭력 조치에 이의가 있는 가해학생이나 피해학생은 모두 재심이 아닌 행정심판을 청구할 수 있도록 절차를 일원화한다. 앞과 같이 학교폭력에 대하여 심의 결정하는 절차가 기존과 다르게 개정되어 시행되고 있다.

흔히 10년이면 강산이 변한다는 말이 있다. 하지만 급변하는 시대를 반영하여 1년이면 강산이 변한다는 말로 바뀌었다고 한다. 그만큼 최근 개정된 「학교폭력예방 및 대책에 관한 법률」 및 시행령 그리고 교육부의 학교폭력 사안처리 지침에 맞게 업데이트 하였다.

막상 탈고를 하려니 이런저런 내용도 조금 더 넣을까 하는 아쉬움도 있다. 그러한 점은 앞으로 계속해서 수정 · 보완해 나갈 것을 독자들께 약속드린다. 이 책이 나오기까지 관심을 가지고 도와주신 학지사 김진환 사장님, 꼼꼼한 교정과 편집에 애써 주신 편집부 김순호 이사님과 직원 여러분, 그리고 출간에 끊임없는 동기를 불러일으켜 주신 영업부 김은석 상무님께 감사드린다.

해운대에서 미포와 청사포를 바라보며

저자 김종운

차례

제 1 장

학교폭력의 개념, 원인 및 유형

1. 학교폭력의 일반적인 개념

학교폭력이라는 용어는 학교와 폭력이라는 두 단어의 합성어이다. 즉, 학교폭력이란 학교에서 일어나는 폭력이라고 간단히 말할 수 있지만, 사실 이러한 표현에 몇 가지 중요한 시각 차이가 있기 때문에 학교폭력에 대한 개념을 정의하는 것은 쉽지만은 않다. 학교폭력이란 개념은 관점과 적용 범위에 따라, 대상의 주체와 객체에 따라 교내 폭력, 학교 주변 폭력, 또래 폭력, 청소년 폭력, 학생 폭력 등의 용어로 혼용되어 사용되고 있다(Olweus, 1993). 즉, 연구자에 따라 학교폭력이 발생하는 장소, 가해와 피해의 대상, 학교폭력의 정의에 대한 시각이 조금씩 상이한데, 이러한 학교폭력에 대한 시각의 차이는 폭력의 발생 비율, 피해와 가해의 원인 등과 같은 연구결과에서 많은 차이를 만드는 중요한 원인이 되기도 한다. 여기서는 학교폭력의 개념을 다섯 가지 측면에서 살펴보기로 한다(이현림, 김말선, 박춘자, 2012).

첫째, 학교폭력이 일어나고 있는 장소와 관련된 것으로, 학교폭력이란 학생들이 학교에서 경험하는 폭력뿐만 아니라 가정이나 학교 밖에서 일어나는 폭력이라도 그것이 학생들에게 영향을 미치는 것이면 이들 모두를 학교폭력으로 보아야 한다는 광의적인 정의가 있는 반면, 학교폭력의 범위를 학교 내에서 발생하는 폭력이나 학교 주변과 등하굣길에서 발생하는 폭력으로 한정시키는 협의적인 정의도 있다.

둘째, 학교폭력의 주체가 되는 가해자와 피해자와 관련된 것으로, 김준호(1997)는 적용 범위에 따라서 학교폭력을 학교 내에서 발생하는 협의적 의미로 규정하지 않고 학교 내에서 일어나는 폭력뿐 아니라 광의적 차원에서 학교 주변까지 포함하여 학생들이 실제로 경험하게 되는 것으로 정의하였다. 또한 가해자의 신분과 관련 없이 학생이 학교 내외에서 당하는 모든 종류의 폭력 피해를 학교폭력으로 규정하여 학생들이 당한 모든 폭력을 포함시키고 있다.

셋째, 학교폭력을 관계를 중심으로 보는 것으로, 장소적 개념의 한계와 인물적 개념의 한계를 극복할 수 있다고 보고 있다. 이 관점은 학교폭력을 대단히 포괄적으로 정의내리고 있다. 인물 중심적 정의와 장소 중심적 정의에 학교라는 특수한 기관에서 가질 수밖에 없는 관계를 끌어들임으로써 학교폭력 정의의 여러 가지 모순점을 해결하고 있다. 이 관점에서는 학교폭력을 학교 내에서 관계를 맺는 대상들 간의 폭력 혹은 그 관계에 영향을 받아 일어나는 폭력이라고 정의하고 있다. 즉, 학교폭력을 학교라는 장을 통하여 맺어진 관계들을 중심으로 발생한 폭력이라고 정의 내릴 수 있다(안선욱, 1997). 여기서 학교라는 장을 통하여 맺어진 관계라는 것은 교사와 학생의 관계, 학생과 학생의 관계, 학교 구조와 학생과의 관계를 의미한다.

넷째, 어떠한 행위를 폭력으로 간주할 것인가에 관한 것으로, 학교폭력에 대한 정의에서 가장 어려운 부분이라고 할 수 있다. 폭력이라는 용어의 정의에 대해서 명확한 합의가 없기 때문이다. 그렇지만 일반적으로 폭력은 타인 또는 타인의 재산에 해를 입히기 위한 물리적인 힘의 행사라고 정의되는데, 여기서 가해자가 상대방에게 해를 끼치려는 의도를 가진 어떠한 행동도 폭력으로 간주될 수 있다는 것을 알 수 있다. 그러나 이러한 정의 역시 어떤 특정 행위를 폭력으로 분류할 것인가에 대해서는 명확하게 규정하지 못하고 있기 때문에 학자에 따라 조금씩 다른 견해를 보이고 있다. 그럼에도 불구하고 우리나라 학교폭력에서 가장 빈번하게 나타나는 학교폭력의 유형은 고의적 괴롭힘이나 따돌림, 금품 갈취, 언어적 놀림이나 협박과 욕설, 신체적 폭행이나 집단적 폭행이다(청소년폭력예방재단, 2011). 그러므로 학교폭력은 학생들의 개인적 특성, 좌절감, 학교 내외에서 사회적 요인들에 의해 유발되는 범죄적 특성을 가진 행위, 자신보다 신체적 및 심리적으로 약한 위치에 있는 학생에게 가해지는 위협이라고 정의할 수 있다.

다섯째, 최근 시행된 「학교폭력예방 및 대책에 관한 법률」(약칭: 「학교폭력예방법」) 제2조 제1호 의하면 학교폭력이란 학교 내외에서 학생을 대상으로 발생한 상해, 폭행, 감금, 협박, 약취 · 유인, 명예훼손 · 모욕, 공갈, 강요 · 강제적인 심부름 및 성폭력, 따돌림, 사이버 따돌림, 정보통신망을 이용한 음란 · 폭력 정보 등에 의하여 신체 · 정신 또는 재산상의 피해를 수반하는 행위를 말한다.

따라서 학교폭력이란 일반적으로 학교나 학교 주변에서 학생 상호 간에 발생하는 의도성을 가진 신체적 · 정서적 가해 행동을 말한다. 또한 타인의 입장에서 볼 때 하찮은 놀림이나 대수롭지 않은 행동일지라도 그것을 당하는 사람이 그로 인해 심리적 또는 행동적 불편함을 느끼면 그것 역시 엄연한 학교폭력 행위가 된다. 대개 이러한 학교폭력 행위는 반복적으로 발생하며 학생 개개인이 이를 해결하기는 어렵다.

2. 학교폭력의 법적 개념과 유형

학교폭력의 일반적 개념에 이어 학교폭력의 법적 개념은 2021년 3월 23일에 시행된「학교폭력예방법」을 통해서 확인할 수 있다. 이 법률에 의하면, 학교폭력은 학교 내외에서 학생을 대상으로 발생한 상해, 폭행, 감금, 협박, 약취 · 유인, 명예훼손 · 모욕, 공갈, 강요 · 강제적인 심부름 및 성폭력, 따돌림, 사이버 따돌림, 정보통신망을 이용한 음란 · 폭력 정보 등에 의하여 신체 · 정신 또는 재산상의 피해를 수반하는 행위를 말한다. 여기서 학교는「초 · 중등교육법」제2조에 따른 초등학교 · 중학교 · 고등학교 · 특수 학교 및 각종 학교와 같은 법 제61조에 따라 운영하는 학교를 말한다. 또한 학생은 학교에 소속되어 교육받는 사람을 의미하며,「초 · 중등교육법」제24조에 따른 학년도의 기준일은 3월 1일부터 다음 해 2월 말일까지이다.

학교폭력의 법적 개념과 관련하여 교사는 사소한 괴롭힘, 학생들이 장난이라고 여기는 행위도 학교폭력이 될 수 있다는 것에 유의하여 학생들이 이를 인식할 수 있도록 분명하게 가르쳐야 한다. 법적으로 학교폭력은 학교 내외에서 학생을 대상으로 하는 폭력이므로 가해자가 학생이 아닌 경우에도 필요시 피해학생에 대해 보호조치를 할 수 있으며, 아동학대로 신고 · 접수된 사안의 경우 학교폭력 사안처리 적용을 제외할 수 있다. 다만 단위학교에서는 피해아동의 보호를 위해 관계 기관에 적극적으로 협조하며 지속적 보호를 위해 노력해야 한다. 학교폭력의 유형을 살펴보면 다음과 같다(교육부, 2021; 김용수, 2012; 조정실, 차명호, 2010).

1) 신체폭력

(1) 상해

상해는 생리적 기능의 훼손, 즉 건강침해로서 육체적 · 정신적 병적 상태의 야기와 증가를 의미한다. 법률에 근거할 때, 상해죄는 고의로 타인의 신체를 상해함으로써 성립하는 범죄이다(「형법」 제257조 제1항). 형사사건의 수사 또는 재판과 관련하여 고소 · 증언 등에 대한 보복 등의 목적으로 상해한 경우에는「특정범죄 가중처벌 등에 관한 법률」에 의하여, 야간 또는 2인 이상이 공동하여 상해한 경우나 특수 상해는 「폭력행위 등 처벌에 관한 법률」에 의하여 가중처벌된다. 또한 상해죄의 미수범은 처벌한다(「형법」 제257조 제2항).

상해죄는 신체 상처(피하출혈, 곪거나 부어오르는 종창, 찰과상, 처녀막 파열 등), 신체 일부 박리(치아 탈락, 머리나 손톱의 뽑힘), 성병 전염(임질, 매독, 헤르페스 등의 성병 감염), 기능장애(보행 불능, 수면장애, 식욕 감퇴, 일시적이 아닌 인사불성) 등이 포함된다. 상해의 수단과 방법에는 제한이 없으며, 신체폭행의 유형적 방법과 협박, 경악 등의 무형적 방법, 직간접적 방법, 작위(금지 규범 위반)와 부작위(의무 규범 위반)를 불문한다.

Q 중학교 3학년 학생 5명이 1학년 학생 3명을 학교 체육관 뒤로 집합시켜 겁을 주던 중, 3학년 학생 3명이 1학년 학생 3명의 뺨을 때리고 발로 정강이를 찼으며, 나머지 3학년 학생 2명은 옆에서 이를 지켜보고 있었다. 피해학생 학부모들은 직접 때린 3학년 학생 3명과 함께 이를 옆에서 지켜본 3학년 학생 2명에 대하여서도 처벌할 것을 요구하고, 방관학생의 학부모들은 "옆에서 구경만 하고 있었는데 왜 범죄자로 몰고 가느냐? 불이익을 주면 가만있지 않겠다"며 강력히 반발합니다. 이 경우에 학교에서는 어떻게 대처해야 합니까?

A 신체폭력을 행사한 학생뿐 아니라 이를 지켜본 3학년 학생 2명 모두가 가해학생이므로 필요한 조치를 해야 합니다.

학교폭력 사안에서 가해학생과 방관자의 구분 기준은 크게 두 가지가 있습니다. 첫째, 학생들을 손과 발로 폭행한 학생 3명이 학교폭력의 가해학생이고 나머지 2명의 학생들은 직접 폭력행위에 가담하지는 않았지만, 피해학생 3명을 체육관 뒤로 모이게 한 다음 겁을 주는 행위를 하였기 때문에 학교폭력 가해학생입니다. 둘째, 폭력행위 당시 옆에서 피해학생들을 지켜보는 행위도 피해학생들이 학교폭력 현장을 빠져 나가지 못하도록 감시하는 역할을 하였기 때문에 가해학생이라고 할 수 있습니다. 다만, 가해학생들이 학교폭력을 행사한 장소를 우연히 지나가다가 구경하는 경우에는 자신이 직접 학교폭력을 하겠다는 의사 자체가 없기 때문에 가해학생이 아닙니다.

(2) 폭행

폭행은 협의의 폭행으로서 사람의 신체에 대한 유형력의 행사를 의미하며, 직접폭행만을 의미하며, 간접폭행은 폭행에 포함되지 않는다. 유형력은 광의의 물리력을 의미하는데, 역학적 작용인 구타행위, 밀치는 행위, 손이나 옷을 세차게 당기는 행위, 얼굴에 침을 뱉는 행위, 좁은 공간에서 칼이나 흉기를 휘두르는 행위, 돌을 던지는 행위, 수염·모발의 절단, 일시적인 자유의 구속 등의 경우와 화학적·생리적 작용인 심한 소음·음향, 계속 전화를 걸어 벨을 울리게 하는 행위, 폭언의 반복, 고함으로 놀라게 하는 경우, 마취약 사용 등이 폭행에 해당될 수 있다.

Q 고등학생인 K와 P가 사소한 말다툼 끝에 화를 참지 못하고 서로 폭행을 가하였습니다. 담임교사가 개인별로 상담을 마치고 서로가 화해를 해서 사건을 마무리하였습니다. 그런데 P의 학부모는 자녀가 두통을 호소한다며 학교에 보내지 않고 피해자라며 학교에 문제를 제기하였습니다. 이런 경우 누가 피해자이고 누가 가해자입니까?

A K가 P를 폭행한 행위도 학교폭력에 해당하고, P가 K를 폭행한 행위도 학교폭력에 해당합니다. 결국 서로 가해학생이자 동시에 피해학생이 됩니다. 학생 K의 폭행에 대한 학생 P의 방어가 단순히 막는 차원의 방어라면 정당방위가 되지만, 방어의 범위를 넘는 공격행위는 정당방위가 될 수 없습니다. 흔히 더 많이 다친 사람이 피해학생이 되고 상대방이 가해학생이 된다고 생각하기 쉽지만, 상해의 정도는 학교폭력대책심의위원회(이하 '심의위원회')에서 조치를 결정할 때 참고 및 고려될 수 있는 사항일 뿐입니다.

(3) 감금

감금은 사람을 일정한 장소 밖으로 나가지 못하게 하여 신체활동의 자유를 장소적으로 제한하는 것을 말한다. 따라서 감금된 사람이 자신이 감금되었는지를 인식하지 못했다고 하더라도 객관적으로 감금된 사람의 신체활동의 자유를 침해한 것으로 볼 수 있다면 감금죄가 성립한다.

감금의 수단으로는 자물쇠를 채우는 것, 감시인, 맹견, 폭력, 포박, 마취 등의 유형적 방법과 협박, 위계, 수치심 등의 무형적 방법을 불문한다. 목욕 중인 여자의 옷을 숨겨 나오지 못하게 하는 것, 내리지 못하게 차를 질주하는 것, 사람이 있는 줄 모르고 잠근 후에 그 사실을 알고도 문을 열어 주지 않는 경우도 감금죄에 해당한다.

(4) 약취 · 유인

약취 · 유인은 사람을 보호받는 상태 내지 자유로운 생활관계로부터 자기 또는 제3자의 실력적 지배하에 옮기는 것을 말한다. 약취란 폭행 · 협박의 수단으로 하는 것을 말하며, 유인이란 허위의 사실로 상대방을 착오에 빠지게 하는 기망과 감언으로 상대방을 현혹시켜 그르치게 하는 유혹을 수단으로 하는 것을 말한다.

미성년자 약취 · 유인죄는 미성년자를 약취 · 유인함으로써 성립하는 범죄이며 (「형법」 제287조), 미수범은 처벌한다(「형법」 제294조). 폭행, 협박, 기망, 유혹의 상대방은 타인뿐 아니라 보호감독자에 의해 행해지는 것도 포함된다.

2) 언어폭력

(1) 명예훼손

명예는 사람의 인격적 가치에 대한 사회 일반의 평가를 말하며, 명예훼손죄란 불특정 또는 다수의 사람이 알 수 있도록 다른 사람의 사회적 가치 내지 평가를 저하시키는 데 충분한 사실을 지적 · 표시하여 명예를 훼손함으로써 성립하는 범죄이다. 명예훼손은 피해자의 의사에 반하여 공소를 제기할 수 없는 반의사불벌죄에 해당한다. 그러므로 피해자의 의사에 반하여 공소를 제기할 수 없다.

(2) 모욕

모욕은 불특정 또는 다수의 사람이 인식할 수 있는 상태에서 사람을 모욕함으로써 성립하는 범죄이며, 자연인에 해당하는 유아나 정신 장애인도 모욕죄의 객체인 사람에 해당된다. 모욕과 동시에 명예훼손을 한 경우에는 명예훼손죄만 성립한다.

(3) 협박

협박은 상대방이 현실적으로 공포심을 느낄 수 있을 정도의 해악을 고지하는 것을 말한다. 상대방이 현실적으로 공포심을 일으키고 이에 의하여 일정한 행위를 강제할 수 있을 정도에 이르러야 한다.

협박죄는 사람을 협박함으로써 성립하는 범죄이며, 형사사건의 수사 또는 재판과 관련하여 고소 · 증언 등에 대한 보복 등의 목적으로 협박한 경우에는 「특정범죄

가중처벌 등에 관한 법률」에 의하여, 야간 또는 2인 이상이 공동하며 폭행한 경우에는 「폭력행위 등 처벌에 관한 법률」에 의하여 가중처벌된다.

3) 금품 갈취

금품 갈취 혹은 공갈은 폭행 또는 협박으로 공포심을 느껴 의사결정 및 실행의 자유가 방해될 정도의 심적 상태를 일으키게 하여 재물과 재산상의 이익을 취득하거나 제3자로 하여금 취득하게 함으로써 성립하는 범죄이다(「형법」 제350조).

4) 강요

(1) 강제적인 심부름

강제적인 심부름은 셔틀(shuttle)이라고 불리며, 중 · 고등학교에서 힘센 학생들의 강요에 의해 빵이나 담배 등을 대신 사다 주거나, 와이파이 등을 제공하는 행위나, 대리로 시험을 쳐 주는 행위, 그 행위를 하는 사람을 뜻하는 신조어로서 학교폭력을 배경으로 탄생한 용어이다. 특히 빵셔틀은 자신보다 힘이 센 학생들에게 강요당해 빵을 사 오는 등의 잔심부름을 하는 학생이나 혹은 그 행위 자체를 일컫는 말이기도 하다.

빵셔틀에서 셔틀은 시뮬레이션 게임인 스타크래프트의 가상의 종족인 프로토스의 병력 수송선인 셔틀에서 유래하였다. 다른 일진에게 빵을 뺏기면 셔틀추락, 심부름 속도가 빠르면 속업셔틀이라고 부른다.

셔틀, 즉 강제적인 심부름의 유형은 심부름의 종류에 따라 돈셔틀, 담배셔틀, 시험셔틀, 버스셔틀, 가방셔틀, 와이파이셔틀이라고도 부르지만, 통칭하여 빵셔틀이라고 부른다. 와이파이셔틀은 불량 학생들이 학생들에게 5G 통신 데이터를 무제한으로 쓸 수 있는 휴대전화 요금제에 가입하게 한 뒤, 스마트폰의 테더링 또는 핫스팟 기능을 통해 자신들은 공짜로 인터넷을 사용하는 것을 말한다.

(2) 강요

강요는 폭행 또는 협박으로 사람의 권리 행사를 방해하거나 의무가 없는 일을 하게 하는 것을 내용으로 하는 범죄이다. 강요는 의사의 자유를 보호하기 위한 것이므로 강요죄의 객체는 의사결정 및 활동의 자유를 가진 사람에 제한된다.

Q 상급생 A가 하급생 B와 C에게 한번 붙어 보라고 시켜서 B와 C가 서로 폭행을 했습니다. 학교에서는 학생 B와 학생 C를 학교폭력 전담기구(이하 '전담기구')를 개최하여 조치하려고 합니다. 이때 상급생 A는 아무런 폭력행위를 하지 않았는데 어떻게 처리하여야 합니까?

A 학생 A는 협박, 학생 B와 C는 폭행에 해당하는 학교폭력 가해학생입니다. 세 학생 모두 「학교폭력예방법」에 근거하여 심의위원회 심의를 거쳐 조치하여야 합니다.

5) 따돌림

따돌림은 학교 내외에서 2명 이상의 학생들이 특정인이나 특정 집단의 학생들을 대상으로 지속적이거나 반복적으로 신체적 또는 심리적 공격을 가하여 상대방이 고통을 느끼도록 하는 모든 행위를 말한다(「학교폭력예방법」 제2조 제1의2호). 집단따돌림은 학급에서 둘 이상의 학생들이 한 명 또는 소수의 학생들을 대상으로 의도와 적극성을 가지고 지속적, 반복적으로 또래관계에서 소외시키거나 괴롭히는 일체의 행위, 전혀 말을 걸지 않거나 사사건건 놀린다거나 이유 없이 툭툭 치거나 욕설을 하거나 심부름을 시키는 것으로서 그 특징적 요소로는 공격적인 행동이거나 고의적으로 해를 입히는 것, 반복적이고 지속적으로 이루어지고, 힘의 불균형을 특징으로 하는 또래관계에서 일어난다.

따돌림에는 가해자, 피해자, 그리고 방관자가 관여한다. 가해자는 또래집단 내에서 일반 학생들 이상의 큰 영향력을 가지며 심지어 인기가 있는 경우도 있다. 피해자는 잘난 척을 하거나 타인을 무시하는 학생과 유약하고 수동적인 태도를 보이는 학생의 두 가지 유형으로 분류된다. 방관자는 그들이 목격한 학교폭력 상황에 대해 어떤 조치도 취하지 않음으로써 학교폭력 상황을 유지시키는 데 일조를 하며, 피해자는 방관자의 수수방관적인 태도를 가해자의 행동과 함께 매우 위협적으로 느낀다. 따라서 방관자가 피해자 편에 서서 따돌림 행동을 중단시키거나 신고함으로써 중요한 역할을 할 수 있다.

Q 같은 반 학생 3~4명이 매우 소극적인 성격의 학생 A가 혼잣말을 하거나 웅얼거리는 모습을 못마땅하게 여겨 A학생을 따돌렸습니다. 이런 일이 자주 생기면서 학급의 전체 학생들이 A학생을 싫어하고 야유를 주는 등 왕따를 하였습니다. 이 사실을 알게 된 A학생의 부모가 학교에 신고하였는데, 이 경우 가해학생은 누구를 대상으로 해야 합니까?

A 집단따돌림의 형태로 나타나도 가해학생별로 가해행위가 특정되어야 하며, 전담기구의 조사결과가 집단따돌림에 해당하는 가해행위를 한 것으로 확인되는 학생들에 대해서는 「학교폭력예방법」에 따른 조치가 필요합니다.
담임교사나 전담기구는 학교폭력에 해당하는 가해 및 피해 사실이 있었는지 여부를 확인하여야 할 경우, 조사 · 확인의 대상이 되는 특정 가해학생의 가해 사실 및 특정 피해학생의 피해 사실이 특정되어야 합니다. 집단따돌림에 해당하는 어떠한 가해행위가 있었다고 특정된다는 것은 '언제, 어디서, 누가, 무엇을, 어떻게 하였다'라는 형식에 들어맞는 구체적인 사실을 의미하는데, 특정되는 가해행위에 가담한 학생들 모두가 집단따돌림의 가해학생이 될 수 있습니다.

6) 성폭력

성폭력은 성적인 행위로 남에게 육체적 · 정신적 손상을 주는 물리적 강제력으로서 강간이나 강제추행뿐만 아니라 언어적 성희롱, 음란성 메시지 및 몰래카메라 등 상대방의 의사에 반해서 가해지는 모든 신체적 · 정신적 폭력을 포함한다. 2008년 3월 14일에 개정된 「학교폭력예방법」에서는 성폭력을 학교폭력의 범위에 포함시켰다. 이는 학교폭력 예방교육에서 성폭력 예방교육을 실시할 수 있는 근거를 법적으로 마련한 것이다.

7) 사이버폭력

(1) 사이버 따돌림

사이버폭력은 속칭 사이버모욕, 사이버명예훼손, 사이버성희롱, 사이버스토킹, 사이버음란물 유통, 대화명 테러, 인증놀이, 게임부주 강요 등 정보통신기기를 이용하여 괴롭히는 행위를 말한다. 특히 사이버 따돌림(cyber bullying)이란 인터넷,

휴대전화 등 정보통신기기를 이용하여 학생들이 특정 학생들을 대상으로 지속적, 반복적으로 심리적 공격을 가하거나, 특정 학생과 관련된 개인정보 또는 허위 사실을 유포하여 상대방이 고통을 느끼도록 하는 모든 행위를 말한다(「학교폭력예방법」 제2조 제1의3호).

사이버 따돌림은 흔히 21세기형 폭력이라고 불리는데, 학교와 학교 주변뿐만 아니라 가해자를 만날 수 없는 가정 내에서도 24시간 가해학생이 폭력행위를 가한다는 점에서 매우 심각하다고 할 수 있다. 사이버 따돌림은 스마트폰과 페이스북, 트위터 등 소셜 네트워크 서비스(SNS)를 이용하여 이메일, 메신저 등으로 특정인을 비난하는 근거 없는 소문 전파, 인터넷 카페 공격, 이메일 해킹, 욕설과 비방, 강제 삭제, 안티카페 개설, 일촌 집단 거부 등을 이용하여 교묘하고도 지속적으로 집요한 괴롭힘을 가하여 피해자에게 심리적 압박을 가하는 것 등의 형태가 있다.

Q 학생 A와 B는 친한 친구였으나 사이가 나빠지자 A가 자신의 블로그에 B를 험담하는 글을 올렸고, 다음 날 이를 알게 된 B가 항의하자 A는 B를 혼내 주자며 채팅방을 개설하여 10여 명의 친구들과 B를 '왕따'라고 험담하고, 심지어 학생 B의 사진을 탑재하여 다른 친구들과 함께 사이버 따돌림을 하였다. 학생 B의 신고로 전담기구를 개최하려고 하자 10여 명은 자신들은 채팅방에 들어가서 대화만 나누었을 뿐이라며 항의하였다. 이럴 때 과연 채팅방에 들어와 함께 모의한 친구들도 가해자가 됩니까?

A 학생 A가 자신의 블로그에 학생 B를 험담하는 글을 올린 행위, 채팅방에서 다른 친구들과 학생 B를 험담하고 B의 사진을 올린 행위, 학생 A의 다른 친구들이 A가 개설한 채팅방에서 A와 함께 B를 험담한 행위는 모두 사이버 따돌림으로 학교폭력에 해당합니다. 특히 개인정보 또는 허위 사실을 유포하여 피해학생이 고통을 느끼게 되었거나 혹은 이미 알려진 사실이거나 듣는 사람이 이미 알고 있는 사실이어서 새로울 것이 없다고 하더라도 사이버 따돌림입니다.

(2) 정보통신망의 음란 · 폭력 정보 등에 의하여 신체 · 정신 · 재산상의 피해를 수반하는 행위

인터넷, 휴대전화 등 정보통신기기를 이용하여 음란 · 폭력 정보 등에 의하여 신체 · 정신 또는 재산상의 피해를 수반하는 행위를 말한다. 「정보통신망 이용촉진 및 정보보호 등에 관한 법률」 제70조 제1항에서 '사람을 비방할 목적으로 정보통신망을 통하여 공공연하게 사실을 드러내어 다른 사람의 명예를 훼손한 자는 3년 이하의 징역이나 금고 또는 2천만 원 이하의 벌금에 처한다'고 규정하고 있다. 또한 제44조의7에서 '누구든지 정보통신망을 통하여 공포심이나 불안감을 유발하는 부호, 문언, 음향, 화상 또는 영상을 반복적으로 상대방에게 도달하도록 하는 내용의 정보를 유통하여서는 아니 된다. 이를 위반한 경우에는 1년 이하의 징역 또는 1천만 원 이하의 벌금에 처한다.'고 규정하고 있다.

학교폭력의 유형과 유형별 예시 상황은 〈표 1-1〉과 같다. 이를 참고로 학교폭력 여부를 판단할 수 있다.

표 1-1 학교폭력 유형과 예시 상황

유형	예시 상황
신체 폭력	• 신체를 손발로 때리는 등 고통을 가하는 행위(상해, 폭행) • 일정한 장소에서 쉽게 나오지 못하도록 하는 행위(감금) • 강제(폭행, 협박)로 일정한 장소로 데리고 가는 행위(약취) • 상대방을 속이거나 유혹해서 일정한 장소로 데리고 가는 행위(유인) • 장난을 빙자한 꼬집기, 때리기, 힘껏 밀치기 등 상대 학생이 폭력으로 인식하는 행위
언어폭력	• 여러 사람 앞에서 상대방의 명예를 훼손하는 구체적인 말(성격, 능력, 배경 등)을 하거나 그런 내용의 글을 인터넷, SNS 등으로 퍼뜨리는 행위(명예훼손). ※ 내용이 진실이라고 하더라도 범죄이고, 허위인 경우에는 「형법」상 가중처벌 대상이 됨. • 여러 사람 앞에서 모욕적인 용어(생김새에 대한 놀림, 병신, 바보 등 상대방을 비하하는 내용)를 지속적으로 말하거나 그런 내용의 글을 인터넷, SNS 등으로 퍼뜨리는 행위(모욕) • 신체 등에 해를 끼칠 듯한 언행("죽을래" 등)과 문자메시지 등으로 겁을 주는 행위(협박)

금품 갈취 (공갈)	• 돌려 줄 생각이 없으면서 돈을 요구하는 행위 • 옷, 문구류 등을 빌린다며 되돌려 주지 않는 행위 • 일부러 물품을 망가뜨리는 행위 • 돈을 걷어 오라고 하는 행위
강요	• 속칭 빵셔틀, 와이파이셔틀, 과제 대행, 게임 대행, 심부름 강요 등 의사에 반하는 행동을 강요하는 행위(강제적인 심부름) • 폭행 또는 협박으로 상대방의 권리 행사를 방해하거나 해야 할 의무가 없는 일을 하게 하는 행위(강요)
따돌림	• 집단적으로 상대방을 의도적이고 반복적으로 피하는 행위 • 싫어하는 말로 바보 취급 등 놀리기, 빈정거림, 면박 주기, 겁 주는 행동, 골탕 먹이기, 비웃기 • 다른 학생들과 어울리지 못하도록 막는 행위
성폭력	• 폭행, 협박을 하여 성행위를 강제하거나 유사 성행위, 성기에 이물질을 삽입하는 등의 행위 • 상대방에게 폭행과 협박을 하면서 성적 모멸감을 느끼도록 신체적 접촉을 하는 행위 • 성적인 말과 행동을 함으로써 상대방이 성적 굴욕감, 수치감을 느끼도록 하는 행위
사이버폭력	• 속칭 사이버모욕, 사이버명예훼손, 사이버성희롱, 사이버스토킹, 사이버음란물 유통, 대화명 테러, 인증놀이, 게임부주 강요 등 정보통신기기를 이용하여 괴롭히는 행위 • 특정인에 대해 모욕적 언사나 욕설 등을 인터넷 게시판, 채팅, 카페 등에 올리는 행위. 특정인에 대한 저격글이 그 한 형태임 • 특정인에 대한 허위 글이나 개인의 사생활에 관한 사실을 인터넷, SNS 등을 통해 불특정 다수에 공개하는 행위 • 성적 수치심을 주거나 위협하는 내용, 조롱하는 글, 그림, 동영상 등을 정보통신망을 통해 유포하는 행위 • 공포심이나 불안감을 유발하는 문자, 음향, 영상 등을 휴대전화 등 정보통신망을 통해 반복적으로 보내는 행위

출처: 교육부(2022). 학교폭력 사안처리 가이드북.

3. 학교폭력의 원인

학교폭력은 한 가지 원인에 의해서 발생하는 경우가 극히 드물고 여러 원인이 복합적으로 작용하여 발생하는 경우가 대부분이다. 또한 학교폭력은 그 정도나 양상이 갈수록 다양해지고 예측할 수 없는 상황에서 돌발적으로 발생하고 있어 정확한 원인을 찾기가 쉽지 않다. 따라서 학교폭력에 미치는 다양한 요인을 고려하여 통합적으로 접근해야 한다. 여기서는 학교폭력에 미치는 요인을 개인적 요인, 가정적 요인, 학교환경적 요인, 사회·문화적 요인으로 나누어 살펴보기로 한다(문용린 외, 2006).

1) 개인적 요인

청소년기는 아동기와 성인기의 중간 단계로서 아동이 한 사람의 독립된 성인으로 성장하기 위한 준비기이며 과도기이다. 즉, 청소년기는 아동기와 성인기를 연결하는 다리 역할을 함으로써 성인 생활을 위한 기반을 닦는 중요한 시기가 된다. 청소년기는 단순한 신체적·생리적 성장뿐만 아니라 정신적·정서적·지적·사회적 성숙 등 다양한 변화와 발달이 일어나는 인간 성숙의 과정으로서 한 사람의 개인적 특징이 형성된다. 또한 청소년기에는 다른 어느 발달단계보다도 가장 변화가 많을 뿐만 아니라 성취해야 할 발달과제가 많아 여러 가지 적응상의 어려움에 직면하게 된다. 즉, 여러 측면에서 급격히 일어나는 변화와 발달에 대처할 수 있는 충분한 지식이나 기술을 아직 갖추고 있지 못하기 때문에 항상 불안과 혼란 속에서 끊임없이 긴장하고 갈등하게 된다. 청소년들은 감수성이 대단히 예민하여 쉽게 흥분하고 동요되며 다른 사람의 비판이나 훈계, 간섭 등에 민감하고, 지나치게 남을 의식하고 남들 앞에서 부끄러움을 많이 느끼며 자신을 남과 비교하여 평가하기도 한다. 청소년의 정서적 불안 상태는 감정의 양면성에서 극과 극을 달리는 자기갈등적이고 모순된 감정을 보임으로써 혼란과 갈등에 휩싸여 있다. 의존과 독립, 무관심과 열성, 순종과 반항, 환희와 우울, 우월감과 열등감, 희망과 절망, 자기애와 자기혐오, 이기주의와 이타주의, 이상 추구와 현실 타협 등의 양극의 감정이 동시에 나타나거나 단시간 내에 격렬한 변화를 나타낸다. 또한 감정의 양면성은 심신의 불균형을 조장하기 때문에 모든 행동에 있어서 일관성이 없고 다소 무책임하고 중용이 없다.

그 결과 친구의 희로애락에 온갖 관심을 쏟고 기성세대의 몰지각한 행동을 신랄하게 비판하지만 자신의 행동은 생각과 의지, 행동 간에 일관성이 결여되어 있는 경우가 많으며, 이러한 정서적 부적응은 우울증, 정서장애, 정체성 장애, 약물남용, 자살, 가출, 도벽, 폭력 등과 같은 다양한 정신장애와 비행, 그리고 범죄행위로까지 발전되어 개인뿐만 아니라 사회에 바람직한 개인의 성격적 특성과 유전적인 문제로 인한 폭력행동을 들 수 있으며, 또한 잘못된 생활 태도, 상황 판단의 미숙, 도덕성과 법질서에 대한 인식 부족, 좋지 못한 교우관계가 그 원인이라고 할 수 있다(이현림, 김말선, 박춘자, 2012).

폭력행위를 하는 학생에게서 나타나는 개인적 요인 중 가장 많이 나타나는 특성은 공격성이다. 공격성은 강도나 유형의 차이를 막론하고 현대 사회에서 폭력이나 범죄 등에서 심각한 문제로 대두되고 있다. 공격성이 높은 사람은 사회 질서나 규범을 고려하지 않고 자기중심적으로 행동하는 경향이 있다. 따라서 학교폭력 가해청소년의 대부분이 상대방의 권리와 감정을 무시하고, 친구를 지배하려는 강한 욕구인 공격성을 가지고 있다(Hoover & Oliver, 1996). 학교폭력에 영향을 미칠 수 있는 또 다른 가해학생의 요인으로는 품행장애, 반항성 장애, 주의력결핍과잉행동장애, 충동성, 타인에 대한 강한 지배욕, 피해자에 대한 낮은 공감 등이 있다(Coolidge, DenBoer, & Segal, 2004).

일반적으로 가해학생은 폭력과 폭력적 수단을 사용하는 것에 대해 일반 학생보다 더 적극적인 태도를 취하는가 하면 충동적 성격으로 타인을 지배하려는 강한 욕구를 보인다. 심리학자들과 정신의학자들은 일반적으로 공격적이고 난폭한 행동을 하는 사람들의 잠재의식 속에 불안하고 불안정한 의식이 존재하고 있다고 한다. 이로 인해 결국 부정적인 자아개념이 형성되어 자기 자신을 필요 없는 존재, 무능한 존재, 약한 존재로 규정하면서 이러한 방향으로 삶을 이끌어나간다. 결국 이들은 아주 작은 문제도 대화로 해결하려는 노력보다는 폭력을 선택하는 경향이 높고, 이러한 행동이 공격행동과 폭력행동으로 이어지는 것이다.

한편, 학교폭력 피해학생들은 일반 학생들에 비해 높은 불안과 우울 수준을 보였다(Craig, 1998). 분노와 적개심을 계속해서 가진 학생들이 있는 반면, 가해학생과 학교에 대한 공포심이나 회피적 태도를 보이는 학생도 많으며, 악몽에 시달리거나 우울 증세, 심지어 자살을 시도하는 경우도 있다. 학교폭력 피해학생들은 가해학생들보다 육체적인 힘에서 열세의 위치에 놓이는 경우가 대부분이기 때문에 그에 따라 친구들 사이에서 인기도 역시 낮다. 또한 피해학생들은 가해학생의 폭력에 대해 보복을 하지 않기 때문에 손쉬운 표적으로 인식된다.

2) 가정적 요인

학생들은 가정에서 사회적으로 기능하도록 배우며, 부모는 그들의 자녀들이 강력한 역할 모델을 만드는 데 정서적으로 관여하며, 심지어 부모가 부정적이고 공격적인 행동을 가르칠 수도 있다(Bigelow, Tesson, & Lewko, 1996). 따라서 가정적 요인은 학교폭력 요인을 좌우하는 중요한 요소가 된다. 학교폭력 가해학생의 가정을 살펴보면, 부모와 자녀 간의 대화 부족 및 의사소통의 장애, 경제적인 어려움에 따른 생활의 불편, 강압적이고 일관성이 결여된 부모의 자녀 양육방식, 아버지의 지나친 음주 및 가족구성원에 대한 폭행, 부모와 자식이 서로 자신의 요구만을 강요하는 이기적인 행동의 만연 등 다양한 문제를 안고 있는 경우가 많다.

아동의 공격적 행동 및 희생적 행동의 발달과 관련된 잘 알려진 가족 상관이 있다. 예를 들면, 공격적 행동은 그들의 가정에서 폭력을 목격한 아동에게서 높게 나타났다(Sudermann, Jaffe, & Schieck, 1996). 여러 연구를 통하여 학교폭력 가해학생의 상당수는 가정폭력 경험과 동시에 부모 간의 가정폭력을 목격한 경험을 가지고 있는 것으로 분석되었다.

특히 가해학생은 자신이 경험한 가정폭력의 정도가 심각할수록 폭력적인 성향을 나타내게 되는데, 이들은 보고 듣고 경험한 그대로를 모방하여 폭력으로 상황을 해결하게 되고, 가정은 이를 통제하고 관리하지 못한다. 가정 내에서 폭력을 행사하는 경우가 아니더라도 부모-자녀 간의 의사소통이 잘 이루어지지 않거나 불화, 갈등을 자주 일으키고, 부모의 자녀에 대한 양육방식이 일관성이 없는 경우에 부모의 부적절한 자녀의 처벌 훈육방식은 청소년에게 문제행동에 대한 적절한 책임과 죄책감을 심어 주지 못하며, 처벌만 피한다면 나쁜 짓을 해도 된다는 생각이 만연하게 된다. 또한 요즘 학교폭력의 가해학생 중에는 가정의 경제 수준이 부유한 경우도 있어 절대적인 기준에서의 빈곤 가정보다는 상대적으로 빈곤을 느끼는 가정의 자녀들이 무력감, 열등감, 사회에 대한 반발, 반항심, 공격성, 폭력성 등을 초래하기 쉽다.

학교폭력 피해학생들은 긍정적인 상호작용이 없는 가정으로부터 나온다. 이들의 가족 분위기의 유형은 학교폭력 가해학생들의 가정 분위기와 매우 유사한 것으로 나타났다(Craig, Peters, & Konarski, 1998). 세 가지 유형의 부모 행동이 학교폭력 피해학생이 될 가능성과 관련된 것으로 나타났다. 불안정한 애착(insecure attachment), 과잉보호적인 부모(overprotective parents), 그리고 통제적이고 냉담한 양육(controlling and coercive parenting)이 학교폭력의 피해와 관련되어 있었다(Perry, Hodges, & Egan, 2001). 학교폭력 피해와 관련된 부모 양육 태도는 남학생과 여학생에서 다르게 나타났다. 부모가 더 친밀하고 과잉보호적이라면, 남학생이 보다 학교폭력의 피해자가 되기 쉽다. 여학생은 부모가 가혹하고, 냉담하거나 혹은 사랑을 철회할 때 학교폭력의 피해자가 되기 쉽다(Perry, Hodges, & Egan, 2001).

3) 학교환경적 요인

청소년기에는 대부분의 시간을 학교에서 보내게 된다. 이에 가정에서의 영향력은 저하되고 학교환경이 청소년에게 미치는 영향력은 증가하게 된다. 따라서 학교환경적 요인이 갖고 있는 여러 가지 역기능적 요소 또한 학교폭력의 주요한 요인이 된다. 여기서는 학교환경적 요인을 다음의 몇 가지로 나누어 살펴보기로 한다.

첫째, 학교와 관련하여 학교 규모와 학급당 학생의 수, 그리고 학교 내 지나친 경쟁과 같은 요인이 학교폭력에 영향을 미칠 것으로 예상하여 연구를 진행하였으나, 이러한 요인이 직접적으로 미치는 영향을 밝혀내지는 못했다. 다만 소규모 학교에서 교직원에 의한 사회적 통제와 모니터링이 더 많았고, 학생들 간의 분쟁이 더 줄어든 것으로 나타났으며(Garbarino, 2001), 학생들이 학교에서 경험하는 스트레스에 대해 정서-중심적 대처(emotion-focused coping)의 한 형태로 학교폭력 행동을 하는 것으로 나타났다(Navig et al., 1999).

둘째, 학교폭력은 학생들의 학교생활과 학업 수행과도 밀접한 관련이 있는데, 학교에 대한 관심이 적고 학업성취 정도가 낮을 경우에 학교폭력 가해학생이 되기 쉽다. 특히 학교폭력 가해학생들은 학교생활과 관련하여 스트레스를 많이 겪고 있었고(Herrenkohl et al., 2000), 학교에 대한 강한 불만족을 표출하였으며(Slee, 1995), 학교에서 이루어지는 자발적인 활동에 잘 참여하지 않는 것으로 나타났다(Ahmed, 2001). 또한 학교폭력 피해학생들은 학교생활에 대한 만족감이 낮으며, 자신감이 부족한 것으로 나타났다(Kochenderfer & Ladd, 1996). 그러므로 학생들의 학교생활에 대한 만족감을 향상시킬 수 있는 요인과 방법에 관한 연구는 학교폭력의 감소에 중요한 역할을 할 것이다.

셋째, 학교환경적 요인 중 교사와의 관계를 들 수 있다. 교사와 갈등관계에 있고 교사에게 불만이 많을수록 폭력성이 증가하는 것으로 나타났고(Rutter, 1985), 교사의 애정과 관심 부재, 학교 당국의 학생 지도 · 감독의 소홀, 학생들의 반사회적 행동에 대한 지도 · 감독 소홀, 그리고 문제행동과 규칙 위반에 대해 신체적 체벌을 가하는 것도 학교폭력을 일으키는 학교환경적 요인이 되었다(Olweus, 1994). 특히 학교폭력 피해학생은 학교가 자신에게 안전하지 못한 곳이라고 느끼고 있었다(Smith & Shu, 2000).

넷째, 청소년기는 또래집단의 영향력이 가장 큰 시기로 친구는 긍정적이든 부정적이든 청소년의 태도와 행동에 미치는 영향이 크다(Catalano et al., 1998). 학교폭력 가해학생은 일반적으로 피해학생보다 신체적으로 강하며 공격성이 높은 특성을 가지고 있어서 적대적이고 또래를 지배하고 조정하려는 특성을 가지고 있다(Craig, 1998). 그리고 품행에 문제가 있으며, 협동심이 부족하며, 스스로 충동적인 행동을 통제하지 못한다고 지각하고 있으며, 교사들에게 인기가 없었다(Austin & Joseph, 1996). 한편, 피해학생들은 친구의 수가 적고, 친구관계에서 외로움을 더 느끼며, 학교생활에 대한 만족도도 낮았다(Slee, 1995). 특히 신뢰할 수 있거나 더 나은 위치에 있는 친구의 수가 적은 것은 학교폭력 피해에 더욱 노출되게 하는 요인이 된다(Hodge, Malones, & Perry, 1997).

다섯째, 입시 위주의 교육문화와 교육환경으로 인해 학생들에게 원만한 인간관계를 형성하는 데 필요한 사회적 기술이나 타인을 배려하고 상대방의 입장을 이해하는 방법에 대한 훈련이 부족한 것도 하나의 원인이다. 그 밖에 학교 관련 요인으로는 낮은 성적, 교사의 무관심이나 부적절한 대우, 낮은 학문적 자아개념 또는 학업적 홍미, 문제 학생과의 교우관계 등도 있다.

4) 사회 · 문화적 요인

사회 · 문화적 요인은 가정 및 학교와 함께 청소년의 생활과 밀접한 관련이 있으며, 학교폭력에 영향을 미치는 다양한 환경적 특성을 포함하고 있다. 여기서는 사회 · 문화적 요인을 몇 가지로 나누어 살펴보기로 한다.

첫째, 사회 · 문화적 요인 중 대중매체는 텔레비전, 만화, 인터넷 게임 등은 다양한 경로를 통해 청소년들이 폭력에 노출될 가능성을 증가시킨다. 폭력에 대한 노출은 청소년들이 문제해결의 방법으로 폭력을 수용하도록 학습시키며, 대중매체를 통해 언어적 · 신체적 폭력을 많이 경험한 청소년일수록 학교폭력 가해 경험이 많은 것으로 나타났다(Murray, 1997).

둘째, 사회 · 문화적 요인 중 유해환경이 학교폭력에 부정적 영향을 미칠 수 있다. 청소년들이 유해환경에 접촉함으로써 규범의식이 약화되고 반규범적인 가치나 태도를 형성할 가능성이 증가하여 비행과 반사회적 공격행동을 할 가능성이 높다(김준호, 1997). 이는 보호관찰 청소년 중에 폭력행동 경험이 있는 청소년이 일반 청소년보다 폭력 관련 매체를 접촉한 경험이 많을 뿐 아니라 유해업소에 출입하거나 고용된 경험이 높은 것으로 나타난 연구결과(이춘화, 1999)를 통해서도 알 수 있다.

셋째, 청소년이 생활하고 있는 지역사회는 가정환경만큼 개인에게 미치는 영향력이 크다고 할 수 있는데, 지역사회에서 폭력에 노출되는 것은 청소년의 공격성과 학교폭력의 가능성을 증가시킬 수 있다. 특히 지역사회에서 실직이나 열악한 경제수준과 관련된 범죄나 폭력에 노출될수록 청소년이 폭력행동에 연루될 가능성이 증가한다(McLloyd, 1998). 그럼에도 불구하고 지역사회에서 폭력에 노출되더라도 가정에서 높은 수준의 사회적 지지를 받는 경우에는 그 위험성이 감소되는 것으로 보고되었다(Duncan, 1999).

학교폭력 읽기 자료 1

학교폭력 이해를 위한 자가진단

◈ 나는 학교폭력을 어느 정도 이해하는가 ◈

1. 본 자가진단표는 법에 근거한 학교폭력 개념을 교사가 어느 정도 이해하고 있는지를 살펴보기 위한 것입니다.
2. 내용을 읽어 보시고 학교폭력이라고 생각하면 Y(Yes)에, 아니면 N(No)에 체크해 주세요.

	내용	Y	N
1	A와 B가 싸움을 한 후 B가 겉으로 보기에는 멀쩡했으나 정신을 잃음		
2	복도를 걸어가고 있는 학생의 얼굴에 일부러 침을 뱉음		
3	싫다고 하는데도 강제로 손이나 옷을 잡아당김		
4	학생들이 보는 앞에서 단순한 욕('지랄' '재수 없어' '깝치지 마' 등)을 함		
5	동아리 선배가 후배들에게 기합을 준 다음 동아리방의 문을 잠그고 밤 10시까지 나오지 못하게 함		
6	학생들이 보는 앞에서 아무 이유 없이 장난으로 '바보' '생긴 게 역겨워'라고 계속 놀림		
7	A가 B를 툭툭 치다가 팔에 멍이 살짝 듦		
8	동성에게 포르노 비디오를 보여 주면서 움직이지 못하게 한 후 일부러 손을 만지작거려서 상대방이 창피하다는 생각과 짜증난다는 기분을 경험하게 함		
9	학생들이 보는 앞에서 '미친년' '개새끼' '병신새끼' '또라이 같은 년'이라고 욕을 함		
10	A가 B의 돈을 빼앗는 것을 보고, C가 A에게 그 돈을 요구함		
11	30분 동안 기합을 줌		
12	하의를 벗겨 성기를 노출시킨 후, 휴대전화로 사진을 찍어서 다른 친구들에게 전송함		
13	남학생이 좋아하는 여학생에게 '뽀뽀해 줘'라고 문자를 보내 여학생이 불쾌함을 느낌		
14	화장실로 끌고 가서 때림		
15	친구들끼리 한 학생을 때리기로 한 후, 친구들이 때릴 때 옆에서 망을 봄		
16	집단으로 타학교 학생들과 싸움을 함		
17	방과 후 같은 반 학생이 노래방에 같이 가자고 해서 갔는데, 다른 학교 학생들이 같이 있었고 노래방에서 폭행을 당함		
18	돈을 요구하고, 심부름을 시켜서 하지 않으면 때림		
19	A는 B를 때릴 생각이 없었는데, C가 A에게 'B를 때리지 않으면 너를 죽여 버릴 거야'라는 말을 하여 A가 B에게 폭력을 행사함		
20	4명 중 A학생이 자신들의 험담을 했다며 3명이 A학생에게 동시에 말을 안 함		

문항	1	2	3	4	5	6	7	8	9	10	11	12	13	14	15	16	17	18	19	20
정답	Y	Y	Y	Y	Y	Y	Y	Y	Y	Y	Y	Y	Y	Y	Y	Y	Y	Y	Y	Y

학교폭력 읽기 자료 2

◈ 나는 학교폭력 유형을 어느 정도 알고 있는가 ◈

1. 본 자가점검표는 학교폭력 유형을 교사가 어느 정도 이해하고 있는지를 살펴보기 위한 것입니다.
2. 내용을 읽어 보고, 선택한 학교폭력 유형의 번호를 적어 주세요.

① 신체폭력 ② 언어폭력 ③ 금품 갈취 ④ 강요 ⑤ 따돌림 ⑥ 성폭력 ⑦ 사이버폭력
예) 신체폭력이면 ①

1	목을 졸라 기절시키고 깨어나면 때리고 다시 기절시키는 행동의 반복	
2	아무 이유 없이 지나가면서 머리를 하루에도 몇 번씩 때림	
3	'5만 원 가지고 놀이터로 오지 않으면 죽어'라고 문자를 보냄	
4	싸움을 잘하는 학생이 약한 학생에게 자신의 청소를 대신 시킴	
5	말을 듣지 않으면 끌고 가서 때리겠다고 함	
6	돈을 갚을 확실한 약속 없이 자꾸 빌려 달라고 하고 갚지 않는 경우	
7	'나는 네가 너무 재수 없어'라는 말을 상대방 학생을 볼 때마다 함	
8	종이에 '죽여 버리겠다' '몸조심해'라는 말을 적어 보냄	
9	뒷담화를 했다며 가서 다짜고짜 때림	
10	'넌 얼굴이 너무 환자같이 생겨서 기분 나빠'라고 말함	
11	학교 짱이 학생들에게 2천 원씩 일괄적으로 걷어 오라고 시킴	
12	마주칠 때마다 '퍽큐(fuck you)'를 하며, 주먹을 쥐고 무서운 표정을 지음	
13	사이버상에서 자신의 게임 아이템을 상대방에게 대신 키우도록 협박함	
14	야한 동영상을 캡처하여 자신이 싫어하는 학생에게 이메일로 보냄	
15	싫은 학생의 운동화에 락스를 부음	
16	지나갈 때 부딪히는 척하면서 가슴을 만지는 행동을 2~3번 반복함	
17	조별 숙제를 하면서 반 학생들이 한 학생을 의도적으로 배제시킴	
18	선배가 자신의 생일이라고 비싼 선물을 달라고 해서 운동화를 사 줌	
19	싫어하는 학생의 가방에 여러 번 뱀 모양의 모형을 넣어 두어서 놀라게 함	
20	여러 명이 한 명의 학생이랑 놀지 말자면서 인사도 받지 않음	
21	'재네 집은 가난해서 놀이공원도 가지 못할 거야'라고 소문을 냄	
22	수업 시간에 바로 뒷자리에 앉아서 샤프나 볼펜으로 계속 찌름	
23	학교 화장실에서 일진 신고식을 한다며 학생들의 뺨을 때림	
24	일부러 소문을 내서 다른 학생들이 피해학생을 싫어하도록 조장함	
25	게임 아이템을 주지 않으면 '가만 두지 않겠다'고 협박하여 빼앗음	

학교폭력 읽기 자료 3

학교급별 학교폭력의 특징

초등학교

- 장난과 폭력을 구별하지 못하는 경우가 많음
- 성과 관련된 폭력이 많아 체계적인 성교육이 필요: 바지를 벗기거나 치마를 들치는 등의 사례가 많음
- 담임교사가 없을 때 학교폭력 발생: 특활시간, 급식, 방과 후 등 담임교사 부재 시 학교폭력이 발생
- 기절놀이, 수술놀이, 노예놀이, 왕따 대물림 등 새로운 폭력 유형 등장
- 선후배관계를 이용한 폭력 및 금품 갈취 심각

중학교

- 성폭력(성희롱, 성추행) 사건이 자주 발생
- 욕설 등 언어폭력으로 시작해 신체폭력으로 진행되는 사례가 많음
- 빵셔틀, 금품 상납 요구 등 금품 갈취 사례가 많음
- 장애인에 대한 괴롭힘 및 외모로 인한 집단따돌림이 심각
- 폭력서클을 통한 금품 상납 등 금품 갈취 및 신체폭행이 이루어짐
- 사이버폭력이 심각

고등학교

- 선후배 간 군기 잡기, 금품 갈취 등 학교폭력 행사
- 집단따돌림 및 성폭력(성희롱) 사례가 많음
- 조직적으로 운영되는 폭력서클 존재
- 남학생은 금품 갈취와 폭행 등 겉으로 드러나는 사례가 많고, 여학생은 따돌림, 욕설과 같은 은근한 폭력 사례가 많음
- 기숙사 생활을 하는 학생들의 경우에는 기숙사 내 금품 갈취, 괴롭힘, 심부름과 같은 사례가 드러남

출처: 교육부(2012a). 학교폭력 사안처리 가이드북.

제 2 장

학교폭력의 징후 및 조기 감지

1. 학교폭력의 징후

학교폭력이 발생한 상황에서는 가해학생과 피해학생 및 목격학생이 존재하기 때문에 학교폭력에는 피해학생, 가해학생, 목격학생이 직접적인 관련 당사자가 될 수 있다. 여기서는 피해학생과 가해학생의 특성과 징후를 살펴본 다음, 목격학생의 행동에 영향을 미치는 요인에 대해서 살펴보기로 한다.

1) 피해학생

학교폭력의 피해학생은 기본적으로 수동적이며 공격을 받더라도 보복하지 않는 경향이 있으며, 가해학생에게 자신이 불안하고 안전하지 못하다는 신호를 보내는 경향이 있다(정종진, 2012). 그러기에 학교폭력의 가해자들은 자신의 힘을 과시하기 위해 신체적 혹은 정서적으로 약해 보이고, 작은 괴롭힘에도 쉽게 감정 조절을 못하고 울거나 소리 지르는 학생을 학교폭력의 대상으로 삼는다.

여러 연구에 의하면, 학교폭력의 피해학생들은 부모나 교사로부터 지나치게 과잉보호를 받고 있으며, 나름의 대처기술을 발달시키지 못한 경우가 많다. 또한 괴롭히는 가해학생들과 상호작용하는 데 있어서 비효과적인 시도를 한다.

(1) 피해학생의 유형

학교폭력을 당하는 학생들은 수동적 피해자, 도발적 피해자, 피해-가해자의 세 가지 유형으로 분류할 수 있다(정종진, 2012).

첫째, 수동적 피해자(passive victims)이다. 부모의 지나친 보호를 받으면서 자신의 의견보다는 어른의 의견을 중요시하는 특성을 가진다. 외모가 단정하지 못하고, 정서적으로 나약해 보이며, 상황에 맞는 적절한 대처 능력이 부족하다. 또한 겁이 많고 자주 불안해하며 자신을 보호할 능력이 없어서 공격의 대상이 된다.

학교에서 주로 혼자 지내며 친구가 거의 없는 편이고 신체적으로 허약하다. 또한 주위로부터 관심을 얻고 싶어 하며 부모뿐만 아니라 교사로부터 과잉보호를 받는 것으로 보인다. 그러므로 상대방을 자극할 만한 행동도 하지 않지만, 자신을 방어하지도 않는다.

둘째, 도발적 피해자(provocative victims)이다. 도발적 피해자는 비교적 그 수가 적은 편이나 주변에서 쉽게 만날 수 있다. 반항적이고 산만하며 화를 잘 내고 적대적인 귀인양식을 보이는 경우가 많다. 이들은 또래와 어울리고 싶어 하지만 친구들을 귀찮게 하거나 방해하는 등 또래와 함께하는 상황에서 부적절한 행동양식을 보인다. 또한 잘난 체하거나 이기적이고 공격을 받았을 때 가만히 있지 않고 저항한다. 이런 이유로 타인과 어울리지 못하고 자신의 문제를 인식하지 못해서 다른 학생들로부터 소외당하게 된다.

셋째, 피해-가해자(victims and offenders)이다. 학교폭력의 피해자였다가 자신보다 더 약한 학생을 발견하면 폭력을 행사함으로써 자신이 받은 피해를 보상하고 자신의 힘을 과시하려는 경향을 보인다. 최근 이러한 학교폭력 유형이 증가하고 있다. 이러한 피해학생이면서 동시에 가해학생은 단순 피해학생이나 가해학생에 비해 주관적인 심리적 불편감이 높다.

(2) 교사와 부모가 발견할 수 있는 피해학생의 징후

수업 시간 중, 점심시간과 쉬는 시간, 등하교 시간 및 기타 상황에서 교사가 발견할 수 있는 피해학생의 징후는 다음과 같다(조정실, 차명호, 2010).

① 수업 시간 중에 발견할 수 있는 징후

- 교과서가 없거나 필기도구가 없다.
- 교과서와 노트, 가방에 낙서가 많다.
- 지우개나 휴지, 쪽지가 특정 아이를 향한다.
- 자주 준비물을 챙겨 오지 않아서 야단을 맞는다.
- 자주 등을 만지고, 가려운 듯 몸을 자주 비튼다.
- 평상시와 달리 수업에 집중하지 못하고 불안해 보인다.
- 옷 등에 낙서나 욕설이나 비방이 담긴 쪽지가 붙어 있다.
- 종종 무슨 생각에 골몰해 있는지 정신이 팔려 있는 듯이 보인다.
- 특정 아이를 빼고 이를 둘러싼 아이들이 이유를 알 수 없는 웃음을 짓는다.
- 옷이 젖어 있거나 찢겨 있을 때 그에 대해 물어보면 별일 아니라고 대답한다.

- 코피가 나거나 얼굴에 생채기가 있을 때 그에 대해 물어보면 괜찮다거나 별일 아니라고 한다.

② 점심시간과 쉬는 시간에 발견할 수 있는 징후
- 자주 점심을 먹지 않는다.
- 점심을 혼자 먹을 때가 많고 빨리 먹는다.
- 친구들과 자주 스파링 연습, 격투기 등을 한다.
- 교실 안보다 교실 밖에서 시간을 보내려고 한다.
- 자기 반 교실에 있기보다는 다른 반을 떠돈다.
- 같이 어울리는 친구가 거의 없거나 소수의 학생과 어울린다.
- 친구들과 어울리기보다는 교무실이나 교과 전담실로 와서 선생님과 어울리려고 한다.

③ 등하교 시간 및 기타 상황에서 발견할 수 있는 징후
- 무단결석을 한다.
- 자주 지각을 한다.
- 학교 성적이 급격히 떨어진다.
- 이전과 달리 수업에 흥미를 보이지 않는다.
- 작은 일에도 예민하고 신경질적으로 반응한다.
- 자신의 집과 방향이 다른 노선의 버스를 탄다.
- 다른 학생보다 빨리 혹은 아주 늦게 학교에서 나간다.
- 수련회, 수학여행, 체육대회 등 학교 행사에 참석하지 않는다.

한편, 학교생활, 친구관계, 신체적 영역, 정서 · 행동적 영역에서 학부모가 발견할 수 있는 피해학생의 징후는 다음과 같다(조정실, 차명호, 2010).

① 학교생활 영역에서 발견할 수 있는 징후
- 학교 성적이 급격히 떨어진다.
- 학원이나 학교에 무단결석을 한다.

- 노트나 가방, 책 등에 낙서가 많이 있다.
- 옷이 더럽혀져 있거나 찢겨 있는 경우가 많다.
- 학용품이나 교과서가 자주 없어지거나 망가져 있다.
- 갑자기 학교에 가기 싫어하고 학교를 그만두거나 전학을 가고 싶어 한다.
- 학교에 가거나 집에 올 때 엉뚱한 교통 노선을 이용해 시간이 많이 소요된다.

② 친구관계에서 발견할 수 있는 징후

- 문자를 하거나 메신저를 할 친구가 없다.
- 친구의 생일파티에 초대를 받는 일이 드물다.
- 친구의 전화를 받고 갑자기 외출하는 경우가 많다.
- 전화벨이 울리면 불안해 하며 전화를 받지 말라고 한다.
- 다른 아이들의 괴롭힘 때문에 입은 피해에 대해 자주 말한다.
- 자신이 아끼는 물건(휴대전화, 에어팟, 태블릿 PC, 굿즈, 옷 등)을 자주 친구에게 빌려 주었다고 한다.

③ 신체적 영역에서 발견할 수 있는 징후

- 몸에 상처나 멍 자국이 있다.
- 머리나 배 등이 자주 아프다고 호소한다.
- 학교에서 돌아와 배고프다며 폭식을 한다.
- 집에 돌아오면 피곤한 듯 주저앉거나 누워 있다.
- 작은 일에도 깜짝깜짝 놀라고 신경질적으로 반응한다.
- 몸을 움직이는 일을 하지 않으려고 하고 혼자 자기 방에 있기를 좋아한다.
- 밤에 잠을 제대로 자지 못하며 식은땀을 흘리면서 잠꼬대나 앓는 소리를 한다.

④ 정서 · 행동적 영역에서 발견할 수 있는 징후

- 부모와 눈을 잘 마주치지 않고 피한다.
- 내성적이고 소심하며 초조한 기색을 보인다.
- 전보다 화를 자주 내고 눈물을 자주 보인다.

- 복수나 살인, 칼이나 총에 대해 관심을 보인다.
- 갑자기 격투기나 태권도 학원에 보내 달라고 한다.
- 전보다 자주 용돈을 달라고 하며, 때로는 훔치기도 한다.
- 쉬는 날 밖에 나가지 않고 주로 컴퓨터 게임에 과도하게 몰두한다.

2) 가해학생

가해학생들은 학교 운동장, 교실, 식당, 복도, 화장실, 등하굣길 등에서 자신의 힘이 우월함을 과시하기 위한 수단으로 싸움놀이나 공격적 행동을 한다. 이러한 학교폭력 행위는 가해학생과 다른 학생과의 힘의 불균형에서 비롯되며, 가해학생이 타인에게 자신의 힘을 과시하고 싶은 욕구에서 시작된다.

힘은 집단 내에서 긍정적 영향을 미치는 데 필요한 사회화된 힘과 한쪽은 승자, 다른 한쪽은 패자가 되는 상황에 필요한 개인화된 힘으로 나눌 수 있다. 이 중에서 개인화된 힘은 폭력 상황에서 작용하는 부정적인 힘이다. 이러한 부정적인 힘은 폭력을 행사하는 가해학생과 폭력을 당하는 피해학생의 공포감 사이에 균형을 이룬다. 즉, 피해학생의 무력감과 나약함의 표시가 가해학생으로 하여금 지배를 위한 권력지향적인 수단과 방법을 사용하도록 허용하는 공생적인 관계를 형성하게 된다.

(1) 가해학생의 특성

학교폭력의 가해학생은 죄의식이나 공감을 갖지 않고 폭력을 가한다. 부모의 양육 태도가 지나치게 허용적이거나 엄격한 가정환경에서 양육된 경우가 많다. 또한 자신에게 필요한 물건이나 돈을 얻는 등의 긍정적 이익이 제공되기 때문에 가해를 즐겨 행하며, 약물복용, 흡연, 유흥업소 출입과 같은 비행에 연루되는 경우가 많다.

이러한 특성 외에도 학교폭력 피해를 많이 경험한 학생일수록 가해 경험을 갖고 있는 경우가 많았다(최윤자, 김아영, 2003). 이는 폭력을 당한 경험이 있는 피해학생들은 공격에 대한 사회적 학습의 결과로 일반 아동에 비해 더욱 공격적이며 폭력적이라는 여러 선행 연구의 설명을 지지하는 결과이다. 또한 학교폭력 피해에 따른 분노와 좌절감을 다른 학생에 대한 가해행위를 통해 표출하는 악순환이 나타나게 된다.

가해학생들은 다음과 같은 행동 특성을 나타낼 가능성이 높다(정종진, 2012).

- 자주 싸움을 건다.
- 싸움에서 상처를 입는다.
- 타인의 소유물을 훔치거나 파괴한다.
- 음주와 흡연을 한다.
- 학교를 무단결석하고 중퇴한다.
- 학업성취도가 저조하다.
- 학교풍토를 부정적으로 지각한다.
- 흉기를 소지한다.

(2) 가해학생의 징후

수업 시간 중 혹은 점심시간과 쉬는 시간에 교사가 발견할 수 있는 가해학생의 징후는 다음과 같다(조정실, 차명호, 2010).

① 수업 시간 중에 발견할 수 있는 징후

- 교사와 눈길을 자주 마주치며 수업 분위기를 독점하려고 한다.
- 교사가 질문을 했을 때, 다른 학생의 이름을 대며 그 학생이 대답하게끔 유도한다.
- 체육 시간이나 야외 활동 시간에는 친구들과 과격한 싸움을 하려는 행동을 보인다.
- 친구들에게 화를 잘 내고, 왜 그러냐고 물으면 이유와 핑계가 있다.

② 점심시간과 쉬는 시간에 발견할 수 있는 징후

- 비싼 시계를 선물받았다고 하면서 많은 학생 앞에서 자랑을 한다.
- 손이나 팔에 붕대를 감고 등교한다.
- 다른 학생들을 자주 괴롭히거나 위협한다.
- 쉽게 흥분하고 다른 학생들을 때리며 힘을 과시하려는 행동을 보인다.
- 마음속에 항상 저항과 분노를 품고 학교규칙을 지키지 않는 행동을 한다.

한편, 학교생활, 친구관계, 신체적 영역, 정서 · 행동적 영역에서 학부모가 발견할 수 있는 가해학생의 징후는 다음과 같다(조정실, 차명호, 2010).

① 학교생활 영역에서 발견할 수 있는 징후
- 공부를 안 하는데 갑자기 성적이 오른다.
- 다른 학생들을 괴롭히거나 위협하는 행동이 목격된다.

② 친구관계 영역에서 발견할 수 있는 징후
- 친구와 비밀 만남이나 전화통화가 증가한다.
- 외출이 잦고 친구들의 전화에 신경을 많이 쓴다.
- 등하교 시 책가방을 들어 주는 친구나 후배가 있다.
- 비행 전력이 있는 친구, 폭력집단의 친구들과 자주 어울린다.

③ 신체적 영역에서 발견할 수 있는 징후
- 육체적 활동, 체육 등을 좋아하며 힘을 발휘하길 즐긴다.
- 손이나 팔 등에 종종 붕대를 감고 다니거나 문신이 있다.

④ 정서 · 행동적 영역에서 발견할 수 있는 징후
- 갑자기 돈 씀씀이가 커졌다.
- 밤늦도록 잠을 자지 않는다.
- 술, 담배 또는 약물을 접한다.
- 참을성이 없고 말투가 거칠다.
- 성미가 급하고, 충동적이며, 공격적이다.
- 자주 화를 내며 이유와 핑계가 많아진다.
- 귀가 시간이 늦어지고 불규칙적인 생활을 한다.
- 작은 칼 등 흉기를 가지고 다니는 경우가 있다.
- 절도나 반항 등 다른 일탈(비행)행동을 자주 일으킨다.
- 다른 학생을 종종 때리거나 동물을 괴롭히는 모습을 보인다.
- 사 주지 않은 물건을 가지고 있어 물어보면 친구에게 받았다고 한다.

- 부모나 교사에 대해 공격적이고 적대적인 태도 및 행동이 나타난다.
- 부모에게 이유 없이 화를 내며, 비밀이 많고, 대화를 잘하지 않는다.
- 자신의 문제행동에 대해서 이유와 핑계가 많고, 과도하게 자존심이 강하다.

3) 목격학생

(1) 목격학생의 유형

학교폭력 현장에서 가해학생과 피해학생 외에 중요한 역할을 하는 집단이 있는데, 바로 학교폭력 상황에서 폭력행동을 목격한 학생(bystander)이다. 학교폭력 상황에서 목격학생이 대부분을 차지하며, 이들이 취하는 행동에 따라 동조자, 강화자, 방관자, 방어자의 네 가지 유형으로 분류된다(Salmivalli et al., 1997; 정종진, 2012 재인용).

첫째, 동조자(assistant)이다. 이들은 폭력 상황을 목격했을 때 가해학생에 동조하여 폭력행동에 적극적으로 참여한다. 다양한 방법으로 폭력을 행사하는 가해학생을 돕고, 다른 학생이 폭력을 가하면 함께 폭력에 가담한다.

둘째, 강화자(reinforcer)이다. 이들은 폭력 상황의 주변에서 폭력행동을 부추기는 욕설이나 야유를 통해 폭력행동을 간접적으로 강화시키는 바람잡이 역할을 한다. 이들은 폭력행동을 보면 부추기는 말을 하면서 폭력을 가하는 것을 보려고 주변으로 가서 폭력을 가하는 것을 즐긴다.

셋째, 방관자(outsider)이다. 이들은 학교폭력 상황을 목격하고도 마치 아무런 일이 없다는 듯이 혹은 자신과는 상관이 없다는 듯이 아무런 행동 반응을 보이지 않는다. 이들은 폭력 상황에서 어느 편도 들지 않고 못 본 척하며, 자신도 폭력을 당할 수 있다는 두려움에 폭력 상황을 애써 외면해 버린다.

넷째, 방어자(defender)이다. 이들은 피해학생을 다양한 방법으로 도와줌으로써 피해학생을 폭력으로부터 방어하는 역할을 한다. 폭력행동을 멈추게 하기 위해 다방면으로 노력하며, 피해학생을 위로하거나 교사나 부모에게 말하도록 격려하며, 나아가 신고하기도 한다.

학교폭력 읽기 자료 4

제노비스 신드롬과 주인 의식

사회심리학 용어 중에 '제노비스 신드롬'이란 말이 있다. 1964년 미국 뉴욕에서 키티 제노비스(Kilty Genovese)라고 하는 20대 여성이 야근을 하고 귀가하던 중 정신이상자에게 까닭 없이 칼부림을 당하고 죽은 사건에서 유래한 것으로, 군중이 되면 용기를 얻게 된다는 통념과는 달리 도리어 군중 속의 한 사람이 되었을 때 책임감이 엷어지는 현상을 이르는 것이라고 한다.

즉, 당시 제노비스에게 행해진 광란극은 35분이나 계속되었고 그 광경을 목격한 사람들은 38명이었지만 한 사람도 그녀를 돕기 위해 제지하는 등의 직접적 행동을 하지 않았고, 심지어 경찰에 위급한 상황을 신고한 사람도 없었다고 한다. 그것을 계기로 해서 한 심리학자가 비슷한 상황을 연출하여 실험을 한 결과, 위급한 상황을 목격한 사람들이 많으면 많을수록 그 위급한 상황을 당한 사람을 도와주려는 사람이 도리어 적어진다는 실험결과를 도출해 내었다.

그것은 특정 집단의 규모가 커지면 커질수록 군중을 이루고 있는 사람들이 대담해진다는 이제까지의 통념과는 전혀 다른 것으로 도리어 목격자가 많으면 많을수록 해당 상황에 대해 사회의 구성원으로서 자신이 져야 할 책임감의 무게가 가벼워지기(분산되기) 때문에 위급한 상황을 해소하기 위해 대처할 가능성이 줄어든다는 것이다. '나 아니어도 누군가는 하겠지'라며 자기합리화를 하다가 기회를 놓쳐 버리게 되는 것이다. 이런 사회심리학적 현상을 '제노비스 신드롬' 혹은 '방관자 효과'라고 한다.

이런 현상을 뜻하는 사회심리학 용어가 버젓이 있다는 것을 안 것도 최근이지만 필자 역시 그동안 살아오면서 제노비스 사건의 38명의 목격자 중의 하나였던 경험이 많이 있다.

'나 하나쯤은……' '나 아니라도 누군가는……' 하면서 사회구성원으로서 마땅히 져야 할 책임감 회피에 대한 자기합리화를 했던 기억이다. 인터넷이란 공간에 글을 쓰면서 다른 사람들은 많이 비판하지만 필자 역시 이런 증후군에서 결코 자유롭지는 못하다. 돌이켜 생각해 보면 시곗바늘을 거꾸로 돌릴 수만 있다면 할 정도로 참으로 부끄러운 기억이 많이 있다.

어쩌면 그렇기 때문에 지난 2년간 피를 토하듯 인터넷이란 한정된 공간에 불과하지만 글을 쓰고 또 쓰고 있는지도 모른다. 그리고 운전을 하다 신호등이 하나라도 고장이 나 있으면 경찰관서에 신고를 하는 수고도 아끼지 않는 것 역시 지난 죄과에 대한 속죄의 마음으로, 그리고 다시는 그런 잘못을 범하지 않도록, 그래서 내 아들 딸에게만은 제대로 된 나라를 물려주고 싶은 아비로서의 욕심이 더 이상 나태한 방관자로만 머물게 하지는 않는 것이리라.

그리고 더 고백하건대 그것은 지금 당장의 불편함을 참고 더 큰 나의 이기(利己, 사회 공동체의 유지와 그것으로 인해 보상받을 나의 행복)를 충족시키기 위한 것이다. 오늘 허리띠를 졸라매고 졸라매어 내일을 대비하는 것처럼, 오늘의 작은 불편함을 기꺼이 감내함으로 해서 내일의 더 큰 불편함을 예방하려는 것이다.

제노비스 사건 때 만일 피해자가 나와는 무관한 제3자가 아니라 내 가족의 일원이었다면 38명의 목격자가 '나 아니어도 누군가는……' 하는 생각을 할 수 있었을까? 한 사람이 무고하게 죽어가는 상황에서도 방관자로만 일관할 수 있었을까? 그렇지는 못했을 것이다. 국가, 사회라는 공동체의 구성원으로 내가 몸을 담고 있는 이상은 방관자로 일관해도 직접적 피해가 오지 않을 '제노비스의 목격자'는 아닌 것이다. 오늘 나의 방관자적 태도로 인해 국가와 사회가 잘못된 방향으로 흘러간다면 직접적 피해는 바로 38명의 목격자의 역할에 머물렀던 나에게 돌아올 것이다.

군중 속의 방관자가 되는 이기심을 버려야 더 큰 이기심을 충족시킬 수가 있다. 나 하나쯤은 하는 방관자적 생각을 버리고 '나라도' 하는 주인 의식을 가진 행동들이 비록 지금 당장은 저수지에 돌 하나 던져 넣는 것에 불과할지도 모르겠지만 티끌 모아 태산을 만드는 것처럼 결국은 정치를 바꾸고 나라를 바꾸는 일이 될 것이다.

출처: 고순철(네티즌 논객).

(2) 목격학생의 행동에 영향을 미치는 집단역동

학교폭력이 집단현상이라는 점에서 집단의 상호작용 변인은 학교폭력 상황에서 학생의 행동을 이해하는 데 사용될 수 있다. 학생이 집단에 참여할 때 긍정적인 행동을 할 책임이 참여하는 모든 아동 사이에 똑같이 주어진다. 집단역동(group dynamics) 원칙은 학생이 집단에 있을 때 그는 학교폭력을 막을 개인적 책임을 느끼지 않을 수 있다고 제안한다. 개개 학생이 학교폭력 사건을 목격한 것이 다섯 명 중 한 명이라면 그 학생은 학교폭력에 대해 행동을 취할 단지 20%의 책임을 느낄 것이다. 이것은 책임감의 희석(diffusion of responsibility) 원칙이다(Parks & Sanna, 1999). 이 개념은 목격학생의 행동을 이해하는 데 도움을 주어 왔다.

한편, 사회규준이론(social norms theory)은 개인의 행동은 집단에 속한 다른 사람들이 어떻게 생각하고 행동하는지에 따라 개개인의 지각에 영향을 받는다고 제안한다. 이 이론은 학생들이 또래의 태도가 그들 자신의 태도와는 다르다고 믿는 상황을 설명하는 데 사용된다. 학생들이 학교폭력 행동을 목격할 때, 그들은 일어나고 있는 일을 잘못 지각한다. 잘못된 지각은 개개 학생들이 일부 학생이 매우 시각적인 방식으로 행동하는 것을 볼 때 시작되고 확산된다. 이와 같은 방식으로 목격학생들은 어른들에 의해서는 무시되고 한두 사람에 의해 지지되는 학교폭력을 관찰하고 그것이 수용될 수 있는 행동이라고 지각한다.

도움을 줄 수 있는 사람이 많으면 많을수록 개개 학생은 학교폭력을 막기 위해 행동을 덜 취할 것이다. 개개 학생은 집단의 크기가 커질수록 협력이나 노력을 감소시킨다. 이것을 사회적 덩어리(social loafing) 현상이라고 한다. 또한 집단이 크면 클수록 그 집단이 개개 구성원에게 가하는 압력은 더 커지고 각 개인은 집단에 더 작은 영향을 미친다(Pettijohn, 1998). 개개 학생은 학교폭력을 목격할 때 집단에서 행동하기보다는 혼자 있을 때 책임 있게 행동하기가 더 쉽다. 연구자들은 학생들이 집단 안에 있을 때 집단의 다른 구성원으로부터 학교폭력에 반응하는 법에 관해 단서를 얻는다는 것을 발견했다(Salmivalli, Huttunen, & Lagerspetz, 1997).

목격학생들은 누군가가 가해자에게 맞설 책임을 가지고 있을 것이라고 생각하거나 혹은 보기는 하되 행동하지는 않는다. 목격학생은 자신은 걱정하고 있음에도 불구하고, 그 집단이 지켜보고 있는 학교폭력 상황에 관해 다른 사람들은 걱정하지 않을 것이라고 생각할 수도 있다. 이것을 다수의 무시(pluralistic ignorance) 현상이라고 한다. 다수의 무시 현상은 개개인이 어떻게 그의 개인적 가치와 일치되지 않는 방식으로 행동하는지를 설명한다(Prentice & Miller, 1993). 따라서 목격학생은 다른 사람이 그것을 지지하는 것이 괜찮다고 생각하는 신념 때문에 그것을 멈추려고 시도하지 않고 심지어 그것을 지지한다.

집단역동의 원칙들은 따돌림 현상을 이해하는 데 유용한 것으로 이미 제안되어 왔다. Olweus(1991)가 연구해 온 집단 심리과정(group mechanism)은 사회적 전염(social contagion), 탈제지(disinhibition), 책임감의 희석(diffusion of responsibility), 그리고 지각에서의 변화(changes in perception) 원칙을 포함한다. Olweus(1999)는 집단에서 많은 지위를 갖고 있지 않고 지위를 갖기를 원하는 불안전, 그리고 의존적인 학생들은 가해자에게 끌릴 수 있다고 생각했다. 그들은 사회적 전염 현상에 민감하다. 사회적 전염은 집단의 한 사람으로부터 다른 사람에게로 정서와 행동이 확산되는 것과 관련이 있다.

특히 Olweus(1999)는 또래들이 가해자가 보상되는 것을 볼 때 모델링이 관여된다고 했다. 그는 전형적으로 멋진 아이(nice kids)인 학생들이 그들이 집단에 있고, 특히 공격성을 나타내는 사람이 두려움 없이 터프하고 강할 때, 다른 사람이 공격적으로 행동하는 것을 관찰하고 난 후에 보다 더 공격적으로 행동하기 때문에 학교폭력 행동에 끌리게 된다고 했다. 불안정한 가해자이거나 혹은 집단에서 낮은 지위를 가졌지만 수용되기를 원하는 학생들은 학교폭력 행동에 가장 잘 이끌린다. 집단의 크기가 커짐에 따라 학교폭력을 지지하거나 혹은 학교폭력 행동에 가담하는 학생들은 죄책감을 덜 느낀다. 특히 학생이 반복적으로 학교폭력을 받음에 따라 그 집단은 피해자를 그가 학교폭력을 받을 만하니까 받는다고 생각하기 시작한다(Olweus, 1991).

단지 우연히 학교폭력 행동에 참여하는 학생들은 다른 사람이 자신보다 더 많이 놀림과 학교폭력 행동을 한다고 가정한다. 이러한 현상을 허위여론효과(false consensus effect)라고 한다. 허위여론효과는 개개 학생이 그들 자신의 행동적 선택 혹은 판단은 보편적이고 적절하나 다른 사람은 부적절하다고 생각한다. 사회적 영향(social influence)의 원칙은 다른 사람들이 피해자를 돕고 있지 않기 때문에 실제로는 심각한 문제가 아니라고 제안한다. 또한 목격학생들은 자신이 학교폭력을 멈추려고 시도했다가 실패하면 자신이 학교폭력을 당하게 될 것을 걱정한다. 이것을 청중억제(audience inhibition)의 원칙이라고 한다. 즉, 청중억제의 원칙은 한 사람이 다른 사람을 참으로 도울 확률은 그 사람이 혼자 있을 때와 비교해서 그 사람이 집단에 있을 때 감소된다는 것이다.

2. 학교폭력의 감지와 인지 노력

청소년기의 학생들은 자신들 사이에서 일어난 일을 교사에게 잘 드러내려고 하지 않는다. 따라서 교사는 학생들에게 신고를 기다리기보다는 조기 감지나 학급 환경에 대한 민감한 변화 점검 등을 통하여 폭력 예방에 신경을 써야 한다.

1) 교사의 학교폭력 조기 감지

교육부는 각급 학교에 구성된 전담기구를 통해 매년 학교폭력 실태조사를 실시해 오고 있다. 이때 담임교사뿐만 아니라 모든 교사는 학생들의 학교폭력 발생 여부에 대해 심도 있는 설문을 실시하는 것이 좋다.

먼저 학교폭력에 대한 조기 감지를 위해 교사는 개인상담으로 학생 개개인의 학급 생활 및 적응 정도를 알고 학생 개인이 학급의 생태체계적인 환경에서 어떠한 위치에서 생활하고 있는지를 파악하여야 한다. 학교폭력은 단순히 가해학생과 피해학생만의 관계가 아니라 학생 개인을 중심으로 복잡한 환경적인 요인이 작용하므로 교사는 이러한 전제하에 학생의 학교폭력 위험도를 감지할 필요가 있다. 학교폭력 실태조사를 위한 설문지를 활용하여 실태조사를 할 때에는 비밀보장이 철저하게 된 상태에서 작성하여야 한다. 또한 학생의 생활은 늘 변화 가능성을 가지고 있으므로 답변 내용이 학생 개인에게 낙인이 되지 않도록 하여야 한다(문용린 외, 2006). 교사는 학교폭력 상황을 감지하고 인지하였을 때, 신속하고 적극적으로 개입해야 한다.

학급 내의 학교폭력 실태에 대하여 담임교사는 다음과 같은 체크리스트를 통하여 조기에 감지할 수 있다. 한 학급에서 학생들이 체크한 문항의 수가 평균 7개 이하일 경우에는 그 학급을 저위험 집단으로, 평균 7개 이상일 경우에는 고위험 집단으로 분류할 수 있다(박명진, 2006). 이 중 고위험 집단의 경우에는 학급 내 학교폭력의 위험에 처한 학생이 많다는 것이므로 이에 따라서 가해학생 및 피해학생에 대하여 할 수 있는 예방 프로그램을 연계하도록 한다.

고위험 집단의 경우에는 전문적인 예방교육 및 치료 프로그램 외에도 학급 내에서 실시할 수 있는 프로그램으로는 정기적 학급회의, 학급 내 포돌이 경찰 임명, 역할극, 모의재판, 또래 상담자 활성화, 집단토론 등이 있다. 정기적 학급회의나 학급 내 포돌이 경찰 임명을 통하여 학급 내에서 폭력이 발생할 수 있는 가능성을 줄이고, 역할극 및 모의재판을 통하여 가해학생 및 피해학생의 상황을 서로 바꾸어 놓고 이해할 수 있는 상황을 만들 수 있다. 또한 갈등이 발생한 경우에 또래 상담자를 통하여 해결해 가는 과정을 활성화시켜 스스로 갈등 해결 상황을 긍정적으로 이끌어 갈 수 있도록 한다(문용린 외, 2006). 뿐만 아니라 학교폭력 상황에서 학생들의

학교폭력 조기 감지를 위한 체크리스트

다음 중 학급 내에서 발생하는 문제에 체크해 주세요.

_____ 수업 시간을 학생들이 엄수하지 않는다.
_____ 학생들 간에 언어폭력이나 신체폭력이 일어나고 있다.
_____ 학교규칙을 위반하는 학생이 있다.
_____ 결석을 자주 하는 학생이 있다.
_____ 학교 물건을 파손하는 학생이 있다.
_____ 물건을 도둑맞는 경우가 종종 있다.
_____ 학생들 간에 힘 싸움이 있다.
_____ 옷이 자주 망가지는 학생이 있다.
_____ 안색이 안 좋고 평소보다 기운이 없어 보이는 학생이 자주 있다.
_____ 친구가 시키는 대로 그대로 따르는 학생이 있다.
_____ 주변의 학생이 험담을 해도 반발하지 않는 학생이 있다.
_____ 성적이 갑자기 떨어지는 학생이 있다.
_____ 비싼 옷이나 운동화 등을 자주 잃어버리는 학생이 있다.
_____ 몸에 다친 상처나 멍 자국이 발견되어서 물어보면 그냥 넘어졌다거나 운동하다가 다쳤다고 말하는 경우가 있다.
_____ 교과서나 일기장에 '죽어라' 또는 '죽고 싶다'와 같은 폭언이나 자포자기식의 표현이 있다.

출처: 박명진(2006). 학교폭력 예방을 위한 실제적 지침서. 학교폭력 예방과 상담. pp. 435-436.

집단심리 역동을 이해할 수 있도록 집단토론의 기회를 교과목 수업과 연계하여 실시할 수 있다.

2) 교사의 학교폭력 발생 시 초기 대처

교사가 학교폭력 사건이 발생하였을 때, 무엇보다도 중요한 것은 학교폭력 사건을 객관적이고 이성적으로 판단하여야 한다는 점이다. 이때 교사가 학교폭력 사건을 모른 척하거나 회피하려고 한다면 문제는 해결되지 않고 오히려 사건이 커질 뿐만 아니라 교사는 비난이나 심지어 징계를 받을 수 있다. 학교폭력에 대해 교사가 적극적으로 대처하려는 태도는 피해학생뿐만 아니라 가해학생 및 수많은 목격학생에게도 교육적 효과를 줄 수 있다.

학교폭력 사건이 발생했을 초기에 교사가 고려해야 할 점은 다음과 같다(문용린 외, 2006).

첫째, 여러 경로로 학교폭력이 발생되었음을 알게 된 경우에 교사는 사실을 객관적으로 받아들여서 이성적으로 상황을 파악하는 것이 중요하다. 또한 학교폭력 상황에 대해 누설하지 않도록 주의하여야 한다.

둘째, 정보를 얻기 위해서 피해학생과 드러나지 않는 면담을 하도록 한다. 이때 교사는 피해학생이 안심할 수 있는 분위기를 만들어 주고 충분히 심리적으로 지지하고 있음을 알게 해야 한다.

셋째, 가해학생과 피해학생을 대질시키는 것은 하지 말아야 한다. 이런 일이 발생하면 피해학생은 더 이상 폭력 상황에 대해 누구에게도 말하지 못하고 가해학생의 폭력의 강도는 더욱 심해지게 되어 상황이 악화될 가능성이 매우 높다.

넷째, 피해학생의 이야기를 들으며 사실을 파악할 때에는 육하원칙에 의거하여 자세하고 객관적으로 진술을 기록하여야 한다. 폭력의 범위(폭력 발생 장소, 피해학생 수, 가해학생 수, 피해 · 가해학생 간의 관계, 폭력 기간, 폭력서클 등)와 원인이나 형태(말로 괴롭힌 것인지, 신체적 폭력을 가한 것인지, 금전이 관계된 것인지 등)를 파악하여야 한다. 특히 이러한 사실을 다른 학생들 중 알고 있는 경우가 있는지 파악하는 것도 병행하여야 한다.

다섯째, 학교폭력이 한 학급 내에서 일어났다고 하여 그 학급의 담당교사의 지식과 경험에만 의존하여 학교폭력의 문제를 해결하려고 하는 것은 매우 위험하다. 특히 기존의 생활지도 경험에 비추어 처리한 것이지만 관련 법률이나 규정을 위반하는 경우도 빈번하게 발생하고 있다. 따라서 교장과 담임, 학생부장과 진로상담부장, 보건교사와 전문상담교사 등이 유기적으로 연결되어 학생의 생활 실태를 파악하고, 교직원 상호 간에 긴밀한 정보 교환이 이루어져야 한다.

3) 학생에 대한 조치

(1) 피해학생의 징후를 보이는 경우

학교폭력 사건이 발생한 경우에는 혼자서 해결하려고 하지 말고 부모님이나 교사에게 도움을 청하도록 지도하여야 한다. 혹시 학교나 부모에게 알리기 힘든 경우에는 전문상담기관을 이용하는 것도 가능함을 사전에 알려 주는 것이 필요하다. 또한 이렇게 피해를 신고하는 것은 마마보이나 고자질을 하는 것이 아니라 자신을 지키려는 정당한 것임을 알게 하여야 한다.

한편, 피해 상황이 될 수 있는 환경에서 벗어나도록 지도하여야 한다. 만일 등하굣길에 학교폭력의 가해학생이 출몰하는 경우에는 혼자 다니지 말고 친구들과 무리지어 다니거나 가해학생이 없는 곳을 찾아다니도록 지도하여야 한다.

(2) 가해학생의 징후를 보이는 경우

폭력행위를 한 원인과 자신의 행동에 대해서 생각해 보도록 하여야 한다. 원인이 분명할 경우에는 그 원인의 해소를 위해서 노력하도록 지도하고, 원인을 찾아낼 수 없거나 폭력행위의 원인에 대해 스스로 제거할 수 없는 경우에는 부모님 혹은 교사에게 도움을 요청할 수 있음을 주지시킨다. 이러한 학생들에게는 종종 자신의 스트레스를 해소하기 위한 방법을 찾아서 화난 마음을 표출해 보도록 하는 것도 좋은 방법이 된다.

또한 「학교폭력예방법」을 설명하고 학교폭력 가해학생은 어떤 절차를 거쳐 어떤 처벌을 받게 되는지 설명하는 것도 바람직하다. 또한 학교생활기록부에 심의위원회의 심의 결정결과가 어떻게 기재되며, 향후 상급학교 진학이나 취업에서 어떤 불리한 결과를 가져오는지에 대해서도 설명한다.

(3) 목격학생의 경우

학교폭력을 목격하는 학생들의 역할도 중요하다. 이런 학생들의 경우, 폭력에는 개입하지 않지만 그러한 폭력 상황을 목격하면서도 그대로 묵인하여 사태를 더욱 악화시키는 경우가 많이 있다. 폭력 자체가 나쁜 것이라는 인식을 가지고 그러한 사실을 교사 등에게 알리는 것은 고자질이 아니라는 생각을 갖도록 지도하여야 한다. 자신이 당한 일이 아니라고 방관하는 것도 어느 순간 자신도 동일한 피해의 상황에 처할 수 있고, 아무도 자신과 같이 돕지 않는 경우에는 커다란 상처를 입을 수 있다는 것을 학생들이 알 수 있도록 지도하여야 한다.

제 3 장

학교폭력 사안처리

교사는 학교에서 많은 시간을 학생들과 함께 보내기 때문에 주의를 기울이면 학교폭력 발생 전에 그 징후를 발견할 수 있는 가능성이 크다. 이렇게 교사는 학교폭력에 대한 조기 감지와 인지로 학생들이 가해이든 피해이든 간에 잠재적 학교폭력에 노출되는 것을 방지할 수 있다. 감지는 학생들의 행동이나 교실 분위기 등을 보고 학교폭력이라고 느끼어 알게 되는 것을 말하며, 인지는 학생 또는 학부모의 직접 신고, 목격자 신고, 제3자 신고, 기관 통보, 언론 및 방송 보도, 상담 등으로 학교폭력 사안을 알게 되는 것을 말한다(교육부, 2021).

학교폭력 사안처리 시 유의사항을 살펴보면, 학교폭력 사안처리의 과정은 [그림 3-1]과 같다.

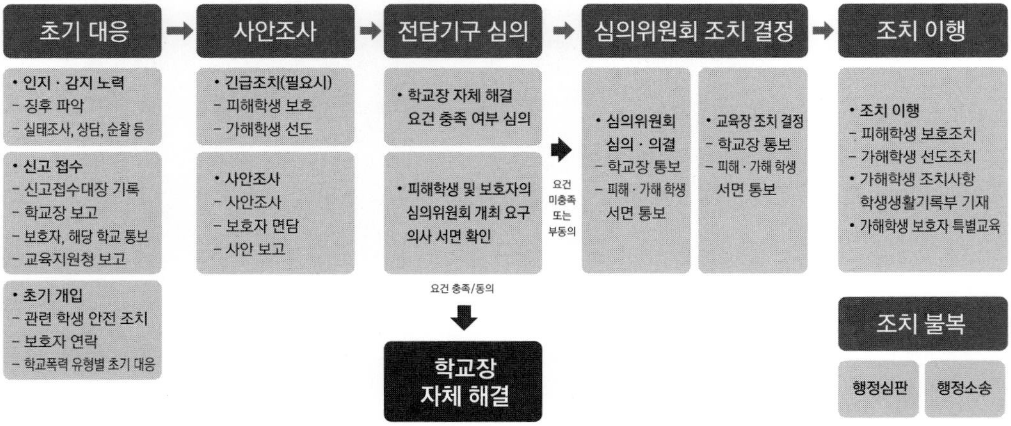

그림 3-1 학교폭력 사안처리 과정

출처: 교육부(2022). 학교폭력 사안처리 가이드북.

1. 신고 접수 및 학교의 대응 요령

1) 신고 접수

「학교폭력예방법」 제20조 제4항의 학교폭력 신고 의무에 따라 학교폭력 현장을 보거나 그 사실을 알게 된 자는 학교 등 관계 기관에 이를 즉시 신고하여야 한다. 즉, 학교폭력을 알게 된 사람은 누구라도 지체 없이 신고해야 한다. 그리고 교사가 이를 알게 되었을 경우에는 학교장에게 보고하고 해당 학부모에게 알려야 한다. 또한「학교폭력예방법」제21조 제1항에 따라 학교폭력 신고자 및 고발자와 관련된 자료를 누설하는 것을 금지하고 있다.

신고접수자는 학교폭력 신고를 접수하고 신고 대장을 기록한 후, 즉시 학교장에게 보고한다. 학교장은 전담기구에 즉시 통보하고, 전담기구는 담임교사, 보호자에게 통보하는 동시에 다른 학교와 관련된 경우에는 해당 학교에 통보하며, 인지된 신고 접수 후 48시간 이내에 교육지원청에 공문으로 보고한다. 구체적인 신고 및 접수 절차는 [그림 3-2]와 같다(교육부, 2021).

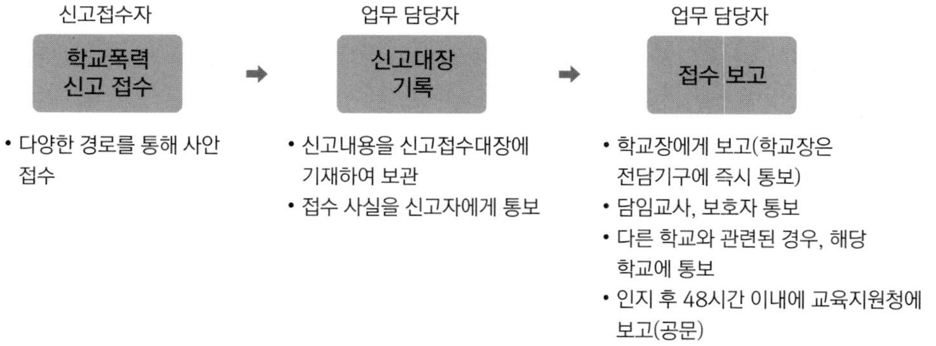

그림 3-2 신고 및 접수 절차

출처: 교육부(2022). 학교폭력 사안처리 가이드북.

2) 학교의 대응 요령

학교폭력이 발생하면 학교에서 대처한 내용을 문서로 만들어 두어야 추후에 불필요한 분쟁을 예방할 수 있다. 특히 성폭력과 아동학대로 신고된 사안에 대해서는 더욱 신중하고 신속하게 처리할 필요가 있다. 구체적으로 교직원 등 학교 종사자는 성폭력으로 신고 및 접수된 사안은 수사기관(112) 및 교육청에 즉시 신고하고 학교폭력 사안으로 처리한다. 이를 위반 시 300만 원 이하의 과태료에 처하게 된다. 그리고 교직원 등 학교 종사자는 아동학대로 신고 및 접수된 사안은 수사기관(112) 및 아동보호전문기관에 신고하되,「학교폭력예방법」제5조에 의거하여 학교폭력 사안 처리 적용에서 제외할 수 있다. 다만 단위학교에서는 피해아동의 보호를 위해 관계

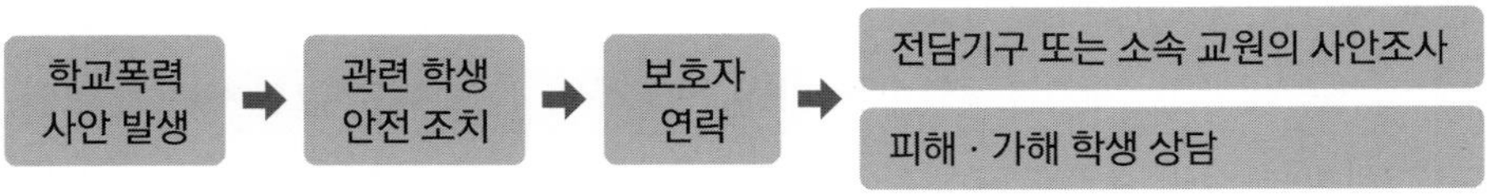

그림 3-3 학교폭력 발생 시 대응 순서

출처: 교육부(2022). 학교폭력 사안처리 가이드북.

기관에 적극적으로 협조하며 지속적으로 보호를 위해 노력해야 한다. 학교폭력 발생 시 대응 순서는 [그림 3-3]과 같다.

2. 전담기구의 구성 및 역할

전담기구는 그 업무 수행에 있어서 많은 지원이 필수적이다. 따라서 「학교폭력예방법」에서는 국가 및 지방자치단체는 조사에 관한 예산을 지원할 수 있도록 규정하고 있다. 또한 해당 학교장은 전담기구에 행정적 · 재정적 지원을 할 수 있도록 하고 있다(「학교폭력예방법」 제14조 제7항). 따라서 학교장은 전담기구가 실태조사 등을 하는 경우에 행정업무 조정, 회의실 등 기자재 사용 허락 등의 적극적인 협조를 하여야 한다.

1) 전담기구의 구성

전담기구의 구성권자는 학교장이다. 전담기구의 구성원은 교감, 전문상담교사, 보건교사, 학교폭력 문제를 담당하는 교사인 책임교사, 학부모이다. 이때 학부모는 구성원의 1/3 이상이어야 한다. 다만, 전담기구를 구성하는 학부모는 학교운영위원회에서 추천한 사람 중에서 학교장이 위촉한다. 전담기구 운영에 필요한 사항인 전담기구의 심의방법, 업무분장, 학부모 구성원의 임기 등은 학교장이 정한다. 전담기구 사안조사는 학교 소속 교원 또는 전담기구에서 실시하며, 학부모 위원은 사안조사에 참여하지 않는다. 전담기구 인원에 따른 학부모 수는 〈표 3-1〉과 같다.

표 3-1 전담기구 인원에 따른 학부모 수

전담기구 인원	5명	6명	7명	8명	9명	10명	11명
학부모 수	2명 이상	2명 이상	3명 이상	3명 이상	3명 이상	4명 이상	4명 이상

출처: 교육부(2022). 학교폭력 사안처리 가이드북.

담임교사를 포함한 해당 학교 교원은 전담기구의 사안조사에 적극적으로 협조해야 한다. 전담기구의 분기별 개최 업무는 없으며, 학교폭력 사안이 발생하면 개최하면 된다. 전담기구 조직의 예시는 [그림 3-4]와 같다.

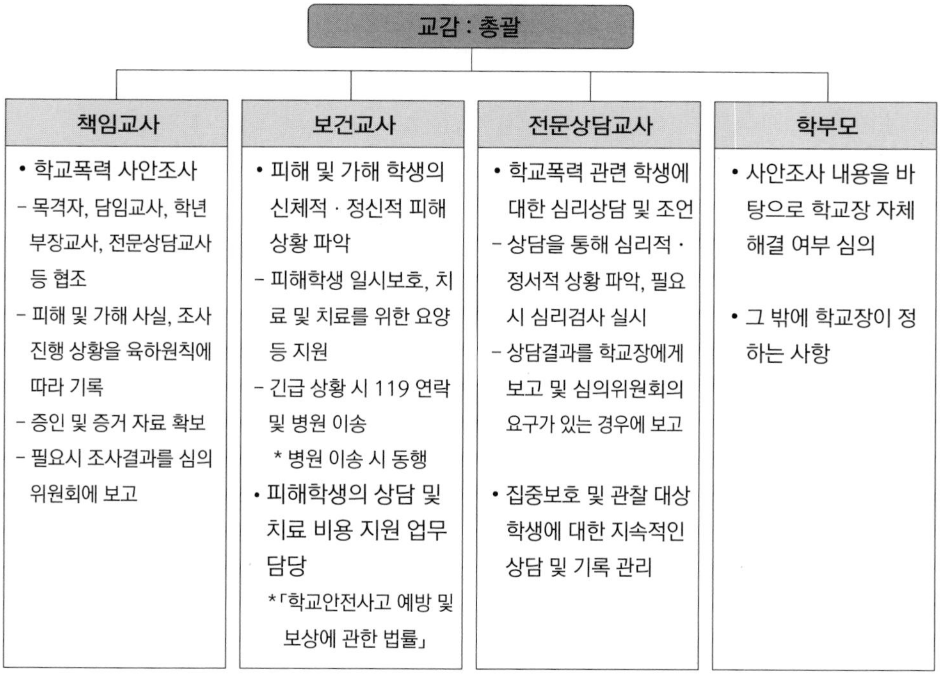

그림 3-4 전담기구 조직의 예시

2) 전담기구의 역할

학교폭력의 주된 장소는 학교이다. 따라서 학교폭력의 문제해결에서 교사의 중요성은 커진다. 그러나 교사 입장에서는 과중한 수업 시간과 재량권의 제한, 입시 위주의 교육과정 등으로 학생과 교사 간의 친근한 신뢰관계를 형성하기가 매우 어렵고, 학교 내의 상담문화의 부재로 학교폭력문제에 적극적으로 대처하는 것 역시 쉬운 일이 아니다. 이를 해결하기 위하여「학교폭력예방법」은 각급 학교에 전담기구를 신설하고 예방교육을 실시하게 하는 등 예방 조치에 대해 많은 내용을 담고 있다. 전담기구는 학교폭력 예방에 대한 많은 조치를 결정하고 운영하는 모임으로서 각급 학교의 학교폭력 예방에 있어서 가장 핵심적인 기능을 한다. 구체적인 전담기구의 역할은 다음과 같다(교육부, 2021).

(1) 사안 접수 및 보호자 통보

전담기구는 학교폭력 신고접수대장을 비치하고 117 학교폭력 신고센터, 학교장, 교사, 학생, 보호자 등 학교폭력 현장을 보거나 그 사실을 알게 된 자 및 기관으로부터 신고 받은 사안에 대해 기록 · 관리한다. 학교폭력 신고접수대장은 학교장, 교원의 학교폭력 은폐 여부를 판단하는 중요한 기초자료로 활용되므로 사소한 폭력이라도 신고한 것은 접수하여야 한다. 그리고 접수한 사안에 대해서는 즉시 관련 학생 보호자에게 통보하고, 통보일자, 통보방법 등을 기록한다.

(2) 교육(지원)청 보고

전담기구는 학교폭력 인지 후 48시간 이내에 교육(지원)청으로 사안 보고를 하는 것을 원칙으로 한다. 이때 긴급하거나 성폭력 사안 등과 같이 중대 사안일 경우에는 유선으로 별도 보고한다. 특히 성폭력 사안은 반드시 경찰청(112), 학교폭력 상담 및 신고센터(117), 학교전담경찰관과 같은 수사기관에 신고한다.

(3) 학교폭력 사안조사

전담기구는 학교폭력을 인지한 경우 피해 및 가해 사실 여부에 대해 조사하여야 한다. 전담기구의 협조 요청 시 해당 교사는 적극 협조해야 한다. 학교폭력을 인지한 경우, 학교의 장은 지체 없이 전담기구 또는 소속 교원으로 하여금 가해 및 피해 사실 여부를 확인하도록 해야 한다.

(4) 사안조사 결과 보고

전담기구는 신고된 학교폭력 사안에 대해 조사를 실시하고 조사결과를 보고서로 작성하여 학교장에게 보고한다. 교육지원청에서 심의위원회의 개최를 요청하는 경우, 결과보고서를 보완·수정하여 학교장과 심의위원회에 보고한다.

(5) 학교장 자체 해결 안건을 올릴 지 여부 심의

전담기구는 학교장 자체 해결의 객관적 요건 충족 여부 및 피해학생과 그 보호자의 심의위원회 개최 요구 의사를 확인한다.

(6) 졸업 전 가해학생 조치사항 삭제 심의

전담기구는 「학교폭력예방법」 제17조 제1항에 따른 가해학생 조치사항 제4호, 제5호, 제6호, 제8호의 삭제 여부를 심의한다. 그리고 심의대상자 조건을 만족할 경우에는 심의를 통해 졸업과 동시에 삭제한다.

(7) 집중보호 또는 관찰 대상 학생에 대한 생활지도

전담기구는 학교폭력 관련 학생의 담임교사와 함께 지속적인 상담 및 기록을 진행한다. 그리고 학교폭력 가해학생 조치 기재유보 사항을 기록 및 관리한다.

(8) 학교폭력 실태조사

전담기구는 「학교폭력예방법」 제14조 제5항에 따라 학교폭력에 대한 실태조사를 실시한다. 이때 학교장은 「학교폭력예방법」 제14조 제7항에 따라 실태조사와 관련하여 행정적·재정적 지원을 할 수 있다.

3. 사안조사 절차 및 방법

학교폭력 사안이 접수되면 전담기구는 사안을 조사한다. 사안조사 책임자는 학교장이고, 사안조사의 담당자는 전담기구 또는 소속 교원이다. 전담기구의 사안조사는 다음과 같은 네 가지 원칙에 따라 이루어진다(교육부, 2022). 첫째, 서면조사, 해당 학생 및 증인의 면담조사, 사안현장조사 등을 모두 실시한다. 둘째, 특히 면담조사의 경우에는 관련자들의 진술서를 받는다. 셋째, 전담기구의 책임교사는 학생,

학부모, 목격자, 담임교사 등을 면담조사한 후에 면담조사일지를 작성한다. 넷째, 학생 조사 및 지도는 학생의 수업권이 침해되지 않도록 수업 시간 이외에 하는 것을 원칙으로 하되, 부득이한 경우에는 조사 대상 학생의 동의를 구하고 조사 시간에 해당하는 교과 담당교사에게 사전에 협조를 구한 후 수업 시간에 할 수 있다. 학교폭력 사안의 '발생-조사-보고' 진행 과정은 [그림 3-5]와 같다.

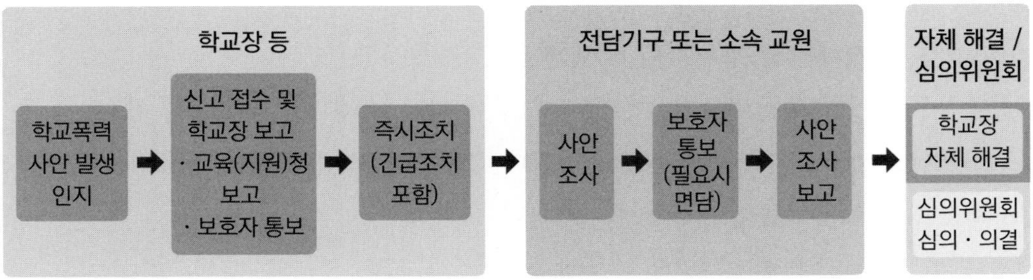

그림 3-5 학교폭력 사안의 '발생-조사-보고' 진행 과정

출처: 교육부(2022). 학교폭력 사안처리 가이드북.

1) 학교폭력 사안 발생 인지

교사, 학생, 보호자 등의 신고 접수 및 117 학교폭력 신고센터로부터의 통보 등을 통해서 학교폭력 사건이 발생했음을 인지한다.

2) 신고 접수 및 교육(지원)청 보고

신고 접수된 사안을 학교폭력 신고접수대장에 반드시 기록하고 학교장에게 보고한다. 그리고 담임교사에게 통보한 후 교육(지원)청에 48시간 이내에 공문으로 보고하고, 신고 접수된 사안을 관련 학생 및 그 보호자에게 통보한다.

3) 즉시조치 또는 긴급조치

필요시 피해 및 가해학생을 즉시 격리하고, 가해학생이 눈빛, 얼굴 표정 등으로 피해학생에게 영향력을 행사하지 못하도록 조치한다. 또한 피해학생은 보건실로의 응급처치, 119 신고, 병의원 진료 등의 조치를 취하고, 가해학생은 격리, 심리적 안정 등의 조치를 취하며, 피해학생 및 신고 · 고발한 학생이 가해학생으로부터 보복행위를 당하지 않도록 조치한다.

피해학생의 신체적 · 정신적 피해를 치유하기 위한 조치를 우선 실시하고, 성폭력인 경우「아동 · 청소년의 성보호에 관한 법률」에 따라 반드시 수사기관에 신고하고, 성폭력 전문상담기관 및 병원을 지정하여 정신적 · 신체적 피해를 치유한다. 특히 사안처리 초기에 긴급한 필요가 있는 경우,「학교폭력예방법」제16조 제1항 및 제17조 제4항에 따라 긴급조치를 한다.

4) 사안조사

(1) 사안조사 처리 내용

피해 및 가해 사실 여부를 확인하기 위해 관련 학생과의 면담, 주변 학생 조사, 설문조사, 객관적인 입증자료수집 등의 구체적인 사안조사를 실시한다. 이때 피해 및 가해학생과 심층면담을 실시하는데, 반드시 조사한 결과를 바탕으로 육하원칙에 따라 사안조사 보고서를 작성한다.「학교폭력예방법」제21조에 따라 면담일지나 보고서는 직접적인 정보공개 대상이 아니다. 다만, 사안 관련 민원이나 쟁송 발생 시 학교 및 교사의 사안처리가 적절했는지 여부를 판단하는 근거가 될 수 있으므로 조사 과정 및 결과를 면담일지에 기록하는 것이 필요하다.

성폭력의 경우, 비밀유지에 특별히 유의하여야 한다. 장애학생이나 다문화학생에 대한 사안조사의 경우, 특수교육 전문가 등을 참여시켜서 장애학생 및 다문화학생의 진술 기회를 확보하거나 조력을 제공한다. 필요한 경우, 보호자 면담을 통해 각각의 요구사항을 파악하고 사안과 관련하여 조사된 내용을 관련 학생의 보호자가 충분히 이해할 수 있도록 안내한다.

(2) 사안조사 시 유의사항

사안조사 시 유의사항은 다음과 같다(교육부, 2021).

- 서면조사, 해당 학생 및 목격자의 면담조사, 사안 발생 현장조사 등을 통해 종합적인 방법으로 신속하게 증거 자료를 확보한다.
- 면담조사를 하는 경우에는 육하원칙에 근거하여 구체적으로 확인서를 받는다.
- 객관적이고 공정하게 사안조사를 실시한다.
- 관련 학생 간의 주장이 다를 경우, 목격학생의 확인을 받거나 직간접인 증거 자료 확보를 통해 적극적으로 사안조사에 임한다. 피해 및 가해학생이 일관된 진술을 하는지, 증거 자료와 진술내용이 일치하는지 등을 살펴야 한다.
- 전담기구 소속교사는 학생, 보호자, 목격자, 담임교사 등을 면담조사한 후에 확인된 사실을 바탕으로 학교폭력 사안조사 보고서를 작성한다.
- 장애학생에 대한 사안조사의 경우, 특수교육 전문가를 참여시켜서 장애학생의 진술 기회를 확보할 수 있도록 지원할 수 있다.
- 한국어 의사소통 능력이 부족하거나, 다양한 문화적 배경을 지닌 다문화학생(중도입국 · 외국인 학생 등) 및 탈북학생의 사안조사 시 통역의 활용 또는 관련 담당교사를 참여시키도록 한다.
- 성 사안의 경우에는 비밀유지 및 대상자 신변 보호, 2차 피해 방지 등에 특별히 유의한다.
- 관련 학생의 소속 학교가 서로 다른 경우에는 학교 간에 사안조사 내용을 확인하기 위해 긴밀하게 협조한다.

(3) 사안조사 시 진위 파악 원칙

전담기구는 사안조사 시 다음과 같은 진위 파악 원칙을 숙지하여 사실 확인을 할 필요가 있다.

- 면담결과와 관련 정보의 일치: 피해 및 가해측과 면담을 통해 확인한 것과 주변 정황에 대한 정보 수집을 통해 밝혀낸 결과들이 일치하는지를 파악한다.

- 가해 및 피해자의 상호 인정: 면담조사 결과를 피해학생(보호자)과 가해학생(보호자)이 상호 인정하는지를 확인한다.
- 진술 맥락의 일관성 파악: 언급한 진술에서 문맥의 앞뒤가 서로 모순되지 않고 잘 부합되는 살핀다.
- 목격자 확인: 면담조사 결과와 목격학생의 확인이 일치하는지를 점검한다.
- 정황 증거 파악: 사안의 주변 흔적이나 간접적인 정황이 있는지, 그러한 정황이 있다면 누구의 진술과 더 잘 부합하는지를 살펴야 한다.

(4) 사안조사 중점 파악

전담기구는 사안조사 시 학교폭력 유형별로 중점적인 파악 요소를 숙지한 후, 사안조사를 할 필요가 있다. 사안조사 시 중점 파악 요소는 〈표 3-2〉와 같다.

표 3-2 학교폭력 유형별 중점 파악 요소

학교폭력 유형	중점 파악 요소
신체적 폭력	상해의 심각성, 감금 · 신체적 구속 여부, 성폭력 여부
경제적 폭력	피해의 심각성(액수, 빈도, 지속성), 반환 여부, 손괴 여부, 협박/강요의 정도
정서적 폭력	지속성 여부, 협박/강요의 정도, 성희롱 여부
언어적 폭력	욕설/비속어, 허위성, 성희롱 여부
사이버 폭력	명의도용, 폭력성/음란성, 유포의 정도, 사이버 성폭력 여부

출처: 교육부(2022). 학교폭력 사안처리 가이드북.

5) 학교장 자체 해결을 위한 안건으로 할 것인지 여부 심의

「학교폭력예방법」 제13조의2에 의거하여 피해학생 및 그 보호자가 심의위원회의 개최를 원하지 아니하는 경미한 학교폭력의 경우 학교의 장은 학교폭력 사건을 자체적으로 해결할 수 있다. 이 경우 학교의 장은 지체 없이 이를 심의위원회에 보고하여야 한다. 제1호~제4호의 요건은 다음과 같다.

제1호: 2주 이상의 신체적 · 정신적 치료가 필요한 진단서를 발급받지 않은 경우

제2호: 재산상 피해가 없거나 즉각 복구된 경우

제3호: 학교폭력이 지속적이지 않은 경우

제4호: 학교폭력에 대한 신고, 진술, 자료 제공 등에 대한 보복행위가 아닌 경우

사안조사 결과 학교폭력이 아닌 사안에 대해서는 학교장이 전담기구 회의를 통해 학교폭력이 아님을 확인하고 교육지원청에 보고한다. 그럼에도 불구하고 피해학생 및 보호자가 교육(지원)청에 심의위원회 개최를 요청할 경우에는 반드시 심의위원회를 개최하여 처리해야 한다. 다만, 심의위원회에서 '학교폭력 아님'으로 결정한 경우에는 '조치 없음'으로 처리할 수 있다. 사안조사 결과에 따른 학교폭력이 아닌 사안의 예시는 다음과 같다.

- 제3자가 신고한 사안에 대한 조사결과, 오인신고였던 경우
- 학교폭력 의심사안(담임교사의 관찰로 인한 학교폭력 징후 발견 등)에 대한 조사결과, 학교폭력이 아니었던 경우
- 피해학생(보호자)이 신고한 사안에서 피해학생(보호자)이 오인신고였음을 스스로 인정하는 경우

4. 긴급조치

1) 피해학생 보호를 위한 긴급조치

(1) 법적 근거

2020년 12월 22일에 개정되어 2021년 6월 23일부터 시행된「학교폭력예방법」제16조(피해학생의 보호) 제1항에 의하면, 심의위원회는 피해학생의 보호를 위하여 필요하다고 인정하는 때에는 피해학생에 대하여 다음 각 호의 어느 하나에 해당하는 조치(수 개의 조치를 동시에 부과하는 경우를 포함한다)를 할 것을 교육장(교육장이 없는 경우 제12조 제1항에 따라 조례로 정한 기관의 장으로 한다)에게 요청할 수 있다. 다만, 학교장은 학교폭력 사건을 인지한 경우 피해학생의 반대의

사 등 대통령령으로 정하는 특별한 사정이 없으면 지체 없이 가해자(교사를 포함한다)와 피해학생을 분리하여야 하며, 피해학생이 긴급보호를 요청하는 경우에는 제1호(학내외 전문가에 의한 심리상담 및 조언), 제2호(일시 보호) 및 제6호(그 밖에 피해학생의 보호를 위하여 필요한 조치)의 조치를 할 수 있다. 이 경우 학교장은 심의위원회에 즉시 보고하여야 한다.

특히 피해학생의 보호를 위해 피해학생을 분리할 때, 피해학생을 가해자로부터 분리해서 보호하는 것을 의미하며, 가해자를 강제 분리하는 것은 아니라는 점에 유의할 필요가 있다.

(2) 긴급조치 사유와 범위

긴급조치의 사유는 긴급조치의 결정권자인 학교장이 피해학생의 보호를 위하여 긴급하다고 인정하거나, 피해학생이 긴급보호의 요청을 하는 경우에 학교장 자체해결 혹은 심의위원회 개최 요청 전에 제1호, 제2호 및 제6호의 조치를 할 수 있다. 이때 학교장은 심의위원회의 운영 상황을 고려하여 조치 결정 전이라도 긴급조치를 할 수 있다.

긴급조치의 범위는 제1호, 제2호 및 제6호이다. 피해학생에 대한 긴급조치 시 심의위원회에 즉시 보고하여야 한다.

2) 가해학생 선도를 위한 긴급조치

(1) 법적 근거

「학교폭력예방법」 제17조(가해학생에 대한 조치) 제4항과 제7항에 의하면, 학교의 장은 가해학생에 대한 선도가 긴급하다고 인정할 경우 우선 제1항 제1호부터 제3호까지, 제5호 및 제6호의 조치를 할 수 있으며, 제5호와 제6호의 조치는 동시에 부과할 수 있다. 이 경우 심의위원회에 즉시 보고하여 추인을 받아야 한다.

긴급조치의 경우 사실관계가 확정되기 이전의 결정사항이므로 심의위원회에서는 '일부 추인' 또는 '추인하지 않음' 결정이 가능하다. 다만, '일부추인'이나 '추인하지 않음'을 결정하였더라도 긴급조치를 결정할 당시에 그 필요성이 인정된다면 '긴급조치'가 문제되지 않는다. 긴급조치로 '출석정지'를 내렸으나 심의위원회에서 추인하지 않은 경우, 기타 부득이한 사유로 학교장의 허가를 받아 결석한 경우로 보아 출석으로 인정할 수 있다. 그리고 학교장이 제4항에 따른 조치를 한 때에는 가해학생과 그 보호자에게 이를 통지하여야 하며, 가해학생이 이를 거부하거나 회피하는 때에는 학교의 장은「초 · 중등교육법」제18조에 따라 징계하여야 한다.

(2) 긴급조치 사유 및 범위

긴급조치 사유는 학교장이 가해학생에 대한 선도가 긴급하다고 인정할 경우 학교장 자체 해결 혹은 심의위원회 개최 요청 전에 우선 제1항 제1호부터 제3호까지, 제5호 및 제6호의 조치를 할 수 있으며, 제5호와 제6호의 조치는 동시에 부과할 수 있다. 이때 학교장은 심의위원회의 운영 상황을 고려하여 조치 결정 전이라도 긴급조치를 할 수 있다.

긴급조치의 범위는 제1호(피해학생에 대한 서면사과), 제2호(피해학생 및 신고 · 고발 학생에 대한 접촉, 협박 및 보복행위의 금지), 제3호(학교에서의 봉사), 제5호(학내외 전문가에 의한 특별교육이수 또는 심리치료), 제6호(출석정지)이다.

(3) 가해학생에 대한 우선 출석정지

「학교폭력예방법 시행령」제21조 제1항에 의거하여 학교장이 우선 출석정지 조치를 할 수 있는데, 그 사안은 2명 이상의 학생이 고의적 · 지속적으로 폭력을 행사한 경우, 학교폭력을 행사하여 전치 2주 이상의 상해를 입힌 경우, 학교폭력에 대한 신고, 진술, 자료 제공 등에 대한 보복을 목적으로 폭력을 행사한 경우, 학교장이 피해학생을 가해학생으로부터 긴급하게 보호할 필요가 있다고 판단하는 경우이다.「학교폭력예방법 시행령」제21조 제2항에 의거하여 학교장이 우선 출석정지 조치를 하려는 경우에는 해당 학생 또는 보호자의 의견을 들어야 한다. 다만, 학교장이 해당 학생 또는 보호자의 의견을 들으려고 하였으나 이에 따르지 아니한 경우에는 그러하지 아니한다.

가해학생에 대한 우선 출석정지 시 조치사항을 살펴보면 다음과 같다(교육부, 2022). 첫째, 출석정지 기간은 학교 실정에 맞게 기준을 정한다. 둘째, 우선 출석정지 시 가해학생 및 학부모에게 의견 제시 기회를 주어야 한다. 셋째, 출석정지 기간 중 Wee클래스 상담, 자율학습 등 적절한 교육적 조치를 한다.

가해학생 우선 출석정지를 한 후에 학교장이 사안을 자체 해결한 경우, 학교장은 긴급조치를 직권으로 취소하고, 긴급조치로 인한 결석 기간을 기타 부득이한 사유로 학교장의 허가를 받아 결석한 경우로 보아 결석 기간을 출석 기간으로 인정할 수 있다.

3) 경찰 고소가 이루어진 경우의 대처

학교폭력이 발생하여 피해학생 혹은 가해학생의 보호자가 법적 절차를 밟을 때, 학교는 자체적인 조치를 중단하기보다는 피해 및 가해학생에 대해 학교 차원에서 할 수 있는 보호 및 지도 조치를 계속적으로 취한다. 즉, 경찰기관에의 신고와 학교폭력에 대한 교내 신고(교육, 선도)는 별개의 사안으로 진행된다는 점에 유의할 필요가 있다.

학교장은 즉시 피해 및 가해학생을 분리 조치하고, 피해학생을 보호조치하며, 피해학생이 위험 상황에 있을 때 담임교사에게 바로 연락할 수 있도록 조치한다. 그리고 법적 절차가 진행되는 동안에 피해학생에 대한 가해학생의 공격행동이 재발되지 않도록 주의하고, 가해학생을 상담교사나 지역 상담센터와 연계하여 지속적으로 상담을 받도록 조치한다.

제 4 장

학교장 자체 해결과 심의위원회 심의

1. 학교장 자체 해결

「학교폭력예방법」 제13조2(학교의 장의 자체 해결)의 제1항에 의거하여 피해학생 및 그 보호자가 심의위원회의 개최를 원하지 않고, 네 가지 요건(2주 이상의 신체적·정신적 치료가 필요한 진단서를 발급받지 않은 경우, 재산상 피해가 없거나 즉각 복구된 경우, 학교폭력이 지속적이지 않은 경우, 학교폭력에 대한 신고, 진술, 자료 제공 등에 대한 보복행위가 아닌 경우)에 모두 해당하는 경미한 학교폭력의 경우 학교장은 학교폭력 사건을 자체적으로 해결할 수 있다. 이 경우 학교의 장은 지체 없이 이를 심의위원회에 보고하여야 한다. 학교장 자체 해결 사안처리 절차는 [그림 4-1]과 같다.

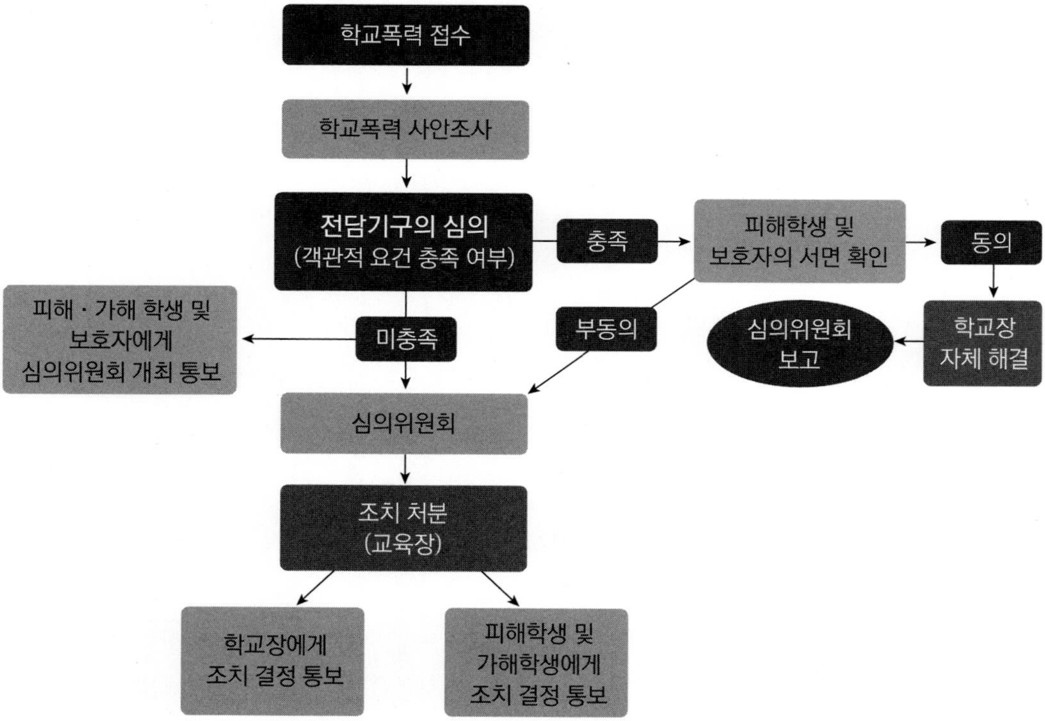

그림 4-1 학교장 자체 해결 사안처리 절차

출처: 교육부(2022). 학교폭력 사안처리 가이드북.

1) 학교장 자체 해결 사안

피해학생 및 그 보호자가 심의위원회 개최를 원하지 않고, 다음의 네 가지 요건에 모두 해당하는 경우에는 학교장 자체 해결이 가능하다.

첫째, 2주 이상의 신체적 · 정신적 치료가 필요한 진단서를 발급받지 않은 경우이다. 이때 전담기구 심의일 이전에 진단서를 제출하지 않은 경우에는 자체 해결 요건에 해당하는 것으로 판단이 가능하다. 그러나 피해학생 측이 학교에 진단서를 제출한 이후에 의사를 번복하여 진단서를 회수하여도 자체 해결 요건은 충족하지 않는 것으로 판단한다.

둘째, 재산상 피해가 없거나 즉각 복구된 경우이다. 재산상 피해 복구 여부는 전담기구 심의일 이전에 재산상 피해가 복구되거나 가해 관련 학생 보호자가 피해 관련 학생 보호자에게 재산상 피해를 복구해 줄 것을 확인하고 피해 관련 학생 보호자가 인정한 경우이다. 이때 재산상 피해는 신체적 · 정신적 피해의 치료 비용을 포함한다.

셋째, 학교폭력이 지속적이지 않은 경우이다. 이때 지속성의 여부는 피해 관련 학생의 진술이 없을지라도 전담기구에서 보편적인 기준을 통해 판단한다.

넷째, 학교폭력에 대한 신고, 진술, 자료 제공 등에 대한 보복행위가 아닌 경우이다. 그러나 만약 가해 관련 학생이 조치받은 사안 또는 조사 과정 중에 있는 사안과 관련하여 신고, 진술, 증언, 자료 제공 등을 한 학생에게 학교폭력을 행사하였다면 보복행위로 판단할 수 있다.

2) 학교장 자체 해결로 종결된 사안에 대한 심의위원회 개최 요청

원칙적으로 피해학생 및 그 보호자는 사안의 학교장 자체 해결 이후에는 동일 사안에 대하여 심의위원회 개최를 요구할 수 없다. 그러나 해당 학교폭력 사건으로 피해학생 및 그 보호자가 받은 재산상 손해를 가해학생 및 그 보호자가 복구하기로 약속하였으나 이행하지 않은 경우, 해당 학교폭력 사건의 조사 과정에서 확인되지 않았던 사실이 추가적으로 확인된 경우와 같은 두 가지의 사유에 해당되는 경우에는 학교장에게 서면으로 심의위원회 개최를 요청할 수 있다. 이때 학교장은 요청서를 첨부하여 교육지원청에 심의위원회 개최를 요청한다.

가해자가 학생이 아닌 학교폭력 사안의 경우, 학교장 자체 해결 대상 사안이 아니며, 학교장은 피해학생의 보호를 위해 심의위원회 개최를 요청해야 한다. 다만, 피해학생과 그 보호자가 피해학생 보호조치를 원하지 않을 경우, 학교장은 피해학생과 그 보호자의 미개최 동의를 받아 교육지원청에 보고함으로써 심의위원회를 요청하지 않을 수 있다.

3) 학교장 자체 해결 절차

(1) 학교폭력 사안조사

전담기구의 사안조사 과정에서 피해 관련 학생 및 그 보호자를 상담할 때 학교장 자체 해결을 강요하지 않도록 유의한다.

(2) 전담기구 심의

학교장 자체 해결을 위한 전담기구의 사안조사 후 심의 시 유의사항은 다음과 같다(교육부, 2022).

① 학교장 자체 해결 요건에 해당하는지의 여부는 전담기구 심의에서 협의를 통해 결정한다.

② 2주 이상의 신체적 · 정신적 치료가 필요한 진단서를 발급받아서 제출한 경우에도 학교장은 전담기구 개최를 통해 사안조사 결과 등을 보완하여 심의위원회 개최를 요청한다.

③ 하나의 학교폭력 사안에서 가해학생이 여러 명인 경우, 가해학생 모두가 학교장 자체 해결 요건에 해당하는 경우에 한하여 학교장 자체 해결이 가능하다.

④ 피해학생이 1명이고 가해학생이 여러 명인 경우, 학교장 자체 해결 요건에 충족하더라도 피해학생이 가해학생 모두에 대해 자체 해결에 동의하는 경우에 한하여 학교장 자체 해결이 가능하다. 단, 피해학생이 여러 명인 경우에는 피해학생별로 학교장 자체 해결 여부를 판단한다.

(3) 피해학생 및 그 보호자의 서면 확인

전담기구의 심의결과 학교장 자체 해결 요건에 해당하는 사안의 경우, 전담기구에서 객관적으로 판단한 기준에 대해 피해학생 및 그 보호자에게 설명하고, 피해학생과 그 보호자가 심의위원회 개최 요구 의사확인서를 통해 학교장 자체 해결에 동의하면 학교장이 자체 해결할 수 있다.

학교장이 자체 해결한 학교폭력 사안에 대해서는 재산상의 피해 복구를 이행하지 않거나 해당 학교폭력 사안의 조사 과정에서 확인되지 않았던 사실이 추가적으로 확인된 경우를 제외하고는 피해학생 및 그 보호자가 심의위원회 개최를 요청할 수 없다는 사실을 반드시 사전에 충분히 설명한다.

(4) 학교장 자체 해결 결재 및 교육(지원)청 보고

학교장은 전담기구의 학교폭력 사안조사 보고서, 전담기구의 심의결과 보고서, 피해학생 및 그 보호자의 심의위원회 개최 요구 의사확인서를 첨부하여 학교장 자체 해결 결과를 공문으로 교육지원청에 보고한다.

가해학생 우선 출석정지 후 학교장이 사안을 자체 해결한 경우, 학교장이 긴급조치를 직권으로 취소하고, 기타 부득이한 사유로 학교장의 허가를 받아 결석하는 경우로 보아 출석으로 인정할 수 있다.

(5) 관련 학생 보호자 통보

학교장은 학교장 자체 해결결과를 피해학생 및 가해학생의 보호자에게 서면, 유선, 문자 등 가능한 수단을 통해 통보한다.

4) 학교장 자체 해결 시 고려사항

학교는 신고 및 접수 등 사건 인지 후 14일 이내에 ① 사안조사, ② 전담기구 심의, ③ 학교장 자체 해결 여부 결정 및 시행, ④ 학교장 자체 해결 사안이 아닌 경우, 심의위원회 개최 요청까지 완료하여야 한다. 다만, 필요한 경우 학교장은 해당 절차의 완료를 7일 이내에서 연기할 수 있다.

학교장은 학교장 자체 해결 시에 필요하다고 판단되면 가해학생을 대상으로 담당 교사(전문상담교사, 교감)와의 상담, 캠페인 활동 등 다양한 별도의 교육 프로그램을 운영할 수 있다. 또한 필요시 관련 학생 간의 관계 개선 의지와 동의 여부에 따라 관계회복 프로그램을 운영할 수 있다.

「학교폭력예방법」 제13조2의 제1항의 네 가지 요건을 모두 충족하였으나 피해학생과 그 보호자가 학교장 자체 해결에 동의하지 않아 심의위원회 개최가 요청된 경우에는 피해학생과 그 보호자가 심의위원회 개최 이전까지 심의위원회 개최 취소 의사를 서면으로 표명하면 심의위원회 개최 요청을 철회한 것으로 본다.

5) 학교폭력 관련 학생의 소속 학교가 다른 경우

학교장 자체 해결을 위해 소속 학교가 다른 경우의 처리는 다음과 같이 한다(교육부, 2022).

첫째, 피해 및 가해학생이 명확한 경우이다. 이때 학교장 자체 해결 여부는 피해학생 소속 학교의 전담기구에서 심의한 후 해당 학교장이 결정하며, 가해학생 소속 학교에서는 피해학생 소속 학교의 결정에 따라 전담기구에서 심의한다. 이때 정확한 사안조사를 위하여 가해학생 소속 학교에서 조사한 사안내용이 공유될 수 있도록 학교장 승인하에 긴밀하게 협조가 이루어져야 한다.

둘째, 피해 및 가해학생이 명확하지 않거나 쌍방인 경우이다. 이때 양쪽 학교에서 자체적으로 피해 사실과 가해 사실을 조사하고 전담기구에서 심의한다. 양쪽 기관 모두 학교장 자체 해결로 판정이 날 경우에는 학교장 자체 해결이 가능하며, 어느 한 곳의 학교에서라도 학교장 자체 해결 대상이 아니라고 판단한 경우, 심의위원회(혹은 공동 심의위원회) 개최를 요청해서 처리해야 한다.

2. 심의위원회 심의

「학교폭력예방법」 제12조에 의거하여 심의위원회는 학교폭력의 예방 및 대책에 관련된 사항을 심의하기 위하여 교육지원청(교육지원청에 없는 경우 해당 시 · 도 조례로 정하는 기관으로 한다)에 심의위원회를 둔다. 심의위원회는 ① 학교폭력의 예방 및 대책, ② 피해학생의 보호, ③ 가해학생에 대한 교육, 선도 및 징계, ④ 피해학생과 가해학생 간의 분쟁 조정, ⑤ 그 밖에 대통령령으로 정하는 사항을 심의한다.

1) 심의위원회의 권한 및 구성

심의위원회의 권한은 크게 두 가지이다. 하나는 해당 지역에서 발생한 학교폭력에 대한 조사이며, 다른 하나는 자료 제출 및 의견 진술 요청권을 행사할 수 있다. 구체적으로 자료 제출을 위해 학교장에게 심의에 필요한 자료 또는 정보의 제출을 요구할 수 있으며, 관할 경찰서장에게 관련 자료를 요청할 수 있다. 또한 의견 진술 요청권을 행사하기 위해 심의가 필요한 경우 해당 학교의 관련 교원에게 의견 진술을 요청할 수 있으며, 심의를 위해 필요한 경우 전문가 등 참고인의 의견 진술을 요청할 수 있다.

심의위원회의 구성은 위원장 1인을 포함하여 10명 이상 50명 이내의 위원으로 구성하되, 법률에 따라 전체 위원의 3분의 1 이상을 해당 교육지원청 관할 구역 내 학교(고등학교 포함)에 소속된 학생의 학부모로 위촉하여야 한다(「학교폭력예방법」 제13조 제1항). 또한 학교폭력 피해 및 가해학생이 각각 다른 교육지원청 관할 구역 내 학교에 재학 중인 경우에는 교육감의 보고를 거쳐 둘 이상의 교육지원청이 공동으로 심의위원회를 구성할 수 있다.

2) 심의위원회의 운영

(1) 심의위원회 회의의 개의와 의결

심의위원회의 회의는 재적위원 과반수의 출석으로 개의하고, 출석위원 과반수의 찬성으로 의결한다(「학교폭력예방법 시행령」 제14조 제5항).

(2) 심의위원회 회의록 작성 및 공개 범위

심의위원회는 회의의 일시, 장소, 출석위원, 토의내용 및 의결사항 등이 기록된 회의록을 작성·보존하여야 한다(「학교폭력예방법」 제13조 제3항). 또한 심의위원회의 회의는 공개하지 않는다. 다만, 피해 및 가해학생 또는 보호자가 회의록의 열람 · 복사 등 회의록 공개를 신청한 때에는 학생과 그 가족의 성명, 주민등록번호 및 주소, 위원의 성명 등 개인정보에 관한 사항을 제외하고 공개하여야 한다(「학교폭력예방법」 제21조 제3항).

(3) 심의위원회의 자료 요청

심의위원회는 해당 지역에서 발생한 학교폭력에 대하여 조사할 수 있고, 학교장 및 관할 경찰서장에게 관련 자료를 요청할 수 있다(「학교폭력예방법」 제12조 제3항).

(4) 심의위원회의 전문가 의견 청취

심의위원회가 필요하다고 인정할 때에는 학교폭력이 발생한 해당 학교 소속 교원이나 학교폭력 예방 및 대책과 관련된 분야의 전문가 등을 출석하게 하거나 서면 등의 방법으로 의견을 들을 수 있다(「학교폭력예방법 시행령」 제14조 제8항). 또한 심의위원회는 심의 과정에서 소아청소년과 의사, 정신건강의학과 의사, 심리학자, 그 밖의 아동심리와 관련된 전문가를 출석하게 하거나 서면 등의 방법으로 의견을 청취할 수 있다(「학교폭력예방법」 제13조 제4항). 이때 심의위원회는 2021년 6월 23일부터 시행된 「학교폭력예방법」에 따라 의무적으로 피해학생 또는 그 보호자의 의사를 확인하여 피해학생 또는 그 보호자의 요청이 있는 경우에는 반드시 의견을 청취해야 한다(「학교폭력예방법」 제13조 제4항).

(5) 심의방식

심의위원회의 심의방식은 대면 심의를 원칙으로 한다. 즉, 피해 및 가해학생과 보호자가 심의위원회에 직접 출석하여 진술해야 한다. 다만, 피해 및 가해학생 측의 요구가 있거나 도서 지역의 경우 등 특별한 여건을 고려할 필요가 있는 때에는 전화, 화상, 서면 등의 심의방식을 활용할 수 있다. 이 경우, 심의의 공정성이 최대한 확보될 수 있도록 주의가 필요하다.

대면 심의를 위해 학생들이 심의위원회에 출석하는 경우, 심의위원회 출석으로 인해 피해 및 가해학생의 학습권 침해를 최소화하도록 하고, 기타 부득이한 사유로 학교장의 허가를 받아 결석하는 경우로 보아 출석으로 인정할 수 있음을 학교에 안내한다. 또한 심의위원회 개최 장소에서 피해 및 가해학생의 불필요한 접촉을 방지하도록 피해 및 가해학생의 대기실을 분리 운영한다.

학교폭력 사안 유형에 따라 관련 분야 전문가 및 관련 학교 교원을 출석시켜서 의견을 들을 수 있다. 관련 분야 전문가 및 관련 학교 교원 출석에 대한 내용을 심의위원들에게 사전에 공지하여 심의위원들이 이를 활용할 수 있도록 지원한다. 즉, 심의위원회는 다문화학생과 장애학생이 학교폭력 관련 학생인 경우에 관련 분야의 전문가를 참석시켜서 의견을 들을 수 있다. 또한 심의위원회는 성폭력 사안과 사이버폭력 사안의 경우에도 관련 분야의 전문가를 회의에 참석시켜서 의견을 들을 수 있다. 아울러 심의위원회는 필요하다고 판단하는 경우, 피해 및 가해학생이 재학 중인 학교의 교직원 등(관리자, 책임교사, 담임교사, 학생 보호 인력 등)을 출석하게 하여 의견을 들을 수 있다. 그 밖에 심의위원회의 운영에 관하여 필요한 사항은 교육장이 정한다.

(6) 심의기간

심의위원회는 학교의 요청이 있는 경우에 21일 이내에 개최하는 것을 원칙으로 하되, 상황에 따라 7일 이내에서 연장이 가능하다. 학교의 요청이 있는 경우라고 함은 공문으로 심의위원회 개최 요청서가 접수된 시점을 기준으로 한다. 시험 등의 학사 일정, 사안조사 과정에서 새로운 증거 발견, 관련 학생 및 보호자의 의견 진술 기회 부여 등 뚜렷한 이유가 있는 경우에 한해 연기가 가능하다. 특히 사실관계 확인이 어려운 사안의 경우(경찰 수사 진행 중인 사건, 성폭력 사건 등)에는 기한 내에 심의위원회를 개최한 후, 심의위원회에서 조치결정을 유보하는 의결이 가능하다.

(7) 심의위원회의 개최 취소 요청

「학교폭력예방법」 제13조2 제1항 각 호의 요건(① 2주 이상의 신체적 · 정신적 치료가 필요한 진단서를 발급받지 않은 경우, ② 재산상 피해가 없거나 즉각 복구된 경우, ③ 학교폭력이 지속적이지 않은 경우, ④ 학교폭력에 대한 신고, 진술, 자료 제공 등에 대한 보복행위가 아닌 경우)을 모두 충족하였으나 피해학생과 그 보호자가 학교장 자체 해결에 동의하지 않아 심의위원회 개최가 요청된 경우에는 피해학생과 그 보호자가 심의위원회 개최 이전까지 심의위원회 개최 취소 의사를 서면으로 표명하면 심의위원회 개최 요청을 철회한 것으로 본다.

(8) 비밀누설금지

학교폭력의 예방 및 대책과 관련된 업무를 수행하거나 수행하였던 사람은 그 직무로 인하여 알게 된 비밀 또는 피해 및 가해학생 및 제20조에 따른 신고자 · 고발자와 관련된 자료를 누설하여서는 아니 된다(「학교폭력예방법」 제21조 제1항). 이를 위반한 자는 1년 이하의 징역 또는 1천만 원 이하의 벌금에 처한다(「학교폭력예방법」 제22조).

비밀의 범위(「학교폭력예방법 시행령」 제33조)는 ① 학교폭력 피해 및 가해학생 개인 및 가족의 성명, 주민등록번호 및 주소 등 개인정보에 관한 사항, ② 학교폭력 피해 및 가해학생에 대한 심의 · 의결과 관련된 개인별 발언 내용, ③ 그 밖에 외부로 누설될 경우 분쟁당사자 간에 논란을 일으킬 우려가 있음이 명백한 사항이다.

3) 심의위원회 절차에 따른 학교의 역할

「학교폭력예방법」 제13조2 제1항의 네 가지 요건(① 2주 이상의 신체적 · 정신적 치료가 필요한 진단서를 발급받지 않은 경우, ② 재산상 피해가 없거나 즉각 복구된 경우, ③ 학교폭력이 지속적이지 않은 경우, ④ 학교폭력에 대한 신고, 진술, 자료 제공 등에 대한 보복행위가 아닌 경우)에 모두 해당하는 경우에는 학교장 자체 해결이 가능하다. 그러나 앞의 네 가지 요건을 모두 충족하지 않은 경우, 해당 학교폭력 사건으로 피해학생 및 그 보호자가 받은 재산상 손해를 가해학생 및 그 보호자가 복구하기로 약속하였으나 이행하지 않은 경우, 해당 학교폭력 사건의 조사 과정에서 확인되지 않았던 사실이 추가적으로 확인된 경우에는 교육지원청에 심의위원회 개최를 요청하여야 한다. 추가적으로 가해자가 학생이 아닌 학교폭력 사안의 경우, 학교장 자체 해결 대상 사안이 아니며, 학교장은 피해학생의 보호를 위해 심의위원회 개최를 요청해야 한다. 심의위원회 절차에 따른 학교의 역할은 [그림 4-2]와 같다.

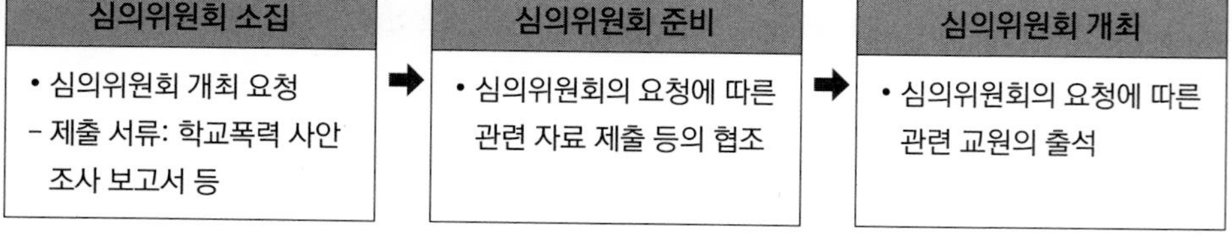

그림 4-2 심의위원회 절차에 따른 학교의 역할

출처: 교육부(2022). 학교폭력 사안처리 가이드북.

(1) 심의위원회 개최 요청

학교는 관할 교육지원청으로 공문 발송을 하여 심의위원회 개최를 요청한다. 반드시 학교장 자체 해결 사안이 아닌 학교폭력은 심의위원회에 회부하여 처리하며, 학교폭력 사안조사 보고서와 관련 서류를 구비하여 교육지원청에 공문으로 발송한다. 특히 공문 발송 시 비밀누설이 되지 않도록 보안에 각별히 유의해야 한다.

학교는 심의위원회 개최 취소 요청 후에 학교장 자체 해결 절차에 따라 사안을 처리하고 이를 심의위원회에 보고해야 한다. 심의위원회 개최 취소 요청 절차는 피해학생 및 그 보호자가 해당 학교에 서면으로 심의위원회 개최 취소 의사를 표명하면 학교는 교육지원청에 '심의위원회 개최 취소 요청서'를 첨부하여 보고하고 교육지원청은 공문 접수 후 심의위원회 개최 취소 순으로 진행한다.

(2) 심의위원회의 요청에 따른 관련 자료 제출 등의 협조

「학교폭력예방법」 제12조 제3항에 의거하여 심의위원회는 해당 지역에서 발생한 학교폭력에 대하여 조사할 수 있고 학교장 및 관할 경찰서장에게 관련 자료를 요청할 수 있다. 이때 관련 자료 제출 요청을 받은 학교는 관련 자료를 제출하는 등의 협조를 하여야 한다.

(3) 심의위원회 요청에 따른 관련 교원의 출석

「학교폭력예방법」 시행령 제14조 제8항에 의거하여 심의위원회는 필요하다고 인정할 때에는 학교폭력이 발생한 해당 학교 소속 교원이나 학교폭력 예방 및 대책과 관련된 분야의 전문가 등을 출석하게 하거나 서면 등의 방법으로 의견을 들을 수 있다. 이때 학교는 심의위원회 요청에 따른 관련 교원이 출석할 수 있도록 최대한 협조하여야 한다. 특히 학교의 여건 및 사안의 특성에 따라 출석 진술 이외에도 심의위원회의 요청에 따라 서면 제출, (영상)통화, 사전면담 등 다양한 방법으로 협조할 수 있다.

4) 심의위원회 조치결정 이후의 절차

(1) 피해 및 가해자 측에 대한 조치결정 통보

교육장은 심의위원회 조치결정 후, 피해 및 가해자 측에 서면으로 조치결정을 통보한다. 행정청이 처분을 할 때에는 다른 법령 등에 특별한 규정이 있는 경우를 제외하고는 문서로 하여야 하며, 전자문서로 하는 경우에는 당사자 등의 동의가 있어야 한다. 이때 관련 학생에게 내려진 조치뿐만 아니라, 조치가 내려진 근거와 이유를 제시해야 하며, 가해학생이 다수인 경우에는 가해학생별로 따로 조치결정을 기재하여 통보한다.

사안이 복잡하거나 여러 학교가 관련되어 있어 심의가 어려운 경우, 감염병 전염 및 확산 등으로 관련 학생의 진술이 불가능할 경우 등에는 심의위원회는 조치결정을 유보하고 추가 조사 등을 한 후 심의위원회를 다시 개최하여 의결할 수 있다. 이때 조치결정이 유보된 사실과 유보된 사유 등을 피해 및 가해자 측에게 서면으로 통보한다.

(2) 학교장에 대한 조치결정 통보

교육장은 조치결정 후 학교에 공문으로 조치결정을 통보한다. 이때 학교장은 교육장의 조치결정에 따른 조치의 이행에 협조하여야 한다(「학교폭력예방법」 제19조 제1항). 학교장은 가해자 측이 조치결정을 통보받은 후 조치이행이 이루어질 수 있도록 한다. 조치를 이행한 후에는 교육지원청에 그 결과를 보고한다(「학교폭력예방법」 제19조 제3항).

「학교폭력예방법」 제17조 제1항 제2호부터 제9호까지(제2호 피해학생 및 신고·고발 학생에 대한 접촉, 협박 및 보복행위의 금지, 제3호 학교에서의 봉사, 제4호 사회봉사, 제5호 학내외 전문가에 의한 특별 교육이수 또는 심리치료, 제6호 출석정지, 제7호 학급교체, 제8호 전학, 제9호 퇴학처분)의 처분을 받은 학생이 해당 조치를 거부하거나 기피한다고 인정되는 경우, 심의위원회는 해당 가해학생으로부터 추가 확인서를 받는 등 의견 진술 기회를 부여한 후 추가 조치 여부를 결정한다.

3. 조치에 대한 불복절차

1) 행정심판

행정심판은 행정청의 위법·부당한 처분이나 부작위로 권리 또는 이익을 침해받은 국민이 이를 회복하기 위하여 행정기관에 제기하는 권리구제 제도이다. 행정심판의 절차는 [그림 4-3]과 같다.

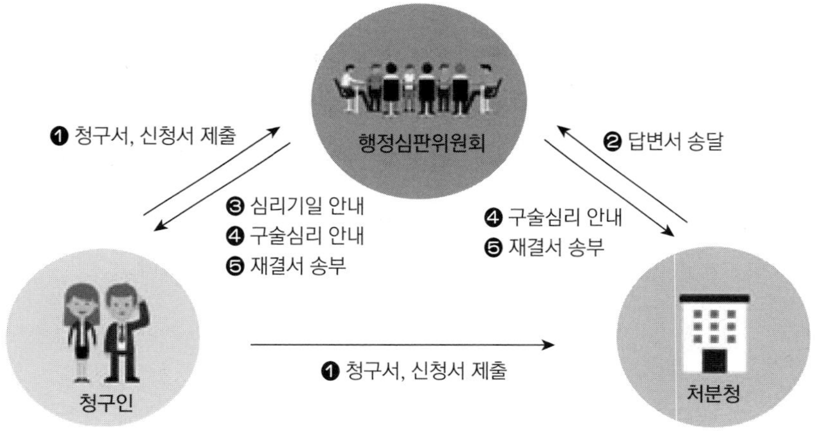

그림 4-3 행정심판의 절차

출처: 교육부(2022). 학교폭력 사안처리 가이드북.

(1) 행정심판의 대상

교육(지원)청 심의위원회의 조치결정에 불복할 때에는 해당 교육(지원)청 혹은 해당 교육(지원)청 행정심판위원회에 행정심판을 청구할 수 있다. 행정심판 청구서는 교육(지원)청이나 위원회 중 한 곳에만 제출하면 된다. 행정심판은 행정청인 교육장의 처분에 대한 불복절차이므로 학교의 설립 형태(국공립 및 사립)에 관계없이 행정심판을 청구할 수 있다. 행정심판을 청구할 수 있는 대상은 다음과 같다(교육부, 2022).

첫째, 피해학생 또는 그 보호자는 교육장의 조치(「학교폭력예방법」 제16조 제1항 각

호 및 제17조 제1항 각 호)에 대하여 행정심판을 청구할 수 있다.

둘째, 가해학생 또는 그 보호자는 교육장의 조치(「학교폭력예방법」 제17조 제1항 각 호)에 대하여 행정심판을 청구할 수 있다.

(2) 행정심판 청구기간

피해학생 또는 그 보호자 및 가해학생 또는 그 보호자는 교육장의 조치에 대하여 처분이 있음을 알게 된 날부터 90일 이내, 처분이 있었던 날부터 180일 이내에 행정심판을 청구할 수 있다. 이 두 기간 중 어느 하나라도 도과하면 행정심판 청구를 할 수 없다. 이때 '처분이 있음을 알게 된 날'은 교육장의 조치가 있음을 '현실적으로 안 날'을 의미한다. '처분이 있었던 날'은 교육장 명의의 조치결정 통보서가 '당사자에게 도달하여 해당 조치가 성립한 날'을 의미한다.

교육장 명의의 조치결정 통보서가 송달되기 전에는 학생 또는 보호자가 그 내용을 어떠한 경로를 통하여 미리 알게 되어도 청구기간이 진행되지 않는다. 그러나 학생 또는 보호자가 합리적인 이유 없이 조치결정 통보서의 수령을 거절하거나 일단 수령하였다가 반환한 경우에는 그때부터 청구기간이 진행된다.

(3) 집행정지 결정

행정심판의 청구는 처분의 효력이나 그 집행 또는 절차의 속행에 영향을 주지 않는다. 그러므로 처분의 효력, 처분의 집행 또는 절차의 속행을 정지하려면 행정심판위원회의 집행정지 결정이 있어야 한다.

2) 행정소송

행정소송은 행정청의 위법한 처분, 그 밖에 공권력의 행사·불행사 등으로 인한 국민의 권리 또는 이익의 침해를 구제하고, 공법상의 권리관계 또는 법적용에 관한 다툼을 적정하게 해결하기 위하여 법원이 행하는 재판절차이다. 교육장의 조치에 대하여 이의가 있는 당사자는 행정심판을 거치지 않고 바로 행정소송을 제기할 수 있다(「행정소송법」 제18조 제1항).

(1) 제소기간

취소소송은 처분 등이 있음을 안 날부터 90일 이내에 제기하여야 하며, 처분 등이 있은 날부터 1년을 경과하면 이를 제기하지 못한다(「행정소송법」 제20조). 행정심판을 거쳐 행정소송을 제기한 경우에는 '행정심판 재결서의 정본을 송달받은 날'부터 기간을 계산한다.

(2) 당사자

처분의 취소 또는 무효를 구하는 학생이 원고가 되고(미성년자인 경우에는 법정대리인이 대리하여야 함) 교육장이 피고가 된다.

(3) 집행정지 결정

취소소송의 제기는 처분 등의 효력이나 그 집행 또는 절차의 속행에 영향을 주지 아니하므로 처분의 절차 또는 효력을 정지하기 위해서는 집행정지 결정이 있어야 한다(「행정소송법」 제23조).

제 5 장

학교폭력 피해학생 및 가해학생에 대한 조치

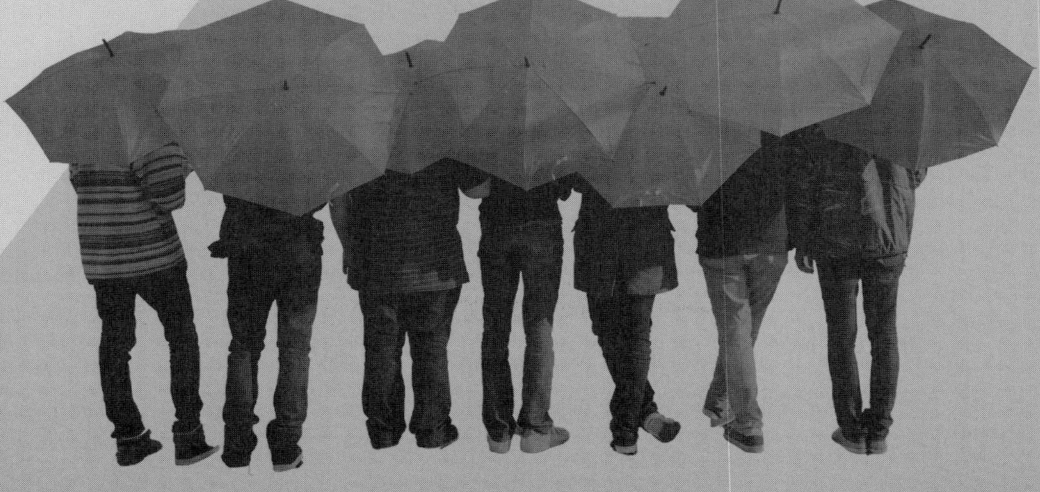

1. 피해학생에 대한 조치

1) 피해학생에 대한 보호조치

「학교폭력예방법」 제16조(피해학생의 보호)에 의거하여 심의위원회는 피해학생의 보호를 위하여 필요하다고 인정하는 때에는 피해학생에 대하여 다음 각 호의 어느 하나에 해당하는 조치(수 개의 조치를 동시에 부과하는 경우를 포함한다)를 할 것을 교육장에게 요청할 수 있다. 다만, 학교장은 피해학생의 보호를 위하여 긴급하다고 인정하거나 피해학생이 긴급보호의 요청을 하는 경우에는 제1호, 제2호 및 제6호의 조치를 할 수 있다. 이 경우 학교의 장은 심의위원회에 즉시 보고하여야 한다.

심의위원회는 피해학생에 대한 보호조치를 요청하기 전에 피해학생 및 그 보호자에게 의견 진술의 기회를 부여하는 등 적절한 절차를 거쳐야 한다. 또한 교육장은 심의위원회의 요청이 있는 때에는 피해학생의 보호자의 동의를 받아 7일 이내에 해당 조치를 하여야 한다. 이때 보호조치 등 보호가 필요한 학생에 대하여 학교장이 인정하는 경우 그 조치에 필요한 결석을 출석일수에 산입할 수 있다. 또한 학교장은 성적 등을 평가함에 있어서 보호조치로 인하여 학생에게 불이익을 주지 않도록 노력하여야 한다. 피해학생에 대한 보호조치는 다음과 같다.

제1호: 학내외 전문가에 의한 심리상담 및 조언
제2호: 일시보호
제3호: 치료 및 치료를 위한 요양
제4호: 학급교체
제5호: 삭제
제6호: 그 밖에 피해학생의 보호를 위하여 필요한 조치

(1) 제1호: 학내외 전문가에 의한 심리상담 및 조언

피해학생에 대한 보호조치 제1호는 학교폭력으로 받은 정신적 · 심리적 충격으로부터 회복할 수 있도록 학교 내외의 심리상담 전문가로부터 심리상담 및 조언을

받도록 하는 조치이다. 학교 내에 상담교사가 없을 시 지역 내 피해학생 전담지원 기관, Wee센터, 정신건강복지센터, 청소년상담복지센터, 전문상담기관 등 외부 기관을 통하여 진행할 수 있다.

(2) 제2호: 일시보호

피해학생에 대한 보호조치 제2호는 가해학생으로부터 지속적인 폭력이나 보복을 당할 우려가 있는 경우, 일시적으로 보호시설이나 집 또는 학교상담실 등에서 보호를 받을 수 있도록 하는 조치이다.

(3) 제3호: 치료 및 치료를 위한 요양

피해학생에 대한 보호조치 제3호는 학교폭력으로 인하여 생긴 신체적·정신적 상처의 치유를 위하여 의료기관 등에서 치료를 받도록 하는 조치이다. 피해학생의 보호조치로 집이나 요양기관에서 신체적·심리적 치료를 받을 때에는 치료기간이 명시된 진단서 또는 관련 증빙자료를 첨부하여 학교에 제출하도록 보호자에게 안내한다.

피해학생이 전문단체나 전문가로부터 제1호부터 제3호까지의 규정에 따른 상담 등을 받는 데에 사용되는 비용은 가해학생의 보호자가 부담하여야 한다. 다만, 피해학생의 신속한 치료를 위하여 학교의 장 또는 피해학생의 보호자가 원하는 경우에는 학교안전공제회 또는 시·도교육청이 부담하고 이에 대한 구상권을 행사할 수 있다(「학교폭력예방법」 제16조 제6항). 지원 범위 및 내용은 〈표 5-1〉과 같다.

표 5-1 피해학생에 대한 지원 범위 및 내용

구분		내용	인정기간
1호	학내외 전문가에 의한 심리상담 및 조언	교육감이 정한 전문심리 상담기관에서 심리상담 및 조언을 받는 데 드는 비용	2년(보상심사위원회 심의로 1년 범위에서 연장 가능)
2호	일시보호	교육감이 정한 기관에서 일시보호를 받는 데 드는 비용	30일
3호	치료 및 치료를 위한 요양	「의료법」에 따라 개설된 의료기관, 「지역보건법」에 따라 설치된 보건소·보건의료원 및 보건지소, 「농어촌 등 보건의료를 위한 특별조치법」에 따라 설치된 보건진료소, 「약사법」에 따라 등록된 약국 및 같은 법 제91조에 따라 설치된 한국희귀의약품센터에서 치료 및 치료를 위한 요양을 받거나 의약품을 공급받는 데 드는 비용	2년(보상심사위원회 심의로 1년 범위에서 연장 가능)

출처: 교육부(2022). 학교폭력 사안처리 가이드북.

(4) 제4호: 학급교체

지속적인 학교폭력 상황 및 정신적 상처에서 벗어나도록 하기 위해서 피해학생을 동일 학교 내의 다른 학급으로 소속을 옮기는 조치이다. 피해학생의 입장에서는 새로운 학급에 적응해야 하는 부담이 있으므로 조치결정에 있어 피해학생 및 보호자의 의견을 적극 반영하는 것이 바람직하다.

(5) 제5호: 기존의 전학권고 조치는 삭제됨

제5호 조치인 기존의 전학권고 조치는 삭제되었다. 그러나 학교장은 학생의 교육환경을 바꾸어 줄 필요가 있다고 인정하는 경우, 다른 학교로 전학을 추천할 수 있다. 이때 초등학교의 경우에는 보호자 1인의 동의를 얻어야 한다.

성폭력 범죄에 의한 피해학생의 전학요청 시 학교장은 반드시 교육감(장)에게 학교 배정을 요청하여야 하고, 이때 배정된 학교장은 전학을 거부할 수 없다(「성폭력방지 및 피해자보호 등에 관한 법률」 제2조 및 제7조).

(6) 제6호: 그 밖에 피해학생의 보호를 위하여 필요한 조치

학교폭력 피해 유형 및 연령 특성 등을 감안하여 필요시 해바라기센터 지정 병원 등 의료기관에의 연계, 대한법률구조공단과 같은 법률구조기관, 학교폭력 관련 기관 등에 필요한 협조와 지원 요청 등을 할 수 있다.

2) 추가적인 보호지원

(1) 출석일수 산입

피해학생 보호조치 등 보호가 필요한 학생에 대하여 학교장이 인정하는 경우, 그 조치에 필요한 결석을 출석일수에 산입할 수 있다(「학교폭력예방법」 제16조 제4항). 학교의 장은 피해학생 보호조치를 위하여 객관적으로 필요하다고 인정되는 범위에서 진단서나 의사소견서 등을 요청하여 결석을 출석으로 인정할 수 있다.

이외에도 「학교폭력예방법」 제12조에 따른 심의위원회의 개최 및 동 위원회에 학교폭력 피해학생에 대한 보호조치 요청 이전에 학교폭력 피해학생이 학교폭력으로 인한 피해로 출석하지 못하였음을 전담기구의 조사 및 확인을 거쳐 학교의 장이 인정한 경우에는 출석으로 처리한다.

(2) 불이익 금지

불이익 금지의 조치로서 보호조치를 받았다는 사실 자체가 성적평가 등에서 불이익으로 작용하지 않도록 해야 하며(「학교폭력예방법」 제16조 제5항), 피해학생이 결석하게 되어 부득이하게 성적평가를 위한 시험에 응하지 못하게 된 경우에도 학업성적관리규정에 의거하여 불이익이 없도록 조치해야 한다.

(3) 가정학습에 대한 지원

피해학생 보호조치 등으로 인해 피해학생이 결석하게 되는 경우, 학교의 장은 학생의 가정학습에 대한 지원 등 교육상 필요한 조치를 마련해 주는 것이 바람직하다.

3) 장애학생의 보호지원

「학교폭력예방법」 제16조의2에 의거하여 누구든지 장애 등을 이유로 장애학생에게 학교폭력을 행사하여서는 아니 된다. 따라서 장애 관련 비하 발언, 장애로 인한 개인의 정신적 · 신체적 불편함을 의도적으로 자극하거나 공격하는 행위 등을 하여서는 안 된다. 하지만 장애학생의 경우에도 사안처리 과정은 일반 학생과 동일하다.

「학교폭력예방법」 제2조 제5항에서는 장애학생에 대하여 "신체적 · 정신적 · 지적 장애 등으로 「장애인 등에 대한 특수교육법」 제15조에서 규정하는 특수교육이 필요한 학생"으로 정하고 있다. 그러나 특수교육을 받지 않는 학생이라고 하더라도 이러한 장애가 다소 있는 학생의 경우에는 입법 취지를 고려하여 보다 세심한 주의를 기울여야 할 대상이라는 점을 유의한다.

장애학생이 피해 · 가해학생인 경우, 장애로 인한 피해를 방지하기 위하여 전담기구의 사안조사 및 심의위원회 심의 시 특수교육 전문가(위원 및 참고인)를 참여시켜서 장애학생의 의견 진술 기회 확보 및 진술을 조력할 수 있다. 그리고 심의위원회는 학교폭력으로 피해를 입은 장애학생의 보호를 위하여 특수교육 및 장애인전문 상담 또는 장애인전문 치료기관의 요양 조치를 학교의 장에게 요청할 수 있다.

4) 다문화 · 탈북 학생의 보호지원

다문화학생(중도입국 · 외국인 학생 등)과 탈북학생의 경우에도 기본적인 사안처리는 일반 학생과 동일하다. 그러나 다문화학생(중도입국 · 외국인 학생 등)과 탈북학생은 문화적 · 언어적 차이로 인해 사안처리 과정에서 세심한 주의가 필요한 대상이라는 점을 유의한다. 초기 대응, 사안조사 등 사안처리 과정에서 한국어 능력이 부족하여 의사소통에 어려움이 있는 다문화학생(중도입국 · 외국인 학생 등), 제3국 출생 탈북학생의 경우에는 명확한 상황 전달과 자기표현을 위해 통역의 활용 또는 관련 담당교사를 참여시켜서 충분한 통번역이 이루어지도록 한다.

피해학생 또는 가해학생이 다문화학생(중도입국 · 외국인 학생 등), 탈북 학생인 경우에는 전담기구 및 심의위원회에 전문가(예비학교 담당자, 탈북교육담당자 등)를 참여시켜서 다문화학생(중도입국 · 외국인 학생 등)과 탈북 학생의 문화적 특성 등에 대한 의견을 참고하도록 한다. 특히 피해학생이 다문화학생(중도입국 · 외국인 학생 등) 또는 탈북학생이고, 가해학생이 일반 학생인 경우에는 「학교폭력예방법」 제17조 제1항 제5호 및 제3항에 의한 특별교육 이수 조치를 할 때에는 다문화 또는 탈북 학생에 대한 이해 및 인식 개선이 가능한 내용을 포함한 특별교육 프로그램을 이수하도록 하는 것이 바람직하다.

2. 가해학생에 대한 조치

1) 가해학생에 대한 교육 · 선도 조치

「학교폭력예방법」 제17조에 의거하여 심의위원회는 피해학생의 보호와 가해학생의 선도 · 교육을 위하여 가해학생에 대하여 다음 각 호의 어느 하나에 해당하는 조치(수 개의 조치를 동시에 부과하는 경우를 포함한다)를 할 것을 교육장에게 요청하여야 하며, 각 조치별 적용 기준은 대통령령으로 정한다. 다만, 퇴학처분은 의무교육과정에 있는 가해학생에 대하여는 적용하지 아니한다.

제1호: 피해학생에 대한 서면사과
제2호: 피해학생 및 신고 · 고발 학생에 대한 접촉, 협박 및 보복행위의 금지
제3호: 학교에서의 봉사
제4호: 사회봉사
제5호: 학내외 전문가에 의한 특별교육이수 또는 심리치료
제6호: 출석정지
제7호: 학급교체
제8호: 전학
제9호: 퇴학처분

가해학생 조치이행 시 특별한 경우(방학기간 중, 자율학습, 졸업예정 등)를 제외하고는 학기 중에 이행할 수 있도록 하는 것이 바람직하다. 심의위원회가 제1호(피해학생에 대한 서면사과), 제3호(학교에서의 봉사) 조치를 결정할 때에는 조치이행기간을 명시하여야 한다. 만약 조치이행기간 내에 조치를 이행할 수 없는 객관적 사유(병원 입원, 소년원 입소 등)가 있는 경우에는 학교장은 교육장에게 조치이행기간 변경을 요청할 수 있다.

「학교폭력예방법」 제17조 제1항 제3호(학교에서의 봉사), 제4호(사회봉사), 제5호(학내외 전문가에 의한 특별교육이수 또는 심리치료) 조치 및 제17조 제3항의 부가조치(제2호부터 제4호까지 및 제6호부터 제8호까지의 처분)는 시간 단위로 결정한다. 다만, 이와 관련된 결석은 학교의 장이 인정하는 때에는 이를 출석일수에 산입할 수 있다.

학교폭력 가해학생은 심의위원회의 조치 확정 후 이행이 완료될 때까지 학적 변동을 제한한다. 단, 학교의 장이 성폭력 등 피해 · 가해학생 분리 조치가 불가피하다고 인정하는 경우에는 내부결재를 거쳐 학적 변동을 수반하는 전학 등의 조치를 우선적으로 시행할 수 있다. 가해학생에 대한 교육 · 선도 조치를 자세히 살펴보면 다음과 같다.

(1) 제1호: 피해학생에 대한 서면사과

가해학생이 피해학생에게 서면으로 그동안의 폭력행위에 대하여 사과하는 조치이다.

(2) 제2호: 피해학생 및 신고 · 고발 학생에 대한 접촉, 협박 및 보복행위의 금지

피해학생이나 신고 · 고발 학생에 대한 가해학생의 접근을 막아 더 이상의 폭력이나 보복을 막기 위한 조치이다. 접촉 등 금지의 범위를 살펴보면, 먼저 시간의 범위는 심의위원회에서 제2호 피해학생 및 신고 · 고발 학생에 대한 접촉, 협박 및 보복행위의 접촉 등 금지 조치를 결정할 경우에는 그 기간을 정하는 것이 바람직하다. 만일, 기간을 정하지 않은 경우에는 해당 학교급의 졸업시점까지 접촉 등 금지가 유효하다. 접촉의 범위는 조치를 받은 학생이 의도적으로 피해학생에게 접촉하는 것을 금지하는 것으로, 교육활동 및 일상생활 가운데 이루어지는 의도하지 않은 접촉에 대해서 모두 금지하는 것은 아니다. 다만, 무의도성을 이유로 빈번하게 접촉이 이루어지거나 무의도성을 가장해 피해학생에게 접촉할 경우, 심의위원회는 대통령령으로 정하는 바에 따라 교육장에게 요청하여 다른 조치를 추가할 수 있다.

(3) 제3호: 학교에서의 봉사

교내에서 봉사활동을 통해 자신의 행동을 반성할 기회를 주기 위한 조치이다. 이러한 조치는 단순한 훈육적 차원이 아니라, 봉사의 진정한 의미를 알고 학생 스스로 잘못을 깨달을 수 있는 봉사방법을 선정하여 선도적 · 교육적 차원에서의 봉사활동을 실시하기 위함이다. 구체적인 학교에서의 봉사 조치로 가해학생에게 학교 내의 화단 정리, 교실의 교구 정리, 화장실 청소, 장애학생의 등교 도우미 지도 등을 실시할 수 있다. 또한 학교에서의 봉사 조치를 부과할 경우, 지도교사를 다양하게 구성할 수 있으며 봉사 시간을 명확하게 제시하는 것이 필요하다.

(4) 제4호: 사회봉사

학교 밖 행정 및 공공기관 등 관련 기관에서 사회구성원으로서의 책임감을 느끼고, 봉사를 통해 반성하는 시간을 마련하기 위한 조치이다. 사회봉사는 지역 행정기관에서의 봉사(환경미화, 교통안내, 거리 질서 유지 등), 공공기관에서의 봉사(우편물 분류, 도서관 업무 보조 등), 사회복지기관에서의 봉사(노인정, 사회복지관 등) 등의 형태로 진행될 수 있다. 학교에서는 사회봉사를 실시하는 기관과 업무 협조를 긴밀히 하고, 각종 확인 자료와 담당자 간의 통신을 통하여 사회봉사가 실질적으로 이루어질 수 있도록 한다.

(5) 제5호: 학내외 전문가에 의한 특별교육이수 또는 심리치료

가해학생이 봉사활동 등을 통해서도 스스로 자신의 행동을 반성하는 것이 어려워 보이는 경우에는 전문가의 도움을 받아 폭력에 대한 인식을 개선하고 스스로 자신의 행동을 반성하게 하는 조치이다. 교육감이 정한 기관에서 특별교육을 이수하거나 심리치료를 받아야 하며, 그 기간은 심의위원회에서 정한다. 특히 학내외 전문가에 의한 상담 및 심리치료는 가해학생이 담임교사 및 학생생활교육 담당교사 등과 나누기 어려운 이야기를 전문상담교사와 나눔으로써 자신의 폭력적인 행동의 원인을 생각해 보고 행동을 개선할 의지가 있는 경우에 교육적 의미를 지닌다.

(6) 제6호: 출석정지

가해학생을 수업에 출석하지 못하게 함으로써 일시적으로 피해학생과 격리시켜 피해학생을 보호하고, 가해학생에게는 반성의 기회를 주기 위한 조치이다. 가해학생에 대한 출석정지 기간은 출석일수에 산입하지 않는다. 출석정지는 미인정결석으로 처리한다(학교생활기록부 기재요령). 특히 학교장은 출석정지 기간 동안에 가해학생에게 적절한 지도가 이루어질 수 있도록 필요한 교육방법을 마련해야 한다.

(7) 제7호: 학급교체

가해학생을 피해학생으로부터 격리하기 위하여 같은 학교 내의 다른 학급으로 옮기는 조치이다.

(8) 제8호: 전학

가해학생을 피해학생으로부터 격리시키고, 피해학생에 대해 더 이상의 폭력행위를 하지 못하도록 하기 위하여 다른 학교로 소속을 옮기도록 하는 조치이다. 가해학생이 다른 학교로 전학을 간 이후에는 전학 전의 피해학생 소속 학교로 다시 전학올 수 없도록 하여야 한다.

전학 처분 시 교육감 또는 교육장은 전학 조치된 가해학생과 피해학생이 상급학교에 진학할 때에는 각각 다른 학교를 배정하여야 한다. 이 경우 피해학생이 입학할 학교를 우선적으로 배정한다(「학교폭력예방법 시행령」 제20조 제4항).

(9) 제9호: 퇴학처분

피해학생을 보호하고 가해학생을 선도 · 교육할 수 없다고 인정될 때 취하는 조치이다. 다만 의무교육과정에 있는 가해학생에 대하여는 적용하지 아니한다. 교육감은 가해학생에 대한 조치 및 재입학 등에 필요한 세부사항을 정한다. 특히 교육감은 퇴학처분을 받은 학생에 대하여 해당 학생의 선도의 정도, 교육 가능성 등을 종합적으로 고려하여 대안학교로의 입학 등 해당 학생의 건전한 성장에 적합한 대책을 마련하여야 한다(「학교폭력예방법 시행령」 제23조 제1항).

2) 심의위원회의 조치결정에 대한 이행강제

가해학생이 「학교폭력예방법」 제17조 제1항 제2호부터 제9호까지의 처분에 따른 조치를 거부하거나 기피하는 경우 심의위원회는 추가로 다른 조치를 할 것을 교육장에게 요청할 수 있다(「학교폭력예방법」 제17조 제11항). 특히 긴급조치를 거부하거나 회피할 경우에 학교장은 「초 · 중등교육법」 제18조 및 동법 시행령 제31조[학교 내의 봉사, 사회봉사, 특별교육이수, 1회 10일 이내, 연간 30일 이내의 출석정지, 퇴학처분]에 따라 징계하여야 한다.

3) 가해학생 및 보호자 특별교육

(1) 가해학생 특별교육

가해학생 특별교육은 '조치로서의 특별교육'(「학교폭력예방법」 제17조 제1항 제5호)과 '부가된 특별교육'(「학교폭력예방법」 제17조 제3항)의 두 가지로 구분된다. 「학교폭력예방법」 제17조 제1항 제2호～제4호까지 및 제6호～제8호까지의 처분을 받은 가해학생은 교육감이 정한 기관에서 특별교육을 이수하거나 심리치료를 받아야 하며, 그 기간은 심의위원회에서 정한다. 이때 심의위원회는 학교폭력 재발 여부를 고려하여 그 기간을 늘릴 수 있다. 이때 유의해야 할 점은 조치로서의 특별교육은 학교생활기록부 기재 대상이지만, 부가된 특별교육은 기재 대상이 아니라는 것이다.

표 5-2 가해학생에게 부가된 특별교육 기준(「학교폭력예방법」 제17조 제3항)

구분	조치별	기간 및 시간	특별교육기관
초등학교	제17조 제1항 제2, 3호	2시간 또는 4시간	• 학교 내 특별교육이수 기관 지정 학교 • 교육감 지정 특별교육위탁기관
	제17조 제1항 제4, 6, 7, 8호	1회 과정 5시간	
중학교	제17조 제1항 제2, 3호	2시간 또는 4시간	
	제17조 제1항 제4, 6, 7, 8호	5～20시간	
고등학교	제17조 제1항 제2, 3호	2시간 또는 4시간	
	제17조 제1항 제4, 6, 7, 8호	5～20시간	

※ 심의위원회는 학생 및 보호자에게 부가된 특별교육 기준과 상이하게 기간을 정할 수 있음.

(2) 가해학생 보호자 특별교육

교육장은 심의위원회에서 가해학생에게 '조치로서의 특별교육' 또는 '부가된 특별교육'의 처분을 내린 경우에 가해학생의 보호자에게도 특별교육을 이수하도록 서면으로 통보하여야 한다(「학교폭력예방법」 제17조 제9항). 만약 보호자가 특별교육에 불응한 경우, 교육감은 법률에 의하여 300만 원의 과태료가 부과됨을 안내하고, 특별교육을 이수할 것을 재통보하여야 하며, 이를 불응한 경우에는 법률에 의거하여 과태료를 부과 · 징수하여야 한다(「학교폭력예방법」 제23조). 가해학생 보호자 특별교육 기준은 〈표 5-3〉과 같다.

표 5-3 가해학생 보호자 특별교육 기준(「학교폭력예방법」 제17조 제9항)

구분	조치별	기간 및 시간	특별교육기관
초등학교	제17조 제1항 제2, 3호	2시간 또는 4시간	• 학교 내 특별교육이수 기관 지정 학교 • 교육감 지정 특별교육 위탁기관
	제17조 제1항 제4, 5, 6, 7, 8호	1회 과정 5시간	
중학교	제17조 제1항 제2, 3호	2시간 또는 4시간	
	제17조 제1항 제4, 5, 6, 7, 8호	1회 과정 5시간	
고등학교	제17조 제1항 제2, 3호	2시간 또는 4시간	
	제17조 제1항 제4, 5, 6, 7, 8호	1회 과정 5시간	

※ 심의위원회는 학생 및 보호자에게 부가된 특별교육 기준과 상이하게 기간을 정할 수 있음.

3. 가해학생에 대한 조치사항 및 학교생활기록부 기재

1) 학교생활기록부에 학교폭력 조치사항 기재

학교폭력 가해학생에 대한 조치사항의 경우에 학교에서 조치결정 통보 공문을 접수한 즉시 학교생활기록부에 기재하며, 구체적인 작성 및 관리에 관한 사항은 「학교생활기록 작성 및 관리지침」을 따른다. 가해학생 조치사항에 대한 행정심판 및 행정소송이 청구된 경우에도 기재된 조치사항을 삭제하지 아니하고, 향후 조치가 변경되거나 취소될 경우에 이를 수정하며, 조치결정 일자는 변경하지 않는다. 학교포폭력 조치사항 기록 시 유의사항은 다음과 같다(교육부, 2022).

첫째, 학교폭력 관련 피해학생에 대한 조치사항은 입력하지 않는다.

둘째, 학적 변동(전출, 자퇴 등)의 경우에 학교폭력 조치사항을 입력한 후 학적 처리를 한다.

셋째, 심의위원회가 가해학생 조치를 병과한 경우 병과된 조치사항 모두 학교생활기록부의 해당 영역에 입력한다.

넷째, 「학교폭력예방법」 제17조 제3항에 따라 가해학생은 교육감이 정한 기관에서 특별교육을 이수하거나 심리치료를 받은 사실은 기재하지 않는다.

다섯째, 조치결정 일자는 심의위원회의 조치 요청에 대해 교육장이 조치를 결정한 날(교육지원청 내부결재일)을 의미한다.

여섯째, 행정심판, 행정소송이 청구된 경우에는 조치사항을 먼저 입력하고, 향후 조치가 변경될 경우에 결정일자는 변경하지 않고 조치사항만 수정한다. 이때 유예, 자퇴 등 학업중단자도 포함된다.

일곱째, 학적이 정지된 자가 조치를 받은 경우에는 당해 학년도에는 학적 반영 취소 후 학교폭력 조치사항을 입력하고, 이전 학년에는 정정대장을 통해 기록한다. 학적이 정지된 자가 복교할 당시 중복 기간 동안 해당 학년에 학교폭력 가해학생에 대한 조치사항이 입력되어 있는 경우, 학교폭력 가해 조치사항이 입력된 내용은 유지한다.

여덟째, 전담기구에서는 학교폭력 가해학생 조치사항 관리대장을 관리한다. 해당 학생이 학적 변동 시에는 학교폭력 가해학생 조치사항 관리대장은 전입한 학교에서 관리 및 보유한다. 학적 변동 시 전입교에서는 전출교에 학교폭력 가해학생 조치사항 관리대장을 요청하여 관리한다.

2) 학교폭력 가해학생 조치 조건부 기재유보

「학교폭력예방법」 제17조 제1항 제1호(피해학생에 대한 서면 사과), 2호(피해학생 및 신고 · 고발 학생에 대한 접촉, 협박 및 보복행위의 금지), 제3호(학교에서의 봉사)까지에 따른 조치사항에 관한 내용을 적어야 하는 경우에는 다음 각 호의 어느 하나에 해당하는 경우로 한정한다.

- 해당 학생이 「학교폭력예방법」 제17조 제1항 제1호부터 제3호까지에 따른 조치사항을 이행하지 않은 경우
- 해당 학생이 「학교폭력예방법」 제17조 제1항 제1호부터 제3호까지에 따른 조치를 받은 후 동일 학교급에 재학하는 동안(초등학생인 경우에는 그 조치를 받은 날부터 3년 이내의 범위에서 동일 학교급에 재학하는 동안) 다른 학교폭력 사건으로 같은 조 제1항의 조치를 받은 경우로, 그 다른 학교폭력 사건으로 받은 「학교폭력예방법」 제17조 제1항 제1호부터 제3호까지에 따른 조치사항에 관한 내용도 함께 적어야 한다.

심의위원회가 정한 이행기간 내에 조치사항을 이행하지 않으면 조치사항을 기재하고 이후 조치사항을 이행하여도 기재내용은 유지된다. 학교폭력 가해학생이 「학교폭력예방법」 제17조 제1항 제1호부터 제3호까지의 조치를 받고 이행기간 만료 이전에 집행정지(효력정지) 인용결정을 받고 조치를 미이행했을 경우, 집행정지 기간 동안 조치이행 의무가 정지된 점을 고려하여 학교생활기록부 기재를 보류한다. 다만, 본 안에 대한 심리결과 청구가 기각된 경우에는 「학교폭력예방법」 제17조 제1항 제1호부터 제3호까지의 조치를 집행정지(효력정지) 결정 당시에 남은 이행기간 내에 조치를 이행했는지 여부에 따라 동 조치사항에 대한 학교생활기록부의 기재 여부를 결정한다. 「초 · 중등교육법 시행규칙」 제21조 제2항에 따른 기재유보 사항은 학교폭력 가해학생 조치(제1호, 제2호, 제3호) 조건부 기재유보 관리대장에 기재

하고, 학적 변동 시 소속 학교에서 관리 및 보유한다.

3) 기재내용 삭제

(1) 학교생활기록부 학교폭력 조치사항 삭제

「학교폭력예방법」 제17조 제1항 제1호~제3호, 제7호의 조치는 졸업과 동시에 삭제가 가능하다. 또한 제4호~제6호, 제8호의 조치는 졸업하기 직전에 전담기구에서 심의를 거쳐 졸업과 동시에 삭제가 가능하다. 이때 해당 학생의 반성 정도와 긍정적 행동 변화 정도 등을 고려해야 한다.

심의위원회에서 결정된 가해학생의 조치사항에 대한 학교생활기록부 기록 및 삭제와 관련된 관리방법은 〈표 5-4〉와 같다. 구체적인 관리방법은 「학교생활기록 작성 및 관리지침」을 따른다.

표 5-4 학교생활기록부 기록 및 삭제와 관련된 관리방법

<table>
<tr><th>가해학생 조치사항
「학교폭력예방법」</th><th>학교생활기록부
영역</th><th>삭제 시기</th></tr>
<tr><td>제1호(피해학생에 대한 서면사과)</td><td rowspan="4">행동 특성 및
종합의견</td><td rowspan="4">• 졸업과 동시(졸업식 이후부터 2월 말 사이의 졸업생 학적 반영 이전)
• 학업중단자는 해당 학생이 학적을 유지했을 경우를 가정하여 졸업할 시점</td></tr>
<tr><td>제2호(피해학생 및 신고 · 고발 학생에 대한 접촉, 협박 및 보복행위의 금지)</td></tr>
<tr><td>제3호(학교에서의 봉사)</td></tr>
<tr><td>제7호(학급교체)</td></tr>
<tr><td>제4호(사회봉사)</td><td rowspan="3">출결 상황
특기사항</td><td rowspan="4">• 졸업일로부터 2년 후
• 졸업 직전 전담기구의 심의를 거쳐서 졸업과 동시에 삭제 가능
• 학업중단자는 해당 학생이 학적을 유지하였을 경우를 가정하여 졸업하였을 시점으로부터 2년 후</td></tr>
<tr><td>제5호(학내외 전문가에 의한 특별교육 이수 또는 심리치료)</td></tr>
<tr><td>제6호(출석정지)</td></tr>
<tr><td>제8호(전학)</td><td rowspan="2">인적 · 학적 사항
특기사항</td></tr>
<tr><td>제9호(퇴학처분)</td><td>• 삭제 대상 아님</td></tr>
</table>

(2) 학교생활기록부 학교폭력 조치사항 삭제 시 유의사항

학교생활기록부 학교폭력 조치사항 삭제를 위한 심의대상자의 조건은 다른 사안으로 가해학생 조치(「학교폭력예방법」 제17조 제1항 제1호, 제2호, 제3호, 제7호 포함)를 받은 사실이 없고 학교폭력 조치결정일로부터 졸업학년도 2월 말일까지 6개월이 경과된 경우이다. 심의 시 참고를 위한 제출자료로는 담임교사 의견서, 가해학생 특별교육 이수증, 학부모 특별교육 이수증, 자필 자기의견서 등이다.

학교생활기록부에 기재된 가해학생 조치인 「학교폭력예방법」 제17조 제1항 제1호, 제2호, 제3호, 제7호의 관련 내용은 해당 학생의 졸업과 동시에 삭제한다. 구체적인 삭제방법은 교육정보시스템 졸업생 학적 반영 이전인 졸업식 이후부터 2월 말 사이에 삭제하되, 학교폭력과 관련되어 기재된 '긍정적인 행동 변화와 관련된 기재사항'도 같이 삭제한다.

학교생활기록부에 기재된 가해학생 조치인 「학교폭력예방법」 제17조 제1항 제4호, 제5호, 제6호, 제8호는 해당 학생 졸업 2년 후에 삭제하는 것을 원칙으로 하되, 심의대상자 조건을 만족할 경우에는 해당 학생의 반성 정도와 긍정적 행동 변화 정도를 고려하여 졸업 직전에 전담기구의 심의를 거쳐서 졸업과 동시에 삭제가 가능하다. 전담기구의 심의를 거쳐 삭제가 확정된 대상자 명단은 학교장을 위원장으로 하는 학업성적관리위원회에 통보한다.

제 6 장

학교폭력과 교사의 보호 · 감독 의무

1. 교사의 보호 · 감독 의무

1) 교사의 보호 · 감독 의무의 법적 근거

교사의 역할이란 교사가 수행해야 하는 교육적 행위를 의미하는데, 보다 쉽게 '교사는 무엇을 하는 사람인가?'라는 말로 요약될 수 있다. 즉, 교사의 역할이란 교사로서 해야 하는 혹은 할 것으로 기대되는 일을 말한다. 현대 사회에서 교사는 단순히 지식이나 기능만을 가르치는 것이 아니라, 학생 개개인의 원만한 인격 형성을 위한 제반활동을 수행할 것이 요구된다. 즉, 교사의 역할은 학습지도뿐만 아니라 학생 개개인의 건전한 성장과 발달을 돕기 위한 전반적인 생활지도활동까지를 포함한다. 그렇다면 학교폭력과 관련하여 교사들은 어떠한 역할을 할 것이 요구되는가?

교장, 교감, 교사 등의 교원은 학생을 보호 · 감독할 의무가 있다. 이러한 보호 · 감독 의무는 교육법에 따라 학생들을 친권자 등 법정감독의무자를 대신하여 보호 · 감독하는 의무이다(법무부, 교육부, 부산광역시교육청, 2011). 법원은 학교와 관련된 폭력에 대하여 교사나 학교장의 책임 여부가 문제되는 사안에서 학교장이나 교사는 '교육법에 따라' 학생을 보호 · 감독할 의무를 진다고 판시하고 있다. 그러나 교육관계법령에는 교장 또는 교사의 보호 · 감독 의무에 관한 직접적인 규정은 없다. 다만, 「초 · 중등교육법」 제20조[1] 에서는 학생을 교육하는 것을 교장, 교감, 교사의 임무로 규정하고 있을 뿐이다.

법원이 보호 · 감독 의무에 있어서 교육법을 언급한 것은 교육관계법령의 바탕에는 학생이 기본적 인권으로서 교육을 받을 권리를 향유하는 과정인 학교교육에서 생명이나 신체의 건강 등을 위협받지 아니한 채 안전하게 교육을 받을 권리를 보장

1) 제20조(교직원의 임무)

① 교장은 교무를 총괄하고, 소속 교직원을 지도 · 감독하며, 학생을 교육한다. [개정 2021. 3. 23.]

② 교감은 교장을 보좌하여 교무를 관리하고 학생을 교육하며, 교장이 부득이한 사유로 직무를 수행할 수 없을 때에는 교장의 직무를 대행한다. 다만, 교감이 없는 학교에서는 교장이 미리 지명한 교사(수석교사를 포함한다)가 그 직무를 대행한다.

③ 교사는 법령이 정하는 바에 따라 학생을 교육한다.

④ 행정직원 등 직원은 법령에서 정하는 바에 따라 학교의 행정사무와 그 밖의 사무를 담당한다. [전문개정 2012. 3. 21.]

하는 취지가 전제되어 있다고 보기 때문이다. 따라서 보호 · 감독 의무는 교육관계 법령의 정신 내지 교사의 직무에서 당연히 생기는 것으로 볼 수 있다.

2) 교사 개인의 책임

법원은 교사의 보호 · 감독 의무를 친권자 등 법정감독의무자를 대신하는 의무로 판단하고 있다. 따라서 책임 능력이 없는 학생들을 지도 · 담당하는 교사의 경우에는 「민법」 제755조 제2항 감독의무자를 갈음하여 책임이 없는 사람을 감독하는 자로서의 지위에 있게 되어 그 지도 · 감독 하에 있는 학생의 가해행위에 관하여 감독 의무를 게을리하지 않았음을 입증하지 못하는 한 가해행위로 인한 손해를 배상할 책임을 지게 된다.

반면에 가해학생이 책임 능력이 있는 경우에는 교사는 「민법」 제755조 제2항에 의한 책임을 지지는 않지만 교사로서 그 지도 · 감독 하에 있는 학생에 대한 보호 · 감독 의무로 인해 「민법」 제750조의 일반불법행위자로서의 손해배상책임을 부담하게 된다. 따라서 담당 학생의 연령 및 사리분별 능력 등을 기준으로 한 책임 능력의 유무는 교사 개인의 손해배상책임의 성립 여부에 중요한 의미를 지닌다. 또한 교사 개인의 책임은 사립학교의 교사와 국공립학교 교사 사이에도 차이가 있다.

3) 국공립학교 교사의 책임

대법원은 제한적이나마 보호 · 감독에 대한 책임을 인정하고 있다. 대법원(대법원 2000. 4. 11. 선고 99다44205 판결)은 지방자치단체가 설치 · 경영하는 학교의 교장이나 교사는 학생을 보호 · 감독할 의무를 지는 데, 이러한 보호 · 감독 의무는 교육법에 따라 학생들을 친권자 등 법정감독의무자를 대신하여 감독을 하여야 하는 의무로서 학교 내에서의 학생의 모든 생활관계에 미치는 것은 아니지만, 학교에서의 교육활동 및 이와 밀접 불가분의 관계에 있는 생활관계에 속한다.

그 의무 범위 내의 생활관계라고 하더라도 교육활동의 때와 장소, 가해자의 분별능력, 가해자의 성행, 가해자와 피해자의 관계, 기타 여러 사정을 고려하여 사고가 학교생활에서 통상 발생할 수 있다는 것이 예측되거나 또는 예측가능성(사고 발생의 구체적 위험성)이 있는 경우에 한하여 교장이나 교사는 보호 · 감독 의무 위반에 대한 책임을 진다(대법원 2007. 4. 26. 선고 2005다24318 판결).

이에 의하면, 국공립학교에서 발생한 학교폭력이나 성폭력 사고에 대하여 학교 설치자인 국가 또는 지방자치단체가 배상책임을 부담하는 일 외에 국공립학교의 교사 개인도 고의 또는 중과실이 있는 경우에는 불법행위로 인한 손해배상책임을 지게 된다. 그러나 교사의 과실뿐인 경우에는 교사 개인은 손해배상책임을 부담하지 않게 된다. 여기서 교사의 중과실이라고 함은 교사에게 통상 요구되는 정도의 상당한 주의를 하지 않더라도 약간의 주의를 한다면 손쉽게 위법, 유해한 결과를 예견할 수 있는 경우임에도 이를 간과한 경우와 같이 고의에 가까운 정도로 현저한 주의를 하지 않은 상태를 의미하는 것으로, 결국 국공립학교의 교사가 책임을 지는 경우는 사실상 대폭 제한되고 있다.

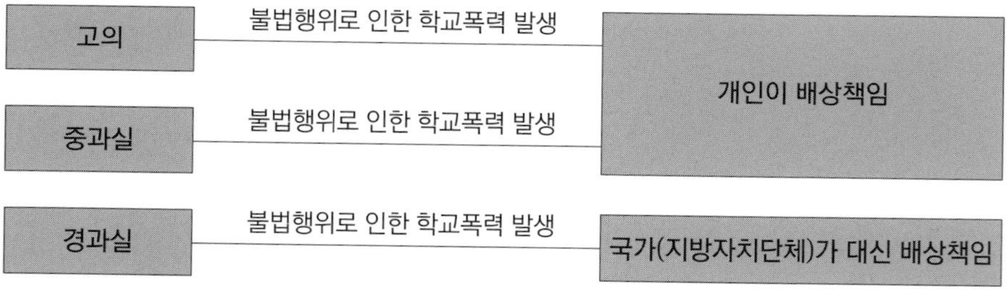

* 고의: 일정한 결과가 발생하리라는 것을 알면서도 감히 이를 행하는 것, 중과실: 약간의 주의를 한다면 손쉽게 손해 발생을 예견할 수 있었는데 이를 게을리한 것, 경과실: 가벼운 주의를 하지 않은 것

그림 6-1 국공립학교에서의 교사의 책임

출처: 교육부(2022). 학교폭력 사안처리 가이드북.

이러한 취지에서 학교폭력에 대한 교사의 보호 · 감독 책임을 물은 사례를 살펴보면, 또래 초등학교 6학년 학생들에게 지속적인 폭행을 당한 피해학생이 이러한 폭력이 지속되자 이를 견디지 못하고 결국 자살을 하였다. 이에 대해 법원은 교사가 이를 알고도 적극적인 대처를 하지 않고 방치한 것으로 판단하였다. 즉, 가해학생들은 12세 정도의 초등학교 6학년 학생들로서 비록 책임을 변식할 지능을 갖추지 못하고 있다고 하더라도 상당한 정도의 자율 능력, 분별 능력은 가지고 있다고 보아야 하기 때문에 이들에게도 책임을 묻게 하여야 한다고 판시하였다(손해배상 등은 결국 가해학생의 학부모가 부담하게 됨). 또한 이 사례에서 해당 교사에 대해 법원은 학교에서의 집단괴롭힘이 사회문제화되어 해당 학교에서 이에 대한 예방교육이 실시되고 있었다는 점, 교사가 학교폭력에 대해서 보다 주의 깊은 관심을 가져야 함에도 이를 소홀하였다는 점을 들어 교사의 손해배상책임을 인정하였다(대법원 2007. 4. 26. 선고 2005다24318 판결).

4) 사립학교 교사의 책임

사립학교 교사는 학교폭력 사고의 발생에 있어 그에게 고의는 물론이고, 과실이 있는 경우에 그 과실이 중과실인지 경과실인지를 불문하고 손해배상책임을 지게 된다. 이러한 점에서 「국가배상법」의 적용을 받는 국공립학교의 교사에 비하여 상대적으로 불리한 지위에 있게 된다.

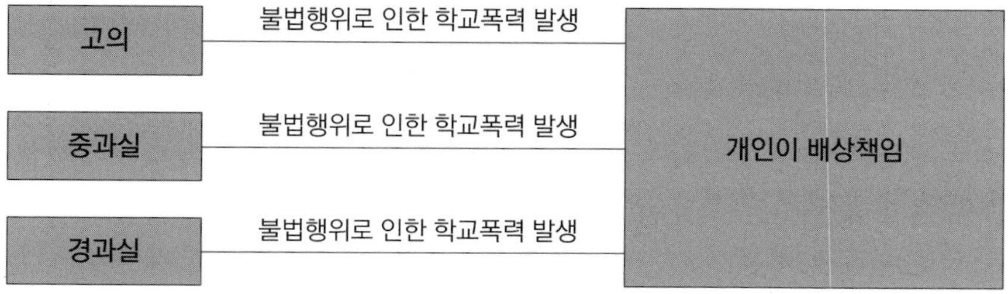

그림 6-2 사립학교에서의 교사의 책임

출처: 교육부(2022). 학교폭력 사안처리 가이드북.

실제 소송에 있어서는 손해배상 능력이 불확실한 교사 개인의 책임을 묻기보다는 자력이 확실한 학교 설치자를 상대로 하는 경우가 대부분이어서 아직까지는 큰 문제가 되지 않고 있을 뿐이다. 하지만 사립학교 교사의 경우에는 학교폭력이나 성폭력에 대한 주의에 보다 많은 관심을 기울여야 한다.

5) 학교 경영자 구상권에 따른 교사의 책임

학교의 설치 · 경영자가 피해학생에 대하여 손해배상을 한 경우, 보호 · 감독 의무를 위반한 교사에 대하여 구상권을 행사하게 된다. 그러나 국공립학교의 경우에는 앞서 본 바와 같이 「국가배상법」이 적용되는 결과 교사에게 고의 또는 중과실이 있는 경우에 한하여 구상책임을 물을 수 있고, 사립학교의 경우에는 법률상 제한이 없어서 이론상으로는 경과실인 경우에도 구상권을 행사할 수 있다.

그러나 법원은 이러한 구상권의 행사에 대해 무조건으로 인정해 주지는 않고 있다. 구상권 행사의 취지가 제반 사정을 모두 감안한 '손해의 공평한 분산'이라는 견지에서 신의칙[2] (good faith)상 상당하다고 인정되는 한도 내에서만 피용자(해당 교사)에 대하여 그 구상권을 행사할 수 있도록 제한하고 있다. 예를 들면, 학교폭력 사건의 판례에 따르면 학교폭력 사건으로 학교에서 2천만 원을 배상한 경우, 해당 교사에 대해 구상권 행사 시 그 액수는 2천만 원이 아니라 그 이하의 금액이 인정된다.

국공립 학교	고의 또는 중과실이 있는 경우에 한하여 교사에게 구상 책임
사립학교	경과실인 경우에도 교사에게 구상 책임
법원	**신의칙**상 인정되는 한도 내에서만 교사에게 구상 책임

그림 6-3 학교 경영자 구상권에 따른 교사의 책임

출처: 교육부(2022). 학교폭력 사안처리 가이드북.

2) 신의칙(信義則)이란 신의성실의 원칙(信義誠實의 原則, good faith)으로도 불린다. 모든 사람이 사회 공동생활의 일원으로서 상대방의 신뢰에 반하지 않도록 성의 있게 행동할 것을 요구하는 법원칙이다.

2. 학교폭력 사건에서 교사의 책임에 대한 법적 판단

1) 학교폭력 사건에서의 교사의 구체적인 보호 · 감독 의무

과거에는 학교폭력이 발생했을 경우에 법원에서는 피해학생 측은 가해학생 측에게만 그 피해에 대해 책임을 요구하였다. 그러나 최근에는 학교폭력이 발생한 경우에 법원에서는 피해학생 측이 가해학생 측뿐만 아니라 교사와 학교에 발생한 학교폭력에 대해 일정한 책임을 묻는 경우가 많이 발생하고 있다. 학교폭력 피해학생의 학부모가 학교를 방문하는 경우에 "일이 이렇게 될 때까지 선생님들은 무엇을 하고 있었나요?"라는 말을 하게 되는데, 이를 법적 분쟁이 발생하게 되는 출발이 되는 것이다. 또한 교사가 폭력 등에 대해 책임을 지게 되었다는 언론보도를 통해서 교사도 학교폭력이나 성폭력이 발생하면 그 정도의 차이가 있을 뿐 자신도 일정 부분 책임을 지는 것으로 생각하는 학습효과가 있었던 것으로 보인다. 이로 인해 교사가 학교폭력이나 성폭력 사건이 발생했을 때 은폐하거나 소극적인 대처를 하는 경우가 빈번하게 발생하고 있다.

하지만 교사 혹은 학교 관리자가 학교폭력이나 성폭력 사건에 대해 피해학생에 대해 치료비 등의 법적 책임을 지는 경우는 모든 학교폭력 사건에서가 아니라 일정한 요건을 구비한 경우에서만 가능하다. 따라서 법적으로 어떠한 의무가 있으며, 구체적으로 어떤 내용인지를 숙지하고 있어야 하는데, 단순히 교사의 책임 면피가 아니라 학교폭력에 대해 보다 적극적이고 효과적인 예방과 해결을 위함이다.

2) 교사의 보호 · 감독 의무 위반 여부에 대한 판단 기준

학교폭력 사건에서 교사의 보호 · 감독 의무 위반 여부의 판단 기준은 교육활동과 관련된 생활관계 여부와 교사의 예견가능성 여부의 두 가지로 나눌 수 있다(법무부, 교육부, 부산광역시교육청, 2011).

(1) 교육활동과 관련된 생활관계 여부

교사의 보호 · 감독 의무 위반에 대해 법적으로는 '학교에서의 교육활동과 이와 밀접한 생활관계인 경우'이어야 한다고 명시하고 있다. 수업 시간은 물론 소풍, 운동회, 체험학습, 수학여행, 고적답사 등 야외활동인 경우에도 장소가 교실이 아닐 뿐 교육활동 시간이라고 할 수 있다. 또한 아침 자습 시간, 쉬는 시간, 점심시간, 청소시간 등은 직접적인 교육활동 시간은 아니지만 교육활동 시간과 밀접한 생활관계에 해당하는 경우라고 할 수 있다.

이처럼 학교에서의 폭력 사건에 대해 교사가 책임을 지는 것은 당연하다. 그러나 토요일이나 일요일에 학원에서 발생한 폭력 사건, 방과 후 저녁 시간에 집 근처에서 발생한 폭력에 대해 기본적으로 교사의 책임을 묻지 않는 것은 이 때문이다.

(2) 교사의 예견가능성 여부

학교폭력 사건에서 교사의 보호 · 감독 의무 위반 여부의 판단에 있어서 교육활동과 관련된 생활관계인 경우라고 하여도 교사가 폭력 상황을 예견하였거나 예견할 수 있는 상황이어야 한다. 즉, 교사가 '학교폭력이 발생할 것을 알았거나 알 수 있어야' 한다. 쉬는 시간에 학생 간에 우발적으로 발생한 폭력 사건에 대해 교사가 책임을 지지 않는 것은 비록 교육활동과 밀접한 생활관계에서 발생하였지만 이러한 폭력이 발생할 것을 교사가 사전에 알았거나 알 수 있다고 볼 수 없기 때문이다.

교사의 보호 · 감독 의무는 기본적으로 학교에서의 교육활동 및 이와 밀접 불가분의 관계에 있는 생활관계인지 여부와 예견가능성 여부에 따라 달라진다. 그러나 이 두 가지 요건을 모두 충족하였다고 하여 반드시 교사가 책임을 지는 것은 아니다. 그 상황에 적합한 관련 예방 조치들을 충분히 한 경우라면 법적인 책임을 지지는 않는다.

법원은 학생이 상당한 정도의 자율 능력이나 분별 능력을 가지고 있는 경우에는 단순하고 우발적인 장난이나 다툼 등에 의하여 일어난 학교폭력 사건에 대해서는 교사 등 학교 측의 책임을 인정하지 않는다. 이런 경우에도 책임을 묻는다는 것은 법적용의 형평상 지나치다는 인식하에 '구체적인 예견가능성'이라는 개념을 매개로 교사의 책임을 가급적 제한하고 있다.

일반적으로 연령이 낮고 책임 능력이 인정되기 어려운 초등학교 저학년생의 경우에는 교사에게 보다 높은 주의 의무가 요구된다고 할 것이다. 따라서 초등학교에 재학 중인 학생의 경우에는 분별 능력이 부족하여 충분한 보호 · 감독을 할 필요가 있다고 볼 수도 있다. 그러나 초등학교 6학년인 학생들 간의 우발적인 사고에 대해서 학교가 책임을 부정하는 경우도 있어서 가급적이면 교사의 책임을 제한하고 있다.

일선 교사의 경우에 사건의 구체적인 내용을 알지 못하고 단지 폭력이 발생하였고, 그에 대해 교사가 책임을 진다는 간단한 언론보도를 접하게 되는 경우가 많다. 이로 인해 학교폭력이나 성폭력에 대해 교사가 정도의 차이는 있을지언정 책임은 지게 된다고 오해하는 것이다. 교사 및 학교 관리자가 피해자나 피해자의 학부모로부터 폭력 사실이나 구제 요청을 받은 경우라면 교사의 폭력 발생에 대한 예견가능성은 커진다. 또한 교내 폭력이 공연하여 교사나 학교 관리자가 이를 알 수 있는 상황이라면 또한 그밖에 어떤 징표가 있어서 사고 발생을 쉽게 알 수 있는 경우라면 교사의 폭력사건 발생에 대한 예견가능성은 매우 높다. 따라서 이런 상황 등이 발생한 학교폭력이나 성폭력 사건에 대해서 교사 등 학교 측에 책임을 지우는 특별한 사정이 될 수 있다.

3) 판례를 통해 본 교사의 보호 · 감독 의무

지방자치단체가 설치 · 경영하는 학교의 교장이나 교사는 학생을 보호 · 감독할 의무를 지는 데, 이러한 보호 · 감독 의무는 교육법에 따라 학생들을 친권자 등 법정감독의무자를 대신하여 감독을 하여야 하는 의무로서 학교 내에서의 학생의 모든 생활관계에 미치는 것은 아니지만, 학교에서의 교육활동 및 이와 밀접 불가분의 관계에 있는 생활관계에 속하며, 그 의무 범위 내의 생활관계라고 하더라도 교육활동의 때와 장소, 가해자의 분별 능력, 가해자의 성행, 가해자와 피해자의 관계, 기타 여러 사정을 고려하여 사고가 학교생활에서 통상 발생할 수 있다는 것이 예측되거나 또는 예측가능성(사고 발생의 구체적 위험성)이 있는 경우에 한하여 교장이나 교사는 보호 · 감독 의무 위반에 대한 책임을 진다.

학교폭력 사건에 대한 몇 가지 판례를 통해 교사의 보호 · 감독 의무의 위반 여부를 어떻게 법적으로 판단하고 있는지 살펴보기로 한다(법무부, 교육부, 부산광역시교육청, 2011).

(1) 수학여행에서 발생한 학교폭력 사건

판결 대법원 1999. 9. 17. 선고 99다23895 판결

사건개요

고적답사를 겸한 졸업여행 중 숙소 내에서 휴식 시간에 학생들 사이에 폭력사건이 발생하였다. 이로 인하여 피해학생이 한쪽 눈을 실명하게 되었다. 이에 피해학생 측에서는 인솔교사와 학교장을 상대로 보호 · 감독 의무에 소홀하였다고 하여 배상을 요구하였다.

법원의 판단

법원은 가해자와 피해자를 포함한 학생들이 졸업여행을 떠나게 되어 평소와 달리 기분이 들뜨고 해이해지기 쉬운 상황에서 심한 장난을 한다든가 서로 간에 시비가 발생할 가능성은 존재할 수 있음을 인정하였다. 그러나 이 사건이 생활지도부장이나 담임교사의 입장에서 학교 측의 안전교육이나 사전지시에 따르지 않고 돌발적으로 벌어진 사고라는 점에 주목하였다. 이러한 돌발적인 상황에 대해 인솔교사 등이 폭력에 대해 예측하였거나 예측할 수 있다고 보기 힘들다고 판시하였다. 따라서 교사의 보호 · 감독 의무 위반의 책임을 부정하였다.

(2) 청소 시간에 발생한 학교폭력 사건

판결 대법원 1994. 8. 23. 선고 93다60588 판결

사건개요

한 학생이 청소 시간에 같은 반 학생에게 시비를 걸어 구타하고 밀어붙여서 칠판 모서리에 머리를 부딪히게 하여 이로 인하여 사망하였다. 가해학생은 그동안 학생들에게 폭력적인 행동을 자주하여 문제가 되고 있던 학생이다.

법원의 판단

법원은 담임교사에 대해 미성년자인 학생들을 그 친권자를 대신하여 보호 · 감독하고 교육하여야 할 담임교사로서 평소 가해학생의 행실이 바르지 못하여 급

우들을 괴롭히는 일이 잦았으므로 특별히 관심을 갖고 주의 선도하는 등으로 교육하여야 함에도 이를 게을리한 과실이 있다고 인정하여 교사의 배상책임을 인정하였다.

(3) 중학교에서의 집단폭력 사건

판결 울산지법 2006. 12. 21. 선고 2005가단35270 판결

사건개요

공립중학교의 학생들이 같은 반의 학생을 집단적으로 괴롭혀 상처를 입히고 우울증 등의 증상을 겪게 하였다. 이에 피해학생의 측에서는 그 중학교의 설치 · 경영자인 지방자치단체를 상대로 배상을 요구하였다.

법원의 판단

공립중학교의 학생들이 같은 반의 학생을 집단적으로 괴롭혀 상처를 입히고 우울증 등의 증상을 겪게 한 경우, 담임교사로서는 당시의 사회 분위기나 자신이 맡고 있는 학급 내 상황에 비추어 피해학생이 가해학생들로부터 집단괴롭힘이나 집단폭행을 당할 수도 있다는 것을 어느 정도 예상할 수 있었으므로 수업 시간 전후로 수시로 돌아보고, 학급의 반장을 통하여 학급 내에서의 집단괴롭힘이나 폭행 사건이 발생할 경우에 즉각적으로 보고를 하도록 하며, 학급 내에서 종종 동료 학생들을 괴롭히는 가해학생들에 대하여는 보다 적극적인 자세로 훈육을 하고 위와 같은 집단괴롭힘 등이 발생하지 않도록 필요한 예방 조치를 취해야 할 주의 의무가 있음에도 불구하고 이를 소홀히 함으로써 결과적으로 피해학생으로 하여금 위와 같이 집단따돌림을 당하도록 하는 상황에 이르게 하였으므로 위 중학교의 설치 · 경영자인 지방자치단체는 「국가배상법」 제2조에 따라 소속 공무원인 담임교사의 위와 같은 위법한 공무 수행으로 인하여 피해학생 및 그 부모가 입은 손해를 배상할 책임이 있음을 인정하였다.

(4) 체육 시간 이후 발생한 학교폭력 사건

판결 대법원 2000. 4. 11. 선고 99다44205 판결

사건개요

중학교 2년생인 A군이 체육 시간에 피해자 B군의 잘못으로 체육교사로부터 단체기합을 받았다는 이유로 그 직후의 휴식기간에 피해자를 폭행하여 상해를 가하였다. 이에 피해학생 측의 부모가 체육교사 및 담임교사에게 배상을 요구하였다.

법원의 판단

만 14세 4개월의 중학교 2년생인 A군이 체육 시간에 피해자 B군의 잘못으로 체육교사로부터 단체기합을 받았다는 이유로 그 직후의 휴식기간에 피해자를 폭행하여 상해를 가한 경우, 가해자의 성행, 피해자와의 관계, 단체기합의 정도 등에 비추어 체육교사 또는 담임교사 등에게 사고에 대한 예측가능성이 없었다고 판시하였다. 따라서 교사의 보호 · 감독 의무 위반의 책임을 부정하였다.

(5) 집단따돌림으로 인한 자살 사건

판결 대법원 2007. 11. 15. 선고 2005다16034 판결

사건개요

A, B, C, 을 4인은 같은 반 친구들로, 2001. 3.경부터 배타적으로 어울리는 작은 집단을 형성하여 지내다가 A가 이 집단을 주도하면서 을을 집단에서 배척하였다가 다시 끼워 주는 것을 되풀이하였다. 그러던 중 여름방학 이후부터는 을이 말을 걸어도 아무런 대답을 하지 않는 등 을을 의도적으로 배제하고, 을이 교복을 줄여 입은 모습을 보면서 놀리거나 점심시간에 학교 급식소에서 을이 같은 식탁에 앉아 식사하려고 할 때 다른 식탁으로 옮겨 피하기도 하였다. 이런 상황에서 2001. 9. 24. 을의 필통이 없어지자 을은 A와 B가 이를 숨긴 것으로 알고 다른 학생들 앞에서 이들에게 따졌다가 자신의 오해로 밝혀져 이들에게 사과하였으나 이들이 을의 사과를 받아 주지 않고 오히려 을을 몰아세움으로써 A 등과의 관계가 더욱 악화되었다.

이 후에 을은 2001. 9. 26.경에는 교복 대신 검은 스웨터를 입고 오고 자율학습

시간에 자주 교실을 드나드는 등 상당히 불안한 모습을 보였다. 또한 을이 C에게 자신과 함께 놀아 달라고 하자 이를 알게 된 A, B로부터 'C가 니 쫑이냐'라는 말과 함께 면박을 당하였다. 다음 날인 2001. 9. 27. 등굣길에 을은 다른 반 친구에게 전날 A 등으로부터 면박당한 일을 이야기하면서 '왕따 당하니까 괴롭고 힘들다. 이들 중 한 명이 내가 니 쫑이냐고 말하여 상처받았다'고 말하였다.

또한 같은 날 점심시간에 A와 B가 다른 학생들에게 '을의 성격이 이상하다. 같이 놀지 마라'며 학교 급식소로 몰려가 자신만이 남게 되자, 어머니에게 전화하여 '엄마, 나 사실은 왕따야. 전학시켜 줘. 죽을 것 같아'라고 울면서 이야기하게 되었다. 같은 날 하굣길에 A와 B가 을에게 약을 올리며 몰아세우자 을은 귀가한 직후인 17:00시경 자신이 살던 아파트에서 투신하여 자살하였다.

피해자 어머니의 상황

을의 어머니는 을이 3학년에 들어와 1학기부터 A 등과의 교우관계로 문제가 있는 것으로 생각하고 을에게 필요하면 학교에 도움을 요청하겠다고 하였지만 을이 스스로 해결하겠다고 하여 달리 담임교사 등과 상담하지 않았다. 또한 을이 자살 당일 전화할 때까지 을이 집단따돌림을 당하고 있고, 이로 인하여 심한 고통을 받고 있음을 알지 못하였다.

교사의 대처

을의 담임교사는 2001. 3.경 ○○중학교에서 폭행 사건으로 문제를 일으키고 전학온 A에 대하여 1교사 1학생 결연 상담 제도에 따라 A의 학교생활 전반에 관하여 상담지도를 하였는데, 을이 학기 초에 A와 급속히 가까워지자 이를 염려하여 을에게 시간을 두면서 천천히 사귈 것을 권유하기도 하였다. 또한 담임교사는 A 등이 을과 집단을 형성하여 친밀하게 지내면서 을을 집단에서 배척하였다가 다시 끼워주는 등의 갈등이 있음을 알았으나 학창 시절 교우관계에서 겪는 과정의 일부라고 생각하여 별다른 조치를 취하지는 않았고, 필통 분실 사건에 대하여도 알지 못하였으나, 2001. 9. 26. 을이 상당히 불안한 상태에 있다고 느껴 을에 대한 상담이 필요하다고 생각하고 있던 도중 2001. 9. 27. 임원회의에 참석한 을의 어머니로부터 을이 그날 점심 때 울면서 전화한 사정을 듣게 되자, A 등이 봄부터 을을 집단에 끼워

주었다 빼 놨다 하는 것을 알고 있었음에도 "잘 지낼 테니 걱정하지 마라. 자신이 잘 이야기해 보겠다"고 하였다. 을은 담임교사와 자주 상담을 하였으나 주로 공부 문제에 관하여만 상담하였을 뿐 교우관계에 관한 어려움을 이야기한 일은 없었다.

법원의 판단

법원은 교사에 대해 집단따돌림에 대한 손해배상은 인정하였다. 그러나 인정한 손해배상은 집단따돌림으로 인해 학생이 생존 시 겪은 고통 등에 대한 부분이다. 이 경우와 같이 학생이 자살이라는 극단적인 행동을 선택한 점에 대해서는 교사가 해당 학생이 자살을 할 것을 예상하기 힘들었다고 하여 자살에 대한 손해배상은 부정하였다.

3. 상황에 따른 교사의 보호 · 감독 의무

1) 학교폭력 사건에서 교사의 보호 · 감독 의무 판단

법원의 판결을 통해서 살펴보면 통상적인 교육활동이 아닌 휴식 시간, 수업 시작 직전의 시간, 수업 종료 직후의 시간의 사고에 대해서는 특별한 경우를 제외하고는 학교 측의 책임을 인정하는 경우는 그리 많지 않다. 이러한 특별한 경우에도 그 시간이 교육활동과 질적이나 시간적으로 밀접 불가분한 관계에 있어 교사의 일반적인 보호 · 감독 의무가 미치는 것을 인정하면서도 구체적인 학교폭력 사건의 예견 가능성이 없다는 이유로 학교의 책임을 부정하고 있다. 그럼에도 불구하고 책임을 져야 한다는 교사의 오해로 인하여 책임을 면하기 위하여 사건을 은폐하는 등의 행동을 하게 되고, 이러한 행동에 대해 책임을 지게 되는 경우가 발생하고 있다.

2) 일상적인 교내 생활의 경우

최근 수업 시간 중에 학생이 폭력을 휘둘러 다른 학생이나 교사에게 해를 입히는 경우가 종종 발생하고 있다. 그러나 이러한 경우가 그리 많지 않고, 또한 이러한 사건이 재판 등 법적 절차에 들어가는 경우는 더욱 적다고 할 것이다. 이는 현실적으로 교사의 학생들에 대한 장악력이 가장 높은 시간인 수업 시간에 폭력 사건이 발생할 개연성이 아주 낮기 때문이다. 또한 수업 시간 중의 학생 간의 폭력 사건은 교육활동 그 자체에 내재하는 위험이 현실화된 것이라기보다는 우연히 내지 돌발적인 경우가 많아서 담당교사가 구체적인 위험에 대해 알거나 알 수 있었던 경우가 아니라면 보호 · 감독 의무를 위반한 것은 아니다.

평소 거칠고 난폭한 행동을 하거나 급우를 상대로 반복하여 장난을 걸어 다른 학생에게 위해를 가할 우려가 있는 학생에 대하여는 그 행동 관리에 충분한 배려와 지도를 실시하고, 효과가 없는 경우에는 친권자에게 알리고 상담을 하는 등 적절한 조치를 취하여야 한다.

학교폭력 읽기 자료 5

평상시 요주의 학생에 대한 선도 미비에 대한 책임

법원은 '가해학생의 부모들이 친권자로서 미성년자인 가해학생을 평소 바른 생활을 하고 다른 사람을 괴롭히지 않도록 보호 · 감독하여야 할 주의 의무가 있음에도 이를 게을리한 과실과 미성년자인 학생들을 그 친권자를 대신하여 보호 · 감독하고 교육하여야 할 담임교사로서 평소 가해학생의 행실이 바르지 못하여 급우들을 괴롭히는 일이 잦았으므로 특별히 관심을 갖고 주의 선도하는 등으로 교육하여야 함에도 이를 게을리한 잘못을 인정하여 그 책임을 인정'한 적이 있다(대법원 1994. 8. 23. 선고 93다60588 판결).

이 사건은 책임 능력이 없는 미성년자의 학교폭력(불법행위)에 대하여 부모에게 보호자로서 감독 의무를 소홀히 한 것과 담임교사는 학생에 대한 보호 · 감독 의무를 소홀히 한 것이 결합하여 이러한 사고가 발생한 것으로 파악한 것이라고 할 수 있다.

마찬가지로 피해학생이 또래 학생들보다 신체적 · 정신적 능력이 열악하여 동급생들로부터 주목과 차별의 대상이 되기 쉬운 학생에 대하여도 담임교사 등이 평소 생활지도에 있어서 각별한 관심을 기울여야 한다.

학교폭력 읽기 자료 6

신체적 문제가 있는 학생에 대한 지도와 책임

선천성 심장질환자인 고등학교 1학년생에 대하여 같은 반의 일부 학생들이 1년여에 걸쳐 집단괴롭힘을 가한 사건에 대해 법원은 담임교사가 피해학생에게 신체질환에 따른 특별한 배려가 필요하다는 것을 잘 알고 있었고 피해학생의 부모로부터 수차례에 걸쳐 피해학생이 집단괴롭힘을 당한다는 사실을 들었다면 별도의 조치가 이루어져야 한다고 하였다. 구체적으로는 가해학생들에게 훈계와 반성문 제출을 요구하는 데 그칠 것이 아니라 더 이상의 가해행위를 방지하기 위하여 보복성 폭행이 없는지 확인하고 학급 내 다른 학생들과도 수시로 개인면담을 실시하거나 학급반장에게 학급에서 일어나는 모든 일을 보고하도록 하는 한편, 교장이나 다른 교사와 상의하여 가해학생들에 대하여는 적절한 사후조치나 감독 등 특별한 관리를 하여야 한다. 이 사건에서 법원은 피해학생에 대하여는 세심한 배려를 요청하는 등의 노력을 기울여야 함에도 이를 소홀히 하였고, 교장 등 다른 교사들도 가정통신문의 발송 등 형식적인 학교폭력 예방조치에만 급급한 나머지 교실에서 장기간에 걸쳐 자행된 집단괴롭힘을 알아차려 이를 방지하지 못한 잘못이 있다(서울고등법원 1999. 12. 7. 선고 98나65344 판결).

3) 외부 학교 행사의 경우

최근에는 단순히 교실에서의 수업 이외에 다양한 외부활동을 하는 경우가 많이 존재한다. 기존에 초등학교를 중심으로 이루어지던 외부활동이 중 · 고등학교에서도 과거에 비해 많이 이루어지고 있다. 따라서 교사는 이러한 경우에 주의하여야 할 다음의 내용을 숙지할 필요가 있다(법무부, 교육부, 부산광역시교육청, 2011).

(1) 보호 · 감독 의무의 존재

수학여행 등 학교 행사, 외부활동도 교육계획에 의한 교육활동의 일환으로 행하여진다. 따라서 이러한 활동 중에도 일반 수업 시간과 마찬가지로 교사는 일반적인 보호 · 감독 의무가 있다.

(2) 외부활동의 특징

주로 교외에서 이루어지다 보니 학생들이 평소와는 달리 기분이 들뜨고 긴장이 느슨해지기 쉽다. 평상시 차분하던 학생도 외부활동의 경우에 들뜨는 경우가 발생할 수 있다. 이 경우 안전사고를 비롯하여 각종 사고가 발생할 확률이 상대적으로 매우 높다. 또한 중 · 고등학교의 경우에는 다른 학교 학생들과의 접촉 과정에서 폭력 사건이 발생하기 쉽다.

(3) 학교폭력 예방을 위한 대책

특히 중 · 고등학생들의 경우에는 다른 학교 학생들과의 접촉 과정에서 폭력 사건이 자주 발생하게 되므로 사전에 안전교육을 실시하는 등 각별한 주의를 기울여야 한다. 이는 외부활동과 같은 경우에 있어서 학교폭력 등의 사건이 발생할 것을 교사가 알 수 있을 가능성이 매우 높기 때문에 그 책임의 범위가 확대된다.

그러나 중요한 것은 외부활동이라고 하여 (인솔)교사가 반드시 책임을 지는 것은 아니라는 점이다. 보통 외부활동의 경우에 학생 20명 정도에 교사 1명이 인솔하고 있다. 이 경우 인솔교사가 지도하는 학생들 전부에 대해 일일이 파악하는 것은 불가능하다. 또한 그 정도의 지도를 반드시 하여야 하는 것을 요구하는 것은 아니다. 인솔교사가 학생지도에 있어서 기본적인 조치를 취한 경우에는 폭력 사건이 발생하여도 그 인솔 등에 법적인 책임을 지지는 않는다.

학교폭력 읽기 자료 7

해외봉사활동 시 학교폭력 사건 발생과 책임

2004년 1월 필리핀으로 봉사활동을 갔을 때 하급생이 홈스테이 가정에서 식사를 하지 않았다는 이야기를 듣고 '학교를 대표해 왔는데 왜 성의를 무시했느냐?'며 머리를 나무 막대기로 때렸다가 피해자가 두개골 출혈로 수술을 받고 고소하여 가해학생에게 손해배상금을 받은 후 학교에도 책임이 있다고 소송을 제기한 경우이다. 이에 대해 서울중앙지법 민사30단독(김태훈 판사)은 '폭행 당사자들이 청소년으로서 낯선 외국에서 상당 기간 합숙해야 하므로 학교에서 보다 더 세심한 배려를 할 의무가 있다'고 하여 해당 학생의 담임선생님에게 35%의 책임이 있다고 판시하였다(연합뉴스 2006. 2. 5.).

4) 과외그룹 활동 및 자치활동의 경우

과외그룹 활동 및 자치활동의 경우에는 정규수업 이외의 과외활동으서 학생들의 자발적인 참여에 의하여 이루어진다고 하여도 학교의 교육활동의 일환으로 이루어지는 것이다. 따라서 담당 지도교사로서는 과외그룹에 속한 학생을 적절히 지도 · 감독하여 위험의 발생을 방지하여야 할 일반적인 주의 의무가 있다.

학교폭력 읽기 자료 8

과외활동 중 교사의 보호 · 감독과 학생의 자율권 존중

과외활동 등을 하는 경우에 발생하는 학교폭력에 대해서는 평소 지도교사가 입회하고 있었더라면 위험을 알 수 있거나 사고 발생을 방지할 수 있는 가능성이 높다는 점에서 입회를 하여야 한다고 볼 수 있다. 그러나 과외활동의 경우에는 학생의 자주성이 존중되어야 하고, 사고 발생의 가능성이 정형적으로 존재하지 않는다는 특징이 있다. 따라서 과외활동 중에 사고가 발생할 위험성을 구체적으로 예견할 수 있는 특단의 사정이 없다면 지도교사로서는 일상적인 개개의 활동에 항상 입회, 감시, 지도하여야 하는 것은 아니다.

5) 자습 시간과 등교 시간의 경우

자습 시간은 비록 담당교사가 부재하더라도 교육상 학생의 자주 · 자율 정신을 양성한다는 측면에서 적극적인 의미를 지닌다. 따라서 학년 및 연령, 이에 따른 학생의 자율적인 판단 능력의 정도, 경험 등에 따라 각각 다른 내용, 정도의 주의 의무가 요구된다. 예를 들어, 중학교 학생과 고등학교 학생의 경우에 자습 시간 등에 있어서 주의 의무의 정도는 다르다고 할 것이다.

또한 등교 후 수업 시작 전의 자습 시간 역시 교육활동과 밀접 불가분의 관계에 있어 그 시간 중 교실 내에서의 학생의 행위에 대하여는 교사에게 일반적인 보호 · 감독 의무가 존재하지만 책임을 묻기 위한 전제로 가해학생의 위험한 행위를 예측하거나 예측할 수 있었다고 보일 만한 사정이 존재하여야 한다.

6) 따돌림 상황의 경우

같은 반에서 주로 일어나는 친한 친구끼리의 따돌림은 교사나 다른 사람들의 눈에 쉽게 발견되지 않아 장기화되는 경우가 많기 때문에 특별한 주의를 요한다. 따돌림 사안에 대한 교사의 초기 대응방법은 다음과 같다(교육부, 2012b).

- 피해학생의 의사에 반하는 피해 사실 공개 금지하기
  - 피해 사실이 확인되고 난 후 이를 바로 공개하면 피해학생이 당황하고 난처해질 수 있다. 교사는 피해학생과 상담을 깊이 있게 하여 피해학생의 욕구를 최대한 존중해 주는 방식으로 대처한다.
  - 가해학생을 바로 불러서 야단치면 가해학생은 교사에게 일렀다는 명목으로 피해학생을 더욱 심하게 괴롭히고 따돌리는 경우가 많다.
  - 학급 전체 앞에서 피해 · 가해학생의 이름을 지목하며 따돌림에 대해 훈계하면 피해 · 가해학생 모두에게 낙인이 찍혀 문제해결에 효과적이지 않다.

- 심각한 피해일 경우, 피해학생 설득하기
  - 만약 따돌림의 정도가 심한데 피해학생이 보복이 두려워 사안의 공개나 처벌을 반대하면 다음의 이유 등을 예로 들어 피해학생을 설득한다. 따돌림을 당했을 때 아무 조치를 취하지 않으면 폭력은 점점 심해지고 지속되며, 따돌림의 가해학생은 자신이 폭력을 행사하는 줄 모르기 때문에 이를 알려 주어야 한다.

- 피해 · 가해학생이 함께 만나지 않게 하기
  - 피해 · 가해학생을 강제로 한 자리에 불러 모아 화해시키거나 오해를 풀도록 하면 안 된다.
  - 학생들끼리 얘기하라고 교사가 자리를 비우는 경우도 있는데, 이는 적절치 않다. 따돌린 학생 다수와 따돌림을 받은 학생 1명이 한 공간에 있게 되면 피해학생은 더욱 심한 공포심과 위압감을 느끼게 되므로 피해학생과 가해학생은 교사가 개별적으로 불러 상담을 한다.

7) 자살 등 위기 상황의 경우

학교폭력으로 인하여 피해학생이 자살한 경우, 자살의 결과에 대하여 학교의교장이나 교사의 보호 · 감독 의무 위반의 책임을 묻기 위해서는 피해학생이 자살에 이른 상황을 객관적으로 보아 교사 등이 예견하였거나 예견할 수 있었음이 인정되어야 한다. 사회통념상 허용될 수 없는 악질, 중대한 학교폭력이 계속되고 그 결과 피해학생이 육체적 또는 정신적으로 궁지에 몰린 상황에 있었다는 것을 교사나 학교가 알았거나 알 수 있었던 경우에는 피해학생이 자살에 이른 상황에 대해서 충분한 예견이 가능하였다고 볼 것이다.

이와 반대로 학교폭력의 내용이 자살에 이를 정도에까지 이르지 않은 경우에는 교사 등이 학교폭력을 알거나 알 수 있었다는 것만으로 피해학생의 자살에 대한 예견이 가능하였다고 볼 수는 없다. 결국 이러한 요건에 해당하지 않는다면 피해학생의 자살까지 그 책임을 부담하지는 않는다. 하지만 법적인 책임을 떠나 교사의 입장에서는 이러한 상황에 이르기까지 방치하지 않도록 학생지도에 더욱 신경을 써야만 한다.

4. 학교폭력 예방 및 대처를 위한 교사의 주의사항

1) 가해학생에 대한 조치와 관찰

가해학생은 피해학생이 그런 사실을 학부모나 교사에게 알렸다고 하여 전보다 더 심하게 괴롭힐 수 있다. 따라서 이러한 조치 이외에 다른 조치를 같이하지 않는다면 오히려 사건을 더 크게 키울 수 있다. 피해학생이 자살을 하거나 사건이 커지는 경우에 있어서 교사의 사후조치가 미비하였던 경우가 많이 있다.

폭력 사실을 알게 된 교사는 교장이나 다른 교사와 상의하여 가해학생들에 대하여는 적절한 사후조치나 감독 등 특별히 관리를 하여야 한다. 예를 들면, 다른 교사들에게도 어떤 학생이 누구를 괴롭히는 것으로 보이니 평상시 이상한 징후 등이 보이면 즉시 이야기를 해 달라고 하고, 이 학생들에 대해 좀 더 유심히 관찰해 줄 것을 부탁하는 것이 좋다.

2) 피해학생에 대한 주의와 관찰

더 이상의 가해행위를 방지하기 위하여 피해학생에 대해 보복성 폭행이 없는지 확인하여야 한다. 개인면담에 대해 중 · 고등학교의 경우에는 피해학생을 수시로 교무실로 부르는 것으로 한정해서 생각할 필요가 없다. 예를 들면, 등하교 시간 때나 쉬는 시간에 복도에서 만나게 되면 간단하게 물어보는 것도 좋은 방법이 될 수 있다.

개인면담은 피해학생이 큰 부담을 가지게 되는 것에 비해 이런 방법은 그리 부담을 가지지 않는다. 또한 피해학생이 자신의 현 상황을 쉽게 알릴 수 있고, 교사와의 대화 상황을 보는 다른 학생들에게 교사가 피해학생에 대해 많은 관심을 가지고 있다는 것을 알리는 효과도 있다. 교사는 개인면담의 횟수보다는 다양한 방법으로 학생의 상황 등을 확인하는 것이 중요하다.

3) 학급 내 긴급 연락망 구축

초등학교의 경우에는 교사가 교실에 상주하기 때문에 학생들의 움직임 등에 대해 관찰이 용이하다. 그러나 중 · 고등학교의 경우에는 쉬는 시간 등에 교실의 상황을 교사가 파악하기는 쉽지 않다. 따라서 교실의 상황을 알려 줄 수 있는 연락망을 만들어 두는 것이 중요하다. 연락망은 조직도 등 거창한 것이 요구되는 것이 절대 아니다. 학생(주로 이 경우 학급반장이 하게 됨) 중 한 명이 교실에서 문제되는 상황이 발생한 경우에 이를 교사에게 알리고, 수시로 교실에서 일어나는 학생들의 상황을 알려 줄 수 있도록 하는 것을 말한다. 이러한 조치는 학교폭력이나 성폭력이 아니어도 교사가 학생지도를 위해 기본적으로 취하여야 할 조치이다.

학교폭력 읽기 자료 9

교사의 연락처를 학생들의 휴대전화 단축키로 설정하는 방법도 생각해 보자

학교에서 나누어 주는 학생증의 뒷면에는 학교의 교훈 정도가 적혀 있을 뿐 빈공간이 많이 있다. 이러한 공간에 생활지도 교사나 학생이 개인적으로 친하게 지내는 교사의 연락처를 적어 두도록 하는 것도 상당한 효과를 낼 수 있다. 학생과 학부모에게 폭력 사건 등이 발생한 경우에 손쉽게 연락할 수 있다는 안도감을 주게 되고, 교사에 대한 신뢰를 높일 수 있다. 최근에는 학생들의 휴대전화 사용이 보편화되어 있기 때문에 학생들의 휴대전화에 교사의 연락처를 단축키로 설정하게 하는 것도 유용한 방법이다. 이러한 내용을 학생들에게 주지시키고 가능하면 가정통신문 등을 통해 학부모에게도 알려 주는 것이 좋다.

4) 다른 학생의 피해 여부 확인

학교폭력이나 성폭력 사건을 접하게 되면 교사는 해당 사건에 온 관심을 기울이게 된다. 이러한 반응은 당연한 것이지만 단순히 해당 사건에만 급급한 나머지 신경 쓰지 못하는 부분 중 가장 큰 부분은 다른 사건이 있지는 않은지 확인하는 작업이다. 우발적인 폭력이 아닌 집단따돌림, 상습적 폭행 등의 경우에는 가해학생이 한 학생만을 괴롭히지 않았을 경우가 많이 있다. 다만, 그러한 경우 중 일부만 교사가 알고 있을 수 있다. 따라서 가해학생 등을 고려하여 이러한 사건이 다른 학생 대처 가이드북에도 일어났을 가능성이 높은 경우에는 일반 학생들을 대상으로 간단한 방식으로라도 유사 사건이 있는지 조사할 필요가 있다.

5) 교사의 적극적인 대응 자세

학교폭력이나 성폭력 예방 차원에서 가정통신문 발송을 하는 경우가 많이 있다. 보통 발송되는 폭력 관련 가정통신문은 '학교폭력 추방의 날 행사 안내' '학교폭력 자진 신고기간 안내' 정도로 학교마다 그리 큰 차이는 없다. 이러한 가정통신문은 교사 입장에서는 큰 조치라고 생각할 수 있지만 실효성 면에서는 교사의 기대보다 낮다.

가정통신문의 전형적인 형태를 그대로 사용한다면 이를 통해서 얻고자 하는 바를 얻기는 매우 힘들다. 가정통신문 제작 시 해당 학교나 지역에서 문제된 것들을 구체적으로 기록하고, 이러한 사건을 예방하고 주의할 것을 당부하는 내용이 추가되거나 주를 이루도록 하여야 한다. 예를 들면, 인근 중학교나 고등학교 학생들이 초등학교 학생들을 대상으로 폭행을 하거나 돈을 빼앗는 경우가 발생한 경우에 초등학교에서는 이러한 상황에 대해 학부모의 주의를 바란다는 내용이 들어가는 것이 좋다.

6) 피해학생 학부모 면담방법

피해학생의 학부모는 자녀의 피해 사실에 대하여 놀라고 당황스러워 하는 한편, 가해학생에 대한 분노와 원망, 억울함, 자신의 자녀에 대한 미안함 등으로 부모가 자녀를 대신하여 무엇이라도 해 주고 싶은 마음이 들 수 있다. 뿐만 아니라 학교 당국과 교사가 피해를 당하도록 방치했다고 생각하여 학교와 교사에 대해 원망, 불만, 불신을 나타내 보일 수 있다. 가해학생의 학부모는 피해학생에게도 잘못이 있고, 교사나 학교가 자신의 자녀를 나쁘게 본다고 생각하는 경향이 있다. 이런 피해학생 및 가해학생의 보호자를 면담할 때 주의할 사항은 다음과 같다(교육부, 2012a).

- 확인된 사실을 부모가 정확히 알고 있는지, 오해가 있는지 등에 대해 파악한다.
- 조사한 사실에 대한 추가 의견이나 자료 여부에 대해 점검한다.
- 피해학생 측이 가해학생 측과 면담을 요청할 경우, 교사나 전문가 입회하에 면담을 실시하도록 한다. 왜냐하면 단독으로 피해학생 측과 가해학생 측이 만날 경우에는 갈등이 심화되거나 다른 문제가 생길 수 있다.
- 학생의 재발 방지에 대해 안심할 수 있도록 한다.
- 피해를 당한 학생의 심리적 안정을 위해 가정에서의 부모 역할을 안내한다.
- 학교의 공정한 진행 절차에 대해 안내한다.
- 피해학생 학부모의 감정이 격앙됨을 이해하고 학부모에게 정서적 지지를 보

낸다.

- 피해학생 학부모가 말하는 학생의 피해 사실에 대해 객관적으로 인지하고 피해 사실을 구체적으로 메모한다.
- 학생의 피해에 대해 진심 어린 사과와 유감을 표현한다.
- 피해학생과 학부모가 현재 무엇(화해, 사과, 전학, 가해학생 처벌 등)을 원하는지 정확히 묻는다.
- 추후 처리 과정에 대하여 설명하고, 사실에 근거하여 문제를 해결할 것을 약속한다.
- 피해학생의 보호와 안정, 적응을 위해 노력할 것임을 약속한다.

또한 학교 당국이나 교사가 피해학생 학부모와 면담할 때 다음과 같은 표현들은 하지 말아야 한다(교육부, 2012a).

- 책임을 회피하려는 태도
  - "이번 일은 조용히 넘어가길 바랍니다."
  - "제 일이 아니어서……."
  - "학교 책임은 없으니 법대로 하시지요."

- 학생과 가정의 책임으로 돌리는 태도
  - "피해학생에게도 책임이 있습니다."
  - "처음에 왜 이런 일이 일어났는지 아십니까? 학생이 사회성이 너무 없습니다."
  - "괴롭힌 학생은 성적도 좋고 활발한 학생입니다. 그랬을 리가 없습니다."
  - "가정에서 잘했으면 이런 일이 생겼겠어요?"

- 사안을 축소하려는 태도
  - "이번만 참으시고 앞으로 한 번 더 일어나면 그때 처리하겠습니다."
  - "학생은 다 싸우면서 크는 겁니다."
  - "이건 학생들의 일이니 학생들끼리 해결하도록 해야 합니다."

한편, 학교 당국이나 교사가 가해학생 학부모와 면담할 때 주의할 사항은 다음과 같다(교육부, 2012a).

- 가해학생의 부모가 '우리 아이도 피해자이다'라고 주장하는 경우가 있다. 그럴 때에는 명확한 자료를 근거로 의견을 말하도록 한다.
- 조사한 사실에 대한 추가 의견이나 자료 여부에 대해 점검한다.
- 학교폭력 사안처리의 진행 절차에 대해 안내한다.
- 폭력행위에 대하여 책임과 결과가 따른다는 인식을 갖도록 한다.
- 학교폭력 상황을 정확하게 전달한다.
- 가해학생의 교육 · 선도 조치를 위하여 어떤 노력을 할지 안내한다.
- 가해학생의 재발 방지에 대하여 가정에서의 부모 역할을 안내한다.

Q 학생 A가 같은 반 친구들을 부추겨 학생 B를 따돌린 경우가 여러 차례 있었는데, 학교 측에서는 모르고 있었던 상황에서 B의 부모와 친척들이 학교로 찾아와 담임교사에게 욕설과 협박을 하는 상황이 매일 반복되어 담임교사가 정신적으로 매우 힘들어 하고 있습니다. 담임교사는 어떻게 하여야 할까요?

A 학생 A가 학생 B를 따돌린 행위는 「학교폭력예방법」에 근거할 때, 학교폭력 사안으로 볼 수 있기 때문에 학교에서는 전담기구에서 구체적인 사안조사를 거쳐 심의위원회를 개최하여 가해학생과 피해학생에 대해 적절한 조치를 해야 합니다.
한편, 학교폭력 피해학생의 보호자라고 하더라도 교사에 대한 협박, 모욕, 명예훼손 등은 「형법」상의 범죄행위가 성립할 수 있습니다. 또한 매일 학교에 찾아와 담임교사의 정상적인 업무를 방해하는 경우에는 학교에 대한 업무 방해도 인정될 수 있습니다. 이 경우에 담임교사는 욕설과 협박 행위를 자제할 것을 경고하고, 이에 응하지 않을 경우에는 형사 고소뿐만 아니라 해당 담임교사가 피해학생 보호자들의 위와 같은 행위로 인하여 정신적인 충격에 따른 피해를 당하고 있다면 민사상의 불법행위에 의한 손해배상을 청구할 수도 있습니다(「민법」 제750조, 제751조, 제760조).

출처: 교육부(2012b). 학교폭력 사안처리 Q & A.

제 7 장

성폭력 사안처리

1. 성폭력의 정의와 법적 근거

1) 성폭력의 정의

성폭력은 성인 및 청소년이 자신의 성적 욕구를 충족시키기 위해 힘의 차이, 즉 물리적인 힘뿐만 아니라 역할관계, 연령, 지적 수준, 사회적 지위 등을 이용하여 다른 청소년에게 가해지는 모든 성적 행위를 의미한다. 특히 아동 성폭력은 '아동에게 가해지는 성폭력'으로, 넓게 보면 법적 미성년자인 20세 미만의 아동과 청소년에 대한 강간, 추행 등의 성폭력이라고 할 수 있고, 좁게 보면 13세 미만의 아동에 대한 성적인 행위라고 할 수 있다(여성가족부, 2009).

나아가 성폭력은 상대방의 의사에 반하여 성을 매개로 가해지는 모든 폭력(신체적 · 심리적 · 언어적 · 사회적)행위로 성희롱, 성추행, 성폭행뿐만 아니라 개인의 성적 자기결정권을 침해하는 행위를 모두 포괄하는 개념이다. 여기서 성적 자기결정권은 사람이 성행동을 할 수 있는 존재이고, 성적 욕망과 쾌락을 추구하는 존재이기도 하지만 성행동을 하지 않을 선택과 거부할 수 있는 자율성, 원하지 않는 성행동에 대해 저항하거나 새로운 실천을 만들어 낼 수 있는 능력까지도 포함하는 성적 주체로서의 권리를 의미한다.

학교 내외에서 학생을 대상으로 발생한 성폭력 사안에 대해서는 「형법」「성폭력범죄의 처벌 등에 관한 특례법」「아동 · 청소년의 성보호에 관한 법률」 등에 따라 우선 수사기관에 신고하는 등 엄정하게 대처하되, 「학교폭력예방법」 제2조에서 학교폭력의 정의에 성폭력이 규정되어 있는 점을 고려하여 「학교폭력예방법」상의 적절한 조치가 필요하다. 따라서 「학교폭력예방법」의 적용을 받는 성폭력 개념은 성희롱, 성추행, 성폭행(강간) 등 상대방의 의사에 반하여 성을 매개로 가해지는 신체적 · 언어적 · 정신적 폭력을 모두 포괄한다.

2) 성폭력의 유형

(1) 접촉행위와 비접촉행위

성폭력은 접촉행위와 비접촉행위로 나누어서 볼 수 있다. 접촉행위에는 청소년의 생식기 등 몸을 만지거나 청소년에게 만지도록 하는 것, 청소년의 질이나 항문에 손가락이나 물건을 삽입하는 것, 구강성교, 성교 등이 있다. 비접촉행위에는 성적인 말을 하는 것, 관음증, 노출증, 청소년에게 음란물을 보여 주는 것 등이 포함된다. 그러나 성폭력으로 인한 영향은 접촉이 있었는지 없었는지보다는 청소년이 어떻게 받아들이느냐가 중요하다. 또한 성폭력을 한 가해자가 청소년과 어떤 관계에 있는 사람인지, 얼마나 청소년에게 위협적으로 대했는지, 얼마나 더 자극적이었는지 등에 따라 피해 청소년이 느끼는 심각성은 달라진다.

(2) 성희롱과 성추행 및 성폭력

성희롱은 타인에게 정신적, 신체적으로 성적인 불쾌감과 피해를 주는 행위로, 상대방의 의사와 관계없이 성적인 수치심을 주는 말이나 행동을 하는 것을 의미한다. 성희롱은 신체적 · 언어적 · 시각적 성희롱으로 분류할 수 있다. 구체적인 성희롱의 유형과 내용은 〈표 7-1〉과 같다.

표 7-1 성희롱의 유형과 내용

유형	내용
신체적 성희롱	신체적 접촉, 특정 신체 부위를 만지는 행위 등
언어적 성희롱	음란한 농담이나 음담패설, 외모에 대한 성적인 비유나 평가, 성적인 내용의 정보를 의도적으로 유포하는 행위, 성적 관계를 강요하거나 회유하는 행위, 음란한 내용의 전화통화 등
시각적 성희롱	외설적인 사진, 그림, 낙서, 음란 출판물 등을 게시하거나 보여 주는 행위, 직접 또는 컴퓨터 등을 통하여 음란한 편지, 사진, 그림을 보내는 행위, 성과 관련된 자신의 특정 신체 부위를 고의적으로 노출하거나 만지는 행위 등

출처: 교육부(2022). 학교폭력 사안처리 가이드북.

성추행은 일방적인 성적 만족을 얻기 위하여 물리적으로 신체 접촉을 가함으로써 상대방에게 성적 수치심을 불러일으키는 행위를 의미한다. 또한 성폭력은 피해자의 성적 자기결정권을 침해하는 강간, 강제추행 등을 포함한다.

(3) 행위유형별 분류

성폭력을 행위유형별로 분류하면 강간, 유사강간, 강제추행, 준강간, 준강제추행, 성희롱, 아동 성학대, 스토킹, 사이버성폭력으로 구분할 수 있다. 행위유형별로 구체적인 유형과 내용은 〈표 7-2〉와 같다.

표 7-2 성폭력의 행위유형별 분류

유형	내용
강간	폭행 또는 협박 등으로 상대방의 반항을 곤란하게 하여 행위자가 자신의 성기를 피해자의 성기에 삽입하는 행위
유사강간	폭행 또는 협박 등으로 상대방의 반항을 곤란하게 하여 행위자가 구강, 항문 등 신체(성기는 제외)의 내부에 성기를 넣거나 성기, 항문에 손가락 등 신체(성기는 제외)의 일부 또는 도구를 넣는 행위
강제추행	폭행 또는 협박으로 성교는 하지 않고 가슴, 엉덩이, 성기 부위 및 다른 신체 부위에 접촉하거나 키스, 음란한 행위, 피해자나 행위자의 성기를 노출시키는 등 성적 침해를 하는 행위
준강간, 준강제추행	상대방의 심신상실(장애, 수면, 술에 취함, 의식 잃음) 또는 항거불능(심리적, 육체적으로 반항이 불가능한 상황)의 상태를 이용하여 강간 또는 추행을 하는 행위
성희롱	업무 또는 고용, 기타 관계에서 성적 언동 등으로 성적 굴욕감 또는 혐오감을 느끼게 하거나 성적 언동 또는 그 밖의 요구에 따르지 아니하였다는 것을 이유로 불이익을 주는 행위
아동 성학대	보호하거나 양육하는 대상인 아동 및 청소년에 대한 성적 가혹행위
스토킹	상대방이 원하지 않는데도 지속적 또는 반복적으로 접근, 미행, 연락 등을 하며 정신적·신체적 피해를 입히는 행위
사이버성폭력	온라인상에서 상대방의 동의를 구하지 않고 원치 않는 성적 대화나 메시지, 야한 사진, 동영상 등을 전달하거나 유포함으로써 불쾌감, 위협감 등을 느끼게 하는 행위

출처: 교육부(2022). 학교폭력 사안처리 가이드북.

2) 성폭력 관련 법적 근거

성폭력과 관련한 법적 근거를 살펴보면, 「형법」에서 20세 미만의 미성년자나 장애 등으로 인한 심신미약자를 속이거나 위협해서 성관계를 가질 경우에 '미성년자 간음죄'로 규정하고 있고, 13세 미만의 어린이와 성적인 접촉을 할 경우에는 어린이의 동의 여부와 관계없이 무조건 강간이나 강제추행으로 처벌하도록 규정하고 있다.

최근 개정된 「성폭력범죄의 처벌 등에 관한 특례법」(약칭: 「성폭력처벌법」)은 13세 미만의 아동에 대한 강간 및 강제추행의 경우에 집행유예 대상이 되지 않도록 7년 이상의 징역형으로 형량을 강화했으며, 손가락 등을 사용한 '유사 성행위'를 할 경우에는 5년 이상의 유기징역형에 처하도록 규정하고 있다. 그리고 4촌 이내의 혈족이나 2촌 이내의 인척에 대한 성폭력은 가중처벌하고 있다. 또한 최근 문제가 되고 있는 청소년 성매매의 경우에는 「청소년보호법」 및 「아동 · 청소년의 성보호에 관한 법률」에 처벌 규정을 두고 있다.

이처럼 아동 성폭력에 대해 법적으로 비교적 엄격하게 처벌하도록 규정하고 있으나 실제 발생한 아동 성폭력 사건의 10% 미만 정도만 신고가 이루어지고, 그중에서도 일부만 기소가 이루어지며, 기소된 사건 중 일부만 유죄 판결이 내려지는 현실을 볼 때 처벌 강화와 함께 아동을 보호하고 성폭력 예방교육을 실시하며, 신고를 활성화하고, 신고자를 적극적으로 보호하며, 잠재적 가해자가 아동 곁에 다가가지 못하게 차단하고, 가해자에 대해 재발 방지를 위한 치료나 교육도 함께 이루어져야 할 것이다.

Q 「학교폭력예방법」에서 학교폭력의 정의에 성폭력이 포함되어 있습니다. 성폭력도 「학교폭력예방법」이 적용이 됩니까?

A 학교폭력 중 성폭력의 경우에 다른 법률에서 규정하고 있으면 「학교폭력예방법」이 적용되지 않습니다. 강간, 성추행과 같은 성폭력은 중대한 범죄이기 때문에 「학교폭력예방법」뿐만 아니라 「형법」 「성폭력범죄의 처벌 등에 관한 특례법」 「특정강력범죄의 처벌에 관한 특례법」 「아동 · 청소년의 성보호에 관한 법률」 「소년법」이 적용됩니다.

출처: 김용수(2012). 학교폭력 · 성폭력 관련 법령의 이해. p. 713.

3) 아동 성폭력 피해의 징후 및 응급 상황 대처

징후만을 보고 교장이나 교사가 임의로 피해를 단정짓거나 사건을 해결하려고 하지는 않는다. 이처럼 학교의 미흡한 대처로 인해 수사와 치료 시기를 놓치는 사례가 매우 빈번히 발생하고 있다. 피해 징후가 관찰되는 청소년을 발견하면 즉시 여성긴급전화 1366, 여성 · 학교폭력피해자ONE-STOP지원센터 등 성폭력 전문상담기관에 의뢰해야 한다. 여기서 주의해야 할 점은 모든 성폭력 피해 청소년에게서 피해 징후가 나타나는 것은 아니라는 것이다. 오히려 드러나지 않는 혹은 표현하지 못하는 피해 청소년의 상처가 더 클 수 있음에 유의하여야 한다. 아동 성폭력 피해의 신체적 및 행동적 징후는 〈표 7-3〉과 같다.

표 7-3 아동 성폭력 피해의 신체적 및 행동적 징후

신체적 징후	행동적 징후
• 신체적 지표 - 피해자의 성병 감염 - 걷거나 앉는 데 어려움 - 임신 • 생식기의 증거 - 질에 있는 정액 - 찢기거나 손실된 처녀막 - 질에 생긴 상처나 긁힌 자국 - 질의 홍진 • 항문 징후 - 항문 괄약근의 손상 - 항문 주변의 멍이나 찰과상 - 항문 입구에 생긴 열창 - 항문이 좁아짐 - 회음부의 동통과 가려움 • 구강 징후 - 입천장의 손상 - 인두 임질	• 성적(性的) 지표 - 나이에 맞지 않는 성적 행동 - 해박하고 조숙한 성 지식 - 명백하게 성적인 묘사를 한 그림 - 타인과의 성적인 상호관계 - 동물, 장난감을 대상으로 하는 성적인 상호관계 • 비(非)성적 지표 - 수면장애 - 유뇨증/유분증 - 위축, 환상, 유아적 행동(퇴행행동) - 자기파괴적 행동 또는 위험을 무릅쓴 모험적인 행동(자살시도) - 충동성, 산만함 및 주의집중장애 - 혼자 남아 있기를 거부 - 특정 유형의 사람들에 대한 두려움 - 방화/동물에게 잔혹함 - 섭식장애(폭식/거식증) - 비행, 가출, 범죄행위 - 우울, 사회 단절

출처: 서울특별시교육청(2010). 성교육 및 성희롱 · 성매매 예방관리지침.

교사가 아동 성폭력 피해의 신체적 및 행동적 징후를 발견하고 응급을 요하는 경우에는 다음과 같은 행동 지침을 따르는 것이 좋다.

- 입은 옷차림 그대로, 몸은 씻지 않고, 가능한 한 빨리 여성·학교폭력피해자 ONE-STOP지원센터 혹은 해바라기센터를 방문한다.
- 가까운 곳에 여성·학교폭력피해자ONE-STOP지원센터나 해바라기센터가 없을 경우에는 시·군·구청장이 지정한 성폭력 전담의료기관을 찾는다.
- 병원 진찰 과정은 피해자에게 공포와 불안감을 줄 수 있다. 동행한 교사는 피해자가 심리적 안정을 찾을 수 있도록 최선을 다한다. 왜 병원에 왔는지, 진찰을 받고 나면 어떤 부분을 예방할 수 있는지 설명해 준다.
- 증거 물품(가해자 체모, 정액, 흉기 등)은 종이봉투에 넣어 보관하고 수사를 위해 현장을 훼손하지 않는다. 당장은 가해자를 고소할 생각이 없더라도, 나중에 고소를 결심할 때 이러한 증거가 꼭 필요하다. 증거 부족으로 가해자가 풀려나는 상황이 종종 있으니 반드시 증거를 채취해 둔다.

- 몸에 상처나 멍이 있는 경우에는 사진을 찍어 둔다.
- 학부모에게 연락을 취하고, 대응 지침을 알려 준다.
- 수사기관에 신고한다.

2. 성폭력 발생과 교사의 대응

1) 성폭력 발생 시 신고 의무

모든 교사는 학생의 성폭력 피해 사실을 알게 되면 즉시 수사기관에 신고하여야 한다. 즉,「아동·청소년의 성보호에 관한 법률」제34조(아동·청소년 대상 성범죄의 신고)에 의거하여 교장, 교감 등 관리자와 모든 교사는 보건교사, 일반인이나 학생들 혹은 다른 경로를 통해 아동 성폭력 피해 사실을 알게 되면 반드시 수사기관에 신고하여야 한다.

가해자가 피해학생의 친척, 교사, 부모 등인 경우에는 교사가 신고를 망설이는 경우가 많으나, 교장, 교감 등 관리자는 어떤 경우라고 하더라도 반드시 신고를 해야 할 의무가 있다. 특히 아동 성폭력 피해의 사실을 알고도 신고하지 않다가 언론 보도나 피해학생 가족 혹은 친지의 문제 제기 등으로 알려지게 될 경우에 징계는 물론 법적 책임과 함께 손해배상책임을 지게 될 수 있다.

성폭력 피해 사실을 알게 된 사람은 누구든지 경찰(신고전화 112번, 여성 · 학교폭력 피해자 ONE-STOP 지원센터)에 신고할 수 있다. 특히, 아동, 교육, 보호, 지원, 상담 및 의료 부문 종사자는 법에 따라 반드시 신고해야 하는 의무를 지고 있다(「성폭력방지법」 제38조2). 만일 신고의무자가 성폭력 피해 징후를 발견하고도 정당한 사유 없이 신고하지 않을 경우에는 최고 300만 원 이하의 과태료 처분을 받을 수 있다(「성폭력방지법」 제38조2).

특히, 담임교사나 보건교사, 상담교사 혹은 다른 학교 관계자가 아동 성폭력 피해사실을 알게 된 때 학교 내의 위계질서나 대외 이미지 실추에 따른 상급자의 질책 등이 두려워서 신고를 꺼리는 경우가 발생하고 있다. 심지어 극히 일부이기는 하지만 교장 등 상급자에게 보고하지 않고 신고했다는 이유로 해당 교사에게 불이익 처분을 내리거나 따돌림 등 눈에 보이지 않는 제재를 하는 경우도 보고되고 있다.

현행법상 아동 성폭력을 반드시 신고해야 할 의무를 가진 자

1. 초 · 중 · 고등학교 · 특수학교 등의 교직원
2. 학원(교습소 포함) 강사, 원장을 포함한 종사자
3. 유치원, 어린이집 등 각종 영유아 보육시설 종사자
4. 장애인복지시설 종사자 및 장애아동 관련 업무를 담당하는 직원
5. 아동복지시설 종사자
6. 의사 및 의료인
7. 소방 및 구급대원
8. 성매매피해상담소 종사자
9. 한부모가족복지상담소와 한부모가족복지시설 종사자
10. 가정폭력 관련 상담소와 가정폭력 피해자보호시설 종사자
11. 아동복지지도원 및 사회복지전담공무원
12. 각종 청소년지원기관(청소년활동시설, 청소년쉼터, 청소년보호센터 등) 종사자

정부 각 관련 부처는 물론 사법부에서는 학교와 교사의 아동 성폭력 피해 은폐와 신고한 교사에 대한 보복성 불이익 처분에 대해 매우 엄중한 인식과 태도를 견지하고 있다. 교장 등 학교 관리자는 정책과 지침 및 규정 마련을 통해 아동 성폭력 피해 사실을 알았을 때에는 보고와 동시에 즉시 관계 기관에 신고해야 하며, 교장 등 학교 관리자는 신고한 교사를 적극적으로 보호한다는 것을 분명히 확인해야 한다.

2) 성폭력 발생 시 대응 절차

(1) 성폭력 발생 시 학교의 처리 절차

모든 교사는 학생의 성폭력 피해가 의심되나 확실하지 않은 경우에는 여성긴급전화 1366, 여성 · 학교폭력피해자ONE-STOP지원센터, 해바라기센터 혹은 성폭력 상담소에 연락하여 문의 및 상담을 하는 것이 좋다. 이를 통해 교사가 아동 성폭력 피해 사실을 알게 되었다면 주저하지 말고 즉시 경찰(112)이나 여성 · 학교폭력피해자ONE-STOP지원센터에 신고해야 한다. 성폭력 발생 시 피해학생의 동의 유무와 상관없이 수사기관에 반드시 신고해야 하며, 성폭력 관련 기관에의 연계(심리상담, 일시보호 등) 시에는 피해학생의 동의가 필요하다

그 후 성폭력이 의심되는 근거들을 보존한다. 가해자 식별의 주요 단서가 되는 의학적 근거는 진찰을 받아야 얻을 수 있고, 시간이 지남에 따라 소멸되기 때문에 신속한 조치가 필요하다. 부모에게 연락한 후 부모와 긴밀히 협력하고, 부모대응매뉴얼을 고지한다. 피해학생 및 주변 학생의 보호와 지원 등을 위해 교장과 전문상담교사 혹은 보건교사는 지정된 전문대응팀을 중심으로 협의 · 대처한다. 교육청에 보고한 후 해바라기센터, 여성 · 학교폭력피해자ONE-STOP지원센터, 성폭력상담소 등 전문기관과 협의하여 필요한 사후조치를 취한다.

3) 피해학생에 대한 보호조치

(1) 피해학생 중심의 적극적인 보호 조치 마련

가해학생과의 적극적인 분리 조치를 통해서 피해학생이 심신을 안정할 수 있도록 한다. 심각한 경우에는 가해학생과 같은 학교를 다니고 있다는 것만으로도 피

해학생이 불안해 할 수 있기 때문이다. 교사가 학생의 성폭행 피해 사실을 알게 되었을 경우, 보호조치는 크게 두 가지 사례에 따라 다르게 처리할 필요가 있다. 먼저 가해학생과 피해학생이 같은 학교에 재학 중인 경우에는 가해학생과 피해학생을 분리 조치를 최우선적으로 처리하여야 한다. 둘째, 가해학생과 피해학생이 다른 학교에 재학 중인 경우에는 두 학교가 공동으로 해당 사건에 대한 대응책을 마련하고 사안을 처리하여야 한다.

(2) 성폭력 관련 사항 비밀누설금지

성폭력 관련 사항 비밀누설금지의 의무는 「학교폭력예방법」에서도 역시 규정하고 있다. 「학교폭력예방법」 제21조 제1항에 따르면 학교폭력의 예방 및 대책과 관련된 업무를 수행하거나 수행하였던 사람은 그 직무로 인하여 알게 된 비밀 또는 가해학생 · 피해학생 및 제20조(학교폭력의 신고 의무)에 따른 신고자 · 고발자와 관련된 자료를 누설하여서는 아니 된다. 이를 위반할 시 같은 법 제22조에 따라 1년 이하의 징역 또는 1천만 원 이하의 벌금에 처한다.

학생의 성폭력 사건과 관련하여 교사의 유의사항을 살펴보면, 교사는 법에 따라 성폭력 피해 사실을 신고해야 할 의무를 지고 있으며, 교감이나 교장 등 어떤 상급자도 법적 신고 의무를 제지하거나 제한할 수 없음을 명심해야 한다. 의문이 있거나 판단하기 어려운 상황에서는 여성긴급전화 1366, 성폭력상담소 혹은 한국양성평등교육진흥원 '아동성폭력예방교육 전문강사과정'을 이수한 동료 교사 등 전문가에게 문의하고 지원을 요청한다.

또한 사건을 숨기고, 피해 무마를 시도하는 등 결코 학교 내에서 임의로 사건을 해결하려고 하지 않는다. 이렇게 되면 학교의 잘못된 대처로 수사 및 피해자의 치료 시기를 놓쳐 더 큰 문제로 확산되고, 결국 학교와 교사가 법적 책임을 지고 거액의 손해배상을 하는 사례들이 발생하고 있음을 명심해야 한다. 다른 교사들에게 교장 등 상급자에 대한 보고와 동시에 여성긴급전화 1366, 여성 · 학교폭력피해자 ONE-STOP지원센터, 해바라기센터 등 전문기관에 문의 및 상담해야 한다는 사실을 적극적으로 알린다.

무엇보다도 중요한 것은 다른 교사나 학생들에게 비밀이 누설되지 않도록 유의하는 것이다. 최근 성폭력 관련 비밀누설금지 위반 사례를 살펴보면, 피해학생의 상담 녹취 파일을 제3자에게 개인 메일로 전달하여 피해학생 관련 자료를 외부로 유출하는 행위와 피해 사실을 들어 알게 된 학생과 피해자라고 찾아온 피해학생의 비밀이 보장되도록 개별상담하지 않고 집단상담을 실시한 경우가 있었다.

성폭력 사건이 발생하였다는 사실, 특히 피해자가 누구라는 사실이 주변의 학생들에게 알려지지 않도록 주의하여야 한다. 성폭력 사건에서 가장 중요한 것 중 하나는 피해자에 대한 2차 피해를 방지하는 것이다. 따라서 교사는 성폭력 사건의 피해자인 피해학생의 신상정보 등에 대해 비밀을 유지하는 것이 중요하다. 피해자의 인권보호에 대해 보다 각별한 주의가 필요하다. 교사의 입장에서는 사소한 것으로 생각할 수 있지만 학생의 입장에서는 중요한 것으로 받아들일 수 있는 경우가 많이 있기 때문이다.

(3) 피해학생 보호자와의 협력 및 출결 처리

아동 성폭력 사건 대응에 있어 학교와 교사는 부모와 긴밀히 협력해야 한다. 부모가 신고에 소극적인 경우, 신고의무자인 학교(교장, 교사)의 역할과 부모의 법적 책임을 고지한다. 만일 피해학생의 부모가 신고를 저지하거나 방해한다면 수사기관에의 신고와 전문기관의 지원을 통해 사건의 해결과 피해학생 치유가 신속하고 원만히 이루어질 수 있음을 알리고 설득한다. 무엇보다도 먼저 신고하기 전에 피해학생에게도 신고의 의미와 중요성을 이해시켜야 한다. 수사 과정을 설명하고 동의를 구한다. 만약 피해학생이 준비되지 않은 상태에서 신고할 경우에 큰 상처를 입고 학교와 교사를 불신할 수 있다.

또한 교사는 피해학생의 보호자와 협의하여 피해학생이 학교생활에 적응할 수 있도록 가능한 범위 내에서 최대한의 보호 조치를 강구하여야 한다. 성폭력 사건처리 과정에서 피해학생의 의사와 무관한 전학을 강요하는 등의 일방적인 조치는 사건을 해결하기보다는 더 큰 문제를 일으킬 뿐이므로 주의하여야 한다. 이외에도 교사나 학교장은 피해 사실의 경중에 따라 피해학생에 대한 상담, 전문기관에의 연계, 의료시설 안내 등 적극적인 조치를 취하여야 한다. 사안이 심각할수록 학교 안에서 처리하는 것이 힘들다. 또한 성폭력은 초기에 얼마나 적극적으로 대처하였는가의 여부가 피해학생의 피해를 최소화하는 결정적인 요소라는 점을 명심하여야 한다.

피해학생이 치료받는 기간은「학교생활기록 작성 및 관리지침」상 '기타 부득이한 사유로 학교장의 허가를 받아 결석하는 경우'로 처리하여 출석으로 처리한다. 학생이 일시적인 일탈로 성매매의 대상이 되어 검사의 수강명령에 의한 교육과정 또는 상담 과정을 이수할 경우,「초 · 중등교육법 시행령」 제31조(학생의 징계 등) 제1항의 규정에 의한 '특별교육이수' 기간으로 간주하여 출석으로 인정하여 처리한다.

(4) 교사의 피해학생에 대한 보살핌

사건이 발생하면 학교는 피해학생의 보호자인 동시에 든든한 지원자로 나서야 한다. 극심한 혼란을 겪고 있는 피해학생이 정서적 안정을 찾을 수 있도록 애정을 갖고 보살핀다. 간혹 평상시 태도 등을 근거로 피해학생을 비난하는 경우가 있는데 절대 금물이다. 피해학생을 신체적 질병이나 고통을 호소할 때 해바라기센터, 여성 · 학교폭력피해자ONE-STOP지원센터 등 전문의료기관이나 성폭력상담소에 연락하는 등 적절한 조치를 취한다. 그러고 나서 성폭력 피해학생에 대한 다음과 같은 보살핌이 필요하다(교육부, 2012c).

- 피해학생의 이야기를 믿어 주고 경청해 준다.
- 피해학생이 말한 내용에 대해 침착하게 반응한다. 흥분이나 지나친 공감은 오히려 피해학생이 겪은 일을 축소하거나 자신이 말하고자 내용을 축소할 수 있다.
- 피해학생의 잘못이 아니며 가해자의 잘못임을 분명하게 말해 준다.
- 피해학생에게 말할 권리가 있고, 말하는 것이 용기 있는 것임을 알려 준다.
- 치료와 평가, 사건 수사를 위한 부득이한 결석, 조퇴를 허용한다.
- 피해학생의 학업 수행 정도와 과제의 양을 조절해 준다.
- 피해학생의 심리적 · 신체적 안정을 위하여 민감한 보살핌을 제공하되, 또래나 다른 교사들에게 피해 사실이 누설되지 않도록 한다.
- 피해 사실을 떠올리도록 종용하거나 사건과 관련된 질문을 반복하지 않는다.
- 사건처리 과정 중에 있거나, 종결된 후 피해자 시설입소나, 전학 온 학생 등의 학교 적응을 위해 배려한다.

피해학생은 극도로 불안정한 상태이며, 교사의 언어적 · 비언어적 태도에 민감할 수 있다. 따라서 〈표 7-4〉와 같은 언행에 유의한다.

표 7-4 성폭력 피해학생에 대한 교사의 바른 언행

이렇게 말해 주세요	이런 말은 피해 주세요
• "언제나 네 편이다." • "너를 돕는 역할을 하겠다." • "네 탓이 아니다."	• 피해학생을 비난하거나 책망하는 언행 – "왜 그런 곳에 따라갔니?" – "너에게도 문제가 있어."

출처: 교육부(2022). 학교폭력 사안처리 가이드북.

4) 성폭력 전문상담기관

성인에 의한 성폭력 혹은 학생 간의 성폭력 피해를 알게 된 교장, 교감, 모든 교사는 반드시 해바라기센터, 여성긴급전화 1366, 여성 · 학교폭력피해자ONE-STOP 지원센터, 성폭력상담소, 아동보호전문기관 등에 의뢰 및 경찰에 신고하여 필요하고 적절한 조치가 이루어질 수 있도록 해야 한다. 성폭력 전문상담기관은 〈표 7-5〉와 같다.

표 7-5 성폭력 전문상담기관

구분	대상, 내용, 현황
117 학교폭력 신고센터	• 대상: 성폭력, 학교폭력, 성매매 피해 청소년 • 내용: 법률 정보 및 상담 안내 • 현황: 광역자치단체 시도 단위로 전국 16개 시도에 설치
해바라기센터	• 대상: 19세 미만의 성폭력 피해를 입은 아동 · 청소년 및 장애인 • 내용: 의료지원(성폭력 외상치료, 심리상담, 심리치료, 놀이치료) 법률지원(법적 절차 지원, 피해자 조사지원) 상담지원(사례 접수, 면담조사, 연계지원서비스, 가족상담) • 현황: 서울, 대구 · 경북, 인천, 광주 · 전남, 경기, 충북, 전북, 경남
성폭력 피해자 지원센터 (1899-3075)	• 대상: 성폭력, 가정폭력, 성매매 피해 아동 · 청소년 • 내용: 의료지원(응급처치, 산부인과 진료, 정신과 진료, 기타 외상치료) 수사지원(피해자 조서 작성, 진술 녹화 지원, 증거 채취, 고소 지원) 상담법률지원(사례 접수 및 관리, 24시간 응급 상담, 법적 자문) 심리지원(심리학적 평가, 심리치료, 부모 및 가족 치료) • 현황: 서울, 부산, 울산, 강원(2), 전남, 경북

여성 · 학교폭력 피해자 ONE-STOP 지원센터	• 대상: 성폭력, 가정폭력, 성매매 피해 청소년 • 내용: 의료지원(응급처치, 산부인과 진료, 정신과 진료, 기타 외상치료) 상담법률지원(사례 접수 및 관리, 24시간 응급 상담, 법적 자문) 수사지원(피해자 조서 작성, 진술 녹화 지원, 증거 채취, 고소 지원) • 현황: 서울(2), 부산(1), 대구(1), 인천(2), 광주(1), 대전(1), 경기(3), 충북(1), 충남(1), 전북(1), 전남(1), 경북(1), 경남(1), 제주(1)
여성긴급전화 1366	• 대상: 성폭력, 가정폭력, 성매매 피해 청소년 • 내용: 긴급 구조 및 보호를 위한 전화상담 안내(365일 24시간 상담) • 현황: 광역자치단체 시도 단위로 전국 16개 시도에 설치
성폭력상담소 (장애인성폭력 상담소)	• 대상: 성폭력 피해 청소년 • 내용: 의료지원(응급처치, 산부인과 진료, 정신과 진료, 외상치료) 상담법률지원(사례 접수 및 관리, 24시간 응급 상담, 법적 자문) 수사지원(진술 녹화 동행 지원, 고소 지원) • 현황: 서울(20(3)), 부산(6(1)), 대구(4), 인천(7(2)), 광주(11(1)), 대전(5(1)), 울산(4(1)), 세종(1), 경기(37(4)), 강원(6), 충북(7(1)), 충남(10(2)), 전북(12(2)), 전남(10(1)), 경북(16(2)), 경남(14(1)), 제주(3(1))

출처: 교육부(2022). 학교폭력 사안처리 가이드북.

3. 성폭력 사안조사 및 조치

1) 사안조사 및 결과 보고

학교폭력을 인지한 경우, 학교의 장은 지체 없이 전담기구 또는 소속 교원으로 하여금 가해 및 피해 사실 여부를 확인하도록 해야 한다. 성폭력의 경우 비밀유지에 특별히 유의하여야 한다. 성폭력 피해학생은 정신적으로 매우 불안한 상태에 있는 경우가 많다. 따라서 사안조사에 있어서 세심한 주의를 기울여야 한다.

사안조사에 따른 결과 보고는 신고된 학교폭력 사안에 대해 조사를 실시하고 조사결과를 보고서로 작성하여 학교장에게 보고한다. 필요시 조사결과를 심의위원회에 보고한다. 이때 학교에서 자체적으로 성폭력 사안조사가 어려운 경우에는 전문상담기관에 협조 요청을 할 수 있다. 그리고 학교폭력 가해 · 피해학생 중 장애학생이 있을 경우에는 특수교육 전문가(교육지원청 특수교육지원센터에 요청)를 참여시키는 것이 바람직하다.

성폭력 발생 시 사안처리 절차는 [그림 7-1]과 같다.

성폭력 피해 의심

↓

- **(사안조사)** 전담기구를 구성하여 성폭력 사안 조사(관련 학생 면담, 주변 학생 조사, 설문조사 등)
- 필요시 전문상담기관 협조 요청 [성폭력 피해자 지원센터(1899-3075), 117 학교폭력 신고센터, 여성긴급전화 1366, 해바라기센터, 성폭력상담소 등)
- **상담 후 피해 사실이 확인되면 즉시 신고**

성폭력 피해 사실을 알았을 때

↓

- **신고(수사기관)**
- 교육 · 의료 · 아동복지 종사자 등의 신고의무자는 반드시 경찰서 등에 신고해야 함

↓

피해 · 가해 학생 긴급조치

- **피해 · 가해 학생 분리**(가해자가 교직원일 경우 수업 배제, 신속한 징계조치 이행)
- **응급 및 안전 조치**
- 학교 내외의 상담실(Wee센터, 해바라기센터, 성폭력상담소 등)을 통해 상담, 치료, 법률 지원 등의 적절한 조치, 증거 물품 보관, 현장 보존, 병원 이송 시 교사 동행, 피해학생 지지
- 친족 성폭력 등으로 인해 보호자로부터 긴급 격리가 필요한 경우에는 아동보호전문기관(해바라기센터) 또는 여성긴급전화 1366으로 연계
- **관련 학생 보호자 연락 및 교육청 통보**

↓

상담, 치료 및 후속 지원

- **(학교)** 상담, 사건 조사 일정을 감안하여 학습 지원, 성폭력 예방교육

※ 개인 신상정보가 공개되어 2차 피해가 발생하지 않도록 유의

- **(교육청)** 단위학교 성폭력 사안 현장지원, 컨설팅 실시, 치료비 선지원
- **(학교안전공제회)** 피해학생의 신속한 치료를 위해 치료비 선지원

학교폭력 사안처리

- **(심의위원회 심의)** 피해학생 보호 및 가해학생 교육 · 선도 조치 결정
- **(교육장 조치결정)** 조치결정사항 통보
- **(학교장 조치이행)** 조치이행, 학교생활기록부 기재, 재발 방지 노력
- **(사후 관리)** 피해 · 가해 학생 추수지도, 소속 교원 및 학생 대상 성폭력 예방교육 실시

※ 사안처리 과정에서 개인 신상정보가 공개되어 2차 피해가 발생하지 않도록 유의

그림 7-1 성폭력 사안처리 절차

출처: 교육부(2022). 학교폭력 사안처리 가이드북.

2) 성폭력 사안조사 시 유의사항

성폭력 사안조사 시 조사자는 가해학생 및 피해학생의 인권보호에 더욱 신경을 써야 하며 강압적인 분위기로 확인 · 조사를 실시해서는 안 된다. 성폭력 사안조사 시 조사자는 관련 학생이 진술을 거부할 경우 그 의사를 존중해 주어야 하며, 강제적인 조사로 인해 피해학생이 2차 피해를 받지 않도록 주의해야 한다.

성폭력 사안조사 시 피해학생이 신뢰할 수 있는 자(보호자, 법정대리인 등)를 동석할 수 있게 한다. 이는 피해학생이 심리적으로 안정된 상태에서 조사받을 수 있도록 조치하기 위함이다. 특히 피해학생과 가해학생 조사 시 철저히 분리하여 관련 학생들이 대면하는 일이 없도록 해야 한다.

3) 심의위원회 개최

「학교폭력예방법」 제2조 제1호는 성폭력을 학교폭력의 유형에 포함하고 있다. 따라서 피해자가 학생인 성폭력 사안의 경우, 학교폭력에 해당하므로 「학교폭력예방법」에 따라 사안처리를 한다.

가해자가 학생이 아닌 성폭력 사안의 경우, 학교장은 피해학생의 보호를 위해 심의위원회 개최를 요청해야 한다. 다만, 피해학생과 그 보호자가 피해학생 보호조치를 원하지 않을 경우, 학교장은 심의위원회를 요청하지 않을 수 있다. 이때 피해학생과 그 보호자의 미개최 동의를 받아 교육지원청에 보고하여야 한다.

성폭력 피해학생 또는 보호자가 피해학생의 신변 · 사생활 보호를 위해 심의위원회 참석을 원하지 않는 경우, 피해학생 또는 보호자가 심의위원회 참석을 하지 않을 수 있고, 서면 진술로 대체할 수 있다. 이때 피해학생 또는 보호자가 심의위원회 참석을 원하지 않더라도, 심의위원회는 비공개로 피해학생 보호조치 및 가해학생에 대한 조치를 심의 · 의결해야 한다.

4) 성폭력 관련 학생 조치

(1) 성폭력 피해학생의 보호

성폭력 피해학생의 보호를 위한 긴급조치의 결정권자는 학교장이다. 학교장은 피해학생의 보호를 위하여 긴급하다고 인정하거나 피해학생이 긴급보호의 요청을 하는 경우에는 학교장 자체 해결 혹은 심의위원회의 개최 요청 전에「학교폭력예방법」제16조 제1항 제1호(학내외 전문가에 의한 심리상담 및 조언), 제2호(일시보호) 및 제6호(그 밖에 피해학생의 보호를 위하여 필요한 조치)의 조치를 할 수 있다. 피해학생에 대한 긴급조치는 심의위원회에 즉시 보고하여야 한다.

피해학생의 보호조치를 심의위원회로부터 요청받으면 교육장은 피해학생 보호자의 동의를 받아 7일 이내에 해당 조치를 하여야 한다. 피해학생이 심리상담, 치료 등을 받는 기간은「학교생활기록 작성 및 관리지침」의 '기타 부득이한 사유로 학교장의 허가를 받아 결석하는 경우'로 처리하여 출석으로 인정할 수 있다. 학생이 일시적인 일탈로 성매매 대상이 되어 검사의 수강명령에 의한 교육 또는 상담 과정을 이수한 경우에는 '특별교육이수' 기간으로 간주하여 출석으로 인정한다.

학교장은 학생의 교육환경을 바꾸어 줄 필요가 있다고 인정하는 경우, 다른 학교로 전학을 추천할 수 있다. 단, 초등학교의 경우에는 보호자 1인의 동의를 얻어야 한다. 성폭력 피해학생의 전학 요청 시 학교장은 반드시 교육감(장)에게 학교 배정을 요청하여야 한다.

(2) 성폭력 가해학생의 교육 · 선도 조치

성폭력 가해학생의 교육 · 선도를 위한 긴급조치의 결정권자는 학교장이다. 학교장은 가해학생에 대한 선도가 긴급하다고 인정할 경우에는 학교장 자체 해결 혹은 심의위원회의 개최 요청 전에「학교폭력예방법」제16조 제1항 제1호부터 제3호까지, 제5호 및 제6호의 조치를 할 수 있으며, 제5호와 제6호는 동시에 부과하여 조치할 수 있다.

긴급조치의 범위를 살펴보면, 피해학생에 대한 서면사과(제1호), 피해학생 및 신고 · 고발 학생에 대한 접촉, 협박 및 보복행위의 금지(제2호), 학교에서의 봉사(제3호), 학내외 전문가에 의한 특별교육이수 또는 심리치료(제5호), 출석정지(제6호)

조치이다. 가해학생에 대한 긴급조치는 심의위원회에 즉시 보고하여 추인을 받아야 한다. 그리고 가해학생의 선도조치를 심의위원회로부터 요청받으면 교육장은 14일 이내에 해당 조치를 하여야 한다. 특히 다음의 경우에는 긴급 출석정지 사유에 해당하므로 유의하여야 한다.

① 2명 이상의 학생이 고의적, 지속적으로 성폭력 행사
② 성폭력을 행사하여 전치 2주 이상의 상해를 입힌 경우
③ 성폭력에 대한 신고, 진술, 자료 제공 등에 대한 보복을 목적으로 폭력 행사
④ 학교의 장이 피해학생을 가해학생으로부터 긴급하게 보호할 필요가 있다고 판단 시

4. 성폭력 예방교육

1) 성폭력 예방교육 실시

성폭력 예방교육은 청소년의 안전한 보호와 건강한 발달, 권리 존중을 바탕으로 하여야 하며, 청소년 성폭력 예방교육은 청소년의 안전을 최우선으로 하여야 한다. 예방이 가장 중요하며, 청소년에게 안전한 환경을 조성해 줄 수 있도록 보호자, 교사를 비롯한 사회구성원 모두의 인식 변화가 필요하다. 또한 청소년 성폭력의 문제를 위험한 물건을 만지면 안 된다고 말하거나 불장난은 위험하다고 이야기하는 것과 같은 안전문제로 인식한다면, 우리는 문제의 사실을 어떻게 받아들이고 다루어야 하는지에 대해 관심을 가지고 준비를 하게 될 것이다. 이것이 청소년 성폭력 예방교육의 시작이다.

성폭력 예방교육을 실시할 때에는 성에 대한 올바른 가치관과 성평등 의식을 함양하고, 사소한 성적인 장난이나 행동도 성폭력이 될 수 있다는 명확한 인식을 제고할 필요가 있다. 학생, 학부모, 교원에 대한 성폭력 예방교육의 구체적인 내용은 〈표 7-6〉과 같다.

표 7-6 성폭력 예방교육의 내용

학생	학부모	교원
• 연간 15시간 이상의 성교육(성폭력 예방교육 3시간 포함) 실시 • 다양한 특성화 교육 실시 • 학생의 활동을 통한 안전한 학교환경 조성	• 학교폭력 예방교육 실시(학기별 1회) • 학부모 상담주간을 활용하여 상담	• 성폭력예방 교육 실시(연1회) – 성폭력 · 성희롱 · 성매매 예방교육 • 담당 교원 및 보건교사 연수

출처: 교육부(2022). 학교폭력 사안처리 가이드북.

2) 성폭력 예방교육의 준비

(1) 성폭력 예방을 위한 교사의 역할

모든 학교는 매 학기 1회 이상 성폭력 예방을 실시하도록 법령으로 정하여 의무화하고 있다. 이러한 성폭력 예방교육과 함께 성폭력을 예방하기 위한 교사의 역할을 살펴보면 다음과 같다(교육부, 2012c).

첫째, 교사는 학생들의 이야기에 귀 기울이는 경청자이어야 한다. 학생이 교사에게 "선생님!" 하고 부르면 모든 것을 멈추고 학생의 이야기부터 들어주는 습관을 가질 필요가 있다. 학생이 무언가를 말하고 싶어 할 때, 학생은 바로 그때 당장 이야기하기를 원한다. 이야기를 할 때 적시성(timing)은 매우 중요하다. 부득이한 경우에는 반드시 설명을 하고 이야기할 시간을 구체적으로 꼭 정하는 것이 중요하다. 특히 만약에 성폭력 피해학생이라면 학생의 안전과 직결되는 중요한 사안이 될 수도 있기 때문이다.

둘째, 교사는 학생들과 함께 사제동행하여야 한다. 함께하는 시간이 길어지면 학생과 친밀감이 더욱 쌓이게 되고, 그러면 학생은 교사에게 많은 것을 나누려고 하기 때문이다. 이것이 성폭력을 예방하는 정말 중요한 방법이다. 가능하다면 이야기를 나누는 것뿐만 아니라 학생들과 게임이나 놀이를 같이하면 더욱 효과적일 것이다.

셋째, 교사는 학생들의 생활 하나하나에도 관심을 가져야 한다. 학생이 어떤 놀이를 하는지, 어떤 놀이를 누구랑 주로 하는지, 누가 어울리지 못하는지 등 교우관계를 관심 있게 살펴보는 것이 중요하다. 이러한 관찰과 관심을 통해서 학생들을 이해하고, 소외되는 학생에게 힘(power)을 가지게 하는 것이 중요하다. 왜냐하면

성폭력에 상대적으로 노출되는 학생은 방임, 빈곤, 폭력 피해학생일 가능성이 높기 때문이다.

넷째, 교사는 학생이 다가오도록 하기보다는 교사가 먼저 다가가야 한다. 학생의 입장에서는 선생님에게 친밀감을 표현하고 다가가기란 쉽지 않다. 오히려 교사가 학생에게 다가가는 것이 더욱 쉽다. 학생에게 다가가 먼저 말을 건네면서 관심을 보이면 학생들은 교사가 한결 편안하게 느껴질 것이며, 혹 교사의 도움이 필요할 때 학생은 자신에게 평소 많은 관심을 보여 준 교사를 찾아가게 될 것이다.

다섯째, 교사가 평상시 학생을 하나의 인격체로 존중하는 태도를 지녀야 한다. 이를 위해 학생의 '이름을 자주 불러 주기' '구체적으로 칭찬하기' 등이 있다. 학생은 자신보다 힘이 있는 사람이 긍정적인 메시지와 함께 이름을 불러 주면 자신감이 생기게 된다. 특히 소외된 학생들일수록 더욱 많은 관심을 가져야 한다. 칭찬을 할 때에는 상투적으로 하기보다는 구체적, 개별적으로 칭찬을 하는 것이 좋다.

여섯째, 교사는 학생의 말을 믿어 주어야 한다. 흔히 교사들 사이에 '아이들은 거짓말을 잘한다'는 말을 자주 하곤 한다. 물론 학생들이 거짓말을 하는 경우도 있다. 그러나 학생들은 일부러 거짓말을 꾸며 내지는 않는다. 교사는 선입견을 가지지 말고 학생의 말을 있는 그대로 믿어 주는 것이 중요하다. 특히 성과 관련된 이야기를 하는 학생은 자신이 경험한 한도 내에서 이야기를 하며, 성 관련 이야기는 자신이 가장 신뢰하는 사람에게 할 가능성이 높기 때문에 이런 이야기를 듣는 교사는 학생의 말을 믿고 지지를 해 주어야 한다.

일곱째, 교사는 학생들이 학교나 학급에서 지켜야 할 규칙을 자율적으로 토의를 통해 정하도록 하여야 한다. 사람과 사람 사이에는 지켜야 할 예절이 있다. 학생끼리, 교사와 학생끼리 지켜야 할 규칙이 있음을 알고 이를 지키는 것이 중요함을 알려 주어야 한다. 친구를 놀리거나 친구의 몸을 함부로 만지지 않아야 하는 등 상대방에 대한 배려교육이 성폭력 예방교육임을 알게 해 주어야 한다. 따라서 학교 내에서 학생들이 지켜야 할 규칙을 서로 정하고 지키도록 교육을 하는 것이 필요하다. 예를 들면, 어느 중학교에서는 학기 초에 학급회의를 통해 지켜야 할 규칙이 담긴 학급 헌법을 만들고 이를 위반할 경우에는 학급 법원에서 재판을 통해 어떤 제재 조치를 할 것인지 정하여 실천하고 있다.

(2) 성폭력 예방교육 시수의 확보

잘못된 성문화와 성에 대한 가치관으로 인한 성폭력은 엄청난 불행과 사회문제를 야기하고 있다. 특히 최근에는 사이버상의 성폭력도 큰 사회문제로 대두되고 있다. 그러나 아직까지도 성(性)을 입에 담기 힘들어 하는 경향이 있어서 성과 관련된 이야기를 하는 것 자체를 큰 부담으로 받아들이는 것이 현실이다.

올바른 성에 대한 인식을 갖추지 못하고 자라나는 학생들이 건전한 성인식을 갖도록 하고, 또한 성폭력을 예방하기 위한 성폭력 예방교육은 중요한 교육 중의 하나이다. 건전한 성에 대한 지식을 얻게 하는 것은 물론 성폭력으로부터 자신을 지킬 수 있는 성숙한 인간으로 성장하도록 지도하는 것은 학부모만의 의무가 아니라 교사에게도 중요한 의무이다. 이를 위해 교육부의 학교폭력 추진 상황 점검 시 매 학기 1회 이상, 즉 성희롱 · 성폭력(2시간) 및 성매매(1시간) 예방교육을 법령에 의무사항으로 규정하여 이를 점검하고 있다. 또한 학교는 다양한 방법으로 학년별로 10시간 이상의 성교육 시수를 확보하여 운영하여야 한다. 따라서 교육과정 운영계획에 10시간 이상을 확보하였다는 것을 명시하여야 한다.

(3) 성폭력 예방교육의 내용 구성

성폭력 예방교육은 성교육과 동일선상에서 진행하게 된다. 성교육은 하나의 주제로 다루는 것이 보통이다. 성교육은 원칙적으로 교과, 특별활동, 재량활동, 체험활동 등 모든 학교교육활동을 통해서 학생의 인성과 인권 존중 사상을 가질 수 있도록 하는 교육에 바탕을 두고 실시한다. 성교육 구성 시 성폭력 · 성매매 예방교육, 성지식, 양성평등교육, 아동 성학대 예방교육 등 성교육의 전 영역을 고르게 구성하여 실시하는 것이 바람직하다.

대상이나 학교에 따라 기존의 성과 관련된 강의안을 재구성하는 경우에는 관련 교과의 교육내용과 통합 정도, 성교육의 범위 등을 각급 학교에서 정하여 구성하면 된다. 연령에 따른 성폭력 예방교육의 방향은 〈표 7-7〉과 같다.

표 7-7 연령에 따른 성폭력 예방교육의 방향

연령	주요 내용
5~8세	집 밖에서의 안전에 대해 가르치고, 은밀한 부위를 만지는 것이 어떤 것인지 알게 하고, 나쁜 느낌을 받았을 때 이야기하도록 한다.
9~12세	안전에 대해 강조하고, 특히 조심해야 할 곳(오락실, 상점가, 탈의실, 그 외에 위험한 곳들)을 가르친다. 바른 성의식을 가지도록 한다.
13~18세	개인적인 안전과 위험한 장소들에 대해 다시 강조한다. 성적 자기결정권, 성폭력, 데이트 시 주의할 점, 성병, 임신 등에 대해 가르쳐 준다.

출처: 교육부(2022). 학교폭력 사안처리 가이드북.

(4) 교사 간의 역할 분담

평상시 학교 성교육 담당교사와 관련 교과(담임)교사의 역할을 분담하는 것이 좋다. 성교육 전문연수과정 이수교사를 학교 성교육 담당교사로 우선 선정하되, 이를 반영하여 관련 교과(담임)교사의 역할을 정하는 것이 합리적이다(교육부, 2012c).

첫째, 학교장은 학교 성교육 담당교사 또는 관련 교과(담임)교사를 전문연수과정 우선 대상자로 선정하는 것이 바람직하다. 가령, 학교 성교육 담당교사는 성상담, 교직원 · 학생 대상 교육, 전달 연수, 관련 교과교사의 수업지원, 학교 성교육 계획 수립, 성교육 관련 교육자료 제공 및 홍보 등을 담당하고, 관련 교과교사는 성교육 내용을 재구성하여 학생교육을 실시한다.

둘째, 가급적이면 연 1회 이상 학생, 교직원, 학부모를 대상으로 하는 성교육 전문가를 초빙하여 자체 연수를 실시함으로써 학교 내 구성원들의 성교육 마인드를 제고하는 것이 좋다.

셋째, 성교육교과교육연구회 등의 정보 공유를 통해 수업방법 및 수업자료를 다양화하는 것이 필요하다. 성교육 수업의 경우, 전문성이 무엇보다 요구되는 분야이기 때문에 관련 자료를 최대한 확보하여 이를 바탕으로 하는 수업을 진행하여야 한다.

3) 성폭력 예방교육 프로그램의 실제

성폭력 예방교육은 다른 예방교육에 비해 교사에게 있어서 매우 어려운 교육이다. 여기서는 교육부에서 2012년에 제작하여 보급한 '성폭력 예방교육 길라잡이(교사용)'에 탑재된 성폭력 예방교육 프로그램을 소개한다. 이 강의안을 바로 사용하는 것도 좋지만 이를 바탕으로 주변 관련 기관의 자료를 참고로 이를 재구성하여 사용하는 것도 좋다. 성교육을 할 교사는 성에 대해 호기심이 강하고 알고자 하는 욕구가 강한 청소년들의 요구에 부응할 만한 풍부한 성지식과 긍정적인 성가치관을 가져야 하며 지속적인 성교육을 통해 효과를 거둘 수 있도록 해야 한다.

학교폭력과 관련된 성폭력: 친구들이 힘들게 해요! [예시]

1. 성폭력 예방교육 교수-학습 과정안

학습 목표	학교폭력과 관련된 성폭력 사례를 통해 성폭력을 올바르게 이해하며, 예방할 수 있도록 한다.	
수업 자료	유인물 〈내가 쓰는 재판록〉	
과 정	교수-학습 활동	지도상의 유의점
도 입	◈ 동기 유발 최근 발생한 학교폭력과 관련된 성폭력 사례 뉴스를 보여 주고 느낀 점을 말해 본다.	• 최근의 동영상 자료 시청
전 개	◈ 학습활동 전개 1. 학교폭력과 관련된 성폭력의 또 다른 사례 알아보기 - 왕따, 셔틀, 싸움, 복수, 성매매 2. 학교폭력과 관련된 성폭력 피해자의 고통 이해하기 3. 〈내가 쓰는 재판록〉 - 성폭력 사례를 통한 여러 사람의 입장에서 생각해 보기 - 피해자의 입장 - 가해자의 입장 - 판사의 재판 결론	• 뉴스 자료 및 인터넷 신문자료를 활용하여 학생들에게 알려준다. • 성폭력은 심각한 범죄이고, 성폭력을 당한 사람의 잘못이 아님을 인식시킨다.
정 리	◈ 내용 정리하기 1. 성폭력 가해자가 되지 않는 방법 알려 주기 및 소감 나누기	

2. 프로그램명

학교폭력과 관련된 성폭력 사례

3. 프로그램 목표

학교폭력과 관련된 성폭력의 사례를 통해 학교에서 폭력과 관련해서 일어나는 성폭력의 피해가 얼마나 심각한지 알아보고, 가해자가 되지 않도록 성폭력에 대해 올바르게 인식하는 데 그 목표가 있다.

4. 프로그램 내용

1) 도입

학교폭력과 관련된 성폭력 사례를 최근의 자료로 검색하여 학생들에게 동영상으로 보여주거나 인터넷 신문 자료를 발췌하여 보여 준다. 그리고 학생들에게 이러한 사례를 보고 그 느낌을 서로 이야기해 보게 한다.

2) 전개

(1) 학교폭력과 관련된 성폭력의 또 다른 사례를 알려 준다.

- 왕따, 셔틀, 집단폭력, 보복행동 등으로 인한 사례
- 인터넷으로 관련 사례의 최신 자료를 검색하여 학생들에게 알려 준다.

(2) 성폭력 피해자의 정신적 · 신체적 고통에 대해 알려 준다.

① 신체적 증상 및 질병으로 인한 고통을 호소
② 급식 거부, 폭식 등 식습관에 급격한 변화
③ 손을 자주 씻는 등 청결에 대한 강박적 행동
④ 주의집중 저하, 가출, 무단결석 등 학교 부적응
⑤ 또래관계의 어려움
⑥ 성적 집착, 조숙한 성지식, 성적인 공상, 자위행위 등 성 관련 행동
⑦ 특정 인물, 장소, 물건에 대한 거부 및 공포감

(3) 〈내가 쓰는 재판록〉

성폭력 사례를 통해 각자의 입장이 되어 재판록을 써 보도록 하고, 결론까지 스스로 생각해 보게 함으로써 성폭력의 위험성을 인식하도록 한다.

내가 쓰는 재판록

• 앞의 사례를 읽어 보고 판결을 내려 주세요. 각자의 입장에서 재판록을 작성해 보세요.

피해자 입장	가해자 입장

판사의 재판 결론

3) 마무리 단계

성폭력 가해자가 되지 않는 방법에 대해 알려 주며 마무리한다.

① 모든 사람을 동등한 인격체로 존중한다.

② 성폭력의 위험이 있는 행동이나 말은 하지 않는다.

③ 행동하기 전 '이 사람이 내 가족이라면' 이라고 입장을 바꿔 생각해 본다.

④ 상대방의 'NO'는 거부로 받아들인다.
상대방의 침묵이나 반대 없음을 'YES'로 혼동하지 않는다.

⑤ 성충동을 느낄 수 있지만 자제하고 조절할 수 있다는 것을 잊지 않는다.

제 8 장

학교폭력의 사례 및 해결방안

1. 학교폭력의 사례

학교폭력을 바라보는 시각에 따라 그 심각성과 이해의 정도가 다를 수 있다. 통계 자료의 수치만으로도 학교폭력의 심각성을 이해할 수 있지만 학교폭력의 실제 사례를 통해 학교폭력의 심각성을 실감할 수 있다. 따라서 학교폭력의 심각성을 알기 위해 언론매체를 통해 보도된 학교폭력의 사례를 살펴보기로 한다.

1) 학교폭력의 사례

(1) 학교폭력으로 인한 자살

동아일보(2012. 9. 20.)에 따르면, 학교폭력에 시달리던 고교생이 목숨을 끊었다. 충남 공주시 Y고교 1학년 박모 군(17)이 18일 오후 10시 22분경 공주시 신관동 한 아파트 화단에 숨져 있는 것을 주민들이 발견해 신고했다. 경찰은 폐쇄회로(CC)TV 조사 결과 박 군이 이 아파트 23층에서 몸을 던진 것으로 보고 있다. 박 군은 자살하기 이틀 전 친구들로부터 심하게 폭행당해 이를 비관해 왔던 것으로 밝혀졌다.

올해 3월 학기 초부터 박 군을 괴롭혀 온 것으로 지목된 같은 반 친구 A군 등 5명은 19일 오전 Y고 진로교육상담실로 불려 나온 자리에서 “왜 그렇게 집요하게 괴롭혔느냐”는 유족들의 질문에 “심심하고 재미있어서 괴롭혔다”고 말했다. 이들 가운데 B군은 “내가 주로 괴롭히는 C군이 있는데 박 군은 그에 비하면 많이 괴롭힌 것은 아니다”라고 말했다.

A군 등은 박 군 의자나 샤프펜슬 같은 학용품에 본드를 붙여 놓거나 뭉친 종이나 공으로 박 군의 머리를 맞히고 박 군 이름의 이니셜을 속옷 이름에 빗대 놀려 댄 것으로 드러났다. 박 군은 이 별명을 무척 싫어해 제발 좀 부르지 말라고 호소했지만 A 군 등은 전혀 아랑곳하지 않았다고 급우들은 전했다.

이들말고도 같은 반의 다른 친구인 D군 등 3명은 박 군이 자살하기 이틀 전인 16일 오후 7시 반경 교내 화장실로 박 군을 끌고 가 주먹 등으로 16대가량을 때린 것으로 드러났다. D군 등이 수업을 빼먹은 사실을 박 군이 교사에게 고자질했다며 폭력을 행사한 사실도 확인됐다. 15일 오후 자습시간에 교사가 들어와 “왜 이렇게 학생들이 없느냐"고 물었을 때 박 군이 "주변 공주보에서 영페스티벌이 열린다"고 대답했는데, 이를 D군 등은 고자질로 규정했다. 박 군은 폭력을 당한 뒤 친구들에게 보낸 카카오톡 메시지에서 "나는 그냥 공주보에서 축제를 한다던데라고 말했을 뿐"이라며 억울함을 호소했다.

박 군은 어깨와 다리 등 멍든 부위를 스스로 사진으로 찍어 중학교 동창이면서 다른 고교에 진학한 친구 등에게 카톡으로 보냈다. 카톡에서 박 군은 "암튼 지금 왼쪽 어깨가 시리고……" "숨쉬기가 힘들어" 등의 말로 고통을 하소연했다. "(사진의) 상처가 잘 안 보일 테니까. 다운받아서 확대해서 봐"라며 위로를 받고 싶어 하는 말을 하기도 했다.

박 군은 자신의 휴대전화에 "중학교 2학년 시절의 흑역사(어두운 과거)가 밝혀져 장래가 없다. 별생각 없이 (나를) 이렇게 내몬 그들을 미워하지 말라"는 내용의 메모를 남겼다. 박 군은 D군 등으로부터 폭행을 당한 당일 자살을 하려고 했다가 카톡 메시지를 받은 친구들의 만류로 일단 미뤘던 것으로 그가 보낸 카톡에서 드러났다.

그가 투신했을 때 손에 꼭 쥐고 있던 종이 메모에는 유서 내용이 담긴 자신의 휴대전화의 위치를 어머니에게 알리는 내용이 적혀 있었다고 유족들은 전했다. 박 군은 투신한 날 어머니의 어깨를 주물러 주고 여동생에게 자신의 용돈 7000원을 주고 떡을 사 주는 등 아들과 오빠로서의 마지막 역할을 하려는 모습을 보였다.

하지만 박 군의 자살 직후 학교 측은 "박 군이 중학교 때부터 소심하고 예민한 성격이었다"며 자살의 원인을 성격 탓 등으로 돌려 유족들을 분노하게 했다.

YTN(2011. 12. 23.)의 보도에 따르면, 2011년 12월 20일 대구의 한 중학생인 K군이 자신의 아파트에서 몸을 던져 스스로 목숨을 끊었다. K군은 숨지기 하루 전에 친구와 다음과 같이 통화했다. "○○야, 오늘 엄청 맞았다. 하루 이틀도 아니고 정말 괴로워 죽겠다. 하지만 선생님께는 말씀 드리지 마. 그러면 나 맞아 죽는다. 혹시 나한테 무슨 일 생기면 우리 부모님께 얘기해 줘." 그날은 가해학생들로부터 가장 심하게 구타와 가혹행위를 당한 날이었다.

경찰에 따르면, 그날 오후 4시쯤 K군의 집에 온 S군과 W군이 "윽, 짜증나! 너 게임 안 할래?"라고 하며 K군이 보고 있던 교과서를 빼앗았다. 그러고는 라디오 전원을 뽑아 K군의 목에 묶어 끌고 다니더니 무릎을 꿇고 바닥의 과자 부스러기를 주워 먹도록 했다.

오후 5시 20분쯤에는 K군을 피아노 의자에 엎드리게 하더니 K군이 격투기를 배우며 구입한 목검과 권투 글러브 등으로 마구 때렸다. 문구용 칼로 팔에 상처를 내려다 실패하자 일회용 라이터에 불을 붙여 몸에 대기도 했다. 뿐만 아니라 세숫대야에 물을 받아 물고문을 하기도 했다.

오후 6시쯤 이들이 돌아가고 난 뒤 K군은 친구들에게 괴로움을 호소하는 전화를 걸었다. 이후 방에 들어가 유서를 썼고, 어머니 몰래 어머니 휴대전화에 저장된 자기 번호를 지웠다. 이튿날 아침 어머니가 출근하고 난 뒤 거실을 깨끗이 치워 놓은 다음 어머니가 핸드백을 놓아두는 곳에 유서를 두고 베란다로 가 투신자살했다. 폭행당하기 하루 전인 18일 밤 11시엔 S군으로부터 '내일 너 죽인다. ……내일 맞으면서 소리내기만 해 봐.'라는 문자를 받았다. 숨진 K군의 A4용지 4장 분량의 유서에서 9개월 동안 같은 반 친구 2명으로부터 40여 차례에 걸쳐 노예처럼 괴롭힘을 당했고, '내일 죽이겠다.' '요즘 안 맞아서 영 맛이 갔네.' 등의 협박과 강요를 일삼는 300여 차례의 휴대전화 문자 메시지를 받은 것으로 드러났다. 다음은 유서를 간추린 내용이다.

제가 그동안 말을 못했지만, 매일 라면이 없어지고, 먹을 게 없어지고, 갖가지가 없어진 이유가 있어요. 제 친구들이라고 했는데 ○○○하고 ○○○이라는 애들이 매일 우리 집에 와서 절 괴롭혔어요.

12월에 들어서 자살하자고 몇 번이나 결심을 했는데 그때마다 엄마, 아빠가 생각나서 저를 막았어요.

저는 제 자신이 비통했어요. 사실 알고 보면 매일 화내시지만 마음씨 착한 우리 아빠, 나에게 베푸는 건 아낌도 없는 우리 엄마, 나에게 잘 대해 주는 우리 형을 둔 저는 정말 운이 좋은 거예요.

제가 일찍 철들지만 않았어도 저는 아마 여기 없었을 거예요. 매일 장난기 심하게 하고 철이 안든 척 했지만, 속으로는 무엇보다 우리 가족을 사랑했어요. 아마 제가하는 일은 엄청 큰 불효인지도 몰라요.

저는 정말 엄마한테 죄송해서 자살도 하지 않았어요. 어제(12월 19일) 혼날 때의 엄마의 모습은 절 혼내고 계셨지만 속으로는 저를 걱정하시더라고요. 저는 그냥 부모님한테나 선생님, 경찰 등에게 도움을 구하려 했지만, 걔들의 보복이 너무 두려웠어요. 대부분의 학교 친구들은 저에게 잘 대해 줬어요.

항상 저를 아껴 주시고 가끔 저에게 용돈도 주시는 아빠, 고맙습니다. 매일 제가 불효를 했지만 웃으면서 넘어가 주시고, 저를 너무나 잘 생각해 주시는 엄마, 사랑합니다.

항상 그 녀석들이 먹을 걸 다 먹어도 나를 용서해 주고, 나에게 잘해 주던 우리 형, 고마워.

모두들 안녕히 계세요.

매일 남몰래 울고 제가 한 짓도 아닌데 억울하게 꾸중을 듣고 매일 맞던 시절을 끝내는 대신 가족들을 볼 수가 없다는 생각에 벌써부터 눈물이 앞을 가리네요. 그리고 제가 없다고 해서 슬퍼하시거나 저처럼 죽지 마세요. 저의 가족들이 슬프다면 저도 분명히 슬플 거예요. 부디 제가 없어도 행복하길 빌게요.

- 우리 가족을 너무나 사랑하는 막내 ○○○ 올림-

P.S. 부모님께 한 번도 진지하게 사랑한다는 말 못 전했지만 지금 전할게요.

엄마, 아빠 사랑해요!!!!

한 중학생을 자살로 몰고 갔던 이 사건을 통해 학교폭력의 심각성이 국가적인 관심사로 주목받게 되었다. 무엇보다 가해학생들은 자신들이 한 모든 일을 단순한 장난이라고 말하며 피해자에게 책임을 돌리는 모습을 보이기까지 했다. 특히 자신들이 미성년자임을 들어 사태의 심각성을 모르고 친구의 자살을 대수롭지 않게 여긴 문자 메시지가 공개되면서 논란이 가중되기도 하였다. 가해학생들이 미성년자의 범죄 처벌이 가벼운 것을 알고 이용하는 경우 학생들을 얼마만큼 보호해 줘야 할 것인지 사회적인 논의가 필요하다.

(2) 집단따돌림

조선일보(2012. 1. 2.)에 따르면, 2010년 경기도 용인시 N중학교 1학년이던 둘째 딸 이모(15)양은 입학 직후부터 8개월간 따돌림을 당했다. 학교에서 따돌림을 당하다 정신병(외상후 스트레스장애)까지 앓은 딸을 둔 어머니 조모(53)씨는 울분을 토했다. "그날 이후 나는 딸을 잃었고 우리 가족은 망가졌습니다. 딸이 왕따 폭력을 당한, 2010년 11월 8일을 결코 잊을 수 없어요."

이양이 수학 문제를 푸는 것을 보고 친구 한 명이 "답안지 보고 풀었지? 답안지 베끼는 애"라고 소문을 낸 것이 발단이었다. 이후 다른 친구들도 '커닝걸' '더럽다' '감염자'라고 계속해서 놀렸다. 괴롭힘은 점점 더 심해져 아이들은 이양의 머리나 등짝을 툭툭 쳤고 남학생들은 발로 차기까지 했다.

이양은 가해학생을 멀리서 보기만 해도 가슴이 쿵쾅거렸고 선 채로 오줌을 싸기도 했다. 이양은 선생님도 미웠다. 이혼해 따로 사는 아버지와 찍은 사진이 담긴 USB를 가해학생인 ○○양이 창 밖으로 던져 버렸을 때, 선생님은 "USB가 얼마지? ○○아, 돈 줘라"고 말했다. 왕따 폭력이 8개월 지속되던 그해 11월 8일, 여학생 5명이 이양을 둘러싸고 머리, 등, 발을 수없이 때렸을 때도 "너희들 모두 잘못했다"며 이양까지 반성문을 쓰게 했다.

결국 이 상황을 견디지 못한 이양은 한 달여 정신병원 폐쇄 병동에 입원했다. 조씨는 딸을 간호하느라 근처 찜질방에서 며칠씩 밤을 지새웠다. 남편과 이혼한 뒤 정수기 관리일을 하며 어렵게 살던 조씨는 직장도 그만둬야 했다. 이양은 당시 고3이던 언니에게 "왜 나를 지켜 주지 않았냐"고 울부짖었다. 동생 일로 충격을 받은 이양의 언니는 도저히 공부를 할 수 없어 그해 수능시험을 제대로 보지 못했다.

이 사건은 학교폭력이 피해학생뿐만 아니라 가족의 삶까지 파괴하는 것을 알 수 있다. 또한 교사가 학교폭력을 가벼이 여겨 가해학생들에게 힘을 실어 주고 피해학생을 보호해 주지 못했을 때 학급 내 학교폭력은 만연할 수 있음을 알려 준다.

(3) 집단 구타 및 동영상 촬영

한국일보(2012. 1. 31.)에 따르면, 서울 성북구의 모 중학교 3학년 A(15)군은 자신이 매 맞는 모습이 담긴 폐쇄회로(CC)TV 화면을 보면서도 경찰관에게 폭행이 아닌 '기절 놀이'를 한 것이라고 우겼다. 친구들에게 맞아 코뼈가 부러지고 이틀 동안 감금을 당하고도 A군은 겁에 질려 3차례의 경찰 조사에서 계속 맞은 사실을 부인했다. 경찰은 "A군은 보복뿐 아니라 함께 다니던 또래 집단에서 자신이 쫓겨나는 데 대한 두려움이 컸다"고 말했다.

B(15)군 등 10대 5명이 A군을 처음으로 폭행한 것은 지난달 28일. 부모의 이혼

으로 조부모와 함께 살며 학교에서 '왕따'처럼 지내던 A군은 초등학생 때 알게 된 C(15)군의 소개로 지난달 21일부터 B군 등 5명과 어울리게 됐다. A군은 약속 시간에 늦게 오고 거짓말을 했다는 이유 등으로 이들로부터 매를 맞았다.

A군은 이를 자신의 할아버지에게 말했고, 할아버지는 지난 4일 자신이 운영하는 정육점으로 C군 등 2명을 불러 "A와 놀지 말라"고 훈계했다. 할아버지에게 폭행 사실을 알린 데 화가 난 C군 등은 이날 성북구 길음동 A군의 집 담을 넘어 들어가 A군의 할머니에게 심한 욕을 하며 "A군을 데려 가겠다, 말리지 말라"고 협박했다. 겁에 질린 할머니가 정육점에 할아버지를 데리러 간 사이 C군 등은 A군을 인근 아파트 지하 주차장으로 끌고 가 1시간 동안 잔혹하게 폭행했다. 이들은 A군을 바닥에 엎드리게 한 뒤 주먹과 발로 때리고 대걸레자루와 우산으로 허벅지를 후려쳤다. 또 A군의 엉덩이에 라이터 불을 갖다 댔다. 폭행에 가담한 한 학생은 자신의 여자 친구에게 영상 통화로 폭행 상황을 보여 주기도 했다. 더욱이 이들은 A군이 피투성이가 돼 집에 들어가면 어른들이 폭행 사실을 안다는 이유로 사흘 동안 아파트 지하 주차장과 PC방 등으로 A군을 끌고 다니며 감금했다.

경찰조차 친구를 짓밟은 이들 10대들의 잔혹성에 혀를 내둘렀다. 경찰 관계자는 "가해학생 대부분이 PC방에서 폭력적인 게임인 '서든데스'를 자주 했다고 진술했다"며 "CCTV를 보면 실제로 같은 방식으로 맞은 경험이 있거나 그런 장면을 목격하지 않은 사람이라면 상상할 수 없는 방식으로 A군을 폭행했다"고 말했다. 경찰은 또 "이 집단에서 우두머리 격인 B군은 A군뿐 아니라 다른 친구들도 폭행해 왔다"며 "B군을 제외하곤 모두 폭행 피해자이자 가해자"라고 덧붙였다. A군은 폭행으로 코뼈가 부러지는 등 전치 4주의 상처를 입고 정서적으로도 매우 불안정한 상태라 심리상담치료를 받고 있다. 해당 경찰서는 30일 A군을 집단으로 폭행 · 감금한 혐의로 B군 등 10대 3명을 구속하고 2명을 불구속 기소했다.

이 사건은 학교폭력 가해학생들이 학교폭력 행동을 놀이나 장난으로 생각하고 있음을 보여 준다. 가해학생의 특징 중 하나가 공감 능력의 부족인데, 자신이 장난 혹은 놀이로 한 행동이 피해학생에게는 얼마나 큰 신체적 · 심리적 고통인지를 잘 인식하지 못한다. 그 결과 죄책감을 느끼지 못하고, 자신의 잘못된 행동을 개선하려는 노력을 하지 않게 된다는 것을 알 수 있다. 따라서 전교생 및 학급단위별로 학기별 1회 이상 학교폭력 예방교육을 해야 할 것이다.

(4) 협박 · 갈취

조선일보(2012. 1. 5.)에 따르면, 하급생 수십 명을 상습 폭행하며 금품을 갈취하고 가출 여중생을 집단 성폭행한 중학생들과 같은 학년인 지적 장애 여학생을 상습적으로 괴롭혀 온 남학생 6명이 경찰에 붙잡혔다. 경기도 여주경찰서는 4일 모 중학교 3학년 김 모(15)군 등 4명에 대해 공갈 · 갈취 및 성폭력특별법 위반 등 혐의로 구속영장을 신청하고 18명을 불구속 입건했다. 김 군 등은 작년 9월 26일 오후 여주공설운동장 옆 야산에서 자신의 여자친구를 비하했다는 이유로 같은 학교 후배 A(13)군 등 10명의 입에 옷을 물리고 집단 폭행하는 등 작년 한 해 34명에게 61차례 폭력을 휘두르고 266만 원 상당의 금품을 빼앗은 혐의를 받고 있다.

김 군 등은 작년 11월 8일 B군 등 7명을 상대로 세 차례에 걸쳐 자위행위와 머리박기(일명 원산폭격)를 시키기도 했다. 김 군과 박 모 군 등 6명은 작년 11월 4일과 6일 가출한 중1 여학생 2명에게 술을 먹여 초등학교 운동장 등에서 집단 성폭행하며 휴대전화로 촬영한 혐의도 받고 있다.

이들의 범행은 피해를 당한 2학년 학생 10여 명이 작년 11월 4일 학교 측의 폭력실태 설문조사에서 피해 내용을 적은 뒤 교무실을 찾아가 "더 이상 못 참겠으니 처벌해 달라"고 도움을 청하면서 드러났다.

이 사건에서 보듯이, 최근 학교폭력 가해의 양상이 폭행, 강도, 갈취, 협박 등 성인과 다름없이 흉악화되어 가고 있음을 알 수 있다. 공격성을 부추기는 매체물, 이혼, 별거 등 가정 붕괴로 인한 결손가정의 증가 등 현재의 사회 · 문화 환경의 개선을 위한 노력이 필요함을 시사 받을 수 있다.

(5) 성추행

머니투데이(2012. 1. 13.)에 따르면, 서울 강서구에 사는 임 모 군(13)은 지난해 3월 K중학교에 입학했다. 초등학교를 졸업하고 새로운 친구들과 선생님을 만날 기대에 부풀었던 임군은 입학 이날부터 끔찍한 경험을 하기 시작했다.

바로 동급생들의 집단따돌림와 폭행이었다. 정 모 군(13) 등 가해학생들은 임 군의 바지를 벗기고 성기에 전기 충격을 주고 교실에서 다른 학생들이 지켜보는 가운데 성행위를 하는 흉내를 내기도 했다. 또 임 군을 학교 인근 골목길로 데려가 머리를 때리고 발로 배를 차기도 했다. 이 사실을 알게 된 임 군의 아버지(49)는 정군을 불러 야단을 치고 학교에 진정을 넣었다. 이 사실을 안 정 군의 아버지가 집으로 찾아와 난동을 부리며 임 군을 위협했고 임 군 가족은 두려움을 떨치지 못해 경기 남양주의 한 교회로 몸을 피했다. 임 군은 거동이 불편한 지체장애인인데다 집안 형편도 어렵지만 아들을 위해 현재 이사를 준비하고 있다.

지난해 1년간 같은 반 친구들로부터 왕따 폭행을 당한 서울 강서구 K중학교 1학년 임 모 군이 작성한 '폭행과 괴롭힘을 당한 일람표'에는 무려 148차례의 각종 폭행과 성추행, 갖가지 가혹행위가 A4용지 38장에 빠짐없이 정리돼 있다. 임 군은 폭행을 당한 날짜와 장소, 가해자 이름 등을 모두 기록했다. 서울남부지검은 지난달 10일쯤 이 서류를 제출받아 조사 중이다.

임 군은 폭행에 맞서지는 못했지만, 아무도 도와주지 않는 상황에서 혼자만의 싸움을 했다. 임 군은 3일 본지 기자와 만나 "'왕따'를 당하는 상황에서도 새벽 3시까지 공부를 했다. 공부로라도 나를 괴롭힌 애들을 이기고 싶었다"고 말했다. 임 군은 지난해 3월 시험에서 수학 점수가 40점이었지만 지난해 12월 기말고사에서 92점을 맞았다. 임 군의 아버지는 지체장애 2급이고, 가족은 기초생활수급자를 위한 서울 강서구 가양동 공공임대아파트에 살고 있다. 임 군은 지난해 말부터 정신과 치료를 받고 있다.

이 일람표에 따르면 임 군은 지난해 3월 초 같은 반 김 모 군으로부터 머리가 짧다는 이유로 쉬는 시간마다 '대머리 독수리'라고 놀림을 받으며 맞았다. 얼마 뒤 가해학생들은 7명으로 늘었다. 임 군은 "내가 동네북이 된 것 같다"고 썼다.

임 군은 쉬는 시간, 점심시간, 방과 후까지 폭행을 당했다. 하지만 당시 반 학생 누구도 말려 주지 않았다고 임 군은 기록했다. 이들은 점심시간에는 임 군에게 바닥에서 밥을 먹으라고 강요했다.

성추행도 자주 벌어졌다. 지난해 6월 가해학생들은 교실에서 L군의 바지를 내리고 성기를 잡아당겼다. 임 군은 성추행을 당한 날 "니들이 인간이야." "미쳐버리겠다"고 썼다. 이들은 성추행을 거부하면 주먹질을 해 댔다고 임 군은 적었다.

학교 측은 임 군이 당한 고통을 외면했다. 임 군은 일람표에 "10월 하순 선생님이 소원수리를 하라고 해서 괴롭힌 사람을 적었다. 근데도 아무런 조치가 없었다"라고 적었다.

이 학교 교장은 4일 임 군이 당한 성추행에 대해 "성기 만지기와 바지 내리기는 어린 학생들이 자연스럽게 하는 장난이다. 일명 '고추 만지기'가 일상적인 장난이다. 여름에는 운동장에서 벌어지기도 한다. 모두 웃는 분위기다"라고 말했다.

지난해 12월 8일에는 학교 인근 놀이터에서 임 군이 정 모(13)군에게 폭행당하는 것을 본 K중학교 졸업생이 두 학생을 데리고 학교 생활지도부를 방문해 "적절한 조치를 취해 달라"고 했지만, 학교 측은 별다른 조치를 하지 않았다. 당시 생활지도교사는 두 학생에게 "서로 잘못이 있으니 화해하라는 말을 하고 돌려 보냈다고 학교 관계자는 밝혔다.

이 사건을 통해 학교폭력에 대하여 학교 당국이 안이하게 대처하고 있음을 알 수 있다. 또한 성기 만지기와 같은 성추행을 학교폭력으로 인식하지 못하고 학생들이 크는 과정에서 흔히 있을 수 있는 자연스러운 행동으로 인식하고 있음을 알 수 있다.

(6) 사이버폭력

광주타임뉴스(2012. 2. 15.)에 따르면, 광주지방경찰청은 사이버상 학교폭력을 근절하기 위해 사이버안전드림팀을 구성하여 운영 중에 같은 반 학생들에 대해 집단적으로 욕설을 하는 등 전국 인터넷 '안티카페' 110개를 단속하고, 학부모 또는 학교에 통보하여 카페 폐쇄 조치 및 문자 폭력의 정도에 따라 내사 착수하여 선도조건부 훈방할 예정이라고 밝혔다.

단속된 안티카페는 주로 이름, 학교명, 반명 등 별칭을 이용하여 초등학생 50%, 중학생 41%, 고등학생 9%가 개설하였으며, 개설 동기별로는 외모나 행동 등이 미워서 40%, 싸우고 나서 31%, 편가르기 15%, 기타 14% 등으로 나타났다.

주요 사례로는 지난 2011년 7월 8일경 강원도 원주시 소재 중학교에 다니는 A학생(15세, 남)은 같은 학교 B학생(15세, 남)을 따돌림 시킬 목적으로 카페를 개설하고 친구 16명과 함께 '오늘도 서○○를 보았다. 기분이 ×같다.' 라는 등 친구를 비방하는 게시글을 올리고, 2011년 11월 17일경 전남 화순군 소재 중학교에 다니는 C학생(14세, 여)은 같은 학교 D학생(14세, 여)을 따돌림 시킬 목적으로 카페를 개설하고 친구 9명과 함께 욕설 등 비방글을 올리는 사례를 발견하여 폐쇄 조치하고 사랑의 교실 참여 등 선도조건부 불입건할 예정이다.

이 사건을 통해 우리 사회에서 인터넷과 휴대전화를 통하여 21세기 폭력

(twenty-first century bullying)이라고 불리는 사이버폭력을 당하기 쉽다는 것을 알 수 있다. 사이버폭력은 학교폭력 가해학생이 피해학생에 대한 허위 사실이나 비방의 글을 블로그나 카페 등의 웹사이트에서 꾸며 내기 때문에 잠재적으로 더 많은 사람들이 허위 사실을 보게 된다는 측면에서 매우 위험하다고 할 수 있다.

(7) 조직폭력 및 상납 요구

중앙일보(2012. 1. 10)에 따르면, 서울 강남 일대 학교 수십 곳에 상납액을 정해 주고 하청을 주는 피라미드식으로 거액의 금품을 갈취해 온 학교폭력 조직이 적발됐다. 서울 서초경찰서는 중 · 고교생 후배들을 때리고 위협해 장기간에 걸쳐 조직적으로 금품을 상납받은 혐의로 이모(21)씨에 대해 구속영장을 신청하는 등 일당 8명을 붙잡아 조사하고 있다고 10일 밝혔다.

경찰에 따르면 이 씨는 동네 및 학교 후배인 김 모(18, 구속)군 등 4명에게 금품을 상납하도록 요구해 명품 의류와 MP3 플레이어, 현금 등 수천만 원에 달하는 금품을 받아 챙긴 혐의를 받고 있다.

이 씨는 후배들이 말을 듣지 않으면 유도복을 입히고 대리석 바닥에 수십 차례 내리꽂거나 손발로 온몸을 마구 때리는 등 폭행했으며 "신고하면 병신을 만들어 버리겠다"며 협박하기도 한 것으로 조사됐다.

이 씨로부터 상납을 요구받은 청소년들은 다시 주변에서 금품을 갈취하는 등 10대 청소년 50여 명이 이 조직에 연루됐으며, 강남권 일대 20여 개 중 · 고등학교의 학생 700여 명이 수억 원에 이르는 피해를 봤을 것으로 경찰은 추정하고 있다.

이 씨의 지시를 받은 김 군은 자신의 후배들을 오피스텔로 불러 손발을 묶은 채 쇠파이프로 때리는 방법 등으로 위협해 돈을 뜯어 낸 뒤 일부는 상납금으로 내고 나머지는 자신의 생활비와 유흥비로 사용했다.

이에 신모(17)군과 황모(17)군 등은 김 씨가 시킨 대로 강남 일대에서 각자 담당할 학교를 나눠 학생들에게서 수시로 돈을 빼앗는 등 피해가 확대 · 재생산됐다. 주범인 이 씨는 예전에 폭력조직으로부터 영입 제의를 받은 적도 있는 것으로 알려졌다. 피해학생들은 수차례 자살 충동을 느끼기도 했다고 경찰에서 진술했다.

이 사건에서 보듯이, 학교폭력이 조직적이고 집단적인 형태를 보이고 있을 뿐만 아니라 학교 밖의 성인이 일진 학생들을 조직적으로 관리하며 상납을 받고, 이를 거부할 경우에는 폭력을 행사하고 있음을 알 수 있다. 따라서 안전한 학교를 만들기 위한 교육 당국과 경찰 당국 및 행정 당국의 긴밀한 협조가 필요함을 알 수 있다.

(8) 가상 게임을 통한 폭력

조선일보(2012. 2. 6.)에 따르면, 지난해 12월 '왕따 폭력'으로 자살한 대구의 중학생 김모군 사건도 '메이플스토리' 게임에서 비극이 시작됐다. 김군을 괴롭힌 가해학생 2명은 김군에게 "같이 게임을 키우자"고 접근한 뒤, 아이템을 산다며 돈을 빼앗고 게임 레벨(각 게임을 하는 능력 수준)을 올리라며 자신들 게임 ID로 접속해 게임을 하도록 했다. 김군은 유서에서 "그때부터 매일 컴퓨터를 많이 하게 됐다…… 게임을 너무 많이 한다고 (부모님이) 혼내실 때 부모님을 원망하기보단, 그 녀석들에게 당하고 사는 내가 원망스러웠다"고 적었다.

서울의 한 초등학교 5학년 A군도 작년부터 학교 친구들에게 '메이플스토리' '테일즈러너' '던전앤파이터' 게임아이템을 상납하고, 친구의 ID로 접속해 게임 레벨을 올려 주고 있다. A군은 "게임 아이템을 친구들에게 빼앗기는 게 화가 났지만 안 그러면 친구들이 괴롭힌다"고 말했다.

서울의 중학생 B군은 2010년 같은 학교 친구들과 함께 '던전앤파이터' 게임을 하다가 게임머니인 '골드'를 빼앗겼다. 게임과 동시에 채팅을 하던 중 이 사실을 얘기했는데 몇몇 아이들이 달라고 했다. B군이 거절하자 채팅창에는 갑자기 험악한 말들이 뜨기 시작했다. "나중에 만나면 ×나 팰 거다." "당장 나와라. 죽여 버리겠다." 결국 현금 6만 원 상당의 아이템을 빼앗긴 A군은 "몇 달 동안 모은 돈으로 산 아이템인데 너무 억울했다"며 "하지만 안 주겠다고 버티다가 오프라인(실제 현실)에서 맞거나 왕따당하는 아이들도 많다"고 말했다.

이 사건에서 보듯이, 왕따 폭력의 상징적 용어 중 하나인 '빵셔틀'(강제로 빵을 사다가 공급해 주는 아이 또는 그런 행위)은 게임에서 왔다. 이 같은 학생 간 폭력과 갈취의 관계는 최근에 게임을 대신 해 주거나 아이템(게임에 사용되는 도구, 무기)을 상납하는 '게임 셔틀' '아이템 셔틀' 등으로 확산되고 있다. 우리 사회의 고질적 문제인 '왕따 폭력'의 배후에 게임이 있는 것이다.

2) 학교폭력 사례를 통해 본 최근 학교폭력의 특징

학교폭력으로 인한 자살, 집단따돌림, 집단구타 및 동영상 촬영, 협박 · 갈취, 성추행, 사이버폭력, 조직폭력 · 상납 요구, 가상 게임을 통한 폭력 등 여덟 가지의 학교폭력 사례를 통해 알 수 있는 최근 학교폭력의 특징을 살펴보면 다음과 같다(김종운, 2019; 조정실, 차명호, 2010).

첫째, 학교폭력의 피해학생이 가해학생이 되는 경우가 증가하고 있다. 최근 발생하는 학교폭력은 저연령화, 집단화, 폭력에 대한 인식 부족, 폭력의 흉포화 등으로 심각성을 더해 가고 있다. 또한 가해학생들의 학교폭력에 대한 인식이 무뎌지고, 일상화되어 폭력으로 인식하지 못하고 목격학생 역시 이를 제지하거나 신고하는 등과 같이 학교폭력에 적절하게 대처하지 못하고 있다.

둘째, 학교폭력으로 인한 피해학생의 심리적 고통이 심각한 수준이다. 학교폭력은 피해학생의 힘만으로 막기에는 역부족이다. 특히 피해학생은 학교폭력으로 인하여 많은 심리적 고통을 겪기 때문에 이를 해결하기 위한 에너지가 부족한 것이 특징이다. 따라서 신고절차의 간소화, 신고창구의 개설, 신고자에 대한 비밀유지, 피해학생에 대한 신속한 신고조치, 목격학생들이 학교폭력을 제지하거나 신고할 수 있도록 학교폭력 예방교육 실시 등이 이루어져야 한다.

셋째, 학교폭력으로 인한 자살이 증가하고 있다. 학교폭력 가해학생의 지속적이고 교묘한 집단따돌림과 신체폭행 및 금품 갈취로 인하여 피해학생이 더 이상 학교나 교사, 심지어 부모에게 도움을 요청하지 못하고 있다. 이러한 절망적인 상태에서 학교폭력 피해학생은 극단적으로 자살을 선택하는 경우가 증가하고 있다.

넷째, 학교폭력이 저연령화되고 있다. 최근 학교폭력의 양상이 초등학교에서도 중 · 고등학교 못지않은 수준으로 발생하고 있다는 점이다. 초등학생들은 중 · 고등학생들에 비해 학교폭력에 대한 대처 능력이 떨어지고 쉽게 가해학생의 행동에 동조하는 경우가 많으므로 학교 당국과 교사 및 학부모의 예방교육과 관심이 필요하다.

다섯째, 학교폭력이 집단화되고 있다. 학교폭력의 가해학생이 2인 이상인 경우가 증가하고 있으며, 집단따돌림이나 집단폭행으로 인하여 피해학생은 심리적 지지원인 친구로부터 멀어져 홀로 남게 된다. 또한 학교폭력을 목격하고도 자신도 피해학생과 같이 될지도 모른다는 두려움에 신고하지 못하게 되고 불안한 마음으로 학교에 다니게 된다.

여섯째, 인터넷과 휴대전화의 대중화로 사이버폭력이 증가하고 있다. 우리 사회에서 인터넷과 휴대전화를 통하여 21세기 폭력이라고 불리는 사이버폭력을 당하기 쉽다는 것을 알 수 있다. 사이버폭력은 학교폭력 가해학생이 피해학생에 대한 허위 사실이나 비방의 글을 블로그나 카페 등의 웹사이트에서 꾸며 내기 때문에 잠재적으로 더 많은 사람이 허위 사실을 보게 된다는 측면에서 매우 위험하다고 할 수 있다. 또한 피해학생에게 5G 통신 데이터를 무제한으로 쓸 수 있는 휴대전화 요금제에 가입하게 한 뒤, 스마트폰의 테더링 또는 핫스팟 기능을 통해 자신들은 공짜로 인터넷을 사용한다거나 문자 메시지를 통해 협박하는 글이나 사진을 보내는 등 가정에서도 학교폭력을 당하는 경우가 증가하고 있다.

2. 학교폭력의 예방교육

1) 학교폭력의 예방교육

(1) 학교폭력 예방교육의 법적 근거

학교의 장은 학생의 육체적 · 정신적 보호와 학교폭력의 예방을 위한 학생들에 대한 교육(학교폭력의 개념 · 실태 및 대처방안 등을 포함하여야 한다)을 학기별로 1회 이상 실시하여야 한다(「학교폭력예방법」 제15조 제1항). 또한 학교의 장은 학교폭력의 예방 및 대책 등을 위한 교직원 및 학부모에 대한 교육을 학기별로 1회 이상 실시하여야 한다(「학교폭력예방법」 제15조 제2항).

학교의 장은 학교폭력 예방교육 프로그램의 구성 및 그 운용 등을 전담기구와 협의하여 전문단체 또는 전문가에게 위탁할 수 있다(「학교폭력예방법」 제15조 제3항). 교육장은 예방교육 프로그램의 구성과 운용계획을 학부모가 쉽게 확인할 수 있도록 인터넷 홈페이지에 게시하고, 가정통신문이나 학부모회 연수 등 다양한 방법으로 학부모에게 알릴 수 있도록 노력하여야 한다(「학교폭력예방법」 제15조 제4항).

(2) 학교폭력 예방교육의 목적

학교폭력 예방교육의 목적은 궁극적으로 학교폭력에 대한 청소년들의 그릇된 인식과 태도를 변화시켜서 가해학생 또는 가해의 위험 징후가 있는 학생들에게 학교폭력은 범죄라는 인식을 심어 주고 바람직한 태도 변화를 유도하거나, 일반 학생들에게는 언제 당할지 모를 학교폭력에 대해 효과적으로 대처할 수 있도록 교육시킴으로써 학교폭력의 잠재적 가능성을 최소화하여 안전하고 즐거운 학교를 만드는 데 있다.

(3) 학교폭력 예방교육의 의의

학교폭력 예방교육은 교사에게 학급 내 학교폭력 사건에 대한 신속한 대처 능력을 기르게 하여 학교폭력 사건이 확대되지 않으면서 원만하게 해결될 수 있도록 하며, 사건 자체의 발생 가능성도 줄일 수 있는 역할을 한다. 또한 학교폭력 예방교육은 학교폭력 사안이 교사나 학교의 책임 여부에 대한 법적 분쟁으로 확대되는 경우에 스스로를 보호할 수 있는 최소한의 조치가 될 수 있다. 즉, 학교폭력 사안에서 교사의 책임과 관련된 사건 발생의 예측가능성과 그에 따른 적극적인 조치를 이해하였는가의 판단에 있어서 학교폭력 예방교육은 학교에서 취할 수 있는 적극적인 조치 중의 하나로 제시될 수 있다.

(4) 학교폭력 예방교육의 주의사항

교사와 학생을 대상으로 하는 학교폭력 예방교육은 학기별로 1회 이상 실시하여야 한다. 학교의 사정이 있다고 하여 다음 학기로 연기하거나 하지 않을 수 있는 것이 아니다. 이는 「학교폭력예방법」에서 규정하고 있는 것으로, 학교의 사정, 학교장의 결정 등의 이유로 연기하거나 실시하지 않으면 법을 위반하게 된다.

학교폭력 예방교육은 담임교사나 학교장이 독자적으로 하여야 할 일이 아니며, 생활지도부만의 역할도 아니므로 예방교육의 추진은 모든 교사가 하게 되겠지만 각급 학교에 설치된 전담기구의 주요 역할 중 하나가 이러한 예방교육에 대한 프로그램의 구성 및 실시이므로 전담기구의 역할이 중요하다.

2) 학교폭력 예방교육의 실시

학생 및 교직원에 대한 학교폭력 예방교육은 학기별로 1회 이상 실시하되, 교육 횟수, 시간 및 강사 등 세부적인 사항은 학교의 여건에 따라 학교의 장이 정한다. 학교폭력 예방교육은 학급단위로 실시함을 원칙으로 하되, 학교의 여건에 따라 전체 학생을 대상으로 한 장소에서 동시에 실시할 수 있다. 학생과 교직원을 별도로 교육함을 원칙으로 하나 내용에 따라 함께 교육할 수 있으며, 다양한 자료나 프로그램 등을 활용하여 강의, 토론 및 역할연기 등 여러 가지 방법으로 진행한다.

(1) 학생 대상 예방교육

학교장은 학생의 육체적 · 정신적 보호와 학교폭력의 예방을 위하여 학생들에 대한 교육을 학기별로 1회 이상 실시하도록 법적으로 의무화하고 있다. 학생을 대상으로 하는 학교폭력 예방교육은 학급단위로 실시하는 것이 원칙이나, 학교의 여건에 따라 전체 학생을 대상으로 한 장소에서 집합교육을 실시할 수 있다. 예를 들면, 학년 전체 학생을 대상으로 학교폭력의 개념, 실태, 대처방안에 대해 예방교육을 실시하고, 이후 학급단위로 친구들을 배려하는 방법, 학급 내 폭력 발생 시 대처요령, 학교폭력 피해학생과 그의 가족의 고통 등에 대하여 토의하는 방식으로 진행할 수 있다.

(2) 교직원 대상 예방교육

교직원 대상 예방교육은 기본적으로 학생 대상 예방교육과 분리하여 진행하여야 한다. 학교장은 학교폭력의 예방 및 대책 등을 위한 교직원에 대한 교육을 학기별로 1회 이상 실시하여야 한다. 여기서 교직원이라고 함은 담임교사나 생활지도 교사에 한정되는 것이 아니라 모든 교사와 학교의 직원까지도 포함된다. 교직원에 대한 학교폭력 예방교육은 학교폭력 관련 법령에 대한 내용, 학교폭력 발생 시 대응요령, 학생 대상 학교폭력 예방 프로그램 운영방법 등을 포함하여야 한다.

(3) 학부모 대상 예방교육

학교장은 「학교폭력예방법」 제15조 제5항에 따라 교직원 및 학부모에 대한 학교폭력 예방교육을 학기별로 1회 이상 의무적으로 실시해야 한다. 이때 학생과 교직원, 학부모를 따로 교육하는 것을 원칙으로 하되, 내용에 따라 함께 교육할 수 있다. 학부모를 대상으로 하는 학교폭력 예방교육도 학생과 교직원에 대한 예방교육과 마찬가지로 강의, 토론 및 역할연기 등 여러 가지 방법으로 하고, 다양한 자료나 프로그램 등을 활용하여야 한다. 학부모에 대한 학교폭력 예방교육에 포함되어야 할 내용으로는 학교폭력 징후 판별, 학교폭력 발생 시 대응 요령, 가정에서의 인성교육에 관한 사항 등이다.

학부모 대상 학교폭력 예방교육은 맞벌이 부부, 취약계층 학부모가 학부모교육에 참여하기 곤란한 점을 고려하여 학교에서는 다양한 방법으로 학부모교육을 실시하여야 한다. 단위학교는 가능한 한 교육의 개최 횟수를 늘리고, 개최 시기도 일과 후, 주말 등 다양하게 운영하여 다수의 학부모가 참여할 수 있도록 노력해야 한다. 또한 학교로 방문하기 힘든 학부모를 위해 학교 홈페이지에 동영상 교육자료 탑재, 가정통신문 또는 이메일 발송 등 다양한 방안을 강구하여야 한다.

(4) 학교폭력 예방교육의 위탁

「학교폭력예방법」 제15조 제3항에 따라 학교의 장은 학교폭력 예방교육 프로그램의 구성 및 그 운용 등을 전담기구와 협의하여 전문단체 또는 전문가에게 위탁할 수 있다. 그리고 「학교폭력예방법」 제15조 제4항에 따라 교육장은 학교폭력 예방교육 프로그램의 구성과 운용계획을 학부모가 쉽게 확인할 수 있도록 인터넷 홈페이지에 게시하고, 그 밖에 다양한 방법으로 학부모에게 알릴 수 있도록 노력하여야 한다.

학교폭력 읽기 자료 10

학교폭력 예방교육을 위한 유용한 홈페이지

학교폭력 종합정보 홈페이지 '도란도란'

https://doran.edunet.net

학교폭력예방교육지원센터(http://www.stopbullying.re.kr)

출처: 교육부(2012a). 학교폭력 사안처리 가이드북.

3. 학교폭력의 해결방안

학교폭력을 예방하고 해결하기 위한 국가 및 정부 차원, 지역사회 차원, 학교 차원, 가정 차원에서 노력해야 할 점은 다음과 같다(권문일, 2012; 김태진, 2007; 박동호, 2011; 정종진, 2012; 정현미, 2009; 한국교육신문, 2013. 2. 22.).

1) 국가 및 정부 차원

학교폭력이 발생했을 때 가해학생과 피해학생 위주로 개별 사건에 대한 대책을 마련하는 것뿐만 아니라 학교풍토를 반폭력적이고 안전한 장소가 될 수 있도록 범국가적 노력이 이루어져야 할 것이다. 국가 및 정부 차원에서 학교폭력을 예방하고 대처하기 위해 노력할 일을 살펴보면 다음과 같다.

첫째, 정부는 학교폭력 예방교육 콘텐츠를 개발, 실행할 수 있는 인적 · 물적 자원을 지원 및 확대해야 한다. 최근 핵가족화와 맞벌이 부부의 증가로 인한 자녀의 가정교육 소홀, 극심한 경쟁으로 혼란한 교육환경, 디지털산업과 IT문화의 발달에 따른 개인주의, 이기주의의 팽배, 공격성 및 폭력성을 조장하는 문화 등의 영향으로 청소년들이 폭력에 무방비 상태로 노출되고 있다. 따라서 실효성 있는 학교폭력 예방교육을 위한 다양한 콘텐츠를 청소년 발달 수준에 맞게 개발하여 효율적으로 활용할 수 있도록 인적 · 물적 지원을 위해 적극 노력해야 한다.

둘째, 학교폭력 대책을 지속적으로 추진하기 위해서는 정규예산을 기반으로 하는 정책 및 사업 추진이 될 수 있도록 적극적인 방안을 모색해야 한다. 학교폭력 예방과 근절을 위해서는 특별 사업 형태가 아닌 지속적인 정책 및 사업으로 추진될 수 있도록 정규예산을 기반으로 한 계획 수립이 필요하다. 학교폭력은 일시적으로 발생했다가 사라지는 현상이 아니며, 방치하면 지속적이고 고질적인 사회문제로 번지기 때문이다. 따라서 학교폭력 정책은 지속적으로 추진되어야 한다.

셋째, 전국에 화해조정기관의 설립을 위한 법적 근거를 마련해야 한다. 현행법에서는 심의위원회에서 분쟁 조정에 실패한 경우, 피해자 · 가해자 측은 화해, 조정, 중재의 기회를 잃게 되거나 가해학생은 고소, 고발을 하거나 민사상 소송을 제기해서 학교폭력 문제해결을 더욱 어렵게 하는 경우가 허다하다. 따라서 보다 효율적인 문제의 해결을 위해 전국에 화해조정기관을 설립하여 분쟁을 해결하는 방안을 모색하는 것이 필요하다.

분쟁 조정 시 가해학생 측의 요구는 형사처벌과 지나친 손해배상 부담에서 벗어나는 것이며, 피해학생 측의 요구는 재발 방지와 손해배상(치료비, 위자료 등)이라고 할 수 있다. 따라서 분쟁이 조기에 해결될수록 가해학생이나 피해학생 모두가 학교에 복귀하여 정상적으로 학업에 전념할 수 있으므로 사회적 비용도 절감하는 효과가 있을 것으로 예상된다.

넷째, 가해학생 및 학부모 교육을 수행할 수 있는 전문기관의 확대가 필요하다. 「학교폭력예방법」 제17조(가해학생에 대한 조치), 제1항 제5호에서는 '학내외 전문가에 의한 특별교육이수 또는 심리치료'를 받아야 한다고 정하고 있다. 따라서 가해학생과 학부모 교육을 수행할 수 있는 전문기관을 발굴하고 확대해 나가는 것이 필요하다. 그리하기 위해서는 전문기관에 대한 명확한 역할과 기능을 명시하고 합리적이고 체계적인 관리 시스템을 구축해야 한다.

다섯째, 학교전담경찰관의 지속적인 인력 배치 및 교육을 통하여 합리적이고 체계적인 학교폭력에 대처할 수 있는 국가적 의지가 필요하다. 2020년 현재 전국의 학교 수는 11,000여 개이다. 경찰청에서 발표한 자료에 의하면, 학교전담경찰관 1인당 35개가 넘는 학교를 담당하게 되어 실질적인 효과를 거두기 어려운 실정이다. 미국의 경우, 학교전담경찰관 1인이 3개의 학교를 담당하고 있어 어느 정도 효과를 올리고 있음을 고려할 때 학교전담경찰관을 지정하여 학교와 유기적인 연계협력을 통한 효율적인 학교폭력 대응 방안을 모색해야 한다. 이를 위해서는 보다 적극적인 국가적 의지가 필요하다.

여섯째, 교육 본연에 충실할 수 있는 교육체제를 만들어 갈 필요가 있다. 교실 내에는 다양한 성향의 학생이 존재하는데, 현재와 같은 성적 위주의 입시 정책이 학생들의 치열한 경쟁을 유도했고, 그 결과 가장 교육적이어야 할 학교가 인성교육이 경시되고 비교육적인 장소가 되었다. 그러므로 배려, 공감, 나눔, 소통, 화합 등 공동체 생활에 필요한 인성교육을 강화하여 교육 본연의 기능에 충실한 교육 시스템을 만들어 가도록 국가 정책이 필요하다.

일곱째, 교사의 권위를 존중하는 교육환경을 만들어 갈 필요가 있다. 최근 교사들의 명예퇴직 신청이 늘었고, 몇몇 조사에서는 교직만족도가 현저히 떨어졌다고 한다. 교육의 성패는 교사에게 달려 있다는 말과 같이 학교폭력의 근절도 교사의 권위를 살려 주어야 성공할 수 있다. 이를 위해 국가는 수업과 생활지도라는 교사 본연의 직무에 충실할 수 있도록 잡무를 줄이는 방안과 학생지도에 대한 책임과 권한을 부여할 수 있는 대책을 수립할 필요가 있다.

여덟째, 신고의 활성화를 위한 국가체제를 구축할 필요가 있다. Olweus(1994)에 의하면, 학교폭력 가해학생이 폭력을 휘두를 엄두가 나지 않도록 하는 집단의 압력이 존재하는 사회적 분위기가 폭력 예방에 있어 중요하다는 점을 강조하였다. 이러한 사회 분위기의 형성과 정착에 가장 중요한 개념이 신고(report)이다(문용린 외, 2006 재인용). 신고의 활성화를 위해 피해학생뿐만 아니라 목격학생이 학교폭력을 학교, 경찰 및 관련 기관에 즉각적으로 제보할 수 있는 시스템을 구축해야 한다.

2) 지역사회 차원

사회적으로 해체된 지역사회에서 범죄행동이 빈번히 발생한다. 즉, 폭력적인 지역사회 환경에 노출된 청소년들은 그렇지 않은 청소년들에 비해 폭력행동, 우울, 불안, 분노 등 전반적인 정서적 고통의 수준이 더 높은 반면, 자존감과 사회적 능력은 더 낮게 나타난다는 것이다. 폭력적인 가정과 학교, 상대적으로 빈곤한 사회, 자연환경을 제공하는 놀이 공간의 감소, 청소년에게 비친화적인 도시계획, 유해 환경적인 주거환경, 지역사회의 폭력적 환경 등 폭력과 친한 사회적 환경에 의해서 청소년의 폭력 성향이 조장될 수 있다. 이처럼 우리 사회가 학생들의 폭력행동을 너무 방관해 온 감이 없지 않다. 지역사회 차원에서 학교폭력을 예방하고 대처하기 위해서 해야 할 일을 몇 가지 제시하면 다음과 같다.

첫째, 학교폭력에 여전히 관대한 시민들의 인식 개선이 시급하다. 청소년폭력예방재단(2011)의 전국 학교폭력 실태조사에 의하면, 학교폭력이 왜 발생하는지에 대한 질문에 청소년들은 '교사, 학부모 등 어른의 무관심'이라고 응답한 비율이 12.9%로 나타났다. 우리 사회에서는 영화나 대중매체 속에서도 폭력에 대하여 관대하며, 멋있는 행동이라고 치부하기도 한다. 이런 의식은 청소년에게도 그대로 적용되어 학교폭력으로 나타나고 있다.

둘째, 지역사회 내 청소년 기관 및 단체, 청소년 시설(수련관, 문화의집 등)의 효율적인 연계활동이 필요하다. 학교폭력 예방을 효과적으로 추진하기 위해서는 지역사회 내에 위치하여 활동하고 있는 청소년단체, 청소년시설, 청소년 관련 기관 등이 상호 연계하는 것이 매우 중요하다. 특히 청소년들의 동아리활동, 봉사활동, 진로활동, 자율활동 등의 창의적 체험활동을 학교와 연계하고, 단체 및 시설 간에 특성화 영역을 공유하며 노력한다면 학교폭력 예방의 시너지효과로 나타날 것이다.

셋째, 어떤 폭력도 정당화되지 않는다는 사회적 분위기를 조성해야 한다. 집단구타, 금품 갈취, 따돌림과 같은 폭력행위의 과정에서 많은 학생이 폭력의 희생양이 되고 있으며, 그로 인해 정신적 충격과 학교 공포증, 대인기피증, 우울증, 자살 및 보복 살인으로 연결되는 악순환을 거듭하고 있다. 또한 '아이들은 싸우면서 큰다' 혹은 '싸우면서 친해진다'라는 관념이 우리 사회의 폭력을 조장한다. 따라서 폭력에 대한 사회 전반적인 인식과 고정관념을 바로잡는 분위기 조성이 필요하다.

넷째, 정의와 평화가 가득한 사회를 만들 필요가 있다. 폭력적인 영화나 드라마를 보면 가해자는 멋지고, 영웅적으로 묘사되고, 사회지도층의 폭력적이고 표리부동한 언행과 부정부패 개입 등이 폭력을 미화 · 묵인하거나 학생들의 기성세대에 대한 분노를 촉발시켜서 학교폭력을 조장하는 원인이 될 수 있다. 이처럼 학교 안팎에서 발생하고 있는 학생들의 폭력은 사회에서 발생하는 불법성과 부당성의 작은 축소판이라고 할 수 있다. 그러므로 의식적이든 무의식적이든 폭력을 미화 · 묵인하는 우리 사회의 분위기를 쇄신할 필요가 있다.

다섯째, 학생, 교사, 학부모, 학교, 지역사회, 경찰, 검찰, 시민단체의 유기적인 협조가 필요하다. 지역 주민, 학생, 교사, 학부모, 유관기관은 물론이고 온 국민이 나서서 자녀들이 다니는 학교에서 폭력이 발생하지 않도록 감시하고 이를 캠페인으로 전개하는 노력이 필요하다.

3) 학교 차원

「학교폭력예방법」 제15조에서는 학교폭력 예방교육 실시 의무를 규정하고 있다. 학교폭력 예방 프로그램은 전담기구에서 구성하여 실시하되, 학교폭력 예방교육이나 예방 프로그램을 실시할 목적으로 설립된 전문단체 또는 전문가에게 위탁할 수도 있다. 학교폭력 예방교육 및 예방 프로그램은 학기별 1회 이상으로 연 2회 이상 실시하고, 학생, 학부모, 교직원을 따로 교육하는 것이 원칙이나 내용에 따라 함께 교육할 수 있다. 다만, 학교폭력 예방교육을 실시할 때에는 장애학생 및 다문화학생의 인권보호 관련 내용을 포함한다.

학교폭력 예방교육을 실시하는 방법을 살펴보면, 학생은 학급단위로 실시하는 것을 원칙으로 하되, 강의 토론, 역할연기 등 여러 가지 방법으로 교과 및 창의적 체험활동 교육과정을 활용하여 실시한다. 학부모에게는 학교폭력 관련 법령에 대한 내용, 학교폭력 발생 시 대응 요령, 학생 대상 예방 프로그램 운영방법 등을 포함하여 실시하고, 교직원에게는 학교폭력 징후 판별, 학교폭력 발생 시 대응 요령, 가정에서의 인성교육에 관한 사항을 포함하여 실시한다.

학교는 학교폭력 문제의 예방과 해결의 중심에 있다. 학교폭력을 예방하고 대처하기 위해 교사 및 학교 차원에서 노력해야 할 일은 다음과 같다.

첫째, 학교 내외에서 학교폭력을 감시하고 방관하지 않도록 학생들의 자조모임을 활성화시킨다. 학생들의 자조모임의 예로는 학교에서 학생 중심의 학교폭력 감시단 또는 청소년 또래지킴이 봉사단 등과 같은 자치활동 및 동아리를 조직하고, 해당 학생들은 동아리활동으로 활성화되도록 유도함으로써 교사, 학부모, 청소년 지도자 등 성인들과 함께 학교폭력 예방활동을 위해 주도적으로 참여하고 운영하는 노력이 필요하다.

둘째, 전담기구의 전문적인 교육 실시를 위한 다각적인 노력이 필요하다. 현재 「학교폭력예방법」에 근거하여 피해학생 보호와 가해학생 선도·교육을 결정해야 할 전담기구 구성원들의 전문성이 절실히 요구된다. 객관적, 공정성을 지닌 전담기구 구성원이 될 수 있도록 교육을 실시하고 이에 필요한 재원 확보 등 다각적인 노력이 필요하다.

셋째, 학교 및 교사의 적극적인 대처 노력이 필요하다. 학교폭력을 당한 장소에 대한 질문결과, '학교 교실'이라고 응답한 학생이 54.0%이며, '학교 복도(11.2%)' '학교 화장실(4.2%)', 학교 운동장이나 사람이 드문 곳(8.9%)이라고 응답하였다. 즉, 학교 내에서 학교폭력을 당한 경우가 78.3%로 교내에서의 학교폭력이 심각함을 알 수 있다.

그리고 학교폭력 피해 시간 역시 '쉬는 시간(52.4%)' '점심시간(14.2%)' '등하교 시간(14.2%)' 등으로 총 80.8%에 해당되는 피해가 교사 부재 시에 발생되어 학생들을 위한 적극적인 대처 노력이 절실하다. 이에 교육부에서 제시한 '복수담임제도'가 실효성 있게 시행되도록 함으로써 청소년들에 대한 교내에서의 보호가 이루어져야 한다.

넷째, 학교생활 전반에 걸친 인권친화적인 학교문화를 조성한다. 학교폭력을 근본적으로 해결하고 학교가 참된 교육의 장이 되도록 하기 위해 교육과정뿐만 아니라 학교생활 전반에 걸쳐 인권 존중의 틀이 마련되도록 할 필요가 있다.

다섯째, 학교폭력이 발생하지 않도록 예방교육에 역점을 둔다. 최근 개정 · 시행된 「학교폭력예방법」에 의하면, 학교는 학생, 교직원 및 학부모를 대상으로 학기당 1회 이상 학교폭력 예방교육을 실시하여야 한다.

여섯째, 인성교육을 강화한다. 학생들의 발달 특성에 맞추어 타인에 대한 이해와 배려 및 공감 능력을 길러 주기 위해 인성교육을 제대로 실시해야 한다. 생각의 공유, 지지적인 언행의 격려, 타인을 있는 그대로 수용하기, 타인의 의견을 존중하기 등 인성교육을 지속적이고 장기적으로 실시하는 것이 학교폭력의 예방과 지도에 효과적이다.

일곱째, 학교폭력 관련 법률을 가르치도록 한다. 전체 학생에게 학교폭력은 곧 범죄라는 것을 명확하게 인식하도록 법교육을 실시해야 한다. 예컨대, 빵셔틀과 단순한 놀림도 학교폭력에 해당된다는 사실을 정확하게 알려 주고, 학교폭력이 행해졌을 때 「학교폭력예방법」「소년법」에 따라 가해학생이 어떻게 처벌받게 되는지를 교육해야 한다.

여덟째, 학교폭력을 목격하고도 아무런 조치도 취하지 않는 것도 가해임을 교육한다. 학교폭력을 목격했을 때 이를 외면하거나 방관하는 것은 폭력을 유발하는 교실 안의 잘못된 권력을 지탱하는 일종의 가해행위라는 것을 인식시켜야 한다.

아홉째, 학교에서 폭력이 발생하면 즉각적이고 적극적으로 대처한다. 모든 학생은 안전한 학교생활을 할 권리가 있고 학교폭력을 멈추게 할 책임을 갖고 있다. 따라서 학교폭력이 발생하면 처벌에 대한 두려움으로 은폐하려고 하기보다는 즉각 대처해야 한다.

열째, 피해학생이 학교나 학급 내에 있는지 수시로 관찰하고 감독을 철저히 한다. 학교폭력은 은밀히 일어나기 때문에 교사가 관심을 갖지 않으면 발견하기 어렵다. 그러므로 건설적이고 효과적인 관리 감독을 세심하고 주의 깊게 해야 한다.

특히 쉬는 시간이나 점심시간에 복도나 운동장에서 발생한 다툼은 가해학생들에 의해 충동질되고, 수업 시간으로까지 연장되며, 이후 많은 학생에게 영향을 줄 수 있기 때문에 철저한 관리 감독이 필요하다. 또한 불시 검문은 학생들로 하여금 언제 교사가 나타날지 모른다는 부담을 줄 수 있기 때문에 교사는 화장실이나 학교 뒤뜰, 운동장의 가장자리 등 학교폭력이 발생하기 쉬운 구조화가 낮은 지역(low structured area)에 대해서 불시 검문을 한다.

열한째, 피해학생에 대해 공감해 주어야 한다. 피해학생이 교사에게 피해 상황을 알렸다면 흥분하여 바로 가해학생을 불러 혼을 내는 것을 피해야 한다. 그렇지 않으면 교사에게 피해 사실을 고자질했다는 이유로 더 심한 폭력을 당하지 않을까 공포심을 갖게 된다. 학생이 교사에게 학교폭력의 피해 사실을 말하기를 꺼리는 이유 중 하나가 바로 이것을 걱정하기 때문이란 점을 명심해야 한다. 교사는 먼저 피해학생이 겪었을 심리적 고통과 현재 처한 어려운 입장을 충분히 공감해 주어야 한다. 그 후 피해학생이 하고자 하는 말을 충분히 할 수 있는 분위기를 조성한다.

열둘째, 학교폭력 피해 사실을 확인한 후 이 사실을 학교폭력 책임교사나 학교장에게 보고한다. 교사가 피해학생의 말을 공감적으로 경청해 주면 피해학생은 서서히 자신이 겪었던 일을 하나씩 꺼내 놓는다. 이 과정에서 교사는 피해 사실을 확인하고, 신체적 · 정신적 피해 정도를 가늠할 수 있어야 한다. 그런 다음 신속히 학교폭력 책임교사나 학교장에게 보고한다.

열셋째, 학교폭력 예방교육을 학기당 1회 이상 실시한다. 학기초에 학교폭력과 관련된 주제를 가지고 모둠활동, 전체 토론, 역할극 등의 기회를 제공하고, 학교폭력을 당하거나 목격하였을 경우에 개입하거나 신고할 수 있도록 지도한다.

4) 가정 차원

가정 차원에서 부모나 보호자가 학교폭력을 예방하고 대처하기 위해 노력할 일은 다음과 같다.

첫째, 학부모가 학교폭력에 대한 심각성을 인식하여 학교폭력 관련 교육을 이수하는 등 학교폭력 예방활동에 적극적으로 참여하고 대처해야 한다. 청소년폭력예방재단(2011)의 전국 학교폭력 실태조사에 의하면, 학교폭력 피해를 입었을 경우에 도움을 요청한 방법의 1순위가 '부모님께', 2순위가 '학교의 담임선생님'으로서 학교폭력 발생 시 학생들이 부모님 및 교사에게 제일 먼저 도움을 요청함을 알 수 있다. 따라서 학부모가 학교폭력 발생 시 대처 요령 및 법적 절차 등에 대한 교육을 받는 등 학교폭력 예방 및 대처를 위해 적극적으로 참여해야 한다.

둘째, 가정에서는 자녀와의 깊이 있는 대화와 지지가 필요하며, 자녀의 정서적 안정을 위한 노력이 필요하다. 자녀의 1차적 생활영역이라고 할 수 있는 가정에서 부모는 자녀와의 깊이 있는 대화와 지지를 통해 학교폭력에 대한 조기 인식이 가능하도록 해야 하며, 학교폭력 발생 시에도 혼자만의 문제가 아니라는 심리적 안정감과 지지를 얻을 수 있도록 노력해야 한다. 그리고 문제해결을 위한 합리적인 방안 모색을 위한 학교 및 학교폭력 관련 전문기관과의 연계 협력을 모색하는 것이 필요하다.

셋째, 자녀에게 세상을 살아가는 도리와 삶의 기술을 가르쳐야 한다. 부모는 자녀에게 일방적으로 공부만 강요할 것이 아니라 세상을 살아가는 데 필요한 삶의 기술(skills for life)을 가르쳐야 한다. 학교폭력을 예방하고 해결하기 위해서 필요한 기술은 다른 사람과 소통하는 기술, 분노를 조절하는 기술, 스트레스 대처 기술, 우정을 쌓는 기술, 자기의 의사를 적절히 표현하고 주장하는 기술, 타인을 공감하고 배려하는 기술, 공동체의 삶에서 법과 규칙을 실천하는 기술 등이 요구된다.

넷째, 학교폭력이란 무엇인지 자녀에게 설명해 주어야 한다. 자녀에게 다른 아이를 괴롭히는 것은 나쁜 행동이므로 해서는 안 된다는 것을 분명히 설명해 주어야 한다. 뿐만 아니라 자녀에게 누군가를 따돌리는 행동도 나쁜 것이며 해가 된다는 것을 인식시켜 주어야 한다.

다섯째, 학교폭력을 경험하거나 목격했을 때 어떻게 해야 하는지를 가르치도록 한다. 학교폭력 등 옳지 않은 행위를 교사에게 알리는 것은 누군가가 곤경에 처하도록 하는 고자질이 아니라 누군가가 해를 당하지 않도록 막는 중요한 방법이자 용기 있는 행동이라는 것을 설명해 준다.

여섯째, 자녀에게 공감의 중요성을 가르친다. 학교폭력 가해학생들은 공감 능력이 부족하다. 학교폭력을 당했을 때 피해학생의 심정이 어떠할지 이해할 수 있다면 학교폭력 행동을 할 가능성은 적다.

일곱째, 자녀가 학교폭력 피해자임을 알게 되었을 경우에 감정적으로 대처하지 않도록 한다. 자녀가 피해자일 경우, 학교폭력을 당한 자녀가 가장 큰 피해자라는 것을 알고 자녀의 이야기를 침착하게 들으면서 피해 상황을 파악해야 한다. 이때 다그치거나 흥분하는 태도를 보이지 않는다. 또한 피해 사실을 듣고 흥분하여 바로 가해학생에게 달려가 욕설을 하고 혼을 내는 것을 피해야 한다. 자녀가 부모에게 학교폭력의 피해 사실을 말하기를 꺼리는 이유 중 하나가 바로 이것을 걱정하기 때문이란 점을 명심해야 한다. 담임교사, 전문상담교사, 학교폭력 책임교사 등과 면담을 통해 대책을 강구하고 자녀에게 부모나 가족이 든든한 지원군임을 인식시켜 주어야 한다.

여덟째, 학교폭력을 행하는 자녀를 용납해서는 안 된다. 흔히 부모는 자녀가 학교폭력 가해자라는 것을 인지하더라도 자녀의 잘못을 인정하지 않고 '괜히 그랬겠느냐?' '걔가 뭔가 잘못했으니까 그랬겠지'라며 학교와 피해학생 및 피해학생의 부모에게 되레 호통을 치는 경우가 많다. 따라서 부모가 평소에 자녀의 학교생활이 어떤지 잘 살펴 폭력을 행하는 버릇이 생기지 않도록 엄격하게 가르쳐야 한다.

학교폭력 읽기 자료 11

학교폭력에 대한 오해

학교폭력을 근절하고 문제를 신속히 해결하기 위해서는 교사가 가지고 있는 학교폭력에 대한 오해를 먼저 알아보고 이를 수정하여야 한다.

오해1. 우리 반에는 학교폭력이 없고, 학생들 간의 사소한 싸움은 학교폭력이 아니다

교사의 40.6%는 '학교폭력의 수준이 심각하지 않다'고 생각하지만, 학생의 경우에는 33.7%만이 '학교폭력의 수준이 심각하지 않다'에 응답한 결과가 나왔다. 이것은 학교폭력의 심각성에 대한 교사와 학생의 인식이 다름을 나타낸다. 교사나 어른들에게는 사소하게 보이는 장난, 괴롭힘 등이 당하는 학생들에게는 큰 상처가 될 수 있다. 또한 알면서도 말하지 못하거나 가해를 하고도 행동 수정의 기회를 가지지 못한 학생들의 경우, 차후에 큰 문제를 가질 수 있다. 학교폭력 문제는 예방교육과 더불어 학생들이 사소한 싸움을 시작할 때부터 적절한 대처를 해야 한다.

오해2. 애들 싸움은 애들끼리 해결해야 한다

일반적인 학생들 간의 싸움은 양쪽이 가지고 있는 힘이 어느 정도 비슷하다. 그러나 학교폭력에서는 피해 · 가해학생 간에 '힘의 불균형'이 존재한다. 상대적으로 힘이 약한 피해학생은 폭력을 당한 후에 외부의 상처는 물론이고 심리적, 정서적으로 큰 충격을 겪게 된다. 그러므로 학교폭력이 발생했을 때 교사, 보호자가 개입하여 피해 · 가해학생에 대한 조치를 취해야만 학교폭력을 중단할 수 있다.

오해3. 학생들은 원래 싸우면서 크고, 그러한 행동은 어른이 되면 없어진다

흔히 '애들은 원래 싸우면서 커. 다 그러면서 크는 거야'라고 생각한다. 그러나 학교폭력 가해학생의 경우, 그대로 두면 폭력 성향이 심화되어 성인이 되었을 때 사회적으로 범죄를 일으킬 위험성이 높다. 따라서 폭력이 발생되었을 때 즉각적인 개입이 필요하다.

오해4. 우리 어렸을 때에도 학교폭력이 있었지만, 지금은 다들 잘 산다

학교폭력 피해 경험을 가지고 있는 사람은 그 아픔을 오래도록 기억한다. 성인이 되어 잘 살고 있는 것처럼 보이지만, 그것은 단지 학교폭력 경험을 말하지 않을 뿐이다. 피해 경험은 평생 피해 의식으로 남을 수 있으며, 사회나 대상에 대한 부정적인 인식이 생겨서 성인이 되어서도 정상적인 사회생활을 하는 데 어려움을 겪을 수 있다.

출처: 교육부(2012a). 학교폭력 사안처리 가이드북.

제 9 장

학교폭력의 대응과 상담

1. 학교폭력의 대응

1) 신고자에 대한 대응

(1) 신고자가 보호자인 경우

학교폭력 피해 징후를 피해학생의 보호자가 먼저 알아채고 학교로 알려 왔을 때, 교사의 입장에서 대처방법은 다음과 같다(교육부, 2022).

첫째, 안심시키고 믿음을 준다. 학교폭력 사안을 피해학생의 보호자가 알려 왔을 때, 보호자는 심리적으로 상당히 혼란스러울 수 있으므로 교사가 "더욱 관심을 가지고 조사하여 문제를 해결하겠다"라고 보호자를 안심시켜야 한다. 보호자는 신속하고 적극적인 학교의 대처를 원한다. 심리적으로 예민해진 보호자에게 학교에서 미온적인 모습을 보이면 가해학생 편을 든다거나 은폐한다고 오해할 수 있으므로 중간중간에 진행 상황에 대해서 충분히 설명해 준다.

둘째, 보호자와 협력관계를 유지한다. 학교폭력 사안처리 시, 보호자가 비협조적이거나 학교가 사안처리에 있어 미온적이라고 생각하면 사안처리에 어려움을 겪을 수 있다. 신고 및 접수 시부터 보호자와 협력관계를 잘 유지하는 게 중요하다. 학교폭력 사안처리의 궁극적 목적은 피해 및 가해학생 모두가 안전하게 학교생활을 할 수 있도록 하는 것임을 말해 준다.

(2) 신고자가 학생인 경우

학교폭력 피해를 당한 학생이 직접 신고를 하거나 징후를 보이는 경우가 있다. 교사의 입장에서 대처방법은 다음과 같다(교육부, 2022).

첫째, 피해학생의 상태를 파악하고 신변을 보호한다. 피해 상황을 알게 된 교사는 가장 먼저 피해학생의 상태와 신변 보호를 생각해야 한다. 학교폭력 사안으로 인해 신체적으로 다친 곳이 없는지 확인하고, 심리적·정서적 상태도 확인한다. 또한 학교폭력의 위험이 계속될 것이라고 판단되면 하굣길이 비슷한 친구들과 함께 귀가하도록 지도한다.

둘째, 교사는 해결자로서의 역할을 한다. 교사는 사실을 객관적으로 파악하여 방향을 설정하는 해결자로서의 역할을 수행해야 한다. 자칫 피해학생의 주관적인 확인에만 근거해 문제를 지나치게 확대하거나 축소해서는 안 되며, 이야기를 듣고 성급하게 가해학생과 피해학생을 대질시켜도 안 된다. 이런 일이 한 번 발생하면 피해학생은 더 이상 말하지 못하고, 보복으로 폭력의 강도는 더욱 심해질 수 있다.

셋째, 교사는 상담자로서의 역할을 한다. 불안한 피해학생의 마음을 정서적으로 지지하는 따뜻한 상담자로서의 역할을 수행해야 한다. 이때 "많이 힘들겠구나" "선생님에게 얘기하는 것은 고자질이 아니야" 등의 말을 해 주면 좋다. 교사는 설령 학생이 말한 학교폭력의 내용이 대수롭지 않게 여겨지더라도 피해학생을 지지해 주면서 공감대를 형성하고, 어떤 문제든지 해결을 위해 도와주겠다는 의지를 보여 주어야 한다. 이를 통해 학생이 교사에 대해 신뢰감을 갖게 되며, 학생을 안정시킬 수 있다.

(3) 신고자가 주변 학생인 경우

학교폭력을 목격하거나 인지한 학생이 용기를 내서 신고를 하는 경우가 있다. 교사의 입장에서 대처방법은 다음과 같다(교육부, 2022).

첫째, 신고한 행동을 칭찬하고 협력관계를 구축한다. 학교폭력 사안을 인지하거나 목격한 학생이 신고한 경우, 그 행동을 칭찬하고 불안감을 갖지 않도록 지지하고 격려해 준다. 책임교사와 담임교사는 신고를 한 학생과 연락처를 공유하여 비상시에 대비한다.

둘째, 다른 목격학생이 있는지 확인하고, 전체 학생을 대상으로 지도한다. 학교폭력은 가해학생과 피해학생 당사자들만이 아니라, 그것을 방관하거나 무관심하게 지켜보는 친구들끼리의 인간관계나 학급 분위기 등에 크게 좌우된다. 따라서 학교폭력 주위에 있는 숨은 학급 집단의 구조, 학생들 간의 권력관계를 간파할 필요가 있다.

2) 주요 대상별 대응

학교폭력이 발생하였을 때, 교사의 초기 대응은 매우 중요하다. 주요 대상별 초기 대응 요령은 다음과 같다.

(1) 피해학생 대응

학교폭력이 발생했을 때, 교사의 피해학생에 대한 대응은 먼저 피해를 당한 학생의 마음을 안정시키고(심호흡, 안정을 유도하는 말 등) 신변 안전이 급선무라고 할 수 있다. 가벼운 상처는 학교 보건실에서 1차적으로 치료하고, 상처 정도가 심해 학교 보건실에서 치료할 수 없을 때에는 2차적으로 병원으로 신속히 이송한다. 탈골, 기도 막힘, 기타 위급 상황이라고 판단되는 경우에는 자리에서 움직이지 않도록 하고 119에 도움을 청한다.

(2) 가해학생 대응

피해학생의 상태가 위중하거나 외상이 심한 경우, 가해학생 역시 충격을 받아 예측하지 못하는 돌발행동을 할 수 있다. 그러므로 심리적으로 안정될 수 있도록 교사가 계속 주의를 기울이고 빨리 보호자에게 연락을 취한다. 이후 가해학생에게 지나친 질책 및 감정적 대처를 하지 않도록 유의한다.

(3) 보호자 대응

학교폭력이 발생했을 때, 피해학생 및 가해학생의 보호자에게 사실을 빠르게 알린다. 연락할 때 보호자들이 지나치게 흥분하거나 놀라지 않도록 하고, 학교에 오면 사전에 정해진 장소에 가서 자녀를 만날 수 있도록 안내한다. 사안의 내용과 학교 측의 대처사항에 대해 보호자에게 정확히 알려 준다. 피해 및 가해학생이 귀가했을 경우, 학생이 가정에서 심리적 안정을 취할 수 있도록 보호자에게 안내한다. 특히 피해학생인 경우, 보호자가 자녀에게 정서적 지지와 지원을 아끼지 말 것을 당부한다.

(4) 목격학생 · 주변학생 대응

학교폭력을 목격하거나 폭력 현장에 있음으로 인해 심리적 · 정서적 충격을 받은 간접 피해자도 유사한 문제 반응이 나타날 수 있다. 주변학생들의 현장 접근을 통제하고, 특히 초등학교 저학년의 경우에는 동화책 읽어 주기, 종이접기 등 흥미 있는 활동으로 주의를 돌려 심리적 충격을 완화시킨다. 사안에 관련된 학생 및 목격한 학생들에게 상황을 인식시키고, 차후 유사한 폭력 상황이 벌어지지 않도록 예방교육을 한다. 그리고 사안에 관련된 학생들에 대해 낙인을 찍어 따돌리거나, 사안과 관련하여 사실과 다른 소문을 퍼뜨리지 않도록 주의시킨다.

3) 학교폭력 유형별 대응

(1) 신체폭력

신체폭력과 같은 응급 상황 발생 시 피해학생의 위급 상황을 발견한 교직원은 보건교사에게 이를 알리거나 119에 연락하여 도움을 청한다. 그러면 보건교사는 119 등 응급의료센터에 연락하여 지시대로 응급조치를 취하며, 관리자와 해당 교사에게 이를 알린다. 사안을 가장 먼저 인지한 교직원은 신속히 전담기구의 소속 교사에게 이를 알린다. 전담기구의 소속 교사들(교감, 책임교사, 보건교사, 전문 상담교사 등)을 중심으로 역할을 분담하여 신속하게 조치한다.

현장에 있던 모든 증거자료는 섞거나 없애지 말아야 한다. 관련 자료들은 추후에 법적 · 의료적 분쟁이 있을 시 중요한 근거 자료가 될 수 있으므로 학교에서 응급조치한 내용은 빠짐없이 기록한다. 신체폭력 발생 시 교직원의 대응방법은 [그림 9-1]과 같다.

담임교사 또는 교직원	전담기구	학교장 등 관리자
• 보호자 연락: 피해학생 상태 및 병원 안내 • 병원 이송 시 동승 • 사안조사에 협조	• 교감: 상황 파악, 지시 • 책임교사: 상황 지시, 주위 학생들의 안정 및 질서 유지 지도, 진행 상황을 육하원칙에 따라 기록 • 보건교사: 응급조치, 병원 이송 시 동승, 차량 내에서 요원의 응급처치를 도움, 병원에서 피해학생의 상태를 설명 • 전문상담교사: 피해학생의 심리적 안정 지원 또는 가해학생 대상 초기 상담	• 전반적인 상황 파악 및 총괄 • 원인 분석 및 재발 방지 주력

그림 9-1 신체폭력 발생 시 교직원의 대응방법

출처: 교육부(2022). 학교폭력 사안처리 가이드북.

(2) 언어폭력

언어폭력은 상대방의 명예를 훼손하는 구체적인 말을 하거나 인터넷, SNS, 문자 메시지 등으로 퍼뜨리는 행위이므로 증거를 확보해 놓는다. 피해학생에 대해서는 욕설이나 협박성 문자가 오면 어떠한 응답도 하지 않도록 한다. 그리고 인터넷상의 게시판이나 안티카페 등에서 공개적인 비방 및 욕설의 내용은 그 자체로 저장해 두도록 한다. 이를 보호자에게 알리고 전문상담사에게 상담을 받도록 권한다. 가해학생에 대해서는 언어폭력을 했는지 사실 여부와 이유 등을 확인한다. 이때 장난으로 한 욕설이라도 피해학생이 고통받을 수 있음을 인식시킨다.

(3) 금품 갈취

아무리 적은 금액이라도 다른 사람에게 돈을 빼앗겼을 경우에는 반드시 담임교사에게 사실을 알려 피해가 커지지 않도록 평소에 예방교육을 철저히 한다. 금품갈취를 당한 피해학생에 대한 대응방법을 살펴보면, 초등학교 저학년 학생은 500원, 1000원을 빼앗겨도 두려워하고 불안해 할 수 있으므로 교사는 이를 무시하거나 가볍게 여기지 않고 반드시 도와주겠다는 것을 학생에게 약속하여 학교를 신뢰하도록 한다. 적은 금액을 빼앗겼을 때 피해학생의 경우에는 교사에게 얘기하기를 주저할 수 있다. 하지만 교사는 금품 갈취 금액보다는 금품 갈취를 당했다는 사실에 주목하고 이에 대해 학생의 심정을 공감하고 해결을 위해 노력한다.

금품 갈취를 한 가해학생에 대해서는 면담을 통하여 사실을 확인한다. 아무리 적은 금액이라도 남의 돈을 빼앗는 행위는 폭력에 해당한다는 사실을 인식시킨다. 그리고 가해학생의 보호자에게 사실을 알린다. 만약 방임이나 빈곤한 학생일 경우, 경제적 도움을 줄 수 있도록 사회복지사나 지역의 주민자치센터에 연계하여 지원을 돕는다.

(4) 강요 · 강제적인 심부름

강요 등은 폭력서클과 연계하여 일어날 수 있으므로 즉시 신고하도록 평소에 지도한다. 친구를 대신하여 심부름 또는 과제를 하거나, 책가방을 들어주고, 친구에게 음식물을 제공하고, 옷 등을 빌려 주는 경우, 강요 · 강제적인 심부름일 수 있다. 이때 학생을 불러서 상담하고 보호자에게도 확인한다.

강요 · 강제적인 심부름과 같은 유형의 피해학생에 대해서는 상담을 통하여 어느 정도 피해를 입었는지, 다른 폭력 피해는 없는지 확인을 한다. 그리고 당분간 보호자가 등하굣길에 동행할 수 있도록 부모님께 요청한다. 가해학생 중에서 단순가담 학생들은 상담을 통해 지도하고 보호자에게 알려서 재발하지 않도록 지도한다.

(5) 따돌림

따돌림은 괴롭힘과 함께 이루어지는 경우가 많지만, 대부분의 교사가 학교폭력으로 인식하지 못하는 경우가 많으므로 특별히 주의를 요한다. 따돌림으로 피해학생이 정신적 피해를 심하게 입어 학교에 나오지 못하는 경우, 집에서 휴식을 취하거나 병원 또는 상담센터에서 상담을 받도록 안내한다. 또한 학교에 출석하지 못하는 동안에 담임교사는 학생의 학습 상황을 수시로 점검하여 학습 능력이 뒤처지지 않도록 신경을 쓴다.

따돌림이 발생했을 때, 교사는 피해 및 가해학생이 함께 만나지 않게 해야 한다. 특히 교사는 피해학생과 가해학생들을 강제로 한 자리에 불러 모아 화해시키거나 오해를 풀도록 하면 안 된다. 학생들끼리 얘기하라고 교사가 자리를 비우는 경우도 있는데 이는 적절치 않다. 따돌린 학생 다수와 따돌림을 당한 학생 1명이 한 공간에 있게 되면 피해학생은 더욱 심한 공포심과 위압감을 느끼게 된다. 그러므로 피해 및 가해학생은 교사가 따로 불러 상담을 한다.

따돌림의 가해학생은 실제 자신이 무엇을 잘못했는지 모르는 경우가 많다. 그러므로 따돌림의 가해학생에 대해서는 따돌림 행동이 명확한 학교폭력이라는 것을 인식시키고, 담임교사나 상담교사가 수시로 가해학생을 만나 지속적으로 상담을 한다.

따돌림은 2차 피해가 발생하기 쉬우므로 대응 시 다음과 같은 주의가 필요하다.

① 피해학생의 의사에 반하여 피해 사실이 공개되지 않도록 주의한다.
② 피해 사실이 확인되고 난 후 이를 바로 공개하면 피해학생이 당황하고 난처해질 수 있다. 교사는 피해학생과 상담을 깊이 있게 하여 피해학생이 필요로 하는 사항을 파악하여 대처한다.
③ 가해학생을 바로 불러서 야단치면 가해학생은 교사에게 일렀다는 명목으로

피해학생을 더욱 심하게 괴롭히고 따돌리는 경우가 많다.

④ 반 전체 앞에서 피해 및 가해학생의 이름을 지목하며 따돌림에 대해 훈계하면 피해 및 가해학생 '모두에게' 혹은 '모두가' 낙인이 찍혀 문제해결에 효과적이지 않다.

(6) 사이버폭력

불특정 다수에게 공개되는 사이버폭력으로 인해 피해학생은 명예훼손, 모함, 비방 등을 당하여 심각한 정신적 피해를 입을 수 있다. 그러므로 피해학생을 상담교사나 상담센터와 연계하여 상담을 받도록 한다. 가해학생에 대해서는 교사가 증거를 철저하게 확보한 후, 사이버폭력을 지속하지 않도록 지도한다.

사이버폭력을 예방하기 위해 교사는 평소 예방교육을 실시할 필요가 있다. 사이버폭력 예방을 위한 구체적인 방안을 살펴보면, 먼저 교사는 욕설이나 협박성 문자가 오면 어떠한 응답도 하지 않도록 지도한다. 다음으로 인터넷상의 게시판이나 안티카페 등에서 공개적인 비방 및 욕설의 내용은 그 자체로 저장하도록 지도한다. 끝으로 모든 자료는 증거 확보를 위해 저장하도록 안내한다.

(7) 성폭력

학교장을 비롯해 교직원은 직무상(학생과의 상담 과정, 학교폭력 신고 접수 등) 아동 및 청소년 대상의 성범죄가 발생한 사실을 알게 된 때에는 즉시 수사기관(112, 117)에 신고하여야 한다. 성폭력 사안은 피해학생 측의 의사와는 관계없이 반드시 신고하여야 한다. 피해학생과 보호자에게 신고 의무의 당위성을 설명하고, 신고 과정에서도 수사기관에 피해학생 측의 의사를 충분히 전달한다.

성폭력에 관하여는 피해학생의 사생활이 특별히 보호되어야 한다. 따라서 학교장 및 관련 교원을 제외하고는 이와 관련된 사실을 알지 못하도록 철저하게 비밀을 보호하여 2차 피해를 방지한다. 성폭력 피해학생에 대해서는 씻어 내는 등 증거가 소멸되지 않도록 주의하고 가능한 한 빨리 의료기관에 이송한다. 만약 피해학생이 정신적 피해를 심하게 입어 학교에 나오지 못하는 경우, 관련 상담센터에서 상담을 받게 한다. 가해학생에 대해서는 학교장의 긴급조치를 통해 피해학생과 분리한다.

4) 방과 후 학교폭력 대응

근무시간 종료 후 교사가 인지한 학교폭력 사안에 대해서도 피해학생의 보호를 위한 적극적인 대응이 요구된다. 방과 후에 피해학생이나 보호자에게 학교폭력에 대해 연락이 왔을 때의 대응방법은 다음과 같다(교육부, 2022).

첫째, 피해학생이나 보호자로부터 연락이 왔을 경우, 심리적 안정을 찾을 수 있도록 상담하며 학생의 안전을 확인하여 필요시 병원에 가서 진단 및 치료를 받도록 안내한다.

둘째, 상대방의 교복, 명찰, 생김새 등 신원 정보를 최대한 모으고, 피해 상황에 대해 사진을 찍어 놓는 등 증거자료를 최대한 확보해 두어야 추후에 효과적인 대처가 가능함을 알린다.

셋째, 사안이 긴급한 경우, 경찰 등 수사기관에 신고할 수 있음을 안내한다.

넷째, 성폭력 등의 경우에 몸을 씻지 말고 그대로 병의원을 방문할 것을 안내하고, 필요한 경우 해바라기센터 등 도움을 받을 수 있는 기관을 안내한다.

다섯째, 방과 후 학교폭력 발생 시 긴밀한 연락체계를 구축하고 지속적으로 모니터링한다.

방과 후 피해학생 또는 보호자에게 학교폭력 피해에 대해 연락이 왔을 때, 피해학생과 보호자를 안심시키며 추후에 학교에서 적절하게 대처할 것을 알린다. 신고 다음날 학교에서 할 수 있는 조치는 다음과 같다(교육부, 2022).

첫째, 교사는 피해 상황과 정도를 구체적으로 파악한 후 전담기구에 이를 알린다.

둘째, 소속 학교 및 학교급이 다른 경우에는 해당 학생이 있는 학교의 전담기구 소속 교사와 연락하여 관련 사안에 대해 논의한 후 조치한다.

셋째, 가해학생이 다른 학교(학교급) 학생일 경우, 해당 학교에 연락하여 사안조사해 줄 것을 요청한다.

넷째, 사안이 학교 외부에서 발생하였을 경우, 필요하다면 학교전담경찰관의 협조를 요청한다.

다섯째, 학원 등 외부 기관(단체, 조직)에서 사안이 발생하였을 경우, 해당 기관에 연락하여 사안 발생 상황에 대한 구체적인 설명을 듣는 등 적극적으로 사실을 파악하고자 노력한다.

2. 학교폭력의 상담

1) 학교폭력 상담의 중요성

학교폭력 상담은 학생들 사이에서 학교폭력이 발생하기 전 혹은 후에 진행하는 위기상담이라고 할 수 있다. 이때 학교폭력 상담은 현재 발생한 학교폭력 상황을 해결하기 위한 상담 개입뿐만 아니라 장기적으로는 재발 방지 및 예방 차원에서 원인이 되는 요인을 상담하고 지원해 주는 전반적인 상담 개입이 이루어질 필요가 있다.

최근 학교폭력에 대한 예방과 개입은 학교, 전문상담기관, 지역사회, 사회단체, 정부기관이 학교폭력 근절에 목적을 두고 상호 유기적인 협력관계 속에서 다양하고 포괄적인 접근의 형태를 보이고 있다. 이러한 다양하고 포괄적인 접근을 해 나가는 가운데 상담활동은 학교폭력을 예방하고 해결하기 위한 중핵적인 활동으로 매우 중요한 위치를 차지하게 된다. 이처럼 상담활동이 학교폭력의 예방과 해결에 있어서 중핵적인 위치를 차지하는 이유, 즉 학교폭력 상담의 중요성은 다음과 같다(이규미, 2006).

첫째, 학교폭력에는 피해학생, 가해학생, 방관학생, 관련 학부모가 포함되며, 이들은 더욱 개별적이고 직접적인 도움을 필요로 한다. 상담은 이러한 것을 목적으로 하는 개입방법이라는 것이다.

학교폭력 피해학생은 신속히 자신의 피해 사실을 알리고 도움을 받을 수 있는 누군가를 필요로 한다. 그런데 이러한 상담을 통한 지원은 단순히 심리적 위안의 차원을 넘어서 심리적 · 신체적 안전에 대한 보호, 학교폭력의 피해로 인한 외상(trauma) 치유를 위해 매우 절실하다. 또한 학교폭력 가해학생 역시 분노 및 공격적인 성향, 부적절한 문제해결 방식, 낮은 자존감 등의 문제를 개선하기 위한 상담 개입이 필요하다. 특히 피해 및 가해의 지속성에 대한 불안은 부모나 가족 모두에게 불안요인이 되며, 가혹한 피해 외상은 대인기피, 학교 중도탈락, 자살과 같은 결과를 가져오거나 피해학생의 가정을 파괴하는 정도로까지 발전하기도 한다.

둘째, 학교폭력의 예방과 해결을 위한 다양한 접근 중에서 상담은 가장 구체적인 도움을 제공한다. 학교폭력 사건이 발생하면 문제해결이 복잡할 뿐만 아니라 후유증도 장기간 지속될 수 있으므로 상담은 문제 상황을 적절하게 평가하여 좀 더 초점화된 개입을 함으로써 후유증을 최소화하는 데 크게 도움이 된다.

셋째, 학교폭력의 예방과 해결에는 전문적인 개입이 필요하다. 전문성을 갖춘 상담자가 상담을 진행하기 때문에 전문성을 확보하기가 용이하다. 학교폭력을 해결하기 위해서는 예방활동과 함께 현재 진행 중인 학교폭력 상황에 즉시 위기 개입을 해야 한다. 이러한 상황에서 상담자는 의사소통기술, 진단과 문제 상황에 대한 평가기술, 중재기술, 인적 · 물적 · 사회적 자원을 활용하는 기술 등을 활용하여 진행 중인 문제 상황에 적절하게 대처할 수 있다.

넷째, 상담은 학교폭력 문제의 징후를 발견하고 더욱 심각해지는 것을 예방하는 데 있어서 중요한 역할을 한다. 학교현장에서 학생들과 가까이에서 생활하는 학교폭력 상담자는 학생들의 학교폭력 피해 및 가해 징후를 민감하게 알아차리고 심각한 방향으로 학교폭력 문제가 발전하지 않도록 하는 적절한 개입의 기회를 가질 수 있다.

다섯째, 상담은 학교폭력 문제의 새로운 양상이나 변화를 가장 먼저 발견하게 하는 첨병 역할을 한다. 이를 통해 수집된 여러 가지 정보는 학교폭력 문제에 대처하는 중요한 자료가 된다. 즉, 학교폭력을 부추기는 환경이나 조건을 발견할 수 있게 해 주고 나아가서는 최근의 학교폭력 문제의 실태나 양상을 파악할 수 있게 하여 문제 예방뿐만 아니라 문제 환경이나 제도 개선에 중요한 자료원이 된다.

여섯째, 상담은 학교폭력의 예방이나 해결과 함께 가해 및 피해학생이 행복한 삶을 살도록 하는 조력활동이라는 점이다. 상담활동의 최근 동향이 문제해결, 치료적인 것을 넘어서 행복한 삶의 추구에 관심을 기울이는 활동으로 발전하고 있다. 학교폭력에 대한 상담 역시 피해학생이든 가해학생이든 간에 문제해결이나 치유의 차원과 함께 자신의 긍정적인 자원을 발견하여 이를 확장해 나가면서 더욱 건강하고 행복한 삶을 살 수 있도록 돕는 것이다.

2) 학교폭력 상담의 목적 및 유형

학교폭력 상담의 목적은 협의의 목적과 광의의 목적으로 나누어 볼 수 있다. 먼저 협의의 목적은 피해학생의 보호와 치유를 통해 또래관계에서 어려움 없이 학교에 잘 적응하며, 가해학생이 가해 요인에 대한 상담과 선도를 통해 바람직한 행동을 하게 되고, 주변학생들이 학교폭력의 피해자와 피해에 대해 공감 능력을 갖고 대처할 수 있도록 돕는 데 있다. 다음으로 광의의 목적은 학교폭력을 근절하여 가고 싶은 학교, 머물고 싶은 행복한 학교, 즐거운 교실을 만드는 데 있다.

학교폭력 상담은 예방상담, 위기상담, 추수상담으로 구분할 수 있다(이규미, 2006).

(1) 예방상담

학교폭력 문제와 관련하여 무엇보다 예방의 중요성은 아무리 강조해도 지나치지 않다. 예방상담은 문제를 발견하고 그 문제의 심각성을 평가하며 문제가 더 심각해지는 것을 막기 위해 예방적 개입을 하는 것이다. 학교폭력의 예방활동에는 학교폭력과 관련된 예방교육 및 캠페인이 포함되며, 이러한 예방활동과 함께 학교폭력 문제와 연루되어 있으나 아직 크게 표면화되지 않은 침묵하는 피해자나 잠재적 문제를 발견하여 개입하는 것 또한 예방상담에서 큰 비중을 차지한다.

예방상담은 문제를 발견하는 것과 함께 문제 전반에 대해 평가하는 일 또한 중요한 과제이다. 그러므로 학교폭력 상담자는 학교폭력 문제의 다양한 징후를 알아차리고 문제를 적절하게 평가하기 위하여 문제의 발생 시기, 관련된 가해자와 피해자의 범위, 문제 발생 및 문제 발전 배경, 문제의 심각성 등에 대해 파악해야 한다.

(2) 위기상담

위기상담은 학교폭력 문제가 발생하여 학교폭력 피해와 가해 관계가 성립된 위기 상황에서 피해학생을 보호하고 가해학생을 선도하기 위하여 신속히 개입하는 것이다. 위기상담에서 상담과제를 나열하면 다음과 같다.

- 피해학생이 폭력에서 벗어나기, 가해학생이 폭력행동을 중단하도록 하기

- 피해학생의 자존감 및 회복력 높이기, 학교에 적응하도록 돕기, 신체적 · 정신적 문제가 발생한 경우에는 의료기관에 의뢰하기
- 학교폭력의 원인을 이해하고 이에 대처하도록 돕기
- 피해 및 가해 사실과 관련된 법적 문제에 대처하기

위기상담은 피해학생의 피해 사실이 있는 경우에 즉시 개입해야 하고, 피해학생, 가해학생, 그들의 보호자, 피해장면과 관련된 학생, 교사 등 많은 사람이 포함되기 때문에 매우 복잡한 양상을 띤다. 우선적으로 피해자의 호소에 귀 기울여야 하고 피해 사실을 확인해야 한다. 위기상담에서 상담자는 학교폭력 문제의 심각성을 파악하기 위해 다양한 평가기술을 활용하여야 한다. 이를 위해 학교폭력 상담자는 학교폭력 문제의 특징에 대해 폭넓은 지식과 폭력문제 해결을 위한 서비스를 제공하기 위한 위기관리 지원체계를 갖추고 있어야 한다.

상담전문가들도 위기 상황에 처해 있거나 즉각적인 중재를 요하는 내담자에 대해 많은 부담이 될 수 있다. 상담자 혼자서 이를 모두 감당하기는 어렵기 때문에 학교폭력 상담에서 위기관리 시스템은 필수불가결하다. 가령, 생명에 위협을 느끼는 정도의 위기 상황이라면 무엇보다도 먼저 생명이나 안전이 최우선되어야 하며, 상담자는 이를 보호하기 위해 최선을 다하여야 한다. 이때 이러한 위기 상황을 상담자 혼자 처리하려고 하기보다는 관련 학교 당국, 교육지원청, 상담전문기관, 사회단체 등과 연계한 위기관리 시스템을 잘 활용하여 지원과 협조를 구할 필요가 있다.

학교폭력 상담자에게 요구되는 중요한 상담기술 중의 하나가 바로 중재기술이다. 피해학생, 가해학생, 기타 관련된 사람들은 그들이 처한 입장에 따라 각기 다른 욕구(needs)와 바람(wants)을 갖고 있기 때문에 상담자는 이들을 중재해야 할 경우가 자주 발생한다. 가령, 문제 발생 초기에 가해학생의 진심 어린 사과 한마디면 해결될 수 있는 문제가 감정적으로 격화되면서 법적 소송으로 비화되는 경우도 있다. 학교폭력 상담자는 이러한 문제의 확대를 예방하기 위해 양측 입장의 욕구와 바람을 파악하여 서로의 입장을 좁혀 가면서 조속히 문제를 해결할 수 있도록 적절한 중재를 하여야 한다.

(3) 추수상담

추수상담은 위기상담 이후에 문제 재발을 막고 후유증을 줄이기 위해 실시하는 상담을 말한다. 위기상담의 과제는 학교폭력의 피해와 가해에 따른 책임문제, 의료적인 치료문제, 법적 보상문제 등에서 갈등을 줄임으로써 갈등이 확대되지 않도록 하는 것이다. 반면에 추수상담의 과제는 학교폭력 피해학생이 겪은 부정적 감정 중 미해결된 감정을 해소하고, 자기보호력을 키우며, 가해학생이 폭력행동에서 바람직한 사회적 행동으로 변화할 수 있도록 돕는 것이다.

이러한 추수상담의 과제를 달성하기 위해 학교폭력 피해학생에게는 그가 겪은 부정적인 감정에서 벗어나 더욱 건강한 인간관계를 이뤄 나갈 수 있도록 건강한 또래관계 형성에 도움이 되는 대인관계 기술이나 자기주장훈련 등의 여러 가지 개입을 한다.

한편, 학교폭력 가해학생에게는 폭력행동의 시작과 원인에 대한 정확한 평가를 통해 보다 더 친사회적 행동으로 대치하거나 일탈의 정도를 낮추어 주며, 또래의 의도에 대해 인지적 왜곡을 보이는 경우가 많으므로 사회 정보처리 훈련 등의 여러 가지 개입이 필요하다. 특히 학교폭력 가해학생은 공격성이 높은 반면, 공감 능력이 낮다. 공감과 공격성은 양립할 수 없기 때문에 가해학생의 공격적 행동을 변화시키기 위한 한 가지 전략은 공감훈련(empathy training)이다(황혜자, 김종운, 2006).

3) 학교폭력 상담자의 자질

(1) 학교폭력 상담자의 역할

상담자는 상담 성과에 중대한 영향을 미치는 결정적인 변인이다. 유능한 학교폭력 상담자는 상담에 대한 전문성과 인성, 윤리에 대한 자질을 갖추고 있어야 하고, 이러한 인성적 · 전문적 자질은 시간이 흐르면 저절로 갖추어지는 것이 아니기 때문에 지속적인 수련을 하여야 한다. 학교폭력 상담자에게 특별히 요구되는 자질을 살펴보면 다음과 같다(이규미, 2006).

첫째, 학교폭력 상담자는 일반적인 상담에 대한 전문성과 학교폭력 예방에 대한 세분화된 전문성을 갖추어야 한다. 학교폭력 상담자는 전문가로서 상담전문기관, 학교, 정부기관, 사회단체 등에서 상담자, 교사, 사회운동가, 공무원의 신분으로 활동하게 된다. 이처럼 학교폭력 상담자는 자신이 속한 기관의 요구나 현장 상황에 따라 각기 다른 역할을 맡게 되므로 다양한 영역에서 활동할 수 있는 전문적 역량을 갖춘 멀티플레이어로 활동할 수 있도록 지속적인 수련을 하여야 한다.

둘째, 학교폭력 문제의 해결을 위해 학교폭력 상담자의 적극적 · 능동적 개입이 요구된다. 학교폭력 상담자는 상황에 따라 피해학생의 동반자로 행동을 하며 그들의 권익을 보호해야 한다. 이를 위해 상담실 내 상담활동보다는 찾아가는 현장 중심의 상담활동을 전개하여 하는데, 예를 들면 다양한 주변 인물을 만나야 하고 그 주변 인물 모두의 입장을 파악하여 중재하여야 한다.

셋째, 학교폭력 상담자는 학교폭력과 관련된 전문적인 지식과 구체적인 개입방법에 대해 풍부한 경험을 갖추고 문제를 효율적으로 처리할 수 있어야 한다. 예를 들어, 학교폭력 피해학생 및 가해학생의 징후, 학교폭력 사건이 발생했을 때 피해학생과 가해학생에 대한 조치사항, 학교폭력 사안의 처리 절차, 피해학생의 보호를 위한 의료적 · 법적 조치, 학교폭력 피해학생 상담시 유의점, 성폭력 발생 시 조치사항 및 연계 가능한 유관기관의 위치 등에 대한 명확한 지침을 갖고 있는 것이 효율적이다.

넷째, 학교폭력 상담자는 포괄적이고 다양한 형태의 상담을 효율적으로 운영할 수 있는 전문 코디네이터이자 중재자로서의 역할이 강조된다. 학교폭력 상담은 피해학생, 가해학생, 부모, 교사, 다른 상담자, 학교행정가, 경찰, 의사, 법률가, 행정가 등 다양한 사람과의 연계가 필요한데, 상담자는 이들을 효율적으로 조직하고 상담을 진행해야 한다. 그러므로 다양한 사회적 자원을 확보하고 있어야 하며, 나아가 이들의 자원을 이끌어 내어 적재적소에 활용하는 기술을 갖추고 있어야 한다.

(2) 학교폭력 상담자의 전문기술

학교폭력 상담자는 일반적인 상담의 전문성에 더하여 학교폭력 예방을 위한 전문성을 부가적으로 갖추고 있어야 한다. 다양한 장면에서 다양한 형태의 상담을 전개하는 상담자라고 하더라도 그들 간에는 차이점보다는 유사점이 많다. 상담자의 전문기술에 대해 다음과 같이 열가지의 범주로 나누어 살펴보기로 한다(이규미, 2006 재인용).

① 개인에 대한 평가

개인에 대한 평가를 위해 상담자는 두 가지 유형, 즉 객관화된 심리검사와 투사적 심리검사를 활용할 수 있다. 객관화된 심리검사는 검사의 실시, 절차, 채점방법, 규준 등이 마련된 검사로서 개인의 상대적인 특성을 평가할 목적으로 사용된다. 투사적 심리검사는 객관화된 심리검사에서 나타날 수 있는 거짓된 반응을 최소화하고 학생 개인의 심리적 부적응 및 무의식적 욕구를 측정하기 위해 사용된다. 학교상담에서 심리검사는 학생 개개인의 요구 조사, 학생의 성격, 적성, 지능, 가치관, 흥미 등의 개인적 특성, 학생의 심리적 적응 수준 등과 같은 다양한 목적을 위해 활용될 수 있다. 학교폭력 상담에서는 학교폭력 관련자인 피해학생, 가해학생 및 방관학생의 심리적 특성에 대한 평가뿐만 아니라 주변 환경, 사건 발생 맥락, 진상에 대한 평가를 포함한다.

② 개인상담

개인상담 활동의 일반적인 절차는 사례 접수, 접수면접, 목표 설정 및 구조화, 개입, 그리고 종결 및 의뢰의 순으로 진행된다. 학생 1인당 전체적인 회기는 5~6회기를 기본으로 하며, 1회기 당 40분을 원칙으로 하나, 학교 특성을 고려하여 회기당 시간은 탄력적으로 운영한다. 학교상담에서의 개인상담은 면대면 상담과 사이버상담, 그리고 전화상담으로 구분된다. 사이버상담과 전화상담은 원칙적으로 1회기를 전제로 진행되며, 면대면 상담으로의 전환을 목표로 진행된다. 학교상담의 주요 내용은 진로 및 진학 상담, 학습상담, 대인관계상담, 성격상담 등과 같은 일반적인 심리상담과 부적응상담, 학교폭력, 성폭력, 성추행, 인터넷 중독 등의 문제행동상담, 징계상담, 정신과적 상담 등과 같은 위험군 상담으로 나눌 수 있다.

③ 가족상담

학교폭력 상담자에게 가족상담은 피해학생 가족 전체의 협조를 구하거나 가족 내 회복력을 키우기 위해 또는 학교폭력 피해의 후유증을 최소화하기 위한 방법으로 사용한다. 또한 가해학생이 속한 가족 내 폭력문화를 평가하고 이를 평화적이며 건강한 대체행동으로 변화시키기 위해 가족상담을 실시한다.

④ 집단상담 및 집단교육

학교폭력 상담자에게 있어 집단활동은 소규모 집단상담과 학급단위의 집단교육으로 구분된다. 소규모 집단상담은 집단 구성원 간의 친밀감이 중요한 요소가 되나, 이러한 친밀감이 접촉의 빈도가 자주 일어나는 학교장면에서의 일상생활에 부정적인 영향을 줄 수도 있다. 소규모 집단상담의 주제는 학습, 인성, 진로 등과 관련된 학습방법의 고민, 대인관계 고민, 분노 조절, 진로 탐색, 자아성장 등과 같은 적응력 향상을 위한 내용으로 진행하는 것이 효율적이다. 소규모 집단상담은 주 1～2회, 1달 이내의 프로그램으로 구성하며, 한 집단 당 8명 이내로 하는 것이 효과적이다.

「학교폭력예방법」에 의하면, 1학기에 1회 이상 학생들을 대상으로 학교폭력 예방교육을 실시하도록 하고 있다. 학급단위의 집단교육은 이러한 예방교육을 실시하는 데 매우 유용하다. 또한 학급단위의 집단교육은 상담의 효과가 상대적으로 낮은 비자발적 동기를 가지고 있는 대다수의 학생에게 매우 효과적인 방법이다. 비자발적으로 의뢰된 학생들에게 낙인의 위험 없이 전체 학급 프로그램에 참여하도록 함으로써 그 효과를 높일 수 있다.

특히, 학급단위의 집단교육은 학생들에게 학교폭력 상담자의 역할 및 활동에 대한 이해력을 높이고 학생과 상담자와의 관계를 향상시킴으로 해서 학교폭력 상담을 위한 라포 형성에 커다란 도움을 줄 수 있다. 또한 학급단위의 집단교육을 실시함으로 해서 학교 내의 모든 학생에게 학교상담을 접할 수 있는 기회를 제공할 뿐만 아니라 학교 내의 동료 교사와의 관계성 향상에도 도움을 줄 수 있다.

⑤ 자문

학생들은 부모와 교사들로부터 커다란 영향을 받게 된다. 실제로 학생들은 상담자를 만나는 시간에 비해 학부모 또는 교사와 함께 있는 시간이 월등히 많다. 따라서 자문을 통해 부모와 학생, 교사와 학생 간의 관계를 향상시키는 것은 학교폭력 상담자의 주요한 업무 중 하나이다.

학부모 또는 교사에게 제공할 수 있는 자문의 내용은 다음과 같다. 교사에게 제공할 수 있는 주요 자문 내용은 학교폭력 피해 및 가해 징후의 발견방법, 학생과의 관계 개선 방법, 효과적인 대화방법, 학생의 정신건강 수준 평가방법, 기관 의뢰방법 및 의뢰 가능한 기관 안내, 부적응 학생 지도방법 등이 있으며, 학부모에게 제공할 수 있는 주요 자문 내용은 진로 및 학업 지도방법, 성격 및 대인관계 문제 발생 시 양육방법, 자녀와의 관계 증진방법, 부적응 행동에 대한 개입방법, 기관 의뢰방법 및 의뢰 가능한 기관 안내 등이 있다. 직접적인 자문 외에도 각종 위원회에 참여하는 것도 자문의 영역에 속한다고 할 수 있다.

⑥ 중재

학교폭력 상담자의 중재기술은 피해학생과 가해학생의 관계가 성립된 경우에 학교폭력 상담에서 무엇보다 중요한 기술로 사용할 수 있다. 피해학생 측과 가해학생 측의 심리적 화해를 위해서 혹은 물질적·법적 보상문제나 법적 분쟁이 발생했을 경우에 보다 상호 간의 피해를 최소화하여 문제가 확대되지 않도록 하기 위해서 중재기술을 발휘할 수 있다.

⑦ 사례 관리 및 행정 관리

학교폭력 상담자는 상담활동을 위해 상담활동에 대한 준비 및 그 효과에 대한 평가를 실시하며 사례를 관리해야 한다. 전문상담교사는 심리검사를 포함한 모든 상담사례에 대해 고유번호를 부여하고 개인 파일을 만들어 학생 관련 기록들을 보관한다. 개인 파일은 잠금장치가 있는 보관함에 보관하고 비공개를 원칙으로 한다. 다만, 개입의 효율성과 성과 평가를 위해서 개인의 기본적인 정보사항(이름 혹은 가명, 학년, 상담 시간, 상담 유형, 검사 종류, 상담 영역 등)만 기록하는 개인기록을 따로 작성하여 공유할 수 있도록 한다.

한편, 행정 관리는 여러 관련 기관과 연계 체계를 구축하는 일, 조직을 질적으로 통제하는 일, 상급기관으로부터 공문을 접수하고 보고하는 일, 전문가 모임 및 자원봉사자 모임 주관, 각종 기록의 문서화 및 보관 등은 중요한 학교폭력 예방활동을 위한 행정 관리가 된다.

⑧ 슈퍼비전

상담자는 매우 다양한 배경 및 전문성을 가진 사람들로 구성되어 있기 때문에 각자에게 익숙한 방식으로 사례를 이해하고 개입하기가 쉽다. 따라서 상담자 자신이 실시한 사례 개입에 대한 슈퍼비전과 자문회의는 필수적이다. 슈퍼비전은 개인상담의 특정 사례, 하나의 소규모 집단상담과 같은 개별 개입활동의 과정과 내용에 대해 슈퍼바이저와 상의하고 평가함으로써 학생에게 보다 질 높은 서비스를 제공하는 것이다. 자문회의란 전반적인 학교상담 운영에 대해 교내외 관련자들과 평가하고 이를 연간계획, 운영에 반영하기 위한 취지로 진행된다. 다만, 슈퍼비전의 목적은 상담자의 개입에 대한 한계점을 확인하고 내담자에 대한 보다 나은 서비스를 제공할 수 있는 방안을 모색하고자 하는 것으로, 상담자의 업무 능력을 평가하고자 하는 목적으로 사용되지 않도록 주의하며, 비공개를 원칙으로 한다.

⑨ 정보통신 활용 능력

최근 최첨단 정보통신기술이 널리 보급됨에 따라 학교폭력 상담자에게 정보통신 활용 능력이 요구된다. 특히 학교폭력 상담에서 사이버상담의 수요는 점점 증가하고 있으며, 여러 가지 예방을 위한 자료 제공 시 유용한 기술이 되고 있다. 또한 상담 기록 및 보관, 각종 프로그램 계획서 및 공문서 작성, 타 지역 전문가와의 상호교류를 위해서도 필요하다.

⑩ 연구

상담자는 재정지원기관, 규제위원회, 시민자문기구 등에 그들의 활동과 실적을 알리고 재정적 · 물질적 · 제도적 지원을 받곤 한다. 이때 연구는 상담자의 전문적 효율성을 측정하는 중요한 역할을 한다. 그리고 연구는 상담 분야에서 전문가로서 성장하기 위해 다른 전문가들과 의사소통하는 중요한 수단이 된다. 연구결과는 실제에 다시 투입되고 활동의 성과를 확인하는 중요한 과정이므로 상담자는 실무자이면서 과학자로서의 역량 개발에 매진해야 한다.

3. 학생 및 보호자 상담

학교폭력 관련 학생을 한 장소에 모이게 한 후 조사를 하는 것은 피해학생에게 위축감, 불안감을 줄 수 있다. 그러므로 각자 개별적으로 상담할 필요가 있다. 집단 폭행이나 목격학생을 조사할 때에는 관련 학생 모두를 한꺼번에 불러 다른 장소에서 일제히 조사하는 것이 바람직하다. 그렇지 않으면 상황을 조작할 가능성이 있고, 소수 학생의 의견에 다른 학생들이 동조할 위험이 있다.

2차 피해 예방을 위해 관련 학생 상담 또는 조사 과정 등이 주위에 알려지지 않도록 유의한다. 가해학생에게 훈계나 평가를 하는 것은 오히려 역효과를 줄 수 있으므로 비난이나 심문하는 태도를 취하지 않는다. 특히 초등학교 저학년, 장애학생, 한국어 능력이 없거나 부족한 중도입국 · 외국인 학생과 탈북학생, 기타 심리적으로 불안정한 학생 등 상황 전달 및 자기표현이 부족할 수 있는 학생들에 대해서는 안정적인 분위기를 조성하는 등 더욱 세심하게 배려한다. 일반적인 피해학생 및 학부모, 가해학생 및 학부모에 대한 상담 개입의 전략은 다음과 같다(이규미, 2006 재인용).

1) 피해학생 상담

피해학생의 경우에 상담 자체가 학교폭력 피해 사실을 노출하게 되지는 않을까 하는 걱정을 하게 되고 혹시나 가해학생에게 보복을 당할지도 모른다는 불안감을 가질 수 있다. 따라서 상담실에 찾아와 피해 사실 이외에 왜 학교폭력 피해를 당했는지 또는 피해를 당하는 근본적인 원인이 무엇인지에 대해 자발적으로 이야기하기는 현실적으로 어렵다.

이때 상담자는 피해학생이 경험하는 분노를 이해해 주고 현실적인 부분을 감안한 방안을 모색하도록 도와야 한다. 피해학생의 경우에는 피해를 당했지만 함께 해결할 수 있다는 희망적인 위로와 신체적 · 정서적 안전에 대해 안심시키는 등 정서적 지지가 무엇보다도 우선되어야 한다. 또한 피해를 얼마나, 어떻게, 왜 당했는지에 대한 파악을 통해 피해학생의 요구는 무엇이며, 향후 다시는 학교폭력 피해를 입지 않도록 필요한 보호조치를 모색해 나가야 한다.

상담자는 피해학생에 대해 적절한 위로와 지지를 해 주고, 피해 상황과 요구를 파악한다. 가해학생으로부터 보복을 당하지 않도록 교사가 책임감을 가지고 지도 및 관리할 것을 인지시켜 준다. 그리고 사안처리 절차(자체 해결, 심의위원회 개최) 및 내용, 진행 과정, 준비 사항(확인서, 증거자료 등), 보호조치 등을 친절하게 설명해 준다.

한편, 피해학생에게는 사회기술훈련이나 자기주장훈련이 필요하다. 이를 위해 상담자는 성급히 조언하려고 하기보다는 우선 학교폭력을 당한 것에 대한 자연스러운 분노가 살아나도록 해 주고, 이러한 분노의 감정을 표출하도록 돕는다. 이렇게 하면 피해학생에게 내재되어 있는 분노로 인해 다른 학생을 가해하는 것을 사전에 막을 수 있다. 또한 피해학생 스스로 학교폭력에 대처할 수 있는 힘과 자신감을 회복할 수 있도록 자신이 학교폭력을 당할 만한 행동을 했다는 피해의식에서 벗어날 수 있도록 도와야 한다.

2) 피해학생 보호자 상담

피해학생의 보호자는 자녀의 피해 사실에 대하여 놀라고 당황스러워 하는 한편, 가해학생에 대한 분노와 원망, 억울함, 자신의 자녀에 대한 미안함 등으로 보호자가 자녀를 대신하여 무엇이라도 해 주고 싶은 마음이 들 수 있다. 이러한 면을 고려하여 다음과 같은 사항에 중점을 두어 상담한다.

- 우선 보호자의 감정이 격앙됨을 이해하고 보호자에게 정서적 지지를 보낸다.
- 확인된 사실을 부모가 정확히 알고 있는지에 대해 파악한다.
- 조사한 사실에 대한 추가 의견이나 자료 여부에 대해 점검한다.
- 피해학생과 보호자가 현재 무엇을 원하는지 정확히 묻는다(화해, 사과, 전학, 가해학생 처벌 등).
- 학교의 공정한 진행 절차에 대해 안내한다.
- 피해 측이 가해 측과 면담을 요청할 경우, 다른 문제가 생길 수 있으므로 교사나 전문가 입회하에 만날 수 있도록 한다.
- 학생의 보호와 안정, 적응을 위해 학교에서 최선의 노력을 다할 것임을 약속

한다.

- 피해를 당한 학생의 심리적 안정을 위해 가정에서의 보호자의 역할을 안내한다.
- 피해학생 보호자에게 외부 기관의 상담이나 지원(학교폭력피해자가족협의회의 피해학생 학부모 위로상담, 푸른나무재단의 화해 · 분쟁 조정 지원 등)을 받을 수 있음을 안내한다.

피해학생의 보호자는 자신의 자녀가 학교폭력에 맞서 적극적으로 대처하지 못하고 속수무책으로 당할 수밖에 없는 상황에 대해 더욱 분노감을 가지는 경우가 대부분이다. 특히 자녀가 신체폭행으로 상처가 뚜렷한 경우에 부모는 이성을 찾기 어려울 정도로 매우 흥분한 상태를 보일 수 있다. 뿐만 아니라 교통사고의 후유증처럼 시간이 지날수록 자녀의 피해 상황을 생각하게 되면서 부모도 정신적인 충격을 받기도 한다.

이때 상담자는 피해학생과 마찬가지로 피해학생 보호자에게도 자녀가 당한 피해와 그로 인한 분노 감정에 대해 정서적으로 공감과 지지를 우선적으로 제공해야 한다. 그리고 학교폭력 문제를 해결하기 위해 보호자로서 취해야 할 태도나 행동에 대한 상담이 주요 내용이 된다. 피해학생의 보호자를 상담할 때 주의해야 할 점은 먼저 피해학생이 폭력의 빌미를 제공했다는 식으로 무심결에 이야기한다면 부모의 분노감과 억울함을 유발하게 되어 상담자에 대해서도 '내 편이 아니다'라는 불신으로 남게 되어 또다시 부모와 피해학생에게 상처를 주게 된다.

다음으로 피해학생의 보호자가 이성적으로 학교폭력 문제를 해결해 나가기 어려운 상황일 때가 있다. 가령, 너무 분한 나머지 가해학생을 찾아가 다시 폭행하는 일이 종종 발생한다. 하지만 이렇게 되면 문제를 잘 해결하기보다는 피해를 당한 자녀의 문제는 덮고 오히려 어른들의 감정 싸움으로 더 악화되어 피해를 당한 학생에게 불이익이 미칠 수 있다. 따라서 상담자는 피해학생의 부모가 이성적으로 문제를 해결해 나가기 어렵다고 판단될 경우에는 심리적인 부분에 대해 조력을 받을 수 있도록 전문적인 상담자에게 연결해 주는 것이 필요하다. 피해학생의 보호자에 대한 상담의 예시는 [그림 9-2]와 같다.

1. 피해 사실의 확인 단계

- **학생의 피해 사실에 대해 객관적으로 인지한다.**
  ("학생의 학교폭력을 언제, 어떻게 알게 되셨습니까?"/"학생은 누구에게, 얼마 동안, 어떤 일이 있었다고 이야기하였나요?"/"혹시 주변에 이 사실을 객관적으로 본 친구가 있나요?")
- **학생의 피해 사실을 구체적으로 메모한다.**
- **학생의 현재 상태에 대해 질문한다.**
  ("○○는 현재 어떤 상태인가요?")

⬇

2. 감정의 이해 단계

- **보호자의 감정을 수용하고 학생의 피해 사실에 대해 유감을 표현한다.**
  ("많이 속상하셨죠? 저도 걱정이 되고, 몹시 가슴이 아픕니다.")

⬇

3. 사안처리 과정에 관한 설명 단계

- **추후 처리 과정에 대해 설명한다.**
  ("앞으로 이 일이 심의위원회에 회부가(학교장 자체 해결이) 되면 …… 식으로 절차가 진행이 됩니다.")
- **사실에 근거하여 문제가 해결되도록 노력하고 있음을 알린다.**
  ("실제 어떤 일이 일어났는지와 그 과정에서 ○○가 어떤 어려움이 있었는지를 객관적으로 조사하여 그에 맞는 조치를 취하게 될 것입니다.")
- **분쟁 조정 절차에 대해 안내한다.**

⬇

4. 신뢰 구축 단계

- **학생의 보호와 안전, 적응을 위해 노력할 것임을 약속한다.**
  ("현재 가장 중요한 것은 ○○가 안전하게 학교생활을 하는 것이며, 심리적인 충격 없이 학교에 적응하는 것이라고 생각합니다. 학교에서도 노력하겠습니다.")

그림 9-2 피해학생 보호자의 상담 과정 예시

3) 가해학생 상담

가해학생은 자신이 학교폭력을 행사했음에도 불구하고 대부분 폭력 자체를 부인하거나 축소하려는 경향이 있다. 특히 정서적인 폭력의 경우에는 친구들 사이에 흔히 있을 수 있는 장난 정도로 생각한다. 이때 가해학생에게는 폭력의 부당성을 인식시켜 주고, 피해학생이 당한 피해 상황과 그 충격을 이해하도록 도우며, 가해학생이 받게 되는 현실적인 처벌도 직시하도록 하여 자신의 행동에 대한 책임을 느낄 수 있도록 상담하는 것이 중요한 과제가 된다.

이를 위해 먼저 폭력을 행사하게 된 심리 내적·외적 요인을 면밀히 탐색하며 듣고, 가해학생이 가지고 있는 인식 부분에 대해 우선 공감해 준다. 이는 가해학생과의 지속적인 상담관계를 공고히 하는 작업이기 때문이다. 이때 주의할 점은 훈계나 행동에 대한 평가는 가해학생에게 오히려 역효과를 줄 수 있으므로 비난이나 심문조의 상담방식은 피해야 한다. 오히려 가해학생과 눈을 마주치면서 부드러움과 강한 어조를 적절히 활용해야 한다.

한편, 자신의 욕구 충족을 위해 폭력을 사용하는 행위가 성인이 되어 사회 적응에 심각한 문제를 야기할 수 있으므로 상담자의 개입이 중요하다. 또한 상담자는 가해학생의 행동 패턴을 유지하는 환경요인을 평가하여 그 연결고리를 끊어 주어야 한다. 왜냐하면 가해학생 스스로 그 고리를 끊을 수 없기 때문이다. 가해학생 상담 시 주의할 점은 다음과 같다.

- 폭력은 용인되지 않으며, 가해학생이 저지른 행동은 잘못된 것이라는 사실을 알려 주고, 피해학생이 당한 충격과 상처를 이해시킨다.
- 조사 과정에서 학생을 낙인찍지 않는다. 경우에 따라서는 쌍방이 피해 및 가해학생으로 결론이 나거나 피해 및 가해학생이 뒤바뀌는 상황이 전개될 수도 있다.
- 가해학생들이 폭력을 사용하게 된 상황(가정환경적 요인 포함)에 대해 충분히 탐색한다.
- 가해학생에게 어떤 과정을 거쳐 조치가 내려지는지 알려 준다.
- 추후에 가해행동이 재발되지 않도록 주의를 주고, 재발할 경우에는 심각한 수준의 처벌을 받을 수 있음을 알려 준다.
- 가해학생이 가해행동에 대해 피해학생에게 사과할 의사가 있는지 여부를 확인하고, 사과를 희망하는 경우에는 진심 어린 사과를 해야 함을 안내한다.

4) 가해학생 보호자 상담

가해학생의 폭력 발생요인 중 하나가 가정환경적 요인이다. 가해학생 보호자와의 상담은 조심스러우면서도 단호한 학교폭력 문제해결을 위한 위기상담과 자녀 양육을 위한 부모교육 및 상담이 함께 이루어 질 수 있도록 해야 한다. 먼저 상담자는 가해학생의 보호자가 피해학생의 부모와 입장을 바꿔 생각해 보고 상대방의 입장을 공감할 수 있도록 도와야 한다.

가해학생 보호자 역시 자녀가 다른 학생에게 폭력을 휘둘렀다는 사실에 당황스러움과 혼란스러움, 의심, 미래에 대한 불안감 등을 경험하게 된다. 동시에 잘못을 인정하면 더 큰 피해를 입을지도 모른다는 우려도 할 수 있다. 따라서 교사는 가해학생 보호자를 다음과 같은 사항에 중점을 두어 상담한다.

- 가해학생 보호자의 감정을 일단 수용하되, 가해학생의 행위는 정확히 알려 준다.
- 피해학생의 피해 정도 등 학교폭력 상황을 정확하게 알려 준다.
- 조사한 사실에 대한 추가 의견이나 자료 여부에 대해 점검한다.
- 학교폭력 사안처리의 진행 절차에 대해 안내한다.
- 학교폭력 행동에 대하여 책임과 결과가 따른다는 인식을 갖도록 한다.
- 가해학생을 낙인찍지 않고, 교육적으로 적절한 지도와 선도가 이루어질 것임을 알린다.
- 가해학생에 대하여 가정에서의 관심과 지도를 부탁한다.

문제해결을 위해서도 가능하면 피해학생 보호자와의 충돌 없이 대화와 협의를 통해 원만하게 해결할 수 있도록 이끄는 것이 필요하다. 또한 '애들이 크면서 싸울 수도 있죠'라는 식의 사소한 한마디가 피해학생의 보호자를 자극해서 감정적인 싸움으로 확대될 수 있음을 주지시켜서 가해학생 보호자의 언어 사용에 주의할 수 있도록 도와야 한다.

이때 주의해야 할 점은 자녀문제의 책임을 보호자에게 묻고 비난하는 식의 태도보다는 가해학생 보호자의 심정을 경청하고 공감해 주는 상담자에게는 부모도 변명하거나 방어하는 대신에 진솔하게 자신의 문제를 탐색하고 반성하게 된다. 가해학생의 보호자에 대한 상담의 예시는 [그림 9-3]과 같다.

1. 감정의 이해 단계

- 보호자의 감정을 수용하고 학생의 가해 사실에 대해 유감을 표현한다.

⬇

2. 신고내용 및 상대 학생의 피해 사실 고지 단계

- 신고내용 및 상대 학생의 피해 사실 등을 객관적으로 안내한다.

⬇

3. 사안처리 과정에 관한 설명 단계

- 추후 처리 과정에 대해 설명한다.
- 진심 어린 사과의 중요성을 인지시킨다.
- 분쟁 조정 절차에 대해 안내한다.

⬇

4. 화해 및 학생지도에 관한 조언 단계

- 궁극적인 학생지도 방안에 대해 말한다.
  ("이 문제를 해결하는 데 있어서 가장 중요한 것은 앞으로 우리 학생들이 안전하게 학교생활을 하고, 두 학생 모두 심리적인 충격 없이 학교에 잘 적응하는 것이라고 생각합니다. 그리하기 위해 한 발짝 뒤로 물러서서 무엇이 문제해결과 궁극적인 자녀지도에 도움이 될지 어른의 입장에서 함께 생각해 보는 것이 좋겠습니다.") → 가해학생 보호자의 경우에 자신의 자녀가 피해를 보지 않을까 하는 걱정이 많으므로 담임교사가 객관적인 입장에서 가해학생 역시 걱정하고 있음을 알려 주어야 한다.
- 진심 어린 사과의 중요성을 인지시킨다.
  ("가해자 측에서 피해학생의 신체적 · 심리적 후유증에 대해 이해하고 진심으로 사과한다면 피해학생이 안정을 찾는 데 큰 도움이 됩니다.")

그림 9-3 가해학생 보호자의 상담 과정 예시

4. 성폭력에 대한 상담

1) 성폭력 상담의 목적과 특징

성폭력 상담, 특히 성폭력 피해학생을 상담하는 경우에 교사의 역할이 매우 중요하다. 특히 의료인이자 교사인 보건교사에게는 많은 의료적 · 법적 역할이 요구된다. 성폭력 피해학생에 대한 상담은 피해학생이 성폭력으로 인한 신체적 · 심리적 상처와 후유증을 극복할 수 있게 하는 데 그 목적이 있다. 이와 달리 성폭력 가해자 상담은 성폭력 가해자로서의 자신을 인정하고, 그로 인한 피해를 인식함과 더불어 피해자들의 상처를 공감하도록 하여 성폭력의 재발을 방지하는 데 그 목적이 있다.

한편, 성폭력 상담은 다음과 같은 특징을 가지고 있다(교육부, 2007).

첫째, 위기상담의 성격이 강하다. 위기 상황을 맞은 성폭력 피해학생에게 적절한 위기 개입은 피해학생의 좌절과 자기비난을 막고 보살핌과 긴급지원을 가능하게 하는 등 급박한 위기 상황을 중재해 준다.

둘째, 즉각적인 문제해결을 위한 의료적 · 법적 정보 제공이 필요하다. 용기를 내어 극복과 해결의 의지를 보인 피해학생이 합리적으로 문제를 해결해 나갈 수 있도록 적절한 정보를 주어야 한다. 증거 채취와 임신 · 성병 방지, 응급치료를 위해 산부인과와 외과에 연계한다. 후유증으로 나타나는 정신장애나 행동장애의 치료를 위해 전문 심리상담사와 정신과의사의 도움을 받게 하고, 가해학생의 처벌이나 피해, 보상 등에 대해서 경찰, 변호사 등의 도움을 받도록 연계한다. 또한 교사는 상황에 따라 검찰이나 재판부에 진정서를 보내기도 하고, 상담일지를 증거자료로 송부하거나 재판에 동행하여 피해학생을 보호하며, 재판 과정의 모니터링, 참고인이나 증인으로 출두 등을 한다.

셋째, 학생과의 신뢰감 형성이 매우 중요하다. 성폭력 피해학생들은 피해 사실을 드러내는 것을 어려워하고 수치심과 죄의식을 느끼기도 한다. 또한 가족이나 가까운 친구들에게서 효과적인 도움을 받지 못하면 인간관계나 자아개념 등에 상처를 입게 된다. 신분 노출을 꺼리고 비밀보장을 요구하기 때문에 면접이나 지속적인 상담으로 이끌기 위해서는 피해학생과의 신뢰감 형성이 기본적으로 전제되어야 한다.

넷째, 신체적 · 경제적 손상 외에도 심각한 정신적 피해 후유증을 남긴다. 성폭력을 당한 나이, 가해학생과의 관계, 피해 정도에 따라 차이는 있지만 피해자들은 공통적으로 공포와 불안, 우울, 분노, 죄의식, 수치심, 순결상실감, 성적 혐오감 등의 후유증에 시달리며 정신질환으로 발전하거나 약물중독, 자살시도, 가출 · 매춘의 길로 유입되기도 한다.

다섯째, 가족 등 주변 사람들에게도 큰 영향을 미친다. 성폭력 사건은 피해학생 본인뿐 아니라 피해학생의 부모, 가족, 주변 사람들에게도 큰 충격을 주며 혼란과 갈등을 야기한다. 이들의 도움은 피해자가 후유증을 최소화하고 정상적인 생활로 나아가는 데 큰 힘이 될 수 있다. 따라서 이들에게도 적절한 부모상담이나 가족치료가 필요하고, 상담이 종결된 후에도 가족이나 주변 사람들이 지속적으로 피해학생을 배려하고 보살필 수 있게 해야 한다.

2) 성폭력 피해 · 가해학생 및 학부모와의 상담

(1) 성폭력 관련자 상담 시 일반적인 유의사항

성폭력 관련자 상담 시 일반적인 유의사항을 살펴보면 다음과 같다(김영란, 이정옥, 2007).

첫째, 피해학생을 중심으로 상담을 한다. 교사의 입장에서는 피해학생이나 가해학생 모두 가르치는 학생들이기 때문에 소중하다. 그러나 피해학생의 평상시의 태도나 상대적인 성실함이 비교되어 피해학생이 가해학생처럼 비난받는 등 피해학생으로서의 정당한 권리가 침해되어 2차 피해를 당하지 않도록 주의를 기울여야 한다.

둘째, 비밀보장을 최우선으로 한다. 학교 내에서 성폭력 피해 발생 시 의료적 지원이나 외부 상담, 경찰조사 등으로 결석이나 조퇴를 하는 경우에 비밀보장이 되지 않을 수 있다. 성폭력 피해 자체에 의한 심리적 · 신체적 상처를 회복하는 것도 힘든 일이지만, 주변 친구들이나 교사들에게 알려 주목받거나 비난받는 것은 2차 피해를 가하는 것이 된다. 학교폭력의 범주에 성폭력이 포함되어 있으므로 전담기구 절차를 밟는 과정에서도 최소한 교사, 관련자만이 사건을 공유하고 외부로 신상이 노출되지 않도록 한다.

셋째, 신속한 위기 개입이 이루어지도록 한다. 학교 성폭력 발생 시 교사가 처음부터 마지막 치유까지 전 과정을 전담하기는 매우 힘들다. 그러나 사건을 인지한 순간 위기 개입을 언제 어떻게 하였는가에 따라 사건 해결이나 피해학생의 치유 정도가 달라질 수 있다. 무엇보다 사건 초기에 적절하고 필요한 지원을 할 수 있도록 신속하게 대처하는 것이 중요하다.

넷째, 통합적인 접근이 필요하다. 성폭력 피해는 신체적 손상뿐만 아니라 심리적 · 정서적 · 영적 손상을 가져오는 일이다. 따라서 그에 대한 지원 역시 통합적으로 이루어져야 한다. 의료적 · 법적 수사 과정 및 학업지원, 가족에 대한 지원 등 다각적이고 포괄적으로 지원할 수 있도록 지역사회 자원들을 활용하고 연계하도록 한다.

다섯째, 공감적 이해, 무조건적인 긍정적 존중, 진실성의 태도를 갖추고 상담에 임한다. 학교 내 성폭력 사건 발생 후 대부분의 상담은 교사 중심의 비자발적인 상담이 될 수 있다. 그러므로 상담의 효율성을 높이기 위해 프로그램을 활용하거나 조기에 촉진적인 관계를 형성하고, 학생의 욕구를 신속하게 판단하여 적절한 전략을 적용해야 한다.

비자발적인 상태에서 상담을 받게 되더라도, 해당 학생은 처음에는 저항하겠지만 진심으로 존중하고 배려하는 교사를 통해 자신이 이용할 수 있는 도움을 효과적으로 수용하게 된다. 따라서 피해학생이 자신의 문제를 인식하고 해결하고자 하는 동기를 형성하도록 하기 위해서는 비평가적이고 온정적이며 피해학생을 진심으로 돕고자 하는 마음이 전달되어야 한다.

여섯째, 예방적 차원에 우선순위를 두고 지도계획을 수립한다. 학교 내 성폭력 사건에 대한 지원은 대부분 연관된 학생들에 대한 사후조치로 이루어지게 된다. 그러므로 평소에 성적 자기결정권을 기르고, 성적 주체로서 성장할 수 있도록 정기적인 성교육을 실시하여 성의식을 높이는 것이 중요하다. 더불어 장난이나 호기심으로 일어나는 성폭력에 대한 민감성을 높이고, 그러한 사건 발생 시 목격자가 되어 신고할 수 있도록 격려한다.

(2) 성폭력 사건의 피해학생과 가해학생에 대한 위기 대응 시 유의사항

① 피해학생 및 그 학부모에 대한 위기 대응 시 유의사항

㉠ 피해학생에 대한 위기 대응 시 유의사항

성폭력 피해학생에 대한 위기 대응 시 유의사항은 다음과 같다(김미화, 2007).

- 교내에서 발생한 성폭력 피해에 대한 구급처치 및 생명을 위협하는 손상에 대한 응급처치
  - 생명에 지장을 줄 정도의 심각한 외상(심한 출혈, 골절상 등)이 있을 경우에는 우선 이 문제를 해결한 후 다른 검사를 진행해야 한다.

- 성폭력 피해 상황 및 부인과 병력에 대한 확인
  - 피해학생이 구술한 언어대로 피해 당시의 상황을 기록한다.
  - 피해 당시의 시각, 장소, 성적 접촉의 방법(성기 삽입 여부, 사정 유무, 콘돔 사용여부) 등을 기록한다.
  - 목욕, 뒷물, 배변, 배뇨, 옷 갈아입기 등 증거물 채취에 영향을 줄 수 있는 요인을 확인하고, 필요한 경우 마지막 성교 일시, 월경력, 피임 사용 여부, 임신 여부, 성병 감염 병력 등을 기록한다.
  - 피해학생이 보이는 정서적 태도나 행동양태를 객관적으로 상세히 기록해 둔다.
  - 가해자에 대한 정보를 확보한다. 가해자에 대한 피해학생의 진술을 기록하고 그 결과를 전담기관이나 경찰에 인계한다.
  - 목격자가 있는지에 대한 사실을 확인하고, 목격자가 있을 시 목격한 사실내용을 기록한다. 이 또한 필요시 경찰이나 전담기관에 인계한다.

- 피해 부위 파악 및 기록
  - 체계적인 신체검진을 통해 손상을 기록한다. 이러한 기록은 법정에서 성폭력 피해를 입증할 수 있는 자료로 활용될 수도 있다.
  - 필요한 경우 사진을 찍을 수도 있다. 다만 이 경우에는 반드시 피해자의 동의를 받은 후에 실시하여야 한다.

• 법적 증거물의 수집과 기록
  - 물적 증거물이 소실되지 않도록 피해학생과 보호자를 교육한다.
  - 될 수 있으면 즉시 전담기관에서 성폭력 전문가에 의한 증거 수집 행위가 필요한 이유에 대해 피해학생과 보호자에게 설명해야 한다(성폭력 피해 이후 72시간이 경과하면 질 손상이 54% 회복, 정자 50% 소실).

• 성폭력 전담기관에 의뢰
  - 전담기관에 인계 시 정확한 사건 개요, 수집한 증거물(옷, 흉기 등)을 전달하여 사건처리가 원활히 진행되도록 해야 한다.

• 추적관찰
  - 피해학생에게 강간이라는 충격적인 사건으로 인한 정신적인 영향이 장기간 지속될 수 있으며, 이를 회복하는 데에는 오랜 기간이 걸릴 수도 있음을 알려 주어야 한다.
  - 현재 피해학생이 겪고 있는 여러 정신적인 문제가 이상한 것이 아님을 알려 안심시켜야 한다.
  - 피해학생이 거주하는 현재 환경이 안전한지를 검토하고, 집까지 동행하고 같이 있어 줄 사람이 있는지 여부와 피해자의 현재 계획은 무엇이며 현실성이 있는가를 확인한다.

ⓛ 주변인에 의한 피해학생의 2차 폭력 예방

학교 및 교사는 성폭력 피해학생이 주변인에 의해 비밀유지가 되지 않아 비난을 받는 등 2차 피해를 당하지 않도록 다음과 같은 사항에 유의하여야 한다(김영란, 이정옥, 2007).

• 성폭력 사안에서 가장 중요한 것 중 하나는 2차 폭력에서 피해학생을 보호하는 것이다. 이러한 피해로 인해 상처가 더욱 깊어지거나 책임을 스스로에게 돌리는 경향을 보일 수 있다.
• 피해학생에 대한 비난이나 차가운 시선을 보내지 않도록 피해학생에 대한 보

호와 추후에 유사한 피해를 막기 위한 교육적 조치가 따라야 한다. 이를 위해서 주변 학생들에 대한 교육 및 성폭력을 보는 관점을 점검하는 시간을 가지는 것이 좋다.

- 성폭력을 일으키는 왜곡된 성문화에 대한 교사의 일관된 태도는 사건으로 인해 혼란스러운 학생들에게 중요한 교육적 기회가 되기 때문에 교사 대상의 성폭력 예방교육에도 신경을 써야 한다.

ⓒ 피해학생의 학부모에 대한 위기 대응 시 유의사항

성폭력 피해학생의 학부모는 피해학생과 마찬가지로 심리적으로 매우 혼란스러운 상태에 놓여 있다고 할 수 있다. 그러므로 교장이나 교감 및 교사의 언행에 각별히 유의하여야 한다. 다음은 교사가 성폭력 사건의 피해학생 학부모를 대할 때 유의해야 할 사항이다(김영란, 이정옥, 2007).

- 피해학생 학부모에 대한 공감과 심리적 지지를 제공한다.
  - 대부분의 학부모는 자녀의 피해 사실을 쉽게 수용하기 힘들며, 심리적으로 격양된 상태로 두려움, 분노, 공포 등의 감정을 표출한다. 이에 대해 교사는 충분한 위로와 공감을 표현하며, 학부모가 자녀의 인생이 다 끝난 것처럼 좌절하거나 자녀를 잘 보호하지 못했다는 죄책감에 빠지지 않도록 심리적인 지지를 제공하여야 한다.

- 성폭력에 대해 올바르게 이해할 수 있도록 유도한다.
  - 성폭력에 대한 잘못된 통념을 사전면담을 통해 바로 잡지 않고 피해학생과 대면시킬 경우, 부모가 피해의 원인을 피해학생의 탓으로 돌리거나 심한 경우에는 신체폭력, 비난, 분노 등을 표출하여 피해학생에게 더 큰 상처를 입힐 수 있다.

- 피해학생이 회복할 수 있는 다양한 방법을 모색해 본다.
  - 피해와 관련하여 피해학생은 잘못이 없으며, 현재의 사건으로 가장 힘든 사람은 피해학생이라는 것을 인식시키고, 성폭력 피해로 인해 생길 수 있는

신체적 · 정신적 후유증과 어떤 치료가 필요하며, 어디서 어떤 도움을 받을 수 있는지 등을 안내한다.

- 피해 극복에 보호자와 주변 인적 자원의 지원이 가장 중요하다는 것을 인식시킨다. 피해학생은 학교나 집에서 사건과 관련하여 비난이나 몰이해, 따돌림 등을 겪을 수 있다. 이를 예방하기 위해 피해학생에게 해서는 안 될 말과 해야 할 말, 행동은 어떤 것이 있는지 구체적으로 안내한다.
- 피해학생이 성폭력 피해와 관련된 장소, 시간, 위치 등에 공포심을 갖거나 혼자 다니는 것을 두려워할 수 있으므로 필요하다면 등하교 시 가족이 동반하거나 활동 시간에 변화를 주는 등 안정을 찾을 때까지 보호하도록 한다.
- 사건의 해결 과정이 원만하게 진행되지 않거나 법적 결과가 원하는 대로 이루어지지 않을 경우, 결과에 대한 실망이나 그동안 억눌렸던 심리적인 문제가 표면으로 드러날 수 있으므로 심리 치유상담을 받을 수 있도록 권유한다.

② 가해학생 및 그 학부모에 대한 위기 대응 시 유의사항

㉠ 가해학생에 대한 위기 대응 시 유의사항

교사가 성폭력 가해학생을 대할 때 유의해야 할 사항은 다음과 같다(김영란, 이정옥, 2007).

• 가해학생이 자신이 한 가해행위를 인정하도록 한다.
  - 학교 내 처벌로 반복적인 반성문 작성이나 체벌, 봉사활동만을 강요하는 것은 성폭력 피해의 의미를 이해하고 자신이 저지른 잘못의 심각성을 깨달을 수 있도록 하는 적절한 방법이 아니다. 가해학생이 자신이 저지른 행동의 의미를 깨닫고 진심 어린 사과를 할 수 있도록 하기 위해서는 학교 내에서 교육을 받게 하거나 부모와 의논하여 전문기관에 교육상담을 의뢰하는 것이 반드시 필요하다.

• 재범 방지 교육에 반드시 참여시킨다.

- 성폭력 가해행위는 우발적이고 충동적으로 일어난 것이 아니라 의도된 폭력이다. 성폭력을 발생하게 한 왜곡된 통념을 점검하고 자신의 행동을 성찰할 수 있도록 전문적인 교육기관에 의뢰한다.
- 피해학생이 피해를 당할 만한 짓을 했다거나 피해학생에게 원래 문제가 있다고 비난함으로써 가해행위를 최소화하지 않도록 한다. 어느 누구도 원하지 않는 성폭력을 당해도 될 만한 사람은 없다는 것을 주지시킨다.
- 가해학생이 평소 착하고 괜찮은 학생으로 인정받은 경우나 집단에 의해 억지로 가해행위를 한 경우에는 가해행위를 옹호하거나 정당화할 수 있다. 따라서 성폭력은 피해학생에게 큰 고통을 남기는 폭력이며, 어떠한 경우에도 정당화될 수 없는 범죄로 인식될 수 있도록 교육한다.

ⓛ 가해학생의 학부모에 대한 위기 대응 시 유의사항

성폭력 가해학생의 학부모는 자녀의 잘못을 인정하기보다는 피해학생도 잘못이 있다며 비난하려고 하는 경향이 강하다. 따라서 교사는 이러한 학부모를 대할 때 다음과 같은 사항에 유의하여야 한다(김영란, 이정옥, 2007).

- 가해학생의 학부모 역시 피해학생의 학부모와 마찬가지로 자녀의 가해 사실에 충격을 받고 그 사실을 쉽게 인정하기 힘들어 하며, 가해자, 범죄자로 낙인찍힐까 봐 두려워하며 때로는 억울함과 분노 등을 호소할 수 있다.
- 가해학생이 평소 착실하고 모범적이어서 가해 사실을 인정하기 힘들어 하는 경우, '성폭력과 공부를 잘하는 것은 관련이 없으며, 마땅히 바로잡아야 하는 폭력행위'라는 것을 받아들일 수 있도록 한다.
- 가해학생이 아닌 성폭력 피해학생의 입장을 최우선으로 생각하도록 이해시킨다. 피해학생이 원한다면 전학이나, 전문기관에서 재범 방지 교육을 받거나, 피해학생의 상담 비용을 제공하는 등 '피해학생의 충격과 아픔을 어떻게 하면 최소화하고 치유할 수 있을까' 하는 입장에서 문제를 풀어 가도록 돕는다.

3) 피해 · 가해학생 면담 및 조사방법

(1) 피해 · 가해학생 면담 및 조사방법

피해 · 가해학생에 대한 면담 및 조사방법은 다음과 같다(교육부, 2012b).

첫째, 신뢰감과 안정감을 주어야 한다. 처음부터 바로 사안 파악을 위한 질문을 하면 학생이 부담감을 느끼고 움츠러들 수 있으므로 대화는 자연스럽게 진행하되, 최근 학교생활의 근황 등을 물어보는 것으로 시작한다.

둘째, 심리 및 정서 상태를 파악한다. 일반적인 경우에 교사는 학생들의 언행에 대해 주의 깊은 관찰을 통해 심리 · 정서 상태를 파악할 수 있다. 해당 학생의 눈맞춤, 눈빛, 손 떨림, 목소리 크기나 떨림 등을 통해 학생의 불안, 분노, 우울 등을 파악한다. 필요한 경우 전문상담교사에게 학생의 심리 · 정서 상태를 파악하도록 도움을 요청한다.

진단 및 조치가 필요한 경우에는 학교 내 전문상담교사를 통해 전문적인 심리검사를 받도록 하거나 인근 신경정신과, 정신보건센터, 상담 관련 전문기관 등에 연계하도록 한다.

셋째, 사안에 대한 정보를 수집한다. 먼저 피해학생의 학년, 성별, 인적 사항, 피해학생의 수, 교우관계, 장애 유무, 평소 학교생활, 특이사항 등을 파악한다. 다음으로 가해학생에 대해서 학년, 성별, 인적 사항, 가해학생의 수, 가해 동기, 다른 피해학생 및 유사 사안의 관련 유무 등을 파악한다.

넷째, 사안에 대한 상황을 파악한다. 신체폭행, 금품 갈취, 따돌림 등의 폭력 유형, 집단폭력, 일대일 폭력 등의 폭력 형태, 1회적인 사안 또는 지속적인 사안인지의 여부, 발생 시간과 장소, 발생 원인, 정황, 치료비, 피해 금액 등을 파악한다.

(2) 면담 시 고려할 사항

① 피해학생 면담 시 고려할 사항

피해학생 면담 시 고려할 사항을 살펴보면, 먼저 피해학생에게 적절한 위로와 지지를 해 주고 피해 상황과 요구를 파악하며 면담내용에 대해서는 비밀이 보장된다는 사실을 안내한다. 또한 가해학생으로부터 보복을 당하지 않도록 교사가 책임감을 가지고 보호한다는 사실을 주지시킨다.

다음으로 전담기구와 심의위원회의 절차 및 내용에 대해서 설명해 주고 진행 과정, 준비사항, 보호조치의 종류와 내용 등을 설명한다. 그리고 피해학생의 진술내용에 대하여 가해학생 혹은 목격학생의 진술과 비교하여 객관적 자료를 확보하도록 한다.

② 가해학생 면담 시 고려할 사항

가해학생 면담 시 고려할 사항을 살펴보면, 먼저 폭력에 대한 왜곡된 인식을 교정시켜 주기 위해 폭력은 어떠한 경우라도 용인되지 않으며, 가해학생이 저지른 행동은 법을 어긴 잘못된 행위라는 사실을 알려 준다. 또한 피해학생이 당한 충격과 상처를 이해시키고, 가해학생들이 폭력을 사용하게 된 정황에 대해 충분히 탐색하며 듣는다.

다음으로 가해학생에게 어떤 과정을 거쳐 조치가 내려지는지 조치의 종류와 내용 및 절차를 알려 준다. 추후에 가해행동이 재발되지 않도록 주의를 주고, 재발할 경우에는 심각한 수준의 처벌을 받을 수 있음을 알려 준다. 특히 면담내용에 대한 비밀이 보장된다는 사실을 알려 주고, 조사 과정에서 가해학생을 낙인찍거나 체벌해서는 안 된다. 끝으로 피해학생의 면담과 같이 가해학생의 진술내용에 대하여 피해학생 혹은 목격학생의 진술과 비교하여 객관적 자료를 확보하도록 한다.

③ 관련 학생 면담 시 고려할 사항

전담기구는 학교폭력에 가담한 학생에 대해서는 관련 정황을 구체적으로 진술서에 쓰도록 한다. 진술내용에 대하여 피해학생 혹은 가해학생의 진술과 비교하여 객관적 자료를 확보한다. 또한 목격학생에 대해서는 관련 정황을 구체적으로 진술서에 쓰도록 하고, 피해학생 혹은 가해학생의 진술을 비교·확인하여 객관적 자료를 확보한다. 특히 목격학생에 대해 진술서를 확보하기 전에 비밀보장에 대해 충분히 안내하여 보복에 대한 두려움을 갖지 않도록 하는 것이 무엇보다 중요하다.

④ 피해·가해학생 학부모 면담 시 고려할 사항

피해학생의 학부모를 면담할 때에는 확인된 사실을 부모가 정확하게 알고 있는지 혹은 오해가 있는지 등에 대해 파악한다. 조사한 사실에 대한 추가 의견이나 자료 여부에 대해 확인하고 학교에 대해 학부모의 요구사항이 있는지 질문한다. 피해학생 측이 가해학생 측을 직접 만났을 경우, 흥분한 상태에서 갈등이 심화되거나 다른 문제가 생길 수 있으므로 주의한다.

가해학생의 학부모를 면담할 때에는 가해학생의 부모가 '우리 아이도 피해자이다'라고 주장하는 경우에는 명확한 자료를 근거로 의견을 말하도록 요청하고, 조사한 사실에 대한 추가 의견이나 자료 여부에 대해 확인하고, 학교에 대해 학부모의 요구사항이 있는지를 질문한다.

⑤ 성폭력 사건의 경우 고려할 사항

전담기구는 학교폭력과 관련하여 성폭력 사건의 경우에는 성폭력 전문기관 또는 성폭력 피해자 보호시설과 연계하여 전문적인 사안조사 및 처리의 도움을 받는 것이 효과적이다. 성폭력 피해학생을 우선적으로 가해자와 분리하여 심리적인 안정을 취하도록 한다. 조사를 한 번에 끝낼 수 있도록 철저히 준비하고 피해학생의 동의하에 진술을 녹음할 수 있다.

또한 전담기구는 성폭력 등 특수한 학교폭력 사건에 대한 조사의 전문성을 확보하기 위하여 필요한 경우 전문기관에 그 실태조사를 의뢰할 수 있다. 이 경우, 의뢰는 전담기구 심의를 거쳐 학교장 명의로 하여야 한다.

(3) 증거자료의 확보방법

전담기구가 학교폭력 사건의 증거자료를 확보하기 위해 활용할 수 있는 구체적인 방법은 다음과 같다(교육부, 2022).

첫째, 피해 · 가해학생의 진술서, 목격학생의 진술서를 육하원칙에 따라 기재한다.

둘째, 해당 학급 및 학생을 대상으로 설문조사를 한다.

셋째, 이메일, 채팅, 블로그, SNS, 게시판의 게시글이나 화면을 캡처하여 출력하는 등 사이버상의 자료를 확보한다.

넷째, 문자 메시지, 사진, 동영상 자료 보관 및 출력, 음성 메시지 보관 및 녹음 등 휴대전화에 저장된 자료를 확보한다.

다섯째, 폭력 피해를 증명할 수 있는 신체적 · 정신적 진단서, 의사 소견서, 관련 사진 등을 확보한다.

여섯째, 상대방의 말을 녹음해 두거나 기록한 녹취 및 축어록을 확보한다.

일곱째, 증거자료가 없을 때에는 설문조사를 실시하여 증거를 확보하거나 학교폭력 사건이 발생한 장소의 주변을 탐문하여 목격자를 확보한다.

(4) 정황 파악 및 보고서 작성

전담기구가 학교폭력 사건에 대한 증거자료를 확보하였으면 그 진위 여부, 요구 및 정황 파악을 하여야 한다.

진위 여부 파악을 위해 고려할 사항은 다음과 같다(교육부, 2022).

첫째, 피해학생 측과 가해학생 측이 면담에서 진술한 것과 정보 수집을 통해 밝혀낸 결과들이 일치하는지를 파악한다.

둘째, 조사결과를 가해학생 측과 피해학생 측이 서로 인정하는지를 파악한다.

셋째, 목격학생 등 주변인 진술과 피해학생 측의 진술과 가해학생 측의 진술이 일치하는지를 파악한다.

다음으로 요구 파악 및 정황 파악을 위해 고려할 사항은 다음과 같다(교육부, 2022).

첫째, 학생과 학부모의 사안 해결에 대한 요구를 파악한다. 피해 · 가해 상황에 대한 수용 정도 및 사과, 처벌, 치료비 등에 대한 합의 요구 및 재발 방지에 대한 요구를 파악한다.

둘째, 피해학생의 현재 상태에 대한 대처 능력, 적응 능력 및 피해학생 측의 현재까지의 대처 상황을 확인하고, 가해학생 측의 대응방법 등을 파악한다.

관련 학생과 학부모 및 담임교사를 면담한 후에는 면담일지를 작성하고, 조사가 끝난 후에는 보고서를 작성해 학교장과 소속 교육청에 보고하도록 한다.

제 10 장

학교폭력 예방을 위한 프로그램

1. 학교폭력 예방 프로그램의 이해

1) 학교폭력 예방 및 개입 프로그램의 분류

학교폭력을 예방하고 학교폭력이 발생했을 때 상담자가 활용할 수 있는 프로그램들이 개발되어 보급되고 있다. 상담자가 활용할 수 있는 프로그램을 살펴보면, 학교폭력 예방 및 개입과 관련된 프로그램들이 가장 많고, 학교폭력 가해자를 위한 프로그램, 피해자 및 가해자를 위한 프로그램이 있다.

우리나라에서 연구되어 활용되고 있는 학교폭력 프로그램을 내용별로 구분해 보면, '학교폭력 예방 및 개입 프로그램' '학교폭력 가해자 프로그램' '학교폭력 피해자 프로그램' '부모 및 교사 프로그램'이 있다. 이를 다시 프로그램의 특성에 따라 유목화하면 다음과 같다(한국청소년상담원, 2005).

첫째, 학교폭력 예방 및 개입 프로그램은 ① 따돌림과 관련한 학교폭력 발생을 예방하거나 개입하기 위한 집단상담 프로그램, ② 대인관계, 또래관계, 품성 계발, 도덕성 증진 등의 심성 훈련 프로그램, ③ 학교 부적응을 위한 프로그램, ④ 또래상담 프로그램 등이 있다.

둘째, 학교폭력 가해자 프로그램은 ① 분노 조절 및 대처 프로그램, ② 문제해결능력 향상 프로그램, ③ 탈비행화를 위한 상담개입 전략 프로그램 등이 있다.

셋째, 학교폭력 피해자 프로그램은 ① 피해자만을 위한 프로그램, ② 피해자와 가해자를 위한 프로그램이 있다.

넷째, 학교폭력 예방을 위한 부모교육 및 교사교육 프로그램이 있다.

이렇게 학교폭력 프로그램과 관련된 선행연구들을 비추어 볼 때, 학교폭력을 예방하거나 개입하는 프로그램들이 대부분을 차지하였고, 학교폭력이 발생한 후에 가해자나 피해자에게 개입하는 프로그램들은 많지 않다. 따라서 학교폭력을 예방하거나 개입하고 중재하는 프로그램뿐만 아니라 이미 학교폭력의 가해학생이나 피해학생이 건강하게 학교생활을 할 수 있도록 돕기 위한 체계적이고 직접적인 프로그램들이 연구되고 개발되어야 할 필요가 있다.

2) 주요 학교폭력 예방 및 개입 프로그램의 내용

국내외에서 개발되어 보급된 주요 학교폭력 예방 및 개입 프로그램을 살펴보면, 먼저 국내에서는 청소년폭력예방재단(2002)의 '청소년 무지개' 프로그램, '친구야 놀자' 프로그램, '내가 바로 지킴이' 프로그램, 서울대학교 발달심리연구실(2006)의 '시우보우(視友保友)' 프로그램, 한국교육개발원(2007)의 학교폭력 예방 프로그램 등이 대표적이다(정종진, 2012 재인용).

국외에서 개발되어 보급된 학교폭력 예방 및 개입 프로그램을 살펴보면, 또래로부터 거부당하는 학생들을 위한 2차 폭력 예방 교육과정(Second Step Violence Prevention Curriculum: SSVPC), 창의적인 갈등해결 프로그램(Resolving Conflict Creatively Program: RCCP) 등이 대표적이다.

학교폭력 예방 및 개입을 위한 프로그램은 어떤 특정 덕목이나 삶의 기술에 초점을 둔 개별 프로그램으로 구성될 수도 있고, 여러 덕목과 삶의 기술을 동시에 고려한 종합 프로그램으로 구성될 수도 있다.

국내외의 대표적인 학교폭력 예방 및 개입 프로그램 중 몇 가지를 간략히 살펴보면 다음과 같다(정종진, 2012).

첫 번째로, '청소년 무지개' 프로그램은 학교장면 및 청소년 관련 기관에서 널리 활용할 수 있도록 다양한 매뉴얼을 소개하고 있다. 내용을 보면, 마음의 힘 키우기, 관심과 사랑 나누기, 친구상담 연습, 학교 갈등 통찰과 선배 체험 나누기, 희망 가꾸기 요소로 구성되어 있으며, 책 읽기, 비디오 보기, 활동의 세 가지 영역으로 구성되어 있다.

두 번째로, '친구야 놀자' 프로그램은 2000년에 5회기 프로그램으로 시작하여 2003년도에 캠프 프로그램으로 전환하였으며, 2004년부터 사후모임을 포함시키는 등 지속적인 변화와 발전을 꾀하고 있다. 프로그램의 주요 일정으로는 2박 3일 동안의 캠프와 5개월 동안 월 1회의 사후모임 등으로 진행되고 있다. 장기적으로는 사후치료를 하고 있으며, 미디어 제작과 같은 다양한 활동을 심리치료와 접목시키고 있다.

세 번째로, SSVPC는 학령 전기부터 중학교 학생들을 대상으로 학교폭력에 대한 태도나 행동을 변화시키기 위해 교사들이 활용할 수 있는 학급단위의 교육과정이다. SSVPC의 목적은 관점 채택, 대인관계 문제해결, 충동성 통제, 분노 조절의 발달을 통해 학생의 사회 능력을 향상시키는 데 있다. SSVPC는 모델링, 리허설, 역할극 및 언어 중재 과정의 활동기법을 활용하며, 주요 학습 내용은 그림 카드를 통해 설명된다. SSVPC는 30개 정도의 학급단위 수업으로 구성되고, 각 수업은 35~45분 정도 소요되며, 일주일에 1~2회 정도 실시할 수 있도록 되어 있다.

네 번째로, RCCP는 초등학교 교사와 학생들이 비폭력적인 방법으로 갈등을 해결하고 폭력적인 상황이 발생하지 않도록 예방하기 위해 개발된 것으로, 교육과정에 통합되어 있는 것이 특징이다. RCCP의 주요 목표는 학생들에게 건설적인 방식으로 갈등을 해결하도록 가르치고, 긍정적인 또래관계를 향상시켜서 공격행동이나 폭력행동을 야기하는 정신적 과정과 대인관계 행동 전략을 긍정적으로 변화시키는 데 있다. 이 외에도 RCCP는 또래 중재, 교장, 교감 및 학부모 교육 등이 포함되며, 수업은 능동적으로 경청하기, 자기주장훈련, 정서 경험, 관점 채택, 협동, 협상, 문제해결, 갈등 분석, 편견 벗어나기 등이 포함된다.

2. 학교폭력 예방교육 프로그램

1) 학교폭력 예방교육 프로그램의 구성

여기서 제시하는 학교폭력 예방교육 프로그램은 삼성생명공익재단 사회정신건강연구소의 학교폭력 예방교육 프로그램인 '한 번 더 생각해 봐!'(2005), 교육인적자원부의 '아름다운 학교, 행복한 교실 만들기'(2005), 청소년보호위원회의 '폭력 없는 우리 학교를 위하여'(2002) 등을 참고하여 구안한 한영숙(2007)과 김종운 등(2012)의 학교폭력 예방교육 프로그램을 소개한다.

이 프로그램은 마음열기 → 학교폭력 바로 알기 → 분노 조절하기 → 자기존중감 키우기 → 다짐하기의 5단계로 진행하고 1회기 60분의 총 13회기로 구성되어 있다. 프로그램 활동방법은 학생들이 흥미를 갖고 프로그램에 참여할 수 있도록 강의, 게임, 역할극, 토론, 봉사활동, 표현활동, 신체이완훈련 등으로 구성되어 있다. 프로그램의 구성과 특징은 다음과 같다.

(1) **도입단계**(1회기)

프로그램을 이해하고, 동기를 유발하며, 모둠별 게임활동으로 자기개방과 신뢰감을 형성하는 마음열기 단계이다.

(2) **중간단계 I**(2~5회기)

학교폭력을 바로 알기 위한 단계로서 비디오, 모둠별 게임, 역할극, 토론, 표현활동을 통해서 학교폭력 상황이나 갈등 상황을 이해하고, 모둠별로 해결방법을 모색하는 단계이다.

(3) **중간단계 II**(6~9회기)

분노 조절 향상을 위한 단계로서 본 프로그램에서는 긍정적인 관계 기술을 사용하여 대인 간의 갈등을 줄여나가도록 하는 사회기술훈련, 인지-행동적 접근, 모델링을 통하여 새로운 자기진술을 학습시키는 자기교시훈련, 긴장이완훈련 등을 사용한다. 다양한 활동방법으로 이런 기법들을 훈련시킴으로써 급우들을 이해하고, 친근감을 쌓으며, 자신의 분노를 적절하게 조절하고, 합리적인 대처방법을 탐색하도록 하는 단계이다.

(4) **중간단계 III**(10~12회기)

학교폭력의 원인이 되는 낮은 자기존중감을 향상시키기 위한 단계로, 자기표현훈련, 사회기술훈련, 인지-행동적 접근, 자기탐색훈련으로 나와 타인의 다양한 자아를 이해 및 포용하고, 친근감을 쌓으며, 긍정적인 자기대화를 확대시켜서 자기존중감을 향상시키도록 하는 단계이다.

(5) **종결단계**(13회기)

소감 발표로 프로그램을 정리하면서 앞으로 학교폭력 예방을 위해 다함께 노력하도록 다짐하며 실천 의지를 다지는 단계이다.

이 프로그램의 주제와 활동 및 구성요소는 〈표 10-2〉와 같다.

표 10-2 학교폭력 예방교육 프로그램의 주제와 활동 및 구성요소

회기	프로그램명	활동 주제	활동 내용
1	우리는 하나!	• 프로그램의 목적과 필요성 이해 • 같은 반 친구들과 친밀감 형성	• 프로그램의 목적을 이해하고 모둠을 편성하여 '우리 반을 빛낸 30명의 친구들' 노래 만들기
2	폭력의 진실을 아시나요?	• 학교폭력의 개념 및 범위 재정립하기 • 폭력의 진실을 알기	• 폭력단어카드 분류 • 폭력진실 게임
3	우리들의 일그러진 영웅들	• 학교폭력의 실태와 폭력으로 인한 피해를 예측하기	• 폭력 내용의 비디오 시청 • 폭력 피해(피해자, 가해자, 가족, 학교) 예측하기
4	폭력 트라이앵글	• 피해자, 가해자, 방관자의 입장을 이해하기	• 모둠별로 역할극을 진행하여 각 입장에서의 느낌 발표하기
5	Win-Win 해결 전략	• 갈등 상황에서 합리적인 해결방안 찾기 • 폭력 대처 요령 익히기	• 모둠별로 사례에 대한 해결방안을 찾아 발표하기 • 입장별 대처방법 알기
6	마음 다스리기	• 분노의 신호를 찾고 원인을 내 안에서 찾기 • 분노가 표출되는 과정을 알고 합리적으로 사고하기	• 분노 표출 과정을 이해하고 모둠별로 합리적 사고법 연습하기
7	BEST OF THE BEST	• 바람직한 대응법(B-E-S-T) 알기 • B-E-S-T 대응법 실습하기	• 2인 1조의 역할놀이를 통해 효과적인 대화방법을 익히기
8	마니또 소개	• 자신과 친구를 이해하고 친근감 갖기	• 2인 1조로 자기소개를 하고 반 친구들에게 짝을 소개하며 서로에 대한 이해와 친근감 쌓기
9	내 안의 수많은 자아들	• 나의 다양한 측면을 이해하고 통제하기 • 나와 타인의 부정적인 면에 대해서도 긍정적으로 이해하고 포용하기	• 내 안의 다양한 자아와 이야기해봄으로써 나를 이해하고, 나의 돌출 자아를 찾아 인터뷰하면서 그것을 직시, 인정, 포용하기
10	새롭게 태어난 우리	• 긍정적인 자기대화를 확대시켜 자신이 원하는 상황을 창조하는 자성예언을 만들어 보기 • 정리 및 평가하기	• 자기교시 훈련하기 • 프로그램 참여 소감 발표 및 다짐하기

출처: 김종운 외(2012). 학교 집단상담의 이론과 실제.

2) 학교폭력 예방교육 프로그램의 내용

(1) 제1회기: 우리는 하나!

프로그램명	우리는 하나!	1회기	
활동 목표	• 프로그램의 목적과 필요성을 이해한다. • 같은 반 친구들과 친밀감을 형성한다.	시간 60분	장소 상담실
지도 단계	**활동**	**시간(분)**	**준비물**
오리엔테이션	▶ 들어가기 "본 프로그램은 앞으로 총 10회에 걸쳐 실시하게 될 학교폭력 예방 프로그램입니다. 어떤 행위가 학교폭력이며, 그 피해가 얼마만큼 심각한지 알아보고, 폭력을 예방하기 위해 우리가 어떠한 노력을 할 수 있는지 다함께 생각해 보는 시간을 가지려고 합니다. 모두 적극적으로 참여하여 학교폭력이 다시는 일어나지 않도록 노력합시다." ▶ 모둠 편성(6인 1조 총 5그룹) • '멋진 친구들'을 5가지 색깔로 자른 종이를 모든 학생에게 나눈다. • 같은 색깔의 '멋진 친구들'을 가진 친구끼리 그룹이 된다. ▶ 프로그램 내용 소개 • 프로그램의 활동 및 취지를 설명한다. ▶ '한국을 빛낸 100명의 위인들'을 들려주기(〈활동지 1〉 참조)	10	모둠 편성 종이, 사인펜, 전지, 셀로판테이프, 가위, CD 카세트
모둠 활동 I	▶ 노래를 개사하여 '우리 반을 빛낸 30명의 친구들' 노래 만들기 • 각 조별로 한 절씩 가사를 만든다(모둠원들의 특징이 잘 드러나도록 가사를 만든다). • 가사에 적절한 춤도 같이 준비한다. • 완성된 노래 가사를 전지에 적는다.	30	
모둠 활동II	▶ 자신들이 만든 학급의 노래를 부르기 • 노래 가사가 적힌 전지를 칠판에 붙인다. • 첫 번째 그룹부터 순서대로 나와서 춤과 노래를 선보인다. • 반주에 맞춰 처음부터 끝까지 다 같이 부른다. ▶ 잘 참여한 그룹을 선정하여 선물을 준다.	15	
정리	▶ 소감 나누기 및 생각 정리하기 • 활동 후 우리 학급에 대한 느낌을 비교한다.	5	

활동지 1	우리 반을 빛낸 30명의 친구들	별칭	
		날짜	월 일

1. 아름다운 이 땅에 금수강산에 단군 할아버지가 터 잡으시고
홍익인간 뜻으로 나라 세우니 대대손손 훌륭한 인물도 많아
고구려세운 동명왕 백제 온조왕 알에서 나온 혁거세
만주벌판 달려라 광개토대왕 신라장군 이사부
백결 선생 떡방아 삼천궁녀 의자왕
황산벌의 계백 맞서 싸운 관창 역사는 흐른다.

2. 말목 자른 김유신 통일 문무왕 원효대사 해골물 혜초 천축국
바다의 왕자 장보고 발해 대조영 귀주대첩 강감찬
서희 거란족 무단정치 정중부 화포 최무선
죽림칠현 김부식 지눌국사 조계종 의천 천태종
대마도 정벌 이종무 일편단심 정몽주 목화씨는 문익점
해동공자 최충 삼국유사 일연 역사는 흐른다.

3. 황금을 보기를 돌같이 하라 최영 장군의 말씀 받들자
황희 정승 맹사성 과학 장영실 신숙주와 한명회 역사는 안다
십만양병 이율곡 주리 이퇴계 신사임당 오죽헌
잘 싸운다 곽제우 조헌 김시민 나라 구한 이순신
태정태세문단세 사육신과 생육신
몸 바쳐서 논개 행주치마 권율 역사는 흐른다.

4. 번쩍 번쩍 홍길동 의적 임꺽정 대쪽 같은 심학사 어사 박문수
삼년 공부 한석봉 단원 풍속도 방랑시인 김삿갓 지도 김정호
영조대왕 신문고 정조 규장각 목민심서 정약용
녹두장군 전봉준 순교 김대건 서화 가무 황진이
못 살겠다 홍경래 삼일천하 김옥균
안중근은 애국 이완용은 매국 역사는 흐른다.

5. 별헤는 밤 윤동주 종두 지석영 삼십삼인 손병희
만세 만세 유관순 도산 안창호 어린이날 방정환
이수일과 심순애 장군의 아들 김두한
날자꾸나 이상 황소 그림 중섭 역사는 흐른다

우리 반 친구들의 이름과 칭찬하기로 가사 바꾸어 보기

(2) 제2회기: 폭력의 진실을 아시나요?

<table>
<tr><th>프로그램명</th><td>폭력의 진실을 아시나요?</td><td colspan="2">2회기</td></tr>
<tr><th rowspan="2">활동 목표</th><td rowspan="2">• 폭력에 대한 개념과 범위를 정립하는 시간을 갖는다.
• 우리 주변에 난무하는 폭력적인 말과 행동을 점검한다.
• 폭력의 진실을 인식함으로써 폭력 예방의 기초로 삼는다.</td><th>시간</th><th>장소</th></tr>
<tr><td>60분</td><td>상담실</td></tr>
<tr><th>지도 단계</th><th>활동</th><th>시간 (분)</th><th>준비물</th></tr>
<tr><th>도입</th><td>▶ 들어가기
“이번 시간부터는 본격적으로 본 프로그램의 주제인 ‘폭력’에 대해 생각해 보려고 합니다. 먼저 우리가 ‘폭력’에 대해 제대로 이해하고 있는지 우리가 가진 생각을 점검해 보려고 합니다. 무엇이 폭력이며, 어디까지가 폭력인지, 또 폭력이라고 하면 어떤 종류의 폭력이 있는지 다함께 알아보겠습니다.”
▶ 조별 구호를 힘차게 외치게 한다.
▶ 포스트(post)를 소개하고, 점수 기준을 설명한다.</td><td>10</td><td rowspan="4">빨간색 펜, 폭력단어 카드, 활동 자료지, 청테이프, 노끈,전지, 매직, 호루라기, 주스</td></tr>
<tr><th>모둠 활동 I</th><td>▶ 폭력의 종류(신체적 · 언어적 · 관계적 폭력)에 대해 간략히 설명한다.
▶ 구분하기 어려운 폭력의 종류가 담긴 폭력단어카드를 제시하고 정답을 맞히도록 한다.
※ 정답을 맞힌 개수를 노력성 점수에 반영한다(〈활동지 2-1〉 참조).</td><td>20</td></tr>
<tr><th>모둠 활동II</th><td>전체 추적게임 준비: 점수판 부착/○×존 만들기
▶ 들어가기
“우리가 폭력에 대해서 가지고 있는 생각들을 점검해 보면서 폭력에 대한 오해는 없는지, 또 서로 간의 ‘차이’를 어떻게 받아들여야 할 지 생각해 봅시다.”
▶ 폭력에 대해 학생들 스스로 정의해 보도록 하기
▶ 포스트(post) 진행 규칙 설명
- 총 15문제이며, 마지막 남은 인원으로 점수 산정
- 추적게임의 전체 규칙인 협동성, 노력성, 창의성, 규칙성 확인하기
▶ 진실 혹은 거짓, 폭력의 종류 등을 혼합하여 15문제(〈활동지 2-2〉 참조)
- 퀴즈를 내고 약 30~60초의 생각할 시간을 주기
- 호루라기를 불어 생각할 시간이 끝났음을 알리기
- 두 명의 인력이 ○×퀴즈 줄 잡기
▶ 모든 모둠에게는 한 번의 패자부활 퀴즈가 주어짐: 10문제 진행</td><td>25</td></tr>
<tr><th>정리</th><td>▶ 모둠 스스로 규칙성, 창의성, 노력성, 협동성 등에 대해 평가하기
▶ 모둠과 진행자 상호 합의하에 점수 산정하기
▶ 주스 마시고 마무리 인사
▶ 마치기 전 모둠노래, 모둠구호 등을 외치고 가도록 미션 주기</td><td>5</td></tr>
</table>

활동지 2-1	폭력단어카드 분류	별칭	
		날짜	월 일

◆ 신체폭력: 뺨 때리기, 주먹으로 때리기, 발로 차기, 멱살 잡기, 꼬집기, 밀치기, 발 걸기, 머리 때리기, 깨물기, 칼로 위협하기, 몽둥이로 때리기, 옷 더럽히기, 머리카락 잡아당기기, 침 뱉기, 반찬 빼앗아 먹기, 훔치기, 빈 방에 가두기, 심부름 시키기, 숙제 시키기, 후배 군기 잡기

◆ 언어폭력: 이름 놀리기, 외모 놀리기, 모함하기, 비난하기, 욕하기, 비꼬는 말하기, 야한 농담하기, 돈 빼앗기, 물건 빼앗기, 장난 전화하기, 협박 메일 보내기, 위협하는 쪽지 보내기, 거짓 고발하기, 나쁜 소문 퍼뜨리기, 뒤에서 험담하기, 싫어하는 별명 부르기, 협박하기, 고함치기, 부모님 흉보기, 가정형편 놀리기, 커닝 강요하기

◆ 관계적 폭력: 째려보기, 말 안 걸기, 대답 안 하기, 따돌리기, 비웃기, 이간질하기, 눈 안 마주치기, 찡그리기, 모른 체하기, 주변 친구 도움 막기, 코웃음 치기, 낄낄대며 기피하기

◆ 비폭력: 짝하기, 숙제 같이하기, 말 걸기, 어깨 두드리기, 준비물 빌려 주기, 집에 함께 가기

활동지 2-2	진실 혹은 거짓 질문지

1. 사소한 행동이나 장난으로 친구를 놀리거나 괴롭히는 것까지 폭력이라고 보는 것은 지나친 생각이다 ×
2. 영화에서처럼 정의로운 폭력은 용감하거나 영웅적이다 ×
3. 주위를 보면 진짜 맞을 만한 짓을 하는 친구들이 있다 ×
4. 재미로 괴롭히거나 때리는 행위는 정말 비열한 것이다 ○
5. 내 생각이 옳다면 나와 생각이 다른 친구들은 때려서라도 설득해야 한다 ×
6. 자주 맞는다면 분명 맞는 친구에게 문제가 있거나 무능할 것이다 ×
7. 친구들이 괴롭힐 때 조금만 참으면 언젠가 사이가 좋아질 것이다 ×
8. 때리거나 괴롭힐 때 '싫어'라고 얘기하는 것은 참을성이 없는 것이다 ×
9. 여자를 때리는 것은 비겁하지만 남자들끼리는 괜찮다 ×
10. 때론 말보다 주먹이 훨씬 효과적이다 ×
11. 친구들과 친해지려면 하기 싫어도 다른 사람을 괴롭혀야 한다 ×
12. 힘이 세다는 것을 꼭 남에게 알릴 필요는 없다 ○
13. 화날 때 폭력을 쓰면 더 화가 난다 ○
14. 폭력에는 폭력으로 맞설 수밖에 없다 ×
15. 많은 사람이 편하기 위해 소수의 사람이 희생되는 것은 어쩔 수 없다 ×
16. 부모님이나 어른이 아셨다는 것을 때린 친구가 알면 더 괴롭힘을 당하게 될 것이다 ×

(3) 제3회기: 우리들의 일그러진 영웅들

프로그램명	우리들의 일그러진 영웅들	3회기	
활동 목표	• 학교폭력의 실태를 알아본다. • 폭력으로 인한 피해를 예측함으로써 문제의 심각성을 깨닫는다.	시간 60분	장소 상담실
지도 단계	활동	시간(분)	준비물
도입	▶ 들어가기 "지난 시간에는 폭력의 개념과 유형에 대해 알아보고, 폭력에 대해 우리가 가지고 있는 잘못된 생각이 무엇인지를 알아보는 시간을 가졌습니다. 이번 시간에는 실제 우리 주변의 폭력문제가 어느 수준에 이르고 있는지 알아보고, 폭력으로 인해 발생하는 피해가 얼마나 심각한지 생각해 보는 시간을 가지려고 합니다."	10	비디오(제3교실, 학교폭력을 말한다), 피해예측판, 포스트잇, 스티커판, 스티커
모둠 활동 I	▶ 비디오를 시청한다. ◈ 비디오 자료: '제3교실, 학교폭력을 말한다'(출처: LG복지재단) ▶ 비디오를 보고 난 느낌을 학생들에게 간단히 질문한다. "비디오를 보면서 여러분은 어떤 생각을 했나요? 비디오에 나온 저런 일이 특수한 상황 또는 '나와는 전혀 상관없는 일'이라고 생각되나요? 그러나 이 비디오 속 이야기는 여러분 주변에서 일어나는 일을 영상으로 옮겨 놓은 것입니다. 그렇기에 여러분도 언제든지 이러한 폭력의 희생자가 될 수 있다는 것을 암시하고 있습니다." ▶ 학교폭력의 실태를 소개하며, 학교폭력 문제의 심각성을 강조한다.	20	
모둠 활동II	▶ '피해예측판'을 칠판에 걸어 놓은 후, 학교폭력의 피해가 발생하는 네 가지영역(때린 친구, 맞은 친구, 가족, 학교)을 모둠별로 할당한다. ▶ 할당된 영역에서 발생할 수 있는 '폭력의 피해'를 모둠별로 함께 의논하여 예측하게 한다(〈활동지 3〉 참조). ▶ 교재에 작성한 '폭력의 피해'를 포스트잇 한 장에 하나씩 옮겨 적는다. ▶ 모둠별로 '폭력의 피해' 작성이 끝나면 모둠의 대표가 나와서 자신들이 예측한 폭력의 피해를 한 가지씩 이야기한다. ▶ 각 모둠이 제시하는 피해(포스트잇에 작성한)를 '피해 예측판'에 붙이면서 설명한다. ▶ 모둠별로 돌아가면서 얘기할 때, 대답이 막힌 모둠은 탈락하며, 끝까지 남는 모둠에게 스티커를 붙여 준다. ※ 폭력의 피해를 가능한 한 자세히, 많이 생각해 보도록 지도한다.	10	
모둠 활동III	▶ 모둠별 발표 내용을 정리하면서 비디오를 소개한다. "여러분이 너무 열심히 생각해 주었네요. 오늘 여러분의 이야기를 들어 보니까 학교폭력 문제는 단순히 한 명이 때리고 한 명이 맞는 문제가 아니라, 한 사람의 가족과 그 친구들, 선생님, 학급과 학교, 더 나아가 우리 사회 전체가 관련되어 있는 아주 중요하고 심각한 문제라는 것을 분명히 알 것 같습니다. 그렇다면 실제로 폭력을 당했던 친구, 또 폭력을 가했던 친구들은 그 사건이 지난 후에 어떤 생각, 어떤 고백을 할까요? 그 친구들의 이야기를 들어 보도록 하죠." ▶ 학교폭력 가해자에 대한 인터뷰 비디오를 본다. ◈ 비디오 자료: '제3교실, 학교폭력을 말한다'(출처: LG복지재단) ▶ 비디오 속의 인터뷰 내용과 학생들이 발표한 내용을 정리하면서 폭력의 심각성을 다시 한 번 강조하며 마무리한다.	15	
정리	▶ 이번 시간을 통해 느낀 점을 적게 한 후, 몇몇 학생의 소감 듣기 ▶ 다음 시간을 소개하며 이 시간 정리하기	5	

활동지 3	폭력 피해 예측하기	별칭	
		날짜	월 일

학교폭력 피해에 대해 우리 모둠이 예측한 결과들

맞은 친구	때린 친구

가족	학교

(4) 제4회기: 폭력 트라이앵글

<table>
<tr><td>프로그램명</td><td>폭력 트라이앵글</td><td colspan="2">4회기</td></tr>
<tr><td rowspan="2">활동 목표</td><td rowspan="2">• 집단따돌림에 대한 역할극을 통해 어려움에 처한 친구들의 입장을 현실감 있게 느껴 보고, 배려행동에 대한 동기를 형성한다.</td><td>시간</td><td>장소</td></tr>
<tr><td>60분</td><td>상담실</td></tr>
<tr><td>지도 단계</td><td>활동</td><td>시간(분)</td><td>준비물</td></tr>
<tr><td>도입</td><td>▶ 들어가기
– '학교폭력 역할극' 프로그램의 뜻과 활동 목적 등에 대하여 간단히 설명한다.</td><td>10</td><td rowspan="4">캠코더, A4 용지 30장, 펜</td></tr>
<tr><td>모둠 활동 I</td><td>▶ 역할극을 구성한다.
– 조원들에게 학교현장에서 일어나는 사건이나 자신들이 경험한 학교폭력 피해 경험을 바탕으로 시나리오를 구성하게 한다.
– 학교폭력을 당하는 역할(피해자), 적극적으로 학교폭력을 행사하는 역할(가해자), 무관심한 역할(방관자) 등을 반드시 포함하여 역할을 분담하고 세밀하게 마무리 지을 수 있도록 시간적 여유를 준다.
▶ 역할극을 연습하고, 실제 역할극 장면을 촬영한다.
– 무대로 나가서 역할극을 펼치게 한다. 각 역할의 생각, 감정을 표현할 수 있도록 격려한다.</td><td>20</td></tr>
<tr><td>모둠 활동 II</td><td>▶ 역할극에서의 주인공의 느낌을 이야기 나눈다.
"역할극을 보고 난 소감은 어떤가요? 여러분이 보았듯이 여기서는 세 가지 입장이 나타납니다. 폭력의 피해를 당한 피해자, 폭력을 행사한 가해자, 폭력이 일어나는 것을 묵인하고 개입하지 않은 방관자의 입장으로 나눠집니다. 여러분이 맡았던 역할에 대해 느낌을 이야기해 봅시다."
– 역할극을 마친 후 학교폭력을 당하는 입장, 적극적으로 학교폭력을 행사하는 입장, 무관심한 입장에 서서 각자 느낀 점을 이야기한다.
내가 만약 ○○(피해자)였다면 이렇게 했을 텐데…….
내가 만약 ○○(가해자)였다면 이렇게 했을 텐데…….
내가 만약 ○○(방관자)였다면 이렇게 했을 텐데…….</td><td>25</td></tr>
<tr><td>정리</td><td>▶ 좋은 글을 배부하고(〈활동지 4〉 참조), 마무리 및 인사
▶ 이번 시간을 통해 느낀 점을 적게 한 후, 몇몇 학생의 소감을 듣는다.
"이번 시간에는 실제 우리 주변에서 폭력이 일어났을 때, 피해학생, 가해학생, 그것을 지켜보는 방관학생 등 관련된 많은 사람이 어떤 고통을 겪게 되는지, 어떻게 행동하는 것이 학교폭력 예방을 위해 바람직한 행동인지도 살펴봤습니다. 학교폭력은 피해학생이나 가해학생이나 방관학생, 그리고 그 가족 모두가 고통을 겪는 문제라는 것을 여러분이 분명하게 깨닫게 되었으면 좋겠습니다."</td><td>5</td></tr>
</table>

활동지 4	깨달음을 위한 읽기	별칭	
		날짜	월 일

굴참나무의 교훈

나무를 잘 다루는 목수는 나무의 특성을 한눈에 알아볼 수 있기 때문에 어떤 나무는 어디에 쓰면 알맞은가를 금방 알 수 있다고 합니다. 그런데 나무 중에 배를 만들면 가라앉아 버리고, 연장을 만들면 쉽게 부러지고, 기둥으로 쓰면 벌레가 먹어 버려서 별로 쓰일 데가 없는 굴참나무라는 것이 있다고 합니다.

하루는 장자가 유명한 목수를 데리고 나무를 구하러 다니는데, 아름드리 굴참나무 옆을 지나게 되자 목수가 말했습니다.

"이 나무는 아무데도 쓰일 데가 없는 나무입니다"라고 하자, 장자는 목수를 크게 꾸짖으며 "아무리 쓸모없는 나무라고 하더라도 소를 매어 쉬게 하는 데에는 쓸 수 있는데 어찌 소용이 없다 하느냐?"고 말했습니다.

쓸모가 없는 굴참나무이지만 소를 맬 때도 쓸 수 있고, 땔감으로 쓰면 방을 따뜻하게 할 수도 있을 것입니다. 장자의 말대로 사람도 개개인의 능력과 소질에 따른 직분이 있을 것입니다. 자신이 좋아하는 일을 찾고 소질을 꾸준히 계발한다면 누구나 자신의 꿈을 실현할 수 있을 것입니다.

나무가 자라 여러 가지 재목으로 쓰여서 우리를 편리하게 해 주는 것처럼, 우리도 자신의 꿈을 실현하다면 사람들을 편하게 살도록 도와줄 수 있을 것입니다.

출처: 서울특별시 교육연구원. 더불어 사는 생활의 지혜.

(5) 제5회기: Win-Win 해결 전략

<table>
<tr><td>프로그램명</td><td>Win-Win 해결 전략</td><td colspan="2">5회기</td></tr>
<tr><td rowspan="2">활동 목표</td><td rowspan="2">• 학교생활에서 겪을 수 있는 갈등 상황을 생각해 보고, 이에 따른 합리적인 해결방안을 찾아본다.
• 실제 폭력이 발생했을 때의 대처 요령을 익힌다.</td><td>시간</td><td>장소</td></tr>
<tr><td>60분</td><td>상담실</td></tr>
<tr><td>지도 단계</td><td>활동</td><td>시간 (분)</td><td>준비물</td></tr>
<tr><td>도입</td><td>▶ 들어가기
“오늘은 폭력이 발생했을 때 처하게 되는 세 가지 입장에서 폭력문제를 어떻게 대처하는 것이 바람직한지 친구들과 함께 토의하면서 해답을 찾아보려고 합니다.”
- 점수 기준을 소개한다.
- 조별 구호를 힘차게 외치게 한다.</td><td>10</td><td rowspan="4">사례, 스케치북, 매직, 점수판, 사례 나눔 나무</td></tr>
<tr><td>모둠 활동 I</td><td>▶ 모둠을 구성한다.
- 피해자, 가해자, 방관자의 입장이 되도록 3개의 모둠으로 나눈다.
- 모둠별로 스케치북, 매직을 나누어 준다.
▶ 활동 후 발표가 끝나면 평가한다.
“학교폭력 사례를 읽고 여러분이 이런 상황에 처하게 되었다면 어떻게 문제상황을 해결할 수 있을지 세 가지 입장에서 생각해 보는 연습을 하겠습니다.”
- 사례를 나누어 주고 한 사람이 읽어 사례를 이해한다(〈활동지 5-1〉 참조).
- 모둠별로 각자 맡은 입장에서 해결책을 생각해 보고, 가능한 한 많은 해결책을 생각해서 적게 한다.
- 서바이벌 게임 형식으로 한 모둠씩 해결책을 발표한다.
- 가장 많은 해결책을 제시한 모둠에게 상품을 수여한다.
- 각 입장별로 해결책을 사례 나눔 나무에 기록하여 부착한다.
- 제시된 해결책을 다함께 평가한다.
- 점수판에 점수를 기록한다.
- 성실히 임해 준 조원들에게 지지와 칭찬의 말을 해 준다.</td><td>25</td></tr>
<tr><td>모둠 활동II</td><td>▶ ‘학교폭력에 대한 입장별 Tip’을 프리젠테이션으로 공개한다(〈활동지 5-2〉 참조).
※ 유의사항: 명료한 해결책을 제시할 수 있도록 해결방안에 대한 예시를 준다.</td><td>20</td></tr>
<tr><td>정리</td><td>▶ 마무리 및 인사
“오늘은 폭력이 발생했을 때 취하게 되는 세 가지 입장에서 해결책들을 살펴보았는데, 앞으로 이러한 일이 발생했을 때 오늘 배운 해결책들을 기억하면서 잘 해결해 보길 바랍니다.”
※ 유의사항: 사례 나눔 나무판은 찍찍이를 사용하여 쉽게 부착할 수 있도록 한다.</td><td>5</td></tr>
</table>

활동지 5-1	학교폭력 사례 분석하기	별칭	
		날짜	월 일

학교폭력 피해에 대해 우리 모둠이 예측한 결과들

[사례] 학교 운동장에서 두 명의 아이들이 놀고 있는데 한 아이가 선배를 노려 봐서 선배가 외진 곳으로 그 아이를 데려가 구타했다. 지나가던 선생님이 맞고 쓰러져 있는 아이를 발견하고 누가 때렸냐고 물어보았다.

◆ 피해자

학교 운동장에서 친구와 놀고 있는데 평소에 싫어하던 동아리 선배가 지나가고 있어 노려 봤다. 그 선배가 자기를 노려 봤다며 따라오라고 하더니 학교 외진 곳으로 데려가 나를 구타했다. 친구는 멀리서 지켜보고 있을 뿐 아무런 행동도 하지 못했다. 지나가던 선생님이 맞고 쓰러져 있는 나를 보고 누가 때렸냐고 물어서 그냥 모르는 아이들이 때리고 도망갔다고 말씀드렸다. 사실대로 얘기했다가 일이 커질까 봐 거짓말을 했다. 선배가 또 괴롭힐까 봐 걱정된다.

◆ 해결책

◆ 가해자

학교 운동장에서 동아리 후배가 놀고 있었다. 평소에 나를 싫어하는 것 같다고 느꼈는데 그날도 어김없이 나를 째려 보는 것이었다. 도저히 참을 수 없어 따라오라고 해서 학교 외진 곳으로 데려가 구타했다. 때리고 나니 뒷일이 걱정돼서 도망쳐 버렸다. 앞으로 어떻게 해야 할까?

◆ 해결책

◆ 방관자

학교 운동장에서 친구와 놀고 있는데 평소에 친구가 싫어하는 동아리 선배가 지나가고 있었다. 친구가 그 선배를 노려 보았는데 그 선배가 알아채고 따라오라고 하더니 그 친구를 학교 외진 곳으로 데려가 구타했다. 나까지 얻어 맞을까 봐 무서워서 멀리서만 쳐다봤다. 지나가던 선생님이 맞고 쓰러져 있는 친구를 보고 누가 때렸냐고 물어보았다. 나는 모른 척하며 가만히 있었는데, 친구가 모르는 사람이 그랬다고 거짓말을 했다. 선생님께 사실대로 얘기하자니 선배의 보복이 두렵고, 모른 척하자니 친구가 또 당할까 봐 걱정되기도 하고 양심에도 찔린다. 어떻게 하는 것이 좋을지…….

◆ 해결책

활동지 5-2	학교폭력에 대한 입장별 Tip	별칭	
		날짜	월 일

◆ 피해자

1. 나 자신을 돌아보기
   - 자신의 말과 행동을 잘 생각해 본다.
2. 당당한 태도로 대한다.
   - 기죽지 않는다.
   - 똑바로 서서 고개를 들고 어깨를 편다.
   - 상대방의 눈을 응시한다(노려보지 않기).
   - 친구들의 말이나 행동에 예민하게 반응하지 않는다(태연한 척!).
3. 자기주장 표현하기
   - '그만해'라고 부드럽고 단호하게 말한다.
   - 상대방을 비난하지 않고 내 감정을 표현한다(나-전달법 활용).
4. 그 자리를 피하기
   - 위험한 자리는 가급적 피하고 안전거리를 유지한다.
5. 도움 청하기
   - 부모님, 선생님, 상담선생님께 도움을 요청한다.

◆ 가해자

1. 입장 바꿔 생각하기
   - 피해자의 입장이 되어 처지와 고통을 생각해 본다.
2. 멈춰서 생각하고, 결과를 예측하기
   - Stop!! 자기 행동에 책임을 져야 한다는 것을 기억한다.
3. 화를 다스리기
   - 1부터 10까지 천천히 세거나 심호흡을 한다.
   - 잠시 쉬는 시간을 갖는다(산책, 자전거 타기 등).
   - 즐거운 상상을 하거나 시원한 것을 생각한다.
   - 친구와 대화하기
   - 자신의 감정이나 느낌을 나-전달법으로 친구에게 솔직하게 이야기한다.

◆ 방관자

1. 주변에 대해 관심 갖기
   - '나와 상관없는 일이야!'라고 생각하지 않는다.
2. 폭력에 동참하지 않기
   - 웃지 않아야 할 때를 안다.
   - 먼저 폭력을 사용하지 않는다.
3. 친구 보호해 주기
   - 화해시킬 수 있는 방법을 찾아본다.
   - 다른 친구들과 함께 따돌리는 친구를 보호해 준다.
   - 친구를 위로하고 도움을 청하도록 권한다.
4. 어른께 도움 청하기

(6) 제6회기: 마음 다스리기

프로그램명	마음 다스리기	6회기	
활동 목표	• 나의 신체적 · 감정적 분노의 신호를 찾아본다. • 합리적 사고와 비합리적 사고의 차이를 이해하고 연습한다.	시간 60분	장소 상담실
지도 단계	**활동**	**시간(분)**	**준비물**
도입	▶ 들어가기 "오늘은 학교폭력의 원인이 되는 '분노'에 대하여 그 실체를 파악해서 나 자신의 분노를 다스릴 수 있는 기법을 익히고자 합니다. '분노'란 지극히 정상적이고 자연스런 감정으로, 어떻게 반응하고 표출하느냐에 따라 우리의 삶의 질이 달라집니다. 먼저 오늘은 분노에 대한 올바른 인식을 배우도록 합시다."	10	사례, 스케치북, 매직, 점수판, 사례나눔 나무
모둠 활동 I	▶ 내가 화를 내는 이유와 그 결과를 상상해 본다(〈활동지 6-1〉 참조). - 분노를 이해하는 세 가지 방식 • 위협이라고 느끼는 상황에 대한 반응 • 충족되지 않은 욕구에 대한 반응 • 내 원칙에 위배될 때의 반응 "실제 분노는 매우 복잡한 감정입니다. 분노는 단지 분노라는 하나의 감정말고도 수많은 감정을 껴안고 있는 경우가 대부분이기 때문에 화가 났을 때 그것이 어떤 감정인지, 무엇으로 일어난 것인지 규명하는 작업이 처음에는 어려울 수 있습니다. 그러나 이 작업이 명확히 이루어질 때 자신의 분노는 이미 많은 부분의 관리되었다고 볼 수 있습니다. 화가 날 때마다 이러한 방식으로 분석하고 이해해 보세요. 단순히 '난 화가 났다'라는 생각으로 즉각 반응하기보다는 그 원인을 충분히 탐색하여 '나는 이러이러한 이유로 화가 났다'고 분명히 인식할 때 보다 적절한 반응을 선택하여 취할 수 있을 것입니다."	25	
모둠 활동II	▶ '합리적 · 비합리적 사고 게임'을 한다. "합리적 생각과 비합리적 생각을 여러분이 정확하게 알고 있는지 간단한 게임을 통해서 우리의 생각을 합리적 사고로 바꾸는 연습을 하겠습니다." - 합리적 · 비합리적 사고판(〈활동지 6-2〉 참조)을 모둠별로 나눠 준다. - 모둠별로 한 명이 자료의 여러 가지 문장을 들려준다. - 주어진 문장이 합리적 사고인지 비합리적 사고인지 생각해 보고, 해당되는 '생각판'을 들게 한다. - 먼저 생각판을 든 모둠에게 정답을 맞힐 기회를 준다. - 비합리적 사고일 경우에는 이것을 합리적 사고로 바꾸게 한다.	20	
정리	▶ 마무리 및 인사 "우리 자신을 돌아보면 화를 내는 이유가 '나에게 닥친 상황' 때문이기보다는 주어진 상황에 대한 나의 '비합리적인 생각' 때문일 때가 많습니다. 그렇기 때문에 내 생각을 지혜롭게 지키는 것이 매우 중요하지요."	5	

활동지 6-1	분노를 이해하는 세 가지 방식	별칭	
		날짜	월 일

다음은 분노를 이해하는 세 가지 방식입니다. 사례를 참고하여 내가 자주 분노하는 상황이나 최근에 크게 분노했던 상황을 분석해 봅시다.

★ 최근에 크게 화가 난 상황은 어떤 것이 있나요?(예: 부모님이 날 무시하는 발언을 했다)

---

1. 분노는 스스로 위협이라고 느끼는 상황에 대한 반응이다.
   1) 그 상황은 나에게 어떤 위협을 느끼게 했나요?
   2) 왜 그러한 상황에 위협을 느꼈을까요?
   3) 내가 느낀 위협은 합리적이고 정당한가요?

2. 분노는 충족되지 않은 욕구로 인해 일어나는 부정적인 감정 때문이다.
   1) 분노와 함께 느끼는 감정 또는 분노를 촉발시킨 감정은 무엇이었나요?
   2) 그 감정들은 어떤 욕구가 채워지지 않을 때 일어나나요?
   3) 내가 진정 나 자신을 사랑하고 신뢰했다면 그와 같은 욕구를 느꼈을까요?

3. 분노는 그 상황이 나의 원칙에 위배될 때 일어난다.
   1) 그 상황은 나의 어떤 원칙에 위배되었기 때문에 분노를 불러일으켰나요?
   2) 나의 원칙은 절대적이고 정당한 합리적인 원칙인가요? 이 세상 모든 사람이 꼭 지켜야 하는, 모두에게 적용되어야 하는 원칙인가요?

➡ 분노를 느낀 후 어떤 행동을 취했나요? 그런 행동을 취한 것이 좋았다고 생각하나요?

➡ 좋지 않았다면 그 이유는 무엇인가요?

➡ 앞으로 이러한 상황이 또 닥치면 어떻게 이 상황을 이해하고 행동해야 할까요?

활동지 6-2	합리적 · 비합리적 사고 게임	별칭	
		날짜	월 일

◈ 공부를 잘하는 사람은 훌륭한 사람이고, 공부를 못하는 나는 바보 같은 사람이다.
→ 공부를 잘하는 사람이 꼭 훌륭한 사람은 아니다.

◈ 우리 선생님은 내가 공부를 못하기 때문에 항상 야단을 치신다.
→ 선생님은 내가 공부를 못하기 때문에 항상 야단을 치시는 것은 아니다.

◈ 우리 엄마는 내가 용서를 빌어도 절대로 용서하지 않으실 것이다.
→ 엄마는 내가 솔직하게 용서를 빌면 용서해 주실 것이다.

◈ 우리 가족에게는 항상 좋은 일만 있을 것이다.
→ 우리 가족에게 항상 좋은 일만 있는 것은 아니다.

◈ 얼굴이 예쁜 아이들은 친구가 많고, 얼굴이 예쁘지 않은 아이들은 친구가 적다.
→ 얼굴이 예쁜 아이들이 꼭 친구가 많은 것은 아니다.

◈ 친구를 잘 사귀려면 항상 웃고 다녀야 한다.
→ 친구를 잘 사귀기 위해서 항상 웃고 다녀야 하는 것은 아니다.

◈ 시험 때에는 절대로 머리를 감지 않아야 시험을 잘 볼 수 있다.
→ 시험 때 머리를 감지 않아야 시험을 잘 보는 것은 아니다.

◈ 영희는 항상 웃고 다니는 걸 보니 즐거운 일만 있는 것 같다.
→ 영희가 항상 웃고 다니는 것이 즐거운 일만 있어서 그런 것은 아니다.

◈ 머리가 나쁜 사람은 아무리 노력해도 성적이 나쁘다.
→ 머리가 나쁜 사람도 노력하면 성적이 좋아질 수 있다.

◈ 나는 음악을 들으면서 공부를 해야 공부가 잘된다.
→ 음악을 들으면서 공부를 해야 잘되는 것은 아니다.

◈ 비싼 옷을 입으면 친구들이 나를 좋게 생각할 것이다.
→ 비싼 옷을 입어야 친구들이 나를 좋게 생각하는 것은 아니다.

◈ 화를 내는 사람은 성격이 나쁜 사람이고, 화를 내지 않는 사람은 성격이 좋은 사람이다.
→ 화를 낸다고 성격이 나쁜 사람이 아니고, 화를 내지 않는다고 성격이 좋은 사람은 아니다.

◈ 내가 알고 있는 사람은 반드시 나를 좋아해야 한다.
→ 내가 알고 있는 사람이 다 나를 좋아해야 하는 것은 아니다.

(7) 제7회기: BEST OF THE BEST

프로그램명	BEST OF THE BEST	7회기	
활동 목표	• 소극적 대응, 공격적 대응 및 바람직한 대응에 대해 알아보고 차이점을 구분한다. • 효과적인 자기의사 전달방법 및 대화방법을 배운다. • '마음을 가라앉히기' 기법을 익힌다.	시간	장소
		60분	상담실
지도 단계	활동	시간(분)	준비물
도입	▶ 들어가기 "오늘은 자신의 생각과 느낌을 명확하게 표현하되, 상대방의 기분을 상하지 않게 하는 효과적인 대응방법을 배우고자 합니다."	10	활동자료, 필기구
모둠 활동 I	▶ B-E-S-T 기법을 익힌다(〈활동지 7-1〉 참조). - 불쾌한 상황이 일어났을 때, 나는 어떻게 반응할 것인지 모둠 내에서 2인1조로 역할놀이를 해 본다. - 두 가지 대응방법을 읽어 보고 어떻게 행동하는 것이 바람직한 것인지 각자의 생각을 적어 본다. - 바람직한 대응을 읽어 본다. - B-E-S-T 기법으로 다시 2인1조로 역할놀이를 한다.	25	
모둠 활동II	▶ 바람직한 행동에 대해 토론해 보고 느낌을 적어 본다(〈활동지 7-2〉 참조). ▶ '마음을 가라앉히기' 기법으로 화를 조절하는 법을 배우도록 한다. "화를 내는 것이 좋다고 생각하거나 화를 내고 싶어서 내는 사람은 거의 없을 거라고 생각됩니다. 대부분의 사람이 화를 내지 않는 것이 좋다는 것을 알면서도 자신도 모르게 화를 내게 되는데, 그렇다면 화난 감정을 어떻게 다스릴 수 있을까요? 심호흡하기, 즐거운 상상하기, 노래 부르기, 친구와 이야기하기 등 다양한 방법이 있습니다. 오늘은 '마음을 가라앉히기' 기법을 활용하도록 하겠습니다."	20	
정리	▶ 마무리 및 인사	5	

활동지 7-1	철수과 동규의 바람직한 행동	별칭	
		날짜	월 일

다음과 같은 상황에서 내가 만약 이산이라면 어떻게 대응했을까요?

> 철수는 머리가 작고 얼굴이 앞으로 튀어나온 편이다. 어느 날 동규가 친구들이 있는 앞에서 "야, 똥파리!" 라고 철수를 놀렸다. 그러자 옆에 있던 다른 친구들이 막 웃었다.

앞의 이야기를 듣고 두 명씩 짝을 지어 각각 '철수'와 '동규'가 되어 서로 어떻게 반응할 것인지 역할극을 통해 생각해 봅시다.

▶ 내가 만약 이산이라면, 나는 (   ).

소극적인 대응

▶ 앞과 같은 상황일 때:
- 꾹 참는다.
- 웃어넘기는 척한다 등

▶ 결과:
- 당장의 싸움을 피할 수 있다.
- 상대방이 나의 기분을 모른다.
- 계속 놀린다.
- 다른 친구들도 덩달아 놀린다.

공격적이거나 자극적인 대응

▶ 앞과 같은 상황일 때:
- 한 대 패 준다.
- 나도 그 애를 놀린다 등

▶ 결과:
- 싸우게 된다.
- 당장은 마음이 후련하다.
- 관계가 더 악화된다.
- 후회한다.

어떻게 하는 것이 바람직한 행동일지 우리 모두 생각해 봅시다.

활동지 7-2	☆ B-E-S-T 기법	별칭	
		날짜	월 일

☆ 자신의 생각과 느낌을 명확하게 표현하되, 상대방의 기분을 상하지 않게 하는 것이 중요합니다. 즉, 상대방을 이해하고 존중하는 자세로 말하는 것입니다. B-E-S-T 기법을 활용하면 보다 쉽게 바람직한 행동을 할 수 있게 될 것입니다.

★ B-BODY: 기죽지 않으면서도 거만하지 않은 당당한 자세
★ E-EYE: 부드러운 눈길과 표정
★ S-SPEECH: 나의 의견을 분명히 전달하되, 좋은 말을 사용하고 자극적인 말은 피함
★ T-TONE: 침착한 어조

★ B-E-S-T 기법을 이용하여 다시 2명씩 짝을 지어 각각 철수와 동규가 되어 역할놀이를 해 본 후, 철수가 취해야 할 바람직한 행동에 대해 토론해 봅시다.

1. 철수가 취해야 할 바람직한 행동은 어떠한 것이라고 생각합니까?
2. B-E-S-T 기법을 이용한 역할놀이에서 철수의 역할을 해 본 느낌은 어떠했나요?

★ 이번 프로그램을 통해서 배우고 느낀 점은…….

(8) 제8회기: 마니또 소개

<table>
<tr><th>프로그램명</th><th>마니또 소개</th><th colspan="2">8회기</th></tr>
<tr><td rowspan="2">활동 목표</td><td rowspan="2">• 먼저 자신을 소개하고, 반 친구들 앞에서 서로 짝을 소개함으로써 자신과 친구를 이해하고 친근감을 갖는다.</td><td>시간</td><td>장소</td></tr>
<tr><td>60분</td><td>상담실</td></tr>
<tr><td>지도 단계</td><td>활동</td><td>시간 (분)</td><td>준비물</td></tr>
<tr><td>도입</td><td>▶ 들어가기
"올바른 자기성장을 위해서는 자기 자신을 잘 아는 것이 가장 중요합니다. 이번 시간부터는 자기 자신의 참모습을 되돌아보고, 알고 있는 그대로의 나를 개방하며 자기 자신을 올바로 이해할 수 있는 능력과 앞으로 살아갈 방향을 뚜렷이 하며, 타인을 이해하고 수용하는 마음을 키우는 시간이 되었으며 좋겠습니다."</td><td>10</td><td rowspan="4">학생용 활동자료, 필기구</td></tr>
<tr><td>모둠 활동 I</td><td>▶ 나를 소개한다.
- 〈활동지 8-1〉에 제시된 질문을 토대로 한 사람당 자기소개를 약 5분간 한다(활동자료에 제시되지 않은 내용을 소개해도 좋다).
- 짝이 소개를 할 때 가장 인상 깊었거나 이 친구를 가장 잘 표현해 준다고 생각되는 내용을 〈활동지 8-2〉에 적어 본다.
- 둘 다 소개가 끝난 후 적은 내용을 토대로 반 친구들에게 짝을 어떻게 소개할 것인지 〈활동지 8-2〉에 정리해 본다.
※ 유의사항: 짝이 자신을 너무 간략하게 소개하고 끝내면, 추가 질문을 던짐으로써 한 사람당 5분을 채울 수 있도록 한다.</td><td>25</td></tr>
<tr><td>모둠 활동II</td><td>▶ 나의 짝을 소개한다.
- 한 명씩 일어나 1인당 1분 이내로 짝을 반 친구들에게 소개한다. 소개받는 짝도 함께 일어나 인사한다.
- 소개가 끝날 때마다 박수를 칠 수 있도록 한다(박수를 대체하는 모션을 취해도 좋다. 예를 들어, 주먹으로 책상을 가볍게 두드리기).</td><td>20</td></tr>
<tr><td>정리</td><td>▶ 오늘 활동에 대한 소감 발표하기
"오늘 활동을 정리해 보세요. 친구와 선생님, 부모님이 항상 여러분과 함께 하며 여러분의 성장을 돕겠지만, 여러분이 갖고 있는 진정한 모습은 그 누구도 아닌 자기 자신만이 발견할 수 있다는 것을 항상 기억하면서 앞으로의 교육시간에 임하길 바랍니다."
▶ 마무리 및 인사</td><td>5</td></tr>
</table>

활동지 8-1	나를 소개합니다!	별칭	
		날짜	월 일

1. 내 이름은
2. 내 특기나 취미는
3. 내 성격은
4. 내가 가장 싫어하는 것은
5. 내가 가장 좋아하는 것은
6. 내가 가장 행복하다고 느낄 때는
7. 내가 가장 끔찍하다고 느낄 때는
8. 내가 사랑하는 것은
9. 내가 가장 두려워하는 것은
10. 현재 가장 즐겁게 하고 있는 활동이 있다면
11. 올해에 꼭 이루고 싶은 것이 있다면
12. 나의 장래 희망은
13. 다른 사람에게 나를 멋있게 소개하는 하나의 문장이 있다면

〈예시〉
- 이 시대의 마지막 휴머니스트, 가슴이 뜨거워 정이 넘치는 여자
- 안녕하십니까? 꿈과 성공을 전하는 여자
- 항상 자신감 넘치는 당당한 남자
- 말보다 행동을 최고의 목표로 살아가는 신세대! 그 신세대의 주인공
- 할 수 있다는 신념으로 부단히 노력하는 멋쟁이
- 상큼한 남자, 괜찮은 남자, 매력 있는 남자
- 21세기의 빛나는 주인공

활동지 8-2	내 짝을 소개합니다	별칭	
		날짜	월 일

☆ 짝의 소개를 들으면서 가장 인상 깊은 부분이나 짝을 가장 잘 표현해 준다고 생각되는 내용을 글이나 그림으로 그려서 반 친구들에게 소개할 내용을 정리하세요.

(9) 제9회기: 내 안의 수많은 자아들

<table>
<tr><th>프로그램명</th><td colspan="3">내 안의 수많은 자아들</td><td>9회기</td></tr>
<tr><th rowspan="2">활동 목표</th><td rowspan="2" colspan="2">• 내 안의 다양한 자아와 이야기해 봄으로써 나의 다양한 측면을 이해하고 통제할 수 있다.
• 나와 타인의 부정적인 면에 대해서도 긍정적으로 이해하고 포용할 수 있는 힘을 키운다.</td><th>시간</th><th>장소</th></tr>
<tr><td>60분</td><td>상담실</td></tr>
<tr><th>지도 단계</th><th colspan="2">활동</th><th>시간(분)</th><th>준비물</th></tr>
<tr><th>도입</th><td colspan="2">▶ 들어가기
“우리는 일반적으로 ‘나는 이런 사람이야’라고 쉽게 규정을 내리고 자신을 계속해서 그러한 방향으로 만들어 나가게 됩니다. 그러나 한 개인이 어떤 한 가지로 쉽게 규정될 수 있는 것일까요? 오늘은 여러분을 이루고 있는 다양한 자아를 알아보고 그러한 자아들과 함께 평화롭게 공존하는 방법을 알아보도록 하겠습니다.”</td><td>10</td><td rowspan="4">좋은 글 읽기 자료, 학생용 활동자료, 필기구</td></tr>
<tr><th>모둠 활동 I</th><td colspan="2">▶ 내 안의 수많은 자아를 찾아본다(〈활동지 9-1〉 참조).
- 즐거워하는 자아, 슬퍼하는 자아, 좌절하는 자아, 뿌듯해 하는 자아 등 자신 안에 있는 수많은 자아를 적어 본다.</td><td>25</td></tr>
<tr><th>모둠 활동II</th><td colspan="2">▶ 돌출하는 자아를 인터뷰해 본다(〈활동지 9-2〉 참조).
- 돌출하는 자아개념을 이해한다.
- 자신에게 가장 잘 돌출하는 자아 하나를 찾아 그 모습을 이모티콘으로 그려 본다.
- 제시된 질문지에 따라 돌출하는 자아에게 인터뷰한다.</td><td>20</td></tr>
<tr><th>정리</th><td colspan="2">▶ 오늘 활동에 대한 소감 발표하기
“오늘은 여러분 안에 있는 다양한 자아를 찾아보고 그 자아와 대화하는 활동을 해 보았습니다. 오늘 활동을 통해 여러분이 꼭 알아 둬야 할 것은 특정 순간에 자신을 지배하는 어떤 감정, 즉 하나의 자아에 자신을 완전히 내맡기지 말고 그것을 통제할 수 있는 주인이 되라는 것입니다. 그것을 통제하기 위해서는 그러한 감정, 즉 그러한 자아를 부정하고 외면하는 것이 아니라 오히려 자신의 한 부분으로, 자신이 경험해야 하는 하나의 자아로 인정하고 수용하는 것이 필요합니다. 친구의 모습 중 맘에 들지 않는 모습이 있다면 그것 또한 그 친구가 갖고 있는 다양한 자아 중 하나가 돌출되었을 뿐이라는 것을 기억하세요.”
▶ 마무리 및 인사</td><td>5</td></tr>
</table>

활동지 9-1	내 안의 수많은 자아들	별칭	
		날짜	월 일

좌절하는 자아, 슬퍼하는 자아, 화내는 자아, 자신감 넘치는 자아, 수치스러워 하는 자아, 창피해 하는 자아, 끈기 있는 자아, 수줍어하는 자아, 용감한 자아, 기죽어 있는 자아, 솔직한 자아, 무서워하는 자아, 걱정하는 자아, 대담한 자아, 졸려 하는 자아, 무시하는 자아, 비난하는 자아, 지겨워하는 자아, 근면한 자아, 우울해 하는 자아, 울고 있는 자아, 절망하는 자아, 정의로운 자아, 배고파하는 자아, 반항하는 자아, 폭력적인 자아, 희망찬 자아

활동지 9-2	돌출 자아와의 인터뷰	별칭	
		날짜	월 일

☆ 여러분에게 가장 잘 돌출하는 자아 하나를 택하여 다음과 같이 인터뷰해 보세요. 먼저 여러분이 선택한 자아의 모습을 이모티콘으로 표현해 보고, 그 자아에게 질문에 답할 시간을 충분히 주면서 인터뷰를 해 보세요.

(1) 당신은 몇 살입니까? 언제, 어떤 상황에서 처음 나타났는지 기억이 난다면 말해 주세요.
(2) 당신이 돌출될 때 주인에게 일어나는 신체적 · 정신적 변화는 무엇인가요?
(3) 당신이 주로 돌출되는 상황은 언제인가요?
(4) 가장 심하게 돌출되었던 경험에 대해 이야기해 주세요.
(5) 당신의 주인(나)에게 하고 싶은 말이 있거나 바라는 바가 있으면 말해 주세요.

〈예시〉
-창피해 하는 자아
(1) 초등학교 6학년 때였나……. 공책을 안 가져와서 친구가 공책을 몇 장 찢어 줬어. 근데 그걸 선생님이 보시고 화가 나서 친구를 뒤에 나가 손들고 서 있게 했어. 수업이 끝날 때까지 난 계속 강력하게 돌출되어 있었어. 참 긴 시간이었어.
(2) 좀 더 강해지면 좋겠어. 조금은 뻔뻔해질 필요가 있는 것 같아. 나는 너의 한 부분이기 때문에 나는 종종 나타날 수 있어. 하지만 내가 너무 긴 시간, 그것도 강력하게 돌출되지 않도록 날 좀 잘 통제하고 조정할 수 있으면 좋겠어.

(10) 제10회기: 새롭게 태어난 우리

프로그램명	새롭게 태어난 우리	10회기	
활동목표	• 긍정적인 자기대화를 확대시켜 자신이 원하는 상황을 창조하는 자성예언을 만들어 본다. • 프로그램을 마무리하며 서로 이별의 감정을 나눈다.	시간 60분	장소 상담실
지도단계	**활동**	**시간(분)**	**준비물**
도입	▶ 들어가기 "오늘은 자신이 원하는 상황을 만드는 자기대화, 즉 자성예언에 대한 활동을 하겠습니다. '예언의 궁극적 기능은 미래를 말하는 것이 아니라, 미래를 만들어 가는 것이다'라는 말이 있습니다. 오늘 이 시간에는 이러한 예언의 새로운 의미를 명확히 이해하고, 스스로 우리 인생의 예언자가 되어 보는 시간입니다."	10	
모둠활동 I	▶ 자기암시를 해 본다(〈활동지 10-1〉 참조). - 에밀 쿠에의 자기암시법(나는 날마다 모든 면에서 점점 더 좋아지고 있다)을 연습해 본다. - 자신이 가장 원하는 상황에 대한 문장을 만들어 2분간 자기암시를 해 본다("나는 날마다 모든 면에서 점점 더 좋아지고 있다") - 자신의 문구로 2분간 자기암시를 한다.	25	
모둠활동II	▶ 새로운 이름을 만들어 본다(〈활동지 10-2〉 참조). - 자신의 재능과 소망을 담고 있는 이름을 만들어 본다(동물, 신화의 주인공, 색깔 등 다양한 명사와 형용사를 넣어 짓는다). -돌아가면서 자신의 새로운 이름과 그와 같은 이름을 지은 이유를 발표한다. ※ 상대방의 자성예언을 격려해 줄 때 장난치지 말고 진지하게 임하도록 한다. 경험을 통해 생각이 현실을 이끌어 내는 과정을 이해할 수 있도록 한다.	20	학생용 활동자료, 필기구
정리	▶ 소감문 작성 및 발표하기 - 본 활동을 통해서 느낀 것들에 대한 소감문을 작성하고 발표한다. ▶ 마무리 인사하기 "지금까지 우리는 10회에 걸쳐 학교폭력 예방 프로그램에 참여하였습니다. 이 프로그램을 통하여 우리는 어떤 행위가 학교폭력이며, 그 피해가 얼마만큼 심각한지 알아보고, 학교폭력을 예방하기 위해 우리가 어떠한 노력을 할 수 있는지 다함께 생각해 보는 시간을 가졌습니다. 또한 학교폭력을 예방하기 위하여 분노를 조절하는 방법과 나를 참되게 사랑하는 방법을 배웠습니다. 봉사활동을 통하여 우리 생활에서 서로 돕고 이해하는 마음이 얼마나 소중한 것인가도 깨달았습니다. 학교폭력은 인간의 존엄성과 가치를 파괴하고 생명의 소중함을 무시하는 반인륜적 행위라는 사실을 주지하여 학교폭력 예방에 다함께 노력하고, 교우들과 보다 즐겁고 활기찬 학교생활을 하시기 바랍니다." ▶ 조별 구호를 힘차게 외치며 모든 프로그램을 마무리한다.	5	

활동지 10-1	나는 날마다 모든 면에서 점점 좋아지고 있다	별칭	
		날짜	월 일

♥ 에밀 쿠에의 자기암시법 원칙

1. 상상과 의지가 충돌하면 반드시 상상이 승리한다.
2. 자신과 주변을 다스리는 힘의 원천은 자기 내부에 있다.
3. 날마다 자신이 좋아지고, 발전하고 있음을 소리 내어 되뇌라.
4. 자기암시 문구를 하루에 20번 이상 큰 소리로 외치라.

1. 에밀 쿠에의 자기암시 멘트
   - "나는 날마다 모든 면에서 점점 더 좋아지고 있다."

2. 내가 원하는 상황에 대한 자기암시 멘트를 간략하고 명확하게 적어 보세요.

활동지 10-2	나의 새로운 이름을 소개합니다	별칭	
		날짜	월 일

☆ 다양한 형용사와 명사를 사용하여 자신이 원하는 이름을 만들어 보세요. 한 분야를 관장하고 있는 신화의 신들을 사용해도 좋고, 동물이나 식물의 이름을 활용해도 좋습니다. 자신의 재능을 키워 나가는 의미를 담고 있거나 자신이 원하는 것을 담고 있는 이름을 멋지게 만들어 보세요.
예: 당당한 검은 백조, 늑대와 함께 춤을, 높은 곳을 향해 뛰는 자, 놀라지 않는 붉은 사자, 자유로운 바람

활동지 10-3	학교폭력 예방 프로그램 참여 소감문	별칭	
		날짜	월 일

☆ 학교폭력 예방 프로그램을 마치며……

3. 또래상담 프로그램

1) 또래상담 프로그램의 이해

(1) 또래상담의 개념

또래상담(peer counseling)이 공식적으로 사용되기 시작한 것은 1969년 Vriend가 낮은 학업 성취 수준의 학생들과 또래들과의 상담결과를 발표하면서부터이다(Vanrenhorst, 1980). 그러나 현재까지 또래상담은 그 정의나 용어 면에서 아직 종합적이고 통일된 입장을 갖고 있지 못하다. 그 단적인 예로 또래상담자에 관한 용어만 해도 또래조력자(peer helper), 또래대사(peer ambassadors), 또래촉진자(peer facilitator), 비전문조력자(lay helper), 준전문가(paraprofessional), 또래조수(peer assistant), 또래후견자(peer tutor), 또래조정자(peer mediator) 등 30가지의 용어들이 사용되고 있다(Carr, 1993).

또래상담에서는 충고보다는 공감과 존중감을 지닌 채 또래들에게 경청하는 역할을 매우 중요시한다. 또한 또래상담은 다른 사람의 문제를 해결하는 것이 아니라, 다른 사람으로 하여금 문제 상황과 자신에 대한 각성을 촉진시켜서 자기 자신의 해결책을 찾도록 인도한다.

또한 또래라는 용어에서 상담자의 역할과 내담자의 역할이 비교적 명확하게 구분되는 전문가 상담보다는 상담자와 내담자의 관계가 덜 명확하고 상호적이며 비교적 동등하다는 특성이 시사된다(이상희, 노성덕, 이지은, 2000).

이와 같이 또래상담이란 비슷한 연령과 유사한 생활 경험 및 가치관 등을 지닌 동료가 일정한 훈련을 받은 후에 자신의 경험을 바탕으로 주변에 있는 다른 또래들이 정상적인 발달 과정에서 일어날 수 있는 문제를 주로 다루어 이들이 성장 및 발달할 수 있도록 생활의 제반영역에서 지지적인 도움을 제공하는 행위를 말하며, 또래상담자는 또래상담을 수행할 수 있는 책임 있는 동료로 정의될 수 있다. 따라서 또래상담은 어떤 장소(예: 학교, 종교기관, 직장 혹은 지역사회)이든 같은 일을 하는 동료에 의해서 수행되는 조력활동으로 정의될 수 있다. 따라서 생활현장에서 즉각적인 접촉이 가능하다는 장점이 있다.

(2) 학교폭력 예방을 위한 또래상담 운영의 필요성

대구 성폭행 사건, 노숙자 폭행 사건, 밀양 지역 집단성폭행 사건과 중·고등학교의 졸업식 문화 등 많은 청소년문제가 끊임없이 사회문제로 대두되고 있다. 그리고 이러한 문제의 피해자와 가해자가 중학생으로 나타나 문제 대상의 저연령화에 대한 심각성을 보여 주고 있다. 과거와 달리 빨라진 신체적 발육, 정서적 발달로 인해 청소년 전기에 신체·인지·정서·사회·정신적인 측면에서의 급격한 변화를 경험하면서 불안과 스트레스의 증가를 초래하게 되고, 이는 사회나 부모에 대한 반항으로 표출되기도 한다.

이렇게 청소년기는 사회적 접촉의 미숙으로 갈등을 경험하게 되고, 이러한 갈등은 대부분의 시간을 보내며 또래문화를 형성하고 사회를 경험하는 학교에서 따돌림 등의 학교폭력으로 나타나고 있다.

또한 청소년기에 하루의 대부분의 시간을 같은 장소에서 같은 패턴으로 생활을 공유하면서 지내는 친구에 대한 의미는 매우 중요할 수 있는데, 또래이며, 상담자, 역할모델, 또한 문제에 당면했을 때에는 문제해결에 도움을 주는 문제해결자로서 청소년 시기의 친구의 지지에 대한 욕구는 매우 크다. 그러나 청소년기의 친구관계의 중요성에 대한 인식이 높아지는 반면에 여기서 비롯되는 여러 가지 역기능적인 측면에 대해서도 관심과 대처 방안에 대한 사회적 요구가 증대되고 있다. 이에 교육부에서는 2010년부터 '학교폭력 예방 및 대책 2차 5개년계획'의 하나로 중학교를 대상으로 한 또래상담 기능의 강화와 또래상담 운영의 확대 실시를 통해 학교폭력 및 청소년의 건전한 육성을 도모하고 있다. 이는 청소년 초기인 중학생의 특성과 문화를 고려한 정책으로서 청소년 초기에 개인, 또래, 학교 등의 갈등과 부적응 문제 개입을 통해 학교폭력을 예방하고 건강한 성장을 도모하기 위한 대책이라고 할 수 있다.

(3) 또래상담자의 활동과 역할

또래상담자의 활동은 간단한 생활 정보 제공에서부터 위기 상황의 개입까지 다양하게 나타나고 있다. 선행연구에 기초하여 또래상담자들의 활동과 역할을 정리하면 다음과 같다(김광은, 1992).

첫째, 또래들의 위기 관리와 전문적 도움을 받을 수 있도록 기회를 제공한다. 이를 위해 대표적으로 제도화된 것이 전화를 이용한 또래상담 활동이다. 일명 'Warm Line' 'Hot Line'이라고 불리는데, 1970년대에 미국 대학에서 풍미했던 동반자프로그램(companion program)의 주요 활동의 하나가 이러한 성격을 띤다. 이 프로그램에서는 약물중독이나 성문제, 고독감, 우울증, 자살 등과 같은 위기 상황에 대해 심리적 자원을 제공해 주고, 문제의 정도에 따라 전문가에게 의뢰하는 역할을 수행한다. 또한 학교에 관한 일반 정보 제공, 탁아 의뢰, 진로 및 학사에 관한 상담, 개인상담, 주장 훈련 및 스트레스 대응 훈련, 건강에 관한 서비스 제공 등을 한다.

둘째, 학업 및 과업 수행의 보조 활동을 한다. 또래상담의 가장 초기부터 일관되게 지속되고 있는 것으로, 또래상담자들은 또래들의 학업 곤란에 도움을 주는 개인교수의 역할을 한다. 또한 공식적인 수업활동의 보조자 역할을 수행하기도 한다. 또래들은 또래들로부터 적절한 보조적인 지도를 받을 때 오히려 학업 성취나 과업수행 능력이 향상되는 것을 볼 수 있다.

셋째, 사회적 관계, 학업, 자기표현 등에서 문제가 있는 또래들을 돕는다. 또한 또래들 중에 약물중독이나 비정상적인 임신 등의 급박한 위기에 처한 학생들을 도우며, 대개의 경우에는 위기가 진행되는 동안에 계속적인 도움을 줄 수 있도록 하기 위하여 또래들을 병원이나 상담소에 데리고 가는 일을 성공적으로 수행한다.

넷째, 자기존중감을 고양시키는 데 조력한다. 또래상담자들은 또래들이 자신감을 얻도록 도와주기 위하여 그들의 장점에 관심을 가지며, 또 부정적인 성격보다는 긍정적인 성격을 강조할 수 있는 능력을 배워 또래들이 자신감을 회복할 수 있도록 조력한다. 청소년들은 청소년 집단 속에서 소속감을 느끼고, 자기존재의 가치를 확인하게 된다. 따라서 또래상담자들이 또래들을 수용하고 존중함으로써 자신의 존재 가치에 대한 자신감을 회복하여 공동체의 삶을 살아갈 수 있는 기회를 제공할 수 있다.

다섯째, 또래상담자의 역할 중 가장 일반적이면서도 중요한 것으로 또래들에 대한 심리적 지원활동이다. 외로움 등의 심리적 고립감을 느끼는 또래들이나 친구들 간의 관계 속에서 갈등을 겪고 있는 친구들을 조력하는 것이다. 이는 또래상담자가 단지 진정한 친구가 되어 줌으로써 가능하다.

이상의 결과로 볼 때, 또래상담자들은 또래들의 대인관계에서 파생되는 사소한 문제에서부터 약물 및 알코올 남용에서 오는 문제, 자살 및 관계 상실의 문제, 건강 및 스트레스 문제, 또래들의 자신감 상실의 문제, 학교나 가정 및 지역사회에서의 적응문제 등의 해결에 조력한다.

2) 또래상담 프로그램의 실제

(1) 또래상담 프로그램의 주요 내용

한국청소년상담원(2010)에서 개발한 솔리언또래상담 프로그램의 주요 내용은 〈표 10-3〉과 같다.

표 10-3 솔리언또래상담 프로그램의 주요 내용

회기	단계	주제	활동내용
1	Introduction	• 프로그램의 목적과 필요성 • 친밀감 형성	• 친해지는 마당, 자기소개하기 • 솔리언또래상담 소개, 함께 지킬 약속 정하기
2	Friendship	• 친한 친구되기	• 친해지는 마당 • 친구의 의미는?
3		• 나의 친구관계 살펴보기	• 친해지는 마당 • 친구관계 살펴보기, 돌아보기, 생각하기
4		• 친구에게 다가가기	• 친구관계에서의 걸림돌, 친구에게 먼저 다가가기 • 우정 곡선 그리기
5	Counselorship	• 대화하는 친구되기	• 솔리언또래상담 대화의 자세 • 친구의 마음을 공감하기, 공감 연습하기
6		• 대화 잘 이끌어 가기	• 어기역차 전략 이해하기 • 어기역차 연습하기
7		• 잠하둘셋 기법	• 최근에 화가 났던 때는? • 잠하둘셋 이해하고 연습하기
8	Leadership	• 도움주는 대화 배우기	• 원무지계 전략 이해하기 • 원무지계 전략 연습하기

9		• 대화 종합 연습하기	• 대화 종합 연습하기 • 역할극 꾸미기
10		• 도움되는 활동 찾기	• 어떤 친구를 도와줄 수 있을까? • 내가 친구에게 도움이 되었던 경험은? • 도움을 줄 수 있는 활동 찾기
11	마무리	• 평가 및 마무리	• 과정 요약하기, 소감 나누기 • 평가 및 추후모임 구조화

출처: 한국청소년상담원(2010). 솔리언또래상담 학교상담 모형개발.

(2) 또래상담 프로그램의 실시 전 준비

또래상담 프로그램의 실시 전 준비 및 관련 사항에 대한 예시는 다음과 같다.

• 사업 개요

<table>
<tr><th colspan="6">사업 개요</th></tr>
<tr><td rowspan="3">신청 기관</td><td colspan="2">학교명</td><td colspan="3"></td></tr>
<tr><td colspan="2">전화</td><td></td><td>팩스</td><td></td></tr>
<tr><td colspan="2">주소</td><td colspan="3"></td></tr>
<tr><td rowspan="7">사업 개요</td><td colspan="2">사 업 명</td><td colspan="3">솔리언또래상담 사업</td></tr>
<tr><td colspan="2">사업 운영 기간</td><td colspan="3">20○○. 04. 01. ~ 20○○. 06. 12.</td></tr>
<tr><td rowspan="2">예산</td><td>총사업액</td><td colspan="3">250천 원</td></tr>
<tr><td>신청금액</td><td colspan="3">250천 원</td></tr>
<tr><td colspan="2" rowspan="3">사업 담당자
소속 / 이름</td><td rowspan="3"></td><td>전화</td><td></td></tr>
<tr><td>휴대전화</td><td></td></tr>
<tr><td>E-mail</td><td></td></tr>
</table>

• 솔리언또래상담 프로그램 운영 계획

솔리언또래상담 프로그램 운영 계획					
주제	친구야, 함께 있어 행복해!				
전체 일정	20○○. 04. 01.~06. 12.	회 기 수	11회기		
진 행 자		장소	집단상담실		
보조진행자 (있을 경우에만 작성)		참가 인원	남	6 명	
			여	6 명	
			합계	12 명	
일시	세 부 내 용				
20○○. 04. 01.	1회기-들어가기				
20○○. 04. 08.	2회기-친한 친구 되기				
20○○. 04. 15.	3회기-나의 친구관계 살펴보기				
20○○. 04. 22.	4회기-친구에게 다가가기				
20○○. 04. 29.	5회기-대화하는 친구되기				
20○○. 05. 06.	6회기-대화 잘 이끌어 가기				
20○○. 05. 13.	7회기-잠하둘셋 기법				
20○○. 05. 20.	8회기-도움 주는 대화 배우기				
20○○. 05. 27.	9회기-대화 종합 연습하기				
20○○. 06. 05.	10회기-도움 되는 활동 찾기				
20○○. 06. 12.	11회기-평가 및 마무리				

• 소요 예산

단위 사업명	지출비목		산출근거	예산	
				계	보조금
총 계	364,000원				
솔리언 또래상담 사업	프로그램 운영 간식비	288,000원	2000원×12명×11회기	264,000원	
	교육 준비물	50,000원	색연필, 크레파스, 전지, 사인펜, 색지, 가위, 색종이 등	50,000원	
	우편비 및 시상비	50,000원	우편물 발송, 시상품	50,000원	

• 기대 효과
  - 학교폭력 근절 및 건전한 학교 문화 조성
  - 솔리언 또래상담자의 인성 및 사회성 증진
  - 학생들의 친밀한 또래관계 구축 및 학교 적응력 향상
  - 솔리언 또래상담자를 통해 학교폭력 조기 발견 및 예방 시스템 구축

4. 학생자치법정 프로그램

1) 학생자치법정 프로그램의 이해

(1) 학생자치법정의 개념

우리나라의 학생자치법정은 미국의 청소년법정(teen court)을 모델로 도입하여 한국의 실정에 맞도록 수정 및 보완한 프로그램이다. 미국의 청소년법정은 청소년 비행의 초기단계에서 전통적인 사법체계에 의한 징계를 피하고, 일반 청소년과 지역 공동체가 자발적으로 운영하는 자치법정에서 재판을 받게 하는 제도이다(Fisher, 2002). 이는 정규 사법제도의 일안으로 활용되는 우회교육 프로그램(diversion program)이다.

청소년법정은 공식적인 사법제도인 소년법정, 교통법정, 그리고 학교의 징계 절차에 의해 다루어질 수 있는 사건을 대상으로 청소년들이 저지른 범죄에 대해 동료 소년들이 재판하는 것을 말한다(Fisher, 2002). 이것은 경미한 범죄를 저지른 초범의 청소년들을 다루기 위해 전과의 기록을 남기지 않으면서도 정규 소년 사법 절차를 우회할 수 있게 한 대안적 프로그램이다. 청소년법정은 또래의 영향력이 청소년 비행이나 범죄에 강력하게 발휘한다는 점에 기초한다. 또한 청소년들에게 청소년 사법제도에 대한 실질적인 경험을 제공함으로써 청소년들이 그들의 권리에 대하여 보다 많이 이해하고, 책임감을 증진시키고, 그들의 삶에 대하여 보다 나은 결정을 하도록 돕는다(Williamson & Wells, 2004).

또한 켄터키에서는 청소년 지원자들에게 법정에서 봉사하기 전에 6주간의 훈련을 시켜서 법에 대한 체계를 이해시키고, 문제해결 능력을 증진시키고 있다. 학생

자치법정은 규범을 어긴 학생에 대한 징계 처리 과정에 미국의 청소년법정의 특징을 도입한 것으로 이해할 수 있다. 특히, 우리나라의 학생자치법정은 미국의 청소년법정의 여러 형태 중 청소년 판사제를 도입해서 한국의 상황에 맞게 개발하여 형사절차가 아닌 학교현장에 적용하도록 설계된 법교육 프로그램이다. 따라서 학생자치법정은 교내 학생 징계 처리의 일환으로 학교현장에 적용될 수 있다.

(2) 학생자치법정의 운영의 의의

학생자치법정은 학교현장에서 학교규칙에 대한 학교구성원의 폭넓은 합의와 이해를 바탕으로 규칙의 준수를 생활화하며, 규칙을 어겼을 경우에는 벌점을 과하고 벌점이 일정한 기준을 넘어서면 학생자치법정에 회부하여 학생들 스스로가 징계 방법을 결정하고 따르게 하는 학생 중심 법교육 방법이다.

학교는 학생들을 위한 사회화 기관이다. 또한 학교는 규범, 규칙에 대한 인식, 규칙에 대한 정서, 규칙의 준수 의지 등이 형성되는 중요한 장소이다. 따라서 학교에서의 학생자치법정 운영은 학생들에게 법의식 형성에 어떠한 형태로든 영향을 끼친다.

학생자치법정의 법교육적 의의를 살펴보면 다음과 같다(법무부, 2008).

첫째, 학생자치법정의 운영을 통해 법교육이 추구하는 건전한 시민으로서 법의식을 함양시킬 수 있다. 학생자치법정의 활동을 통해 교칙을 위반하는 학생의 책임감이 증대되고, 동료집단과의 긍정적인 상호 증대를 통하여 교칙 위반이 감소하는 효과를 기대할 수 있다. 따라서 학생자치법정은 학생들의 건전한 법의식을 신장시킬 수 있는 유용한 법교육 방법이 될 수 있다.

둘째, 학생자치법정에 참여하는 학생들이 교칙을 확인하고 이를 사실에 적용하는 과정을 통해 민주시민으로서 가져야 하는 법적 소양을 증진할 수 있다. 학생자치법정은 체험학습의 유용한 방법 중 하나이며, 자연스럽게 사법 절차 및 법적 권리와 의무를 이해하여 합리적 사고력 및 문제해결 능력을 배양함으로써 민주시민으로서 가져야 할 법적 소양을 기를 수 있다.

셋째, 학생자치법정의 참여를 통해 청소년들의 일탈행위를 감소시키고 발달과업을 달성하는 데 긍정적 효과를 기대할 수 있다. 학생들은 자신을 적극적으로 변론하고, 동료 학생들의 결정에 승복하는 과정을 통하여 자신의 행위에 대한 반성의 계기를 가짐으로써 규칙 위반을 재발할 가능성을 낮출 수 있다.

(3) 학생자치법정 운영의 효과

학생자치법정의 효과는 무엇일까? 학생자치법정은 학생들이 스스로 학교규칙에 대한 제반활동을 전개해 나가는 프로그램이다. 따라서 활동의 과정에서 법지식, 규칙에 대한 신뢰, 문제해결 능력, 법적 활동에 대한 참여 의지 등에 영향을 받게 된다.

선행연구(박찬주, 2008)와 법무부(2007, 2008)의 연구결과를 기초로 추출할 수 있는 학생자치법정의 효과를 살펴보면 다음과 같다.

첫째, 교칙에 대한 긍정적 인식을 높일 수 있다. 학생자치법정의 운영은 학생들에게 교칙이라는 규범을 수동적으로 적용받는 경험이라기보다는 사실관계를 확인하고 이를 적용하는 적극적인 경험이라고 할 수 있다. 따라서 학생들은 교칙이 필요하다는 인식을 갖게 되고, 이를 통해 교칙에 대한 긍정적 인식을 향상시킬 수 있다. 이러한 교칙에 대한 긍정적 인식의 향상은 법에 대한 긍정적 인식으로 연결될 수 있고, 따라서 건전한 법의식 함양에 기여할 수 있다.

둘째, 민주시민으로서 가져야 하는 법적 문제에 대한 합리적 사고 및 문제해결 능력을 신장시킬 수 있다. 학생자치법정은 학교에서 발생한 교칙 위반 사건에 대하여 학생들로 하여금 합리적으로 해결하도록 요구한다. 따라서 학생들은 학생자치법정을 통하여 자연스럽게 사법 절차 및 법적 권리와 의무를 이해하여 합리적 사고력 및 문제해결 능력을 배양할 수 있다.

셋째, 학교생활 지도의 최적의 대안으로서 교칙 적용에 대한 신뢰를 증진시킬 수 있다. 기존의 학생 징계 절차와는 달리 학생자치법정은 교사가 아닌 또래 친구에 의해 징계가 진행되기 때문에 교칙의 적용에 대한 공정성의 시비를 감소시키고, 교칙 적용에 대한 신뢰를 증진시킬 수 있다. 이러한 인식은 더 나아가서는 법적용에 대한 신뢰를 증진시킬 수 있는 계기가 될 수 있다.

넷째, 학교폭력 등 비행을 예방할 수 있다. 학생들이 사소하게 여겼던 교칙 위반 행동에 대하여 책임감을 갖게 해 줌으로써 학교폭력 등 비행으로 발전할 수 있는 가능성을 미연에 방지할 수 있다. 즉, 비행 청소년의 범죄의 습관화를 막을 수 있으며, 청소년의 책임감 증대에 영향을 미친다. 학생자치법정은 초범 및 경미한 범죄에 대해 초기에 적절한 제재를 가함으로써 범죄행위가 습관화되는 것을 막을 수 있다. 또한 재판결과 자신에게 부여된 여러 가지의 의무를 충실하게 수행하는 과정을 통해 사회에 대한 자신의 책임감을 향상시킬 수 있다.

다섯째, 학교구성원 간의 신뢰를 향상시키고, 사회적 결속력을 강화시킴으로써 참여의식을 증대시킬 수 있다. 학생자치법정은 학생들이 함께 문제를 해결해 나가는 과정에서 서로를 신뢰하게 되고, 이를 바탕으로 사회적 결속력을 강화시킬 수 있다. 이는 장차 학생들로 하여금 민주시민으로서 참여의식을 증대시킬 수 있다.

여섯째, 또래효과(peer effect)와 관련하여 청소년 비행과 범죄의 감소 효과가 있다. 학생자치법정은 또래의 영향력을 전제로 하기 때문에 학생자치법정을 통하여 이러한 긍정적인 또래효과가 증진될 수 있다.

일곱째, 학교에서의 성적이 향상된다. 학생자치법정을 통하여 범죄의 재발 가능성이 낮아지고, 학교생활에 더 적극적으로 참여하게 됨으로써 학교 성적이 향상될 수 있다.

2) 학생자치법정 프로그램의 실제

(1) 학생자치법정의 의미와 목적 및 방침

학생자치법정은 상벌점제와 연계하여 경미한 교칙 위반 학생(분기별 벌점 30점 초과인 학생)을 동료 학생들로 구성된 배심원이 법정 재판을 통해 긍정적 처벌을 내리는 일련의 재판과정이다. 과벌점자 학생들에게 각자 나름의 사정과 반성의 기미, 개선 노력에 대해 말할 기회를 제공하고, 과벌점자에 대한 긍정적 처벌 수준을 동료 학생 배심원단에 의해서 결정하는 제도이다.

학생자치법정의 목적은 ① 민주시민으로서 필요한 준법정신과 책임 능력 함양, ② 학교생활의 기초 질서 확립에 자발적 참여를 통한 기본생활습관 정착이다. 방침은 ① 본교 학생생활 규정 및 상벌점제 운영계획에 의거하여 누적 벌점이 30점 이상인 학생에 대한 벌칙 부과 논의, ② 학생자치법정에 회부된 학생들에게 어떤 긍정적 처벌을 내릴 것인가를 충분히 고려, ③ 배심원에게 일정 정도의 사안별 긍정적 처벌의 종류 제공, ④ 학생자치법정에 활동하는 학생들에게 임명장 수여 및 봉사활동 인정이다.

(2) 세부계획

학생자치법정 프로그램의 구체적인 내용 및 관련 서식은 20○○학년도 ○○고등학교 학생복지부에서 수립한 세부계획을 기초로 하여 제시하기로 한다.

- 학생자치법정 구성원 조직
  - 구성원: 판사, 검사, 변호사, 배심원, 서기, 법정 경위로 구성

구분	1학년	2학년	3학년	계	비고
판사	1	1	1	3	
검사	1	1	1	3	
변호사	1	1	1	3	
배심원	6	6	6	18	
서기	1	1	1	3	
법정 경위	1	1	1	3	
계	11	11	11	33	

- 조직 일정

가) 학생자치법정 구성원 모집 공고: 20○○. ○.○(월)~○.○(금)

나) 학생자치법정 구성을 위한 심층면접: 20○○. ○.○(수)

다) 학생자치법정 구성원 확정 공고: 20○○. ○.○(금)

※ 판사, 검사, 변호사 선발은 공고 후 신청자를 받아서 학생회 임원들의 면접을 통해 선발하고, 배심원은 학급당 1명씩 추천을 받아 구성함

• 학생자치법정 구성원의 역할

위원	역할
학생자치 법정 위원	• 학생자치법정 운영에 대한 실무 역할 • 학생자치법정에 참여하는 모든 사람에 대한 선발 및 지정
판사 (3명)	• 재판의 전반적인 진행을 정리 • 재판의 시작 전 재판의 주의사항을 안내 • 사건에 대한 변호사와 검사의 의견을 청취 • 배심원단의 결정을 승인하거나 거부할 권리 • 최종적인 판결을 선고
검사 (3명)	• 규칙 위반 사실에 대해 심문 • 규칙 위반에 대해 규정상의 지도내용을 구형 • 판사와 배심원단에게 엄정한 판결을 요청
출두 학생	• 요건에 부합한 사람을 변호인으로 선임할 수 있음 • 위반 사실에 대한 정당한 상황 근거나 반성하는 모습, 개선 노력 등을 알리기 위해 적극적으로 노력
변호인 (3명)	• 대상 학생의 변론을 담당 • 대상 학생의 불가피한 사정이나 현재의 변화된 모습, 미래의 발전 가능성 등을 효과적으로 전달하여 가능한 한 낮은 수준의 지도가 나올 수 있도록 노력
배심원 (6명)	• 검사와 대상 학생 측 변호인의 주장을 듣고 판단 • 별도로 마련된 배심원 회의실에서 만장일치로 결정, 합의문 작성 • 배심원은 지도 수준을 경감해 줄 권한만 가짐 • 만약 판사가 합의문을 승인하지 않을 경우에는 다시 조정
서기	• 법정의 구성원들에게 재판의 개정, 절차 등 안내 • 법정에서의 진행 상황을 모두 기록하고 판결내용을 지도교사에게 전달
법정 경위	• 재판이 시작되고 끝날 때 판사의 입정과 퇴정을 안내 • 재판이 진행되는 동안에 법정의 분위기를 엄숙하게 유지

• 학생자치법정 회부 대상자 요건 및 선정

- 대상: 벌점에서 상점을 상쇄한 분기별 누계 점수가 30점 이상인 학생
- 선정 절차

가) 교내 상벌점제 담당교사가 대상 학생을 선정

나) 학생자치법정 회부 대상 학생에게 소명의 기회 제공 및 개별 의견 청취

다) 학생자치법정 회부 대상자 최종 확정, 담임교사 및 학부모에게 통보

라) 학생자치법정 회부 대상자 명단과 벌점 현황을 판사, 검사, 변호인 측에 전달

- 재판 일정
  - 분기별 1회 운영을 원칙으로 함
  - 판결방법은 배심원 판결로 함

- 재판 전 준비

위원	역할
제1단계 (사전교육)	• 학생자치법정 참여 관계자 확정 • 학생자치법정 참여 관계자들에 대해 사전교육을 철저히 실시(집합교육/개별교육) • 학생자치법정에 회부된 대상 학생과의 면담을 통해 문제 행동 및 사유 확인 • 대상 학생이 제기하는 이의사항을 확인, 이의사항은 재판 준비 2단계에서 검사, 변호인이 지도교사와 함께 검토 • 대상 학생에게 변호인 선정을 안내하고, 재판 준비 2단계 날짜 통보
제2단계	• 검사, 변호인, 지도교사는 대상 학생이 제기한 이의사항을 검토(이의사항에 따른 증인 및 증거를 제출할 것을 안내) • 대상 학생 명단 및 사실관계 목록 작성, 그리고 관계자에게 배포
제3단계	• 판사, 검사, 변호인, 대상 학생, 담임교사, 배심원단, 지도교사에게 공소장 배포 • 검사, 변호인, 지도교사는 증인 면담 및 증거 확인 • 학생자치법정 개최에 대한 학교장 승인, 재판 일자 공고 • 재판 참여자 전원에게 재판 시나리오 배부 • 학생자치법정 준비 상황 최종 점검

- 재판 이행 단계

단계	주요 실천 내용	비고
재판 전 단계	• 법정 회부 대상자 명단 작성 • 통보(판사, 검사, 변호인, 피고, 서기, 배심원) • 재판 공시	
재판 단계	• 법정 형태 결정 • 재판 횟수 및 일시 결정 • 법정 준비(법정 배치도) • 법정구성원의 역할 및 권한: 판사, 배심원, 검사, 피고, 변호인, 서기, 무장 경찰, 방청객 • 법정 재판 절차: 출석 확인 → 교육 → 피고인 선서 → 검사 심문 → 변호인 변론 → 검사 구형 → 변호인 최후 변론 → 피고인 최후 진술 → 배심원 회의 및 판결 → 판결 선고	

재판 후 단계	• 학생자치법정 판결 이행 시 관리/감독(학생복지부) • 사후 평가회 • 역할 소감문 작성 및 발표 • 학교교칙 개정을 위한 제언	

• 긍정적 처벌의 종류(2개 이상 부과 가능)

1. 배심원 혹은 참관인으로 참여
2. 교문에서 지각생 지도(매일 아침 7시 50분, 5일간)
3. 담임교사께 문안 모닝콜 해 드리기(매일 아침 6시 30분, 5일간)
4. 아침 일찍 등교하여 학급 청소 및 업무 도와드리기(매일 아침 8시~8시 20분, 5일간)
5. 나의 다짐 쓰기(교칙 준수 이유, 생활 반성, 앞으로의 다짐 포함; 분량 A4 3매)
6. 플래카드 들고 교내 캠페인 활동 참가(매일 아침 교문, 점심시간, 5일간)
7. 담임교사와 교환 편지 쓰기(5일간)
8. 쓰레기 분리수거 활동 참여(총 7회 이상 참가)
9. 교육용 다큐멘터리 감상하고 감상문 쓰기(1편 감상; 분량 A4 3매)
10. 담임교사 또는 상담 교사와 개인상담(매일 1시간, 5일간)
11. 청소년 권장 시 외워서 검사받기(5일간)
12. 청소년 권장 도서 읽고 감상문 쓰기(2권 이상)
13. 청소년 권장 한자와 천자문 쓰기(5일간)
14. 영어 단어와 수학 문제 풀이하여 제출하기(1주일간)
15. 교육용 포스터와 표어 제작하기(포스터 4절지, 표어 8절지 1/2장)
16. 자기반성과 행동 개선 의지를 담은 UCC 제작하여 제출하기
17. 부모님과 상담하고 상담록 제출하기(5일간)
18. 문제 상황 관련 보고서 작성하기(교칙 위반 내용 관련; 분량 A4 5매 이상)
19. 등하교 시 교내에서 부상을 당한 학생 도우미하기(5일 이내로 함)
20. 학교폭력으로 고통받는 학생이나 학부모에 관한 신문기사 10개 읽고 스크랩하기

• 법정 배치도

- 법정 장소: 학생자치법정(전교학생회 회의실)
- 법정 배치도

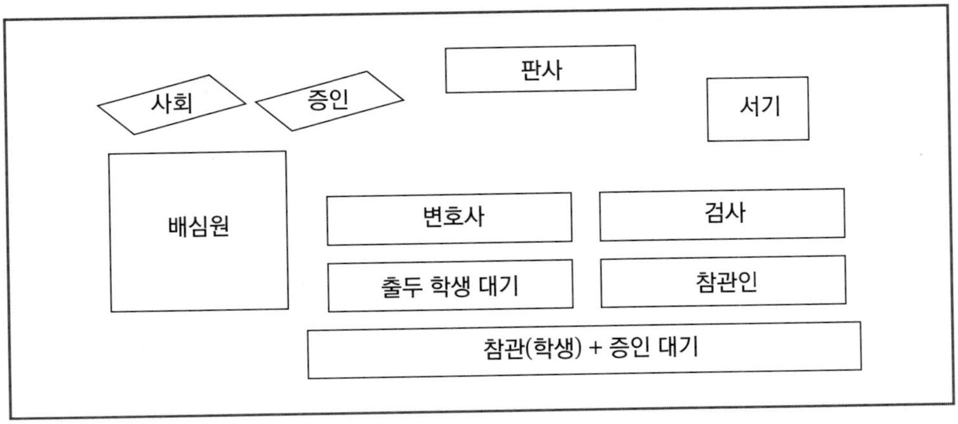

- 처벌 이행 확인서 제출
  - 학생자치법정에서 처분을 받은 학생은 긍정적 처벌 이행 증거를 학생복지부에 제출

- 학생자치법정 구성원에 대한 보상
  - 임명장 수여: 참여 구성원의 역할에 따른 학교장 임명장 수여(판사, 검사, 변호인, 배심원, 서기, 법정 경위)
  - 학교생활기록부에 활동내용을 상세하게 기록
  - 학교 봉사활동 시간 인정: 학생자치법정 참여 시간(1회 2시간 이내)
  - 학교장상 추천: 학생자치법정 활동에 적극적으로 참여한 학생

- 기대효과
  - 학생 자치 능력 향상 및 학생 참여 확대
  - 학생들의 재비행 방지에 교육적 효과 가능성 제고
  - 재판 과정에 참여한 학생들의 법적 권리와 의무 이해도 제고
  - 학생자치법정에 의한 선도 처분을 받은 학생들의 행동 변화 가능성 제고

(3) 학생자치법정 관련 서식 및 자료

학생자치법정 구성원 선발 공고

학생자치법정은 상벌점제와 연계하여 경미한 교칙 위반 학생(분기별 벌점 30점 이상)을 동료 학생들로 구성된 배심원이 법정 재판을 통해 긍정적 처벌을 내리기 위해 도입된 제도입니다. 이에 우리 학교에 재학 중인 학생 중 학생자치법정 구성원에 참여를 희망하는 학생을 다음과 같이 선발합니다.

□ 선발부문 및 역할

선발부문	인 원	역할
판사	3명 (학년별 1명)	• 사건에 대한 변호사와 검사의 의견을 듣고 배심원단의 결정을 확인 • 과벌점자에게 재판에 회부된 사안에 대해 공지 • 사건에 대한 변호사와 검사의 의견을 듣고 배심원단의결정을 확인
검사	3명 (학년별 1명)	• 교칙의 중요성과 교칙 위반에 따른 처벌의 필요성 주장 • 과벌점자의 규칙 위반에 대해 규정상의 처벌을 구형 • 판결을 내릴 배심원단과 판사에게 엄정한 판결이 나올 것을 요청 • 필요한 경우 증인 신청 가능
변호인	3명 (학년별 1명)	• 과벌점자의 위반 사실에 대한 정당한 이유, 그동안 학교생활의 성실함, 반성하는 태도 등을 제시해 정해진 처벌 수위에서 가능한 한 낮게 처벌하도록 정상 참작을 요청 • 과벌점자의 변론 담당과 재판 진행 준비 • 과벌점자의 위반 사실에 대한 정당한 이유, 그동안 학교생활의 성실함이나 반성하는 태도, 앞으로의 개선 약속 등을 제시함으로써 정해진 처벌 수위에서 가능한 낮게 처벌이 이루어질 수 있도록 정상 참작 요청
서기	1명 (1학년)	• 법정에서의 진행 사항을 기록 • 과벌점자 또는 증인 선서 시 보조 업무
법정 경위	2명 (2학년 1명, 3학년 1명)	• 판사 입정과 퇴정 안내 • 법정의 안전과 질서 유지를 담당

□ 전형일정

일정	전형 내용	비고
20○○.○.○(월) ~○.○(금)	• 지원서 접수	• 학생인권부 방문 지원서 수령 및 제출(복수 지원 가능)
20○○.○.○(수)	• 서류심사 및 면접심사	• 서류 및 면접 점수의 합계로 선발 인원 선정
20○○.○.○(금)	• 최종 합격자 발표	• 학생복지부 공고

□ 선발 시 특전

- 임명장 수여: 참여구성원에게 학교장 임명장 수여(판사, 검사, 변호인, 서기, 법정 경위)
- 학교생활기록부에 활동내용 기록
- 학교 봉사활동 시간 인정: 학생자치법정 참여(1회 2시간 이내)를 학교 봉사활동으로 인정
- 학교 봉사상 추천: 학생자치법정 활동에 적극적으로 참여한 학생

학생자치법정 구성원 지원신청서

학년/반	학년 반 번	성명	
연락처	집) 휴대전화)	E-mail	

지원 부문

구분	표시(○)	비 고
판사		
검사		
변호인		
서기		
법정 경위		

위와 같이 ○○고등학교 학생자치법정 구성원으로 지원하며, 선발될 시 맡은 바 역할 수행에 최선을 다하겠습니다.

20○○년 월 일

신청자 (인)

담임 추천서

위의 학생은 교과활동, 학급생활, 기타 활동 등 학교생활 전반에서 모범이 되며, 우수한 법적 소양 능력을 가지고 있어 20○○학년도 ○○고등학교 학생자치법정 참여 학생으로 추천합니다.

( )학년 ( )반 담임교사 ( ) (인)

( )학년 ( )반 ( )번 성명 : ( )
자기소개 및 지원 동기
▶ 자기소개
▶ 지원 동기

학생자치법정 면접 평가 기준표

(   )학년 (   )반 (   )번 성명 : (   )

영역 및 배점	질문	평가 기준 및 배점	점수
자기소개 (20점)	초등 · 중학교, 그리고 지금 자신의 장래 희망과 자신의 성격상의 장단점에 대해 말하시오.	① 용의 · 복장 / (4점) ② 발음 / (4점) ③ 태도 / (4점) ④ 성실성 / (4점) ⑤ 논리성 / (4점)	
도덕성 (가치관 및 윤리관) (25점)	① 본인이 장래에 교통경찰관이 되었을 시 우연히 가장 친한 친구가 신호위반을 하여 본인의 단속 대상이 되었을 때 어떻게 할 것인가? ② 학교에서의 체벌에 대해 찬성하는가, 반대하는가? ③ 교육의 수월성(자유)과 형평성(평등) 중 지지하는 것은 어느 것인가?	① 도덕적 실천(도덕적 사태 및 도덕적 행동에 대한 관심 및 주의력) / (10점) ② 도덕적 정서(도덕적 가치 또는 행동에 대한 자신감) / (10점) ③ 도덕적 이해(도덕적 사태 및 가치에 대해 정확히 이해하며, 입장이 사회적 정의에 대한 긍정성) / (5점)	
사회성 (타인 보호와 감사 윤리) (25점)	① 급우가 학급에서 집단따돌림을 받고 있다면 이 문제를 어떻게 극복하겠는가? ② 담임교사의 학급 경영 방침에 건의를 했으나, 수용되지 않고 본인의 생각과 다른 내용을 강요할 경우 어떻게 하겠는가?	① 대인 적응성 정도(타인의 감정과 입장 및 관계 유지) / (5점) ② 사회 적응성 정도(사회활동의 참여도 및 공동 목표 달성을 위한 협동과 역할 수행) / (5점) ③ 지도성 정도(사회 내 공동 목표 달성을 위해 구성원들의 활동을 적극적으로 유도) / (5점) ④ 사회성 수용도(문화, 규범, 규칙 등의 조화) / (10점)	
문제해결력 (30점)	① 친한 친구가 교외에서 불량배들에게 폭행 및 구타를 당할 위기에 처한 경우, 어떻게 대처하겠는가? ② 교사가 불합리하고 불분명한 이유로 학생들 앞에서 본인을 심하게 꾸중하고 있을 경우, 어떻게 하겠는가?	① 논리적 사고력 / (10점) ② 창의적 사고력 / (10점) ③ 비판적 사고력 / (10점)	
합계 점수 (100점 기준)			

학생자치법정 구성원 선발결과 공고

20○○학년도 ○○고등학교 학생자치법정 구성원 선발 결과를 다음과 같이 공고합니다.

선발부문	인원	학번 및 성명
판사	3명	
검사	3명	
변호인	3명	
서기	1명	
법정 경위	2명	

□ 공지사항

- 임명장 수여 일자 및 벌점 초과자: ○○고등학교 학생자치법정 개정은 교내 방송 및 담임 교사를 통해 추후 공지함

학생자치법정 개정 준비

시 간	내용	장 소	지도교사
08:20~08:50	• 학생자치법정 구성원 및 과벌점자 법정 시행전 사전교육 • 안내판 설치	전교학생회 회의실	
12:00~12:40	• 법정 좌석 배치 / 명패 고정 • 현수막 설치 • 법복 준비, 법봉 준비 • 방송 시설 준비 • 법정 내부에 안내판 설치	전교학생회 회의실	
12:40~12:50	• 학생자치법정 시행 전 예비 사열	전교학생회 회의실	
15:00	• 학생자치법정 구성원, 과벌점자 시청각실 집합 • 서기, 법정 경위의 임무 수행	전교학생회 회의실	
15:10~15:20	• 판사, 검사 복장 착용	학생복지부	
15:20	• 배심원 시청각실 집합 • 변호인, 검사 입실	전교학생회 회의실	
15:30	• 판사 입실	전교학생회 회의실	
15:30~17:00	• 법정 개정	전교학생회 회의실	
17:00~	• 법정 집기 원위치		

학생자치법정 진행 순서

① 국민의례 및 출석 확인

② 교육(판사가 변호인, 검사, 배심원단 교육)

③ 벌점 초과자 선서

④ 검사 심문

⑤ 변호인 변론

⑥ 검사 심문 및 구형

⑦ 변호인 최후 변론

⑧ 벌점 초과자 최후 진술

⑨ 휴정 및 배심원 회의

⑩ 재개정

⑪ 판결 선고

⑫ 폐정

⑬ 재판부 교사의 학생자치법정 평가 및 자체 강평

학생자치법정 사전교육 자료

1. 학생자치법정의 개념
   - 경미한 교칙 위반 학생에게 기존에 있었던 선생님의 일방적인 지도나 훈계 대신 친구들, 선후배들이 판단한 긍정적 처벌을 수행하도록 하는 것입니다.
   - 그동안 일방적으로 교칙을 어긴 것에 대한 처벌만을 받았던 과벌점자 학생들에게 각자 나름의 사정과 반성의 기미, 개선 노력에 대해 말할 기회를 줍니다.
   - 과벌점자에 대한 처벌 수준은 선생님이 아니라 학교에서 함께 생활하는 다른 학생들에 의해서 결정됩니다. 과벌점자의 사정이나 반성 정도에 따라 처벌이 경감될 수 있습니다.

2. 학생자치법정의 절차

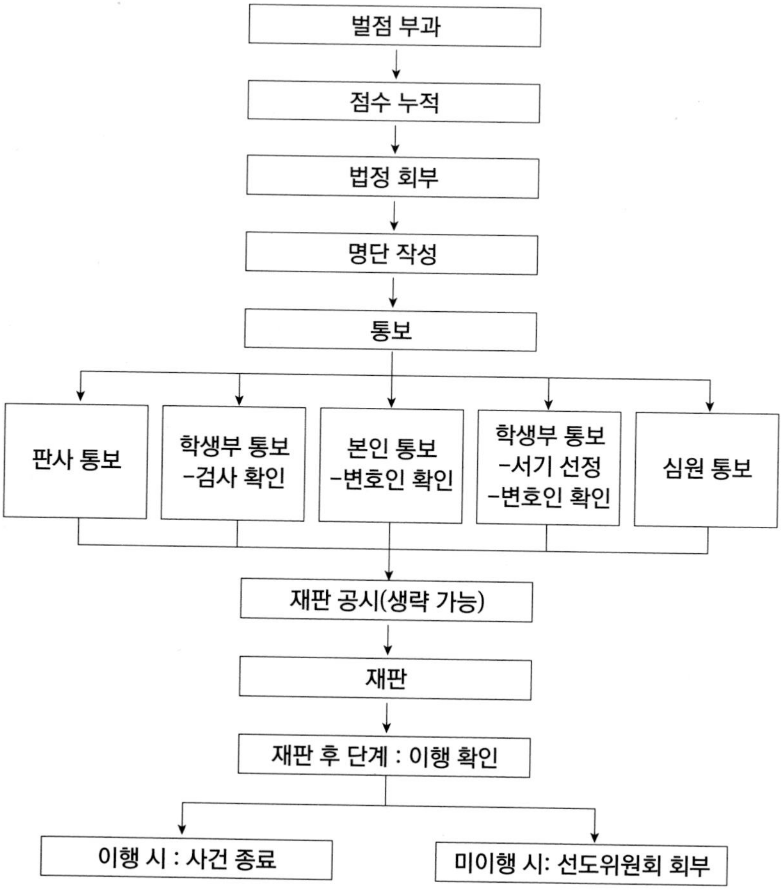

3. 학생자치법정의 구성원 및 역할 소개

구성원	역할
판사	• 재판의 전반적인 진행을 정리하는 역할을 담당합니다. • 재판이 시작할 때 재판의 주의사항을 안내합니다. • 사건에 대한 변호사와 검사의 의견을 듣습니다. • 배심원단의 결정을 승인하거나 거부할 권리가 있습니다. • 최종적인 판결을 선고합니다.
검사	• 과벌점자의 규칙 위반 사실에 대해 확인합니다. • 과벌점자의 규칙 위반에 대해 규정상의 처벌을 선고합니다. • 판사와 배심원단에게 엄정한 판결을 요청합니다.
과벌점자	• 학교교칙에 따라 일정 수준 이상의 누적 벌점에 도달하면 학생자치법정에 회부됩니다. • 원하는 사람을 변호인으로 선임할 수 있습니다. • 위반 사실에 대한 정당한 상황 근거나 반성하는 모습, 개선 노력 등을 알리기 위해 적극적으로 노력합니다.
변호인	• 과벌점자의 변론을 담당합니다. • 과벌점자의 선택에 따라 결정됩니다. • 과벌점자의 불가피한 사정이나 현재의 변화된 모습, 미래의 발전 가능성 등을 효과적으로 전달하여 가능한 한 낮은 수준의 처벌이 나올 수 있도록 노력합니다.
배심원	• 검사와 과벌점자 측의 변호인의 주장을 듣고 판단을 내립니다. • 별도로 마련된 배심원 회의실에서 만장일치로 결정을 내려야 합니다. • 배심원은 처벌 수준을 경감해 줄 권한만을 가지고 있습니다. • 만약 판사가 판결문을 승인하지 않을 경우에는 다시 조정합니다.
서기	• 법정에서의 진행 상황을 모두 기록하고 판결 내용을 선도부 담당 교사에게 전달합니다. • 검사나 변호인이 제출하는 각종 법정 서류를 배심원단과 판사에게 전달합니다. • 법정의 구성원들에게 재판의 개정을 안내합니다.
법정 경위	• 재판이 시작되고 끝날 때 판사의 입정과 퇴정을 알립니다. • 재판이 진행되는 동안에 법정의 분위기를 엄숙하게 유지합니다.

4. 판사를 위한 주의사항

- 판사를 담당했다고 해서 다른 학생들보다 우월한 지위에 있는 것이 아닙니다. 법정 안에서 맡은 판사의 역할에 충실한 것은 좋지만, 이러한 역할 수행은 법정 안에서만 이루어져야 할 것입니다.
- 판사가 다른 학생들의 잘못에 대한 최종적인 판단을 내리는 위치인 만큼 스스로의 생활태도에 문제가 있는 것은 아닌지 다시 한 번 주의해야 할 것입니다.
- 판사는 배심원단의 결정이 최대한 자율적으로 이루어질 수 있도록 해야 합니다. 배심원단의 판단에 큰 문제가 없는 한 가능한 한 배심원단의 판결을 인정해 주도록 합니다.
- 판사는 중립적인 입장에서 재판의 진행을 총괄해야 합니다. 다만, 과벌점자가 법정에서 위축되어 있을 수 있으므로 무조건 중립을 지키기보다는 과벌점자의 입장에 약간 치우친 방향으로 재판을 진행하는 것도 좋을 것입니다.

학생자치법정 통보문

통 보 문

○학년 ○반 ○○○ 귀하

제 회 학생자치법정이 열리기에 이를 알립니다.

• 시 간: 년 월 일 시
• 장 소:
• 사건 제목:
• 누적 벌점 및 위반 사항 내역

위 사건에 대해 과벌점자의 자격으로 참석해 줄 것을 요청합니다.

▶ 알림사항
- 학생자치법정에 나오지 않을 경우 교칙에 따라 추가로 처벌을 받습니다.
- 학생자치법정에서는 정해진 처벌 수준에서 경감하는 것만 가능합니다.
- 자신의 문제를 잘 대변해 줄 수 있는 변호인을 선임할 수 있습니다.
- 법정은 엄숙한 공간입니다. 법정이 소란해지지 않도록 주의합니다.

▶ 학생자치법정의 절차
출석 확인 → 교육(변호인, 검사, 배심원단) → 과벌점자 선서 → 검사 심문 → 변호인 변론 → 검사 구형 → 변호인 최후 변론 → 과벌점자 최후 진술 → 배심원 합의 및 합의문 제출 → 판결 선고

○○고등학교 학생자치법정

5. 학교폭력 관계회복 프로그램

1) 프로그램의 운영 목표

관계회복은 학교폭력 사안 후 둘 이상의 관련 당사자들이 발생 상황에 대하여 이해, 소통, 대화 등을 통해 원래 상태 또는 서로 일상생활로 돌아가도록 최선의 상태를 되찾기 위해 함께 노력하는 것을 의미한다. 학교현장에서 학교폭력 발생 시 피해학생에 대해 관계회복 프로그램의 참여에 관한 동의 여부를 확인하면 대부분이 참여에 동의하지 않는다. 그러므로 학교폭력 발생 시 피해학생 및 가해학생 간의 관계회복을 위한 프로그램을 운영하려면 반드시 진행 단계별로 피해학생 측의 의사를 우선적으로 고려하고, 동의 여부를 확인하여 진행하여야 한다. 관계회복 프로그램의 구체적인 운영 목표는 다음과 같다(교육부, 푸른나무재단, 2020).

첫째, 학교폭력 사안 발생 후 관련 당사자 사이에 발생한 사안을 중심으로 개입하여 양측의 관계를 회복시키고자 한다.

둘째, 상호 이해 및 소통, 대화를 하는 과정을 통해 피해 측의 입장을 충분히 고려한 진심 어린 사과(화해)와 가해 측의 반성에 대한 올바른 인식 정립을 하고, 나아가 관계 개선을 통한 회복 도모이다.

셋째, 심리적 · 정서적 안정 및 학교와 일상생활, 또래(교우)관계 등의 안정적 적응과 신속한 복귀, 회복을 조력한다.

2) 운영 대상과 방법

학교폭력 관계회복 프로그램의 운영은 학교폭력 사안이 발생한 해당 관련학생(피해 · 가해 측)을 대상으로 진행한다. 이때 피해학생 및 가해학생을 개별적으로 면담하여 각각의 욕구와 사안에 대한 해결방식, 심리적 · 정서적 상태 등을 탐색한다.

학교폭력 관계회복 프로그램은 피해학생 및 가해학생 모두 준비와 동의가 되었을 때 서로 대면하여 소통의 과정을 통해 관계회복을 하도록 조력한다. 학교폭력

관계회복 프로그램에 참여가 가능한 학생은 학교폭력 사안에 관련된 모든 학생이며, 참여학생은 관련 학생 중 관계회복 프로그램 참여에 동의한 학생이어야 한다. 이때에도 반드시 피해학생 측의 의사를 우선적으로 고려하고 동의 여부를 확인하여 진행하여야 한다.

3) 프로그램의 목표

관계회복 프로그램의 구체적인 목표는 다음과 같다(교육부, 푸른나무재단, 2020).

첫째, 학교폭력 관련 학생의 관계를 개선하고 회복을 유도하여 학교폭력으로 인한 2차 피해를 최소화하고 학교폭력의 재발을 방지한다.

둘째, 학교폭력 관련 학생이 서로의 상처를 치유하고, 긍정적인 회복을 경험하도록 함으로써 학교폭력을 근절시키는 '과정'에 초점을 둔다.

셋째, 조정과 화해의 과정을 통해 관련 학생 간의 관계회복을 이룬다.

넷째, 가해학생은 피해학생의 상처받은 마음을 충분히 듣고 스스로 성찰하도록 하며, 피해학생에게 직접 사과할 수 있는 기회를 제공해 준다.

다섯째, 피해학생은 가해학생과의 충분한 대화를 통해 치유와 화해를 경험하게 되고, 상처받았던 감정에 대해 자발적인 회복의 기회를 얻는다.

여섯째, 학교폭력 관련 학생에게 책임과 상처를 치유할 수 있는 기회를 줌으로써 사회적 역량을 신장시킨다.

4) 프로그램의 구성

관계회복 프로그램은 〈표 10-1〉과 같이 크게 3회기로 구성되어 있다. 1회기와 3회기는 프로그램의 도입과 종료 회기로 사안의 특징과 상관없이 필수적으로 진행하는 회기이지만, 2회기는 사안의 특성에 따라 맞춤형으로 구성하는 방식으로 진행한다.

1회기 '서로 마주하기'에서는 관계회복 프로그램의 진행방식을 소개하고 참여 규칙을 정하는 등 프로그램에 대한 구조화가 포함될 수 있도록 구성한다. 특히 프로그램의 참여 동기를 높일 수 있도록 유도한다.

2회기에는 사전 개별면담에서 파악된 사건의 특성에 맞게 각 대상 학생들이 자신의 입장에서 경험한 갈등 상황, 그 상황에서의 느낌, 욕구를 재구성할 수 있도록 돕는 맞춤형 프로그램으로 구성한다. 특히 2회기의 프로그램은 학교폭력 관련 학생들이 경험한 사건의 내용에 맞추어 교사가 직접 프로그램을 선택하여 구성한다. 2회기의 프로그램을 통해 관련 학생들이 자신의 입장을 이해받고 다른 학생의 입장에서 경청하는 경험을 함으로써 공감적 이해와 유대감을 형성하도록 돕는 것이 중요하다.

3회기 '서로 화해의 약속하기'에서는 사건의 해결방법을 논의하는 시간으로, 같은 갈등 상황에서 서로의 입장에 따라 어떠한 느낌과 욕구가 있었는지 원활하게 의사를 표현하도록 돕는 것이 중요하다. 나아가 관계 변화를 위하여 각자가 할 수 있는 행동이나 대안을 찾아보도록 격려하는 것이 필요하다.

5) 관계회복 프로그램의 회기별 내용

초등 프로그램과 중등 프로그램의 차별화를 위하여 지시문의 어휘 수준을 조정하고, 프로그램의 활동지를 각 학교급에 맞게 제시하였다. 초등 프로그램은 3학년 이상의 학생에 초점을 두고 개발되었으며, 글을 읽거나 쓰는 것을 어려워할 수 있는 초등 저학년을 위하여 저학년 활동지와 저학년 활동 팁을 추가로 구성하였다. 그리고 초등 프로그램에는 학교폭력 관련 학생이 프로그램에 흥미를 갖고 쉽게 이해할 수 있도록 그림으로 제시된 활동자료를 보강하였다. 관계회복 프로그램의 회기별 내용은 〈표 10-1〉과 같다.

표 10-1 관계회복 프로그램의 회기별 내용

회기	주제	내용	비고
1	서로 마주하기	프로그램을 소개하고, 프로그램 규칙을 정한다. 프로그램 규칙에 대해 서약하며 참여 동기를 높인다.	필수
2	서로의 관점 이해하기	관점의 차이로 오해가 생길 수 있다는 것을 이해하고, 갈등 상황을 상대방의 관점에서 이해한다. 서로 오해한 점을 이야기하며 갈등관계의 개선을 도모한다.	필수 (택1)
	미해결된 감정을 표현하고 해결하기	자신의 견해에서 가지고 있는 미해결된 감정을 이해하고, 자신의 감정을 표현할 수 있도록 하며, 상대방의 감정을 이해 및 표현해 봄으로써 서로의 미해결된 감정을 줄인다.	
	사이버폭력의 갈등 해결하기	사이버폭력의 심각성에 대해 이해하고, 사이버폭력으로 인한 갈등을 해결한다.	
2 (추가 선택)	서로의 갈등을 해결하기	관련 학생들이 가진 관계회복의 욕구를 확인하고, 현재의 행동을 탐색하여 관계회복에 도움이 되는 행동인지를 평가한다. 관계회복을 위한 구체적인 행동계획을 수립한다.	추가 선택
	나의 대처 행동 이해하기	갈등 상황에서 취하는 자신의 대처 행동에 대해서 이해하고, 갈등 상황에서 필요한 보다 적응적인 대처 행동에 대해서 배운다.	
	문제에서 해결로 나아가기	'기적질문'을 이용하여 현재의 문제가 해결되었을 때를 구체적으로 상상해 보고, 문제해결을 위해 당장 실천할 수 있는 행동목록을 만들어 실천해 본다.	
	갈등 상황을 이해하고 개선하기	'척도질문'을 이용하여 갈등 해결에 관한 생각을 현실적이며 구체적으로 정리하게 한다. 자신의 구체적인 기대와 목표, 성찰과 변화의 상태를 확인한다.	
3	서로 화해의 약속하기	서로의 갈등 해결 유형을 파악하고 서로에게 해결을 위한 방법을 제안한다. 제안사항을 기초로 서로에게 편지를 쓰고 서약서를 작성한다.	필수

출처: 교육부, 푸른나무재단(2020). 학교폭력 관계회복 프로그램.

제 11 장

학생이해활동

1. 학생이해활동의 개념과 원리

1) 학생이해활동의 개념

학교교육은 교과지도와 생활지도를 양대 산맥으로 하고 있다. 두 가지 영역은 학생들의 전인적 성장을 위해 모두 중점을 두어야 한다. 학생이해활동(student appraisal service)은 생활지도의 주요활동의 하나이다. 흔히 학생조사활동(student inventory service) 또는 학생평가활동(student assessment service)으로 불리기도 한다. 교사가 모든 학생을 대상으로 학교에서 조직적이고 체계적인 교과지도 및 생활지도 활동을 전개하기 위해서는 학생들의 여러 가지 인적사항, 학업 성취, 가정환경, 또래관계, 성격, 행동발달사항, 흥미, 적성, 진로 등에 관한 조사, 평가, 이해가 전제될 필요가 있다.

학생이해활동의 기본 전제는 각 개인은 유사성과 함께 개별성이 있다는 것이다. 따라서 학생이해활동은 다른 학생과 비교해서 개인의 뚜렷한 특징을 이해하고자 하는 것으로, 각 학생의 개별성(individuality)을 밝혀 주는 자료에 관심을 갖게 된다.

학생이해활동의 주요 목적은 학생이 자신을 이해하고 의미 있는 의사결정을 내릴 수 있도록 하기 위해서 학생에 관한 정보를 수집하는 것이다. 사실 학생들은 자신의 능력, 자질, 장단점 등을 알지 못하고 있는 경우가 많다.

학생이해활동이 학생의 올바른 자기이해와 문제해결을 돕는 것이 되기 위해서는 다음과 같은 사항을 유의해야 한다(윤운성, 김홍운, 2003).

첫째, 우리가 얻는 학생에 관한 정보는 객관적이고 신뢰도가 높은 것이어야 한다.

둘째, 학생의 문제해결을 위하여 꼭 필요한 사실과 정보를 수집할 필요가 있다.

셋째, 학생조사활동은 여러 가지 가능한 방법이나 기술을 종합적으로 수집하고, 그에 기초하여 활동할 필요가 있다.

넷째, 학생조사활동은 조사결과를 기록, 정리, 보관하여 실제 지도에 유용하게 활용될 수 있도록 할 필요가 있다.

2) 학생이해활동의 원리

학생의 특성을 파악하기 위해서는 몇 가지의 원리가 적용되어야 한다. 원리나 지침은 개인적인 특성을 효과적으로 판단하도록 하며 객관성을 유지할 수 있도록 해 주기 때문이다. 학생의 특성을 파악하기 위한 학생이해활동 혹은 학생조사활동의 원리는 다음과 같다(이재창, 2011).

첫째, 학생이해활동은 학생 개인의 궁극적인 이익을 위해서 수행되어야 한다. 학생에 관한 조사나 평가 활동은 교사나 학교 당국을 위해서 실시하는 것이 아니고 학생 자신을 위해서 실시하는 것이다. 그러므로 학생이 우선되어야 한다.

둘째, 각 개인은 독특하므로 이러한 독특성이 인정되어야 한다. 교사가 학생에 관한 정보를 수집하는 것은 학생들의 공통점을 찾기보다는 학생을 다른 사람과 구별하게 하는 고유성을 찾는 데 있다. 모든 인간은 자신만의 개성이 있다. 이러한 개성을 찾아내어 이를 개발시키도록 조력하는 것이 교사의 역할이라고 할 수 있다.

셋째, 모든 학생에게 같은 시기에 같은 양이나 정도의 조사를 할 필요는 없다. 학생마다 능력과 특성이 다르기 때문에 조사를 필요로 하는 유형과 정도 또한 다르다. 따라서 학생이해활동은 모든 학생을 대상으로 일괄적으로 시행하기보다는 학생의 필요에 따라서 실시하는 것이 바람직하다.

넷째, 모든 상황에 다 적합한 하나의 조사방법이나 절차는 없다. 조사의 대상이 되는 학생이나 조사내용의 성격에 따라서 질문지법이 더 효과적일 수도 있고, 면접법이 더 효과적일 수도 있다. 조사를 실시하기 전에 조사 대상과 대상이 처해 있는 상황을 철저히 파악해서 가장 적절한 방법과 절차를 사용해야 한다. 부적합한 조사방법을 사용하게 되면 조사 자체에 대한 남용이 되고 학생에게는 피해를 줄 수 있다.

다섯째, 학생조사활동은 검사의 한계, 즉 도구와 인력에 의해서 제한을 받고 있다. 인간의 특성은 워낙 다양하고 복잡하기 때문에 이를 정확하게 밝혀내는 데에는 한계가 있다는 것이다. 다른 하나는 지금까지 개발된 도구들은 인간의 속성이나 특성을 정확하게 밝혀낼 수 있을 정도로 완벽하지 못하다. 따라서 교사는 이러한 한계를 염두에 두고 조사에 임해야 하고 결과를 해석해야 한다.

여섯째, 학생이해활동은 개인의 긍정적인 면을 수용한다. 인간 차원에 관한 사정의 목표는 각 개인의 잠재력을 발견해 내는 데 있다. 각 개인에 내재하고 있는 독특한 가치를 밝혀내는 것으로, 긍정적인 것을 인지하는 낙관적인 과정이라고 할 수 있다.

일곱째, 학생이해활동의 궁극적인 목적은 학생들의 자기이해와 합리적인 의사결정을 증진시키는 것이다. 체계적인 조사와 분석을 통해서 학생들은 자신을 보다 잘 이해하게 되고, 자신에 관한 정확한 사실에 기초해서 결정을 내리기 때문에 현명한 의사결정을 내릴 수 있다.

여덟째, 학생이해활동은 학생 자신과 학생이 속해 있는 환경을 모두 이해하는 것이다. 예를 들면, 능력이 같은 학생으로부터 추출된 자료는 그 학생의 능력에 관한 환경의 영향도 함께 고려해야 한다. 따라서 조사의 범위가 학생이 속한 환경적 배경까지 확대되어야 한다는 것이다.

아홉째, 학생조사활동은 전문적인 윤리강령을 준수해야 한다. 교사를 비롯한 학생조사활동에 참여하는 모든 사람은 자신들이 다루고 있는 대상이 인간이라는 사실을 인식해야 한다. 그러므로 인권 보호를 위한 여러 가지 윤리강령을 준수해야 한다. 이에는 적절한 조사방법과 절차를 따를 것이 요구되고, 아울러 내담자의 권익을 보호하기 위해 사생활과 비밀보장에 대해서도 각별히 유의해야 함을 의미한다.

2. 표준화 검사에 의한 학생이해활동

교사는 학생 개개인의 능력이나 특성을 상대적으로 이해함으로써 효과적인 생활지도나 상담을 할 수 있다. 그러나 학생 개개인에 대한 비교에 있어서는 상대성을 지니고 있기 때문에 뚜렷한 기준에 의해서 이루어져야 한다. 뚜렷한 기준을 제시할 수 있는 검사는 표준화 검사(standardized test)에 의해서 가능하다. 표준화 검사는 고도의 훈련을 쌓은 전문가에 의해서 장기간에 걸친 연구와 검토 끝에 제작된 것으로서 학생들의 능력이나 특성을 객관적으로 평가할 수 있다.

표준화 검사는 교사가 만든 시험이나 질문지와는 다르다. 누가 사용하더라도 검사의 실시와 채점, 그리고 결과의 해석이 동일하도록 모든 절차와 방법을 일정하게 만들어 놓은 검사이다. 즉, 표준화 검사는 예비조사의 과정을 거쳐 검사의 목적에 가장 적합한 검사를 제작하기 위하여 검사문항의 표집과 구성을 엄격히 하고 검사실시 조건과 채점방법을 일정하게 규정해 놓았다. 또한 검사결과의 해석을 표준화시키고 규준(norm)에 비추어 의미 있게 비교할 수 있도록 규준점수를 제시하였다. 따라서 표준화 검사는 상당한 수준의 신뢰도와 타당도를 갖춘 검사로 인정받기 때문에 측정도구로 많이 이용되고 있다. 표준화 검사에서는 원점수를 비교할 수 있는 규준점수로 환산해서 규준표로 작성한 후 검사요강에 제시하고 있다(황응연, 윤희준, 1983). 가장 흔히 사용하는 규준에는 T점수, 백분위 점수, Z점수, 스테나인(Stanine) 점수, 또는 지능지수(IQ), 감정지수(EQ) 등이 있다. Cronbach(1984)는 표준화 검사의 기능을 예측(prediction), 분류(classification), 자기이해의 증진(promoting self-understanding), 치료나 프로그램의 평가와 개선(evaluation and modification of treatments or programs), 과학적 탐구(scientific inquiry) 등을 들었다.

표준화 검사는 측정내용, 경향성, 검사 목적, 문항 구성 형식, 시간 제한, 검사실시방법, 작업내용 등에 의해서 다음과 같이 분류된다(황응연, 윤희준, 1983).

첫째, 검사가 측정하고자 하는 측정내용에 따라 능력을 측정하는 학력검사, 지능검사, 적성검사가 있다.

둘째, 경향성 측정은 적응검사, 성격검사, 흥미검사, 자아개념검사, 태도검사, 가치관검사, 가정환경검사 등으로 분류된다.

셋째, 검사 목적에 따라서는 총점으로 결과의 개요를 판단하는 개요검사(survey test), 하위 요인별로 세분해서 결과를 판단하는 분석검사(analysis test)가 있고, 분석검사와 같이 하위 요인별 결과를 보면서 피검자의 능력이나 특성 가운데 강점과 약점을 판단하는 진단검사(diagnosis test)로 분류된다.

넷째, 문항 구성 형식에 따라 지필검사(paper pencil test)와 수행검사(performance test)로 분류된다.

다섯째, 검사 측정방법에 따라 시간 제한을 가하는 속도검사(speed test)와 시간 제한 없이 답할 수 있도록 하는 역량검사(power test)로 분류된다.

여섯째, 검사실시방법에 따라 개별검사와 집단검사로 분류된다.

일곱째, 일정한 시간 내에 개인의 최대한의 능력을 측정하는 최대작업검사

(maximum performance test)와 개인의 일상적인 행동을 측정하는 전형적 작업검사(typical performance test)로 분류된다.

1) 지능검사

지능검사는 개인이 가지고 있는 일반적인 지적 능력을 측정하기 위하여 만든 것이다. 지능에 관한 정의는 학자마다 다양하게 규정하고 있는데, 이를 종합하면 대체로 학습 능력, 추상적 사고 능력, 환경에 적응하는 능력 등으로 정의한다. 따라서 지능검사는 지능의 개념을 어떻게 규정하느냐에 따라 그 내용이 다소 다를 수 있다. 지능검사는 여러 가지 표준화 검사 중에서 가장 널리 활용되는 검사이다. 학교에서는 학습지도나 생활지도를 위한 참고자료로 많이 쓰인다.

지능의 구조 또는 구성요인이 어떠한 것인지에 대해 학자들 간에 합의된 단일한 견해는 없다. 그러한 가운데서도 지능의 구조를 가장 종합적이면서 체계적으로 정리한 것으로 Guilford의 지능구조(structure of intellect) 모델을 들 수 있다. 그는 지능이 5개요소의 작용(operation), 4개 요소로 구성된 내용(content), 6개 요소로 구성된 산출(products)이 상호 조합되어(5×4×6=120) 120개의 요인으로 구성된 것으로 보았다.

지능과 학습과 관련하여 한 가지 고려해야 할 점은 지능지수는 어느 정도의 가능성을 예언해 주는 것이지 그것 자체가 절대적인 의미를 갖는 것은 아니라는 점이다. 지능지수는 정신연령을 실제연령으로 나눈 것에 100을 곱한 것이다. 이것은 동일한 생활연령의 아동은 동일한 학습 기회를 가졌음을 전제로 한다. 그러나 실제에 있어서 같은 연령의 아동이 같은 학습 기회를 갖는 것은 아니다. 또한 평균 이상의 지능을 가진 학생도 학업에 실패한다. 학업에는 지능 이외의 많은 변수가 작용함을 의미한다.

2) 적성검사

적성은 일반적인 지적 능력과는 구별되는 특수 능력을 말하는 것으로, 적성검사는 이러한 특수 기능을 측정하는 검사이다. 적성검사(aptitude test)는 대개 장차 얼마나 성공 가능성이 있고, 어느 정도 성취할 수 있는가 등 미래의 예언에 좀 더 관심을 갖고 있을 때 사용한다. 예컨대, 대학에 진학하는 학생들이 어느 분야의 학과를 선택하는 것이 좋을지 알아보고자 할 때 이러한 목적에 알맞은 적성검사를 활용할 수 있다.

일반적으로 적성은 미래의 어떤 직업이나 분야에서 일을 수행하거나 학습할 수 있는 개인의 능력을 특징짓는 특성(trait)을 의미한다. 따라서 적성검사는 주어진 활동을 성취하거나 학습할 수 있는 잠재력을 측정하도록 제작된 검사이다.

적성검사는 지능검사와 혼용해서 사용하기도 하고, 모두 능력검사(ability test)로 분류되어 사용되기도 한다. 그러나 엄밀하게 지능검사는 주로 개인의 학습 가능성과 관련된 포괄적이고 일반적인 지적 능력을 측정하는 경향이 있고, 적성검사는 구체적인 분야에서의 성공을 예언하기 위해서 구체적인 하위 요인에 초점을 맞추는 다요인검사라고 할 수 있다.

적성검사는 특히 다음과 같은 기능을 가지고 있다(Gibson & Mitchell, 1981).

- 개인이 미처 인식하지 못하고 있는 잠재력을 발견할 수 있다.
- 개인의 특수 능력이나 잠재력을 개발하도록 격려할 수 있다.
- 학업이나 진로를 결정하는 데 있어서 중요한 정보를 제공할 수 있다.
- 개인의 미래의 학업이나 직업에 있어서의 성공 가능성을 예측할 수 있다.
- 다른 발달이나 교육적인 목적에 따라서 학생들을 적성에 따라 분류할 수 있다.

3) 흥미검사

흥미검사(interest test)는 일반적으로 어떤 현상이나 사물에 대해서 개인이 좋아하거나 싫어하는 것 혹은 몰두하거나 호기심을 갖는 경향성을 의미한다. 흥미는 넓은 의미에서 개인의 성격 구조의 한 측면이라고 할 수 있다. 이러한 흥미는 특히 개인의 학습 동기와 관련이 있기 때문에 학습의 능률은 물론이고 개인의 행복과 직결되는 요인이다.

이러한 흥미는 학습 상황뿐만 아니라 일을 수행하는 데에도 중요하게 작용을 한다. 그러므로 진로 결정 과정에서 중요하게 다루어져야 할 요인이라고 할 수 있다. 따라서 학생의 학습 효과를 증진하기 위해서 그리고 합리적인 진로 결정을 위해서 학생의 홍미를 파악하는 것이 중요하다. Crites(1978)는 개인의 홍미를 측정하는 방법으로 직접질문, 직접관찰, 홍미검사 등을 들었다. 이 중에서도 가장 보편적인 방법은 홍미검사에 의한 방법이라고 할 수 있다. 홍미검사를 활용할 때에는 다음과 같은 점에 유의해야 한다(이종승, 2010).

- 홍미는 점진적으로 연령이 증가함에 따라 변화하고 발전한다.
- 홍미검사는 다른 검사에 비해 허위로 반응할 가능성이 높다.
- 홍미검사의 결과가 개인의 학업이나 직업에서의 성공, 적응도, 만족도를 정확히 예언해 주는 것이 아니라 그 분야에 대한 동기가 높다는 것을 나타낼 뿐이다.

4) 성격검사

성격검사(personality test)는 개인의 지속적인 동기의 경향이나 비교적 오랫동안 계속되는 심리 상태를 알아보기 위하여 만든 검사이다. 성격은 흔히 인성이라는 개념과 혼용되어 사용된다. Allport(1961)는 성격을 환경에 대한 독자적인 적응을 규정하는 심리·생리적 체계의 개체 내에 있어서 역학적인 체제로 이해하였으며, Eysenck(1965)는 성격을 그 환경에 대한 독자적인 적응을 규정하는 개인의 성격, 기질, 지성 및 신체의 영속적인 체제라고 하였다. 그러므로 성격검사는 개인의 능력과 구별되는 개인의 정서적·동기적·대인적·태도적 특성을 측정하는 도구를 의미한다(Anastasi, 1982).

성격검사가 주로 측정하는 내용은 기질과 적응성, 태도, 의견, 홍미, 가치, 그리고 도덕성과 품성 등을 들 수 있고, 또 사회성, 기질, 정서성, 적응성, 욕구, 갈등 등을 들 수 있다. 성격검사의 방법은 측정하는 형태에 따라서 일반적으로 목록법, 평정법, 작업검사법, 투사적 기법 등으로 구분할 수 있다(윤운성, 김홍운, 2003).

첫째, 목록법(inventory type)은 성격에 관한 많은 문항에 대해서 '예' '아니요' 등의 간단한 응답을 하게 하는 질문지법의 대표적인 형태이다. 대부분의 성격검사가

이 형태에 속한다. 이 방법은 단점도 있지만 실시방법이 간편하고, 결과 처리를 객관화할 수 있고, 수량화가 용이한 이점이 있기 때문에 널리 활용되고 있다. 대표적인 예로는 미네소타 다면적 인성검사(Minnesota Multiphasic Personality Inventory: MMPI)를 들 수 있다.

둘째, 평정법(rating method)은 면접이나 관찰을 통해서 얻은 피험자의 행동에서 추출된 어떤 성격 특징의 양을 판정해서 표시하는 방법이다. 즉, 성격 특성을 몇 개의 문항 수로 선정해서 각 문항에 대해 양극단을 정하고 그 사이를 3~5단계로 나눈다. 그리고 피검자의 행동을 관찰해서 그 정도에 따라 척도의 어느 단계에 맞추어 점수를 매긴다.

셋째, 작업검사법(performance test method)는 일정한 작업을 피검자에게 주어서 작업 과정과 결과에 의해서 성격을 진단하는 방법이다.

넷째, 투사적 기법(projective technique)은 성격의 역동적 구조를 밝혀내기 위한 방법이다. 즉, 특정 개인의 전체적이면서 하나인 성격의 역동이나 구조를 여러 가지 자극 사태에서의 반응 과정을 통해 파악하고, 거기에서 어떤 개성적인 법칙을 찾아내려는 방법이다. 이 방법의 특징은 먼저 방법이 간접적이기 때문에 피검자는 검사자가 무엇을 원하는지 모르며, 다음으로 피검자가 자유스럽게 반응하기 때문에 피검자의 반응은 그 개인에게 있어서는 중요하고 결정적인 어떤 내면적인 것을 보여 주게 되고, 끝으로 해석은 자료의 여러 가지 변수를 동시에 평가하고 측정함으로써 이루어진다. 이에 속하는 검사로는 로샤 검사(Rorschach test), 주제통각검사(Thematic Apperception Test: TAT), 문장완성검사(Sentence Complection Test: SCT), 벤더-게슈탈트 검사(Bender-Gestalt test) 등이 있다.

5) 창의력 검사

창의력 검사(tests of creative thinking)는 Torrance가 만들고 현재 전 세계적으로 광범위하게 사용되고 있는 창의력 검사를 한국 표준화한 것이다. Torrance는 창의력을 '일반화된 정신능력들의 집합'이라고 정의하였다. Torrance의 창의력 검사는 언어와 도형의 두 가지가 있다. 언어검사를 구성하는 활동은 질문하기, 원인 추측하기, 결과 추측하기, 작품 향상시키기, 독특한 용도, 가상해 보기 등의 6개 활동이며, 창의력의 하위 요인은 유창성, 융통성, 독창성이다. 도형검사를 구성하는 활동은 그림 구성하기, 그림 완성하기, 선 그리기이며, 창의력의 하위 요인은 유창성, 독창성, 제목의 추상성, 정교성, 성급한 종결에 대한 저항이다.

6) 감성 지능 검사

감성 지능검사(emotional intelligence test)는 아직까지는 일반화되어 있지 않기 때문에 표준화 과정을 거친 검사도구로 확정되지는 않았다. 그러나 1990년대부터 미국의 심리학자인 Mayer와 Salovey에 의해서 주창되기 시작하면서 일반화되기 시작하였는데, 인간의 감성(감정)을 정확히 파악함으로써 한 개인을 이해하는 방식으로 점차 자리를 잡아 가고 있다. Salovey와 Mayer(1990)는 처음에 감성 지능을 "자신의 감정(또는 기분)과 다른 사람들의 감정(또는 기분)을 점검하는 능력, 그 감정(또는 기분)을 구별하는 능력, 그리고 이러한 정보를 이용하여 자신의 사고와 행동을 이끄는 능력"으로 정의하였다. 달리 표현하면, 감성 지능은 감정 정보처리 능력이며, 감정 정보처리 능력은 자신과 다른 사람들의 감정을 정확히 지각하고, 인식하고, 적절히 표현하는 능력, 삶을 향상시키는 방법으로 자신과 타인의 감정을 효과적으로 조정하는 능력, 동기를 부여하고 계획을 수립하고 목표를 성취하기 위하여 감정을 이용하여 자신의 행동을 이해하고 이끄는 능력이다(Salovey & Mayer, 1990).

3. 비표준화 검사에 의한 학생이해활동

학생이해활동은 학생들로 하여금 자신을 더 잘 이해할 수 있도록 돕는 것을 목적으로 한다. 학생이해활동에 보편적으로 사용되는 방법은 앞에서 설명한 표준화 검사에 의한 방법이라고 할 수 있다. 이 방법은 검사의 타당성과 신뢰성이 있고, 비교할 규준이 있으며, 다수의 학생에게 실시할 수 있고, 채점 및 해석이 편리해서 널리 사용된다. 그러나 이러한 표준화 검사는 몇 가지 제한점을 갖기 때문에 이를 보충하기 위해서 교사가 필요에 의해 간편하게 사용할 수 있는 비표준화 검사가 필요하다. 여기서는 대표적인 비표준화 검사인 관찰법, 일화기록, 질문기법, 면접법, 투사법, 사회성 측정법, 사례연구법, 자서전법, 누가기록을 다루고자 한다(연문희, 강진령, 2006).

1) 관찰법

관찰법(observation method)은 사물의 현상이나 사건을 주의 깊게 살펴보는 방법을 의미한다. 이 방법은 가장 대표적인 비표준화 검사방법이라고 할 수 있다. 관찰은 인간의 문제해결방법 가운데에서 가장 역사가 오래된 기초적인 방법이다(이재창, 2011). 관찰이 자료수집의 수단으로 쓰이기 위해서는 타당하고 신뢰할 수 있으며, 객관적인 관찰이 가능해야 한다. 이러한 관찰법은 주로 연구 대상 자신이 자료수집을 위한 활동이나 보고 능력이 부족한 경우 혹은 다른 측정방법을 사용하면 연구 대상의 사회적 상호작용 과정을 방해할 염려가 있는 경우에 유용하다. 관찰법은 연구 대상의 조사결과가 심리 상태에 따라 달라지지 않는다는 점, 연구대상이 자신의 생각이나 느낌을 정확히 표현할 수 없어도 자료수집이 가능하다는 장점이 있다. 하지만 겉으로 드러나지 않는 특성은 관찰이 불가능하며, 연구 대상의 지극히 사적인 행동이나 혹은 피험자가 타인에게 관찰되기를 원치 않는 행동은 관찰하기가 어렵다는 단점이 있다. 관찰의 목적은 생활지도와 상담의 측면에서 특정한 학생에 대한 판단을 내리는 데 필요한 자료를 수집하기 위해서이다.

관찰의 유형은 자연적 관찰, 통제적 관찰, 참여 관찰, 비참여 관찰 등이 있다. 구체적으로 살펴보면 다음과 같다(김완일, 김옥란, 2015).

첫째, 자연적 관찰은 관찰의 상황을 조작하거나 인위적으로 어떤 특별한 자극을 주는 일 없이 자연적인 상태에서 일어나는 현상이나 사건을 있는 그대로 관찰하는 방법이다.

둘째, 통제적 관찰은 관찰의 시간, 장면, 행동 등을 의도적으로 설정해 놓고 이러한 조건하에서 나타나는 행동을 관찰하는 방법이다.

셋째, 참여 관찰은 연구자가 관찰하고자 하는 상황 속에 직접 뛰어들어 연구 대상과 같이 생활하며 관찰하는 것을 말한다.

넷째, 비참여 관찰은 연구자가 연구 대상의 생활에 참여하지 않고 관찰하는 것을 말한다.

관찰은 관찰자의 고도의 훈련과 역량을 요구하는 특수활동이라고 할 수 있다. 관찰의 성패는 관찰자의 자질에 달려 있다. 잘못된 관찰결과에 의해서 피험자가 받을 피해를 생각해서 신중하게 관찰이 이루어져야 한다. 그러기 위해서는 우선 관찰자가 반복적인 실습을 통해서 관찰의 정확성을 증대시켜야 하고, 경우에 따라서는 두 명 이상의 관찰자가 동시에 같은 대상을 관찰해서 그 결과를 비교함으로써 관찰의 객관성을 높일 수 있다. 관찰의 정확성을 기하기 위해서 유의해야 할 지침을 살펴보면 다음과 같다(윤운성, 김홍운, 2003).

- 관찰을 하기 전에 무엇을 관찰할 것인지 명확해야 한다.
- 관찰의 구체적인 준거(criteria)를 정해야 한다.
- 관찰은 비교적 장기간에 걸쳐 실시되어야 한다.
- 관찰은 다양하고 자연스러운 상황에서 이루어져야 한다.
- 전체 상황의 맥락에서 관찰이 이루어져야 한다.
- 관찰에서 얻은 자료는 다른 자료들과 종합해서 분석되어야 한다.

2) 일화기록

일화기록(anecdotal records)은 특정 상황에서의 개인의 행동을 상세하게 기록하는 것이다. 이 방법은 교사나 관찰자가 학생의 중요한 행동 사례를 비형식적으로 보고하는 형태이다. 일화기록은 주어진 상황에서의 행동 표본을 서술한다. 일화기록에 서술된 행동은 긍정적이거나 부정적일 수 있으나, 학생의 행동을 서술해야지 관찰자의 그러한 행동에 대한 해석을 서술해서는 안 된다.

일화기록은 평정척도와 같이 상대적 비교를 하는 것도 아니고, 표준화 검사처럼 수량적으로 기록하는 것도 아니고, 실험과 같이 어떤 특정한 조건하에서 일어나는 행동에 국한시켜서 기록하는 것도 아니다. 한 개인을 그 사람의 개성적인 입장에서 구체적인 사태 혹은 사건을 관찰함으로써 절대적, 개성적, 질적으로 기술하려는 것이 이 방법의 특징이다(황정규, 1985).

일화기록에서 문제가 되는 것은 관찰자의 해석을 일화기록에 기록해야 하느냐는 것이다. 즉, 일반적으로 관찰자의 해석 없이 관찰결과를 그대로 기록하는 것이 바람직하고, 해석은 여러 개의 일화기록을 종합해서 내리는 것이 바람직하다. 이렇게 함으로써 학생의 전반적인 행동 유형을 파악할 수 있기 때문이다.

일화기록에서 유의할 점을 들어보면 다음과 같다(Shertzer & Stone, 1981).

첫째, 행동이 일어난 날짜와 상황을 기록해야 한다.

둘째, 학생의 행동과 이 행동에 대한 다른 학생의 반응, 그리고 이 반응에 대한 원래 학생의 반응을 기록해야 한다.

셋째, 관찰된 상황에서 학생이 이야기한 내용과 다른 사람이 그 학생에게 이야기한 내용을 모두 기록해야 한다.

넷째, 학생의 정서 표현에 단서(cue)가 될 만한 몸의 자세, 몸짓, 음성, 얼굴 표정 등에도 주의를 기울여야 한다.

다섯째, 학생의 생활에서 한 행동적 계기를 제시할 수 있도록 상황을 충분하게 기술해야 한다.

일화기록은 다양한 형태로 기록될 수 있다. 그러나 어떤 형태이든 학생의 이름, 학년, 날짜, 장면의 표현, 사건의 기술, 관찰자의 이름 등이 꼭 명시되어야 한다. 경우에 따라서는 관찰자의 의견이나 해석, 추천사항, 또 관찰자의 느낌도 기록할 수 있으나, 이런 경우에는 서술과 해석을 명백히 구별해야 한다. 어떤 행동이든 관찰자에게 의미가 있어 보이면 서슴지 말고 기록해야 하고, 될 수 있으면 다양한 장면에서의 일화를 기록하는 것이 바람직하다.

3) 질문지법

질문지법(questionnaire method)은 어떤 문제나 사물에 대해 필요한 사항을 알아보기 위하여 일련의 문항들을 체계적으로 조직화하여 만든 조사 도구를 사용하는 방법을 말한다. 일반적으로 이 기법은 어떤 문제나 사건에 대한 개인의 의견 또는 태도를 알아보고자 할 때 사용된다. 질문지법은 개인의 독특성보다는 보편화된 특성을 바탕으로 한 개인이 어느 정도에 위치하는지, 즉 개인의 상대적인 위치를 비교하여 평가하는 방법이다.

이러한 질문지법은 질문 형식에 따라 몇 가지로 나뉜다. 질문지법에는 자유반응형, 선택형, 체크리스트형, 평정척도형, 순위형 등이 있다. 선택형은 비용이 적게

들고 간편하며 연구자가 응답자에게 미치는 영향을 줄일 수 있으며 개인적 생활 경험이나 심리적 특성과 같이 조사하기 어려운 것을 알아보기 용이하다는 장점이 있다. 하지만 단점으로는 응답자의 문장이해력과 표현 능력에 의존하기 때문에 언어 능력이 부족한 대상에게는 적용하기 어려우며, 질문지에 응답한 내용의 진위를 파악하기 어렵다는 점과 질문지의 회수율이 낮다는 점 등을 들 수 있다(이종승, 2010). 이러한 질문지법은 다른 관찰법이나 면접법 등과 같은 평가법과 병행하여 실시할 때 효과적이다.

체크리스트형(checklist)은 관찰하려는 행동 단위를 미리 자세히 분류해서 표로 작성하고, 그러한 행동이 나타났을 때 체크하게 하거나 빈도로 표시하게 하는 방법이다. 이 방법은 기록이 능률적이고 양적인 처리가 쉽다는 이점이 있으나, 행동 단위를 의미 있게 조직적으로 분류해야 한다는 난점이 있다. 행동 단위의 분류에서는 특히 첫째로 분류가 서로 배타적이어야 하고(exclusive), 둘째로 분류의 기초가 단일해야 하며(univocal), 셋째로 관찰하려는 행동이 모두 포함되도록 해야(exhaustive) 한다(윤운성, 김홍운, 2003). 체크리스트형의 예를 들면 〈표 11-1〉과 같다.

표 11-1 체크리스트형 예시

행동 \ 학생명	재웅	영민	철수	영은	다은
① 혼자서 논다.			✓		
② 협동하며 논다.	✓		✓✓		
③ 다른 사람을 불쾌하게 한다.					
④ 권위자에 대해 비판한다.				✓	✓
⑤ 욕설을 사용한다.					
⑥ 지각을 한다.		✓			
⑦ 수업 중에 잡담을 한다.	✓		✓	✓✓	

평정척도형(scale method)은 학생의 정보를 얻기 위한 방법으로서 행동을 일정한 평가척도로 옮겨 검사하는 방법을 의미한다. 타인에 의한 행동평정은 신뢰도나 타당도를 높이기 위해서 한 학생에 대하여 여러 사람이 평정한 것을 종합해 보는 것

이 바람직하다. 각 평정의 단계는 상, 중, 하 또는 수, 우, 미, 양, 가 등 3단계, 5단계, 7단계로 나누어서 척도를 만들어 숫자를 표시하거나 체크하여 등급을 매기는 방법을 사용한다. 다시 말하면, 어떤 대상을 어떤 특성에 비추어 일정한 표준에 따라 판단하도록 되어 있는 척도를 말한다.

평정척도를 제작하거나 선택할 때에는 특히 다음과 같은 사항을 고려해야 한다 (Shertzer & Stone, 1981).

첫째, 평정하려고 하는 요인이나 특성이 명백하게 규정되어 있는가? 평정하려는 구체적인 행동은 그 척도를 사용하는 모든 평정자에게 같은 의미를 전달해야 한다.

둘째, 평정하려고 하는 요인이나 특성은 관찰이 가능한가? 모든 관찰자가 쉽게 관찰할 수 없는 특성은 가급적 제외해야 한다. 학교생활의 평정에 있어서는 정상적인 학교 일과 동안에 관찰할 수 있는 특성을 포함해야 한다.

셋째, 각 특성의 정도가 규정되어 있는가? 평정될 각 요인의 정도나 수준이 밝혀져야 한다. 이러한 수준은 일반적으로 낮은 것에서 높은 것으로, 단순한 것에서 복잡한 것으로, 수용하지 못하는 것에서 수용하는 것으로 그 범위를 포함한다. 수준이 분명치 않고, 너무 많으면 평정자에게 부담을 준다. 또한 가급적이면 매우, 좀, 보통, 많이 등과 같은 표현은 피하는 것이 좋다. 왜냐하면 이러한 표현은 사람마다 각기 다른 의미를 갖기 때문이다. 평정척도형의 예는 [그림 11-1]과 같다.

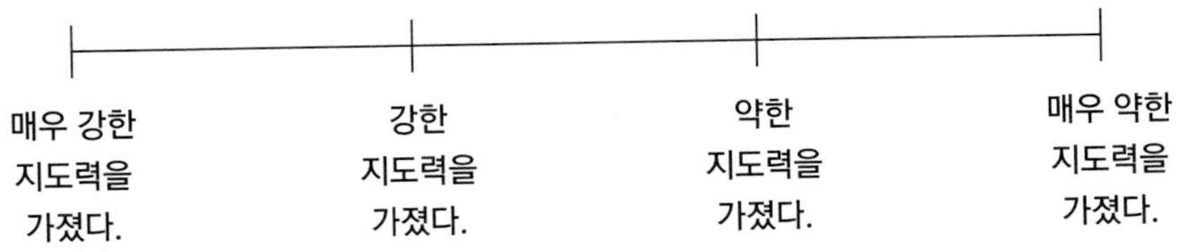

그림 11-1 평정척도형 예시

4) 면접법

면접법(interview method)은 필요한 자료를 수집하기 위하여 연구자와 피험자 간에 언어를 매개로 상호작용하는 것을 활용하는 방법이다. 면접을 통하여 피험자의 경험담이나 생활사, 조사 항목에 대한 응답 등 언어적 진술내용뿐만 아니라 감정, 태도, 표정, 어투 등 비언어적 특성도 파악할 수 있다. 이 기법은 보다 개인적이고 심층적인 자료를 얻는 데 목적이 있다. 그러나 이 방법은 피험자에 대해 전체적이고 역동적인 정보를 얻을 수 있는 반면, 연구자의 주관성이나 측정치를 수량화할 때의 한계를 피할 수 없다.

면접의 과정과 사전 계획의 수립 정도에 따라 구조화 면접, 비구조화 면접, 반구조화 면접 등으로 구분할 수 있다. 먼저 구조화 면접은 질문의 내용, 방식, 순서 등을 미리 정해 놓고 모든 대상에게 사전에 준비한 질문을 중심으로 면접하는 방식이다. 다음으로 비구조화 면접은 질문 방식이나 내용을 미리 정해 놓지 않고 연구자가 상황에 맞추어서 유연하게 진행하는 방식을 말한다. 마지막으로 반구조화 면접은 구조화 면접과 비구조화 면접의 장점을 살리기 위한 절충식 면접법이다. 즉, 어느 정도 질문내용을 정해 놓은 상태에서 면접자가 유연하게 진행하는 방식이다(이종승, 2010). 구조화 면접은 질문의 내용과 순서가 정해져 있기 때문에 연구자가 쉽게 접근할 수 있으며, 수량화나 자료 정리가 수월하다는 장점이 있다. 반면에 비구조화 면접은 일정한 형식에 구애받지 않아서 상황의 변화에 따라 적절한 정보를 얻을 수 있다는 장점은 있지만, 연구자의 능력이 요구되며, 수집한 정보의 자료 정리가 쉽지 않다는 한계가 있다.

면접은 교사가 학생들에 관한 전체적 지식을 줌으로써 학생들이 이해하도록 기회를 주는 데 있다. 즉, 개인의 성장, 발달, 적응, 인성의 특징을 심층적으로 탐색할 수 있도록 하기 위해서 면접을 통하여 얻은 정보를 가지고 학생들의 기록을 알아볼 수 있고 분류할 수 있다. 또한 면접은 학생들로 하여금 자기분석과 자기이해를 할 수 있도록 도와줄 수 있다. 예를 들면, 면접의 기회가 학생에게 시험 또는 검사 결과를 해석하고, 그의 태도와 흥미에 관해서 토론하며, 직업 및 교육적인 계획을 탐색할 때 상담자는 학생의 긴장을 해소시키고, 부정적 감정을 극복하도록 하며, 면접 과정에서 공격성을 이완시키는 작용을 할 수 있다. 면접을 통하여 새로운 많은 정보를 얻을 수 있으며, 대화 속에서 지도나 조언을 할 수 있다. 면접은 생활지도 활동상에서 가장 필수적이며, 문제해결은 대화를 통해서 전개된다. 모든 학생은 각 개인이 지니고 있는 흥미, 적성, 능력, 경험 배경, 성취 동기, 미래 계획에 대한 문제를 면접의 절차를 통하여 파악하는 데 도움이 된다.

학생을 이해하기 위해서는 학생 자신을 대상으로 하는 학생면접법이 선행되어야 한다. 또한 학생을 좀 더 잘 이해하며 주변 사람들의 학생에 대한 관점을 파악하기 위해서는 교사면접법과 부모면접법을 병행할 수 있다. 학생에 관한 정보를 얻기 위해서 담임교사나 수업담당 교사와 면접하는 것은 이들이 학생을 관찰할 기회가 많으며, 학생의 행동에 대한 객관적인 평가를 할 수 있기 때문이다.

학생이해활동에서 가정환경을 파악할 때, 유의해야 할 점은 다음과 같다(윤운성, 김홍운, 2003).

첫째, 면접의 목적을 명료화한다. 사전에 면접의 목적을 면접을 통해서 무엇을 성취할 것인가를 분명히 밝혀 두어야 한다.

둘째, 상대방을 편안하게 해 준다. 자연스럽게 상대방의 마음을 편안하게 해 주는 시간과 장소, 그리고 일상 화제로 이야기를 시작하는 것이 좋다.

셋째, 비밀보장은 필수이고 윤리이다. 면접 장소는 제3자의 출입으로 예기치 않은 중단이 생기지 않는 곳이어야 하며, 또한 면접 시 이야기가 딴 것으로 들리지 않는 곳이어야 한다. 한편, 면접 시 상대방에게 비밀을 보장함을 확인시켜 준다.

넷째, 라포(rapport)의 형성이다. 라포는 상담자와 내담자 사이의 따뜻하고 가까운 신뢰관계를 가리키는 말로서 상대방이 호의를 가지는 이러한 친화적 관계는 면접의 목적을 성공적으로 수행하는 중심적 역할을 한다. 따라서 상호 이해와 상호 신뢰의 라포를 형성하기 위해서 교사는 성실하고 다정한 태도와 신뢰감을 조성하여 분위기를 부드럽게 하는 것이 필요하다.

다섯째, 화제의 순서에 유의한다. 조급하게 본론에 들어가는 것은 좋은 결과를 가져오지 못하며, 특히 라포를 형성하는 데 방해가 되므로 처음에는 상대방이 이야기하기 쉬운 내용에서 시작하고 거북하게 느끼는 내용은 상대방의 신뢰감이 싹틀 때까지 뒤로 미루는 것이 효과적이다. 훌륭한 면접자는 상대방의 반응에 민감하여야 하며, 선입견을 가진 질문이나 표현은 배제할 수 있어야 한다.

여섯째, 면접 시 질문에 유의한다. 질문할 때에는 상대방이 부정하기 쉽거나 '예' '아니요'로 답할 수 있는 질문을 되도록 피하는 것이 좋다. 즉, 상대방이 자신의 느낌을 이야기할 수 있는 기회를 주어야 한다. 따라서 심문하는 식의 일방적인 질문이나 불필요한 억양이나 강조는 피해야 한다.

일곱째, 답변보다는 답변의 이면에 있는 진실을 파악한다. 진술하는 내용보다 그 뒤에 숨은 느낌이나 생각에 더 많은 관심을 두어야 한다.

여덟째, 기록을 한다. 흔히 우스갯소리로 '적자생존'이라고 말한다. 이는 기록하는 자가 살아남는다는 뜻이다. 실시한 면접은 반드시 누가기록부나 면접카드에 간략히 기록하여 언제든지 누구에게나 도움이 되도록 하여야 한다.

5) 투사법

투사법(projective method)은 피검자에게 불분명하고 애매모호한 자극을 제시함으로써 피검자의 욕구나 갈등, 지각 등에 대해 방어하기 어렵게 하여 그의 본연의 성격 특성을 알아보고자 하는 검사를 말한다. 객관적인 질문지의 경우에는 피검자들이 검사의 의도를 알아차릴 수 있을 뿐만 아니라 자신이 의도하는 대로 응답할 수 있다. 하지만 투사법의 경우에는 자극의 내용이 불분명하기 때문에 피검자가 자신의 의도에 따라 반응하는 것이 어렵다. 대표적인 투사검사에는 로샤 검사, 주제통각검사 등이 있다. 로샤 검사는 10개의 잉크반점이 그려 있는 카드를 보여 주며 어떻게 보이는지를 이야기를 하게 하여 피검자의 성격과 정신건강을 파악하는 검사이다. 주제통각검사는 어떤 특정한 상황이 그려 있는 그림카드를 보여 준 후, 피검자에게 그 상황에 대한 이야기를 하게 함으로써 성격을 파악하는 검사이다. 이러한 투사법은 객관성과 타당성이 부족하다는 단점이 있지만, 피검자의 내면의 반응을 자유롭게 이끌어 낼 수 있기 때문에 임상이나 상담 장면에서 널리 활용되고 있다.

6) 사회성 측정법

사회성 측정법(sociometry method)은 Moreno에 의해 제안된 인간관계의 연구방법으로서 집단 내에서 개인들의 친구 선택에 관한 자료를 수집하는 기술을 의미한다. 사회성 측정법은 여러 상황에서 학생들이 선택하거나 배척하는 사람은 누구인가를 물음으로써 개인 사이의 수용이나 배척 관계를 알 수 있다. 즉, 집단구성원 간의 상호 수락, 매력, 반발, 무관심 등을 조사하여 개개인의 집단 내의 지위와 집단의 사회적 구조를 알아내는 것이다.

특히 생활지도에서 이 방법은 매우 유용한 것으로, 개인의 집단생활에서의 적응과 학생 간의 관계에 대한 이해에 유용하다. 인간이 성장을 위해서 상호작용하는 환경 중에서 학교 환경, 특히 학생 집단 사회에서 학생이 어느 정도 인정되고 수용되느냐의 문제는 사회적 발달 측면에서뿐만 아니라 정서적 및 지적 활동에도 많은 영향을 끼치며, 흔히 문제는 이러한 사회적 적응에의 실패에서 발생하기 때문에 더욱 그 중요성이 인정된다. 이러한 의미에서 집단 내의 인간관계에 대한 올바른 파악은 생활지도에 필수적이며 그 방법이 바로 사회성 측정법인 것이다. 이것은 일명 수용성 검사 혹은 교우관계 조사법이라고도 한다.

7) 사례연구법

사례연구법(case study method)은 학생의 문제행동의 특성과 원인을 찾아 거기에 대한 교육적 대책 또는 치료적 대책을 강구하기 위한 방법으로서 특정 아동이나 학생의 문제행동의 소재를 밝혀내기 위해 출생에서부터 현재까지의 생활사를 기초로 해서 여러 가지 면에서 여러 가지 수단으로 종합적으로 또한 조직적으로 자료를 수집하고 연구하는 방법이다. 사례연구법은 개인에 대한 심층적인 연구를 할 수 있지만, 연구자의 주관성이 많이 개입되기 때문에 일반화가 어렵다는 한계가 있다. 뿐만 아니라 많은 시간과 노력이 들기 때문에 경제적이지 않다.

사례연구는 여러 가지 면에서 다음과 같은 가치를 지니게 된다(연문희, 강진령, 2006).

첫째, 사례연구법은 각 개인에 대한 포괄적인 배경과 자료를 얻게 한다.

둘째, 사례연구법은 각 개인에 대한 객관적 이해를 도와준다.

셋째, 사례연구법은 각 개인에 대한 단편적이고 분리된 자료 및 정보를 종합해 주고 동시에 상호 관련을 맺게 해 준다.

넷째, 사례연구법은 학생들의 상담과 교과지도를 위한 정확한 자료를 제공해 준다.

다섯째, 사례연구법은 교사를 위한 재교육 계획으로 활용할 수 있다. 그리고 학교의 전체적인 생활지도 활동의 적합성을 평가해 줄 뿐만 아니라 검사 계획이나 누가기록의 사용에 대한 올바른 이해를 촉진시켜 준다.

여섯째, 사례연구법은 심각한 문제를 가진 사례를 진단하여 치료 내지는 교정하는 데 크게 도움을 준다.

8) 자서전법

자서전법(autobiographical method)은 개인의 성장·발달 과정에 있어서의 여러 사실을 역사적으로 기록시킴으로써 자료를 수집하는 방법이다(이재창, 2011). 즉, 자신에 대한 이해 정도와 경험 등을 스스로 기록하게 함으로써 개인의 외부 행동과 함께 심리적 태도와 정서 등을 이해하도록 한다.

자서전을 통하여 개인의 능력 정도, 흥미, 선호와 싫어함, 미래의 계획, 열망, 인생에 있어서 중요한 인물 등과 같은 내용을 학생들로 하여금 대답할 수 있도록 지면을 통하여 쓰도록 한다. 학생들에게 과거, 현재, 미래에 관한 사실을 도출해 낼 수 있도록 하기 위해서는 그들에게 특별하고 중요한 영역에 있어서는 자유롭게 표현할 수 있도록 자극을 주는 데 있다. 따라서 자신을 솔직하게 털어놓을 수 있는 의지와 자기통찰과 자기이해, 주제내용에 대한 이해와 글을 쓰는 과정을 통해서 의사소통을 할 수 있는 능력을 기를 수 있기 때문에 매우 친근한 기법이라고 할 수 있다(이재창, 2011).

가장 많이 사용되는 자서전은 학생들로 하여금 자유롭게 자신에 대해서 쓰도록 하는 비구조적인 형태이다. 이는 다른 조사방법에 의해서는 얻기 어려운 학생에 관한 정보를 얻는 최선의 방법이라고 할 수 있다. 특히 아무 제약이나 조건 없이 특정한 주제에 구애받지 않고 자유롭게 쓰는 것이기 때문에 학생의 내면세계를 이해하는데 도움이 된다. 반면, 구조적인 방법은 구체적인 질문에 대해서 반응하거나 구체적인 주제에 대해서 서술하는 형태이다. 이는 특히 구체적으로 학생에 관해서 필요한 정보를 얻는 데 도움이 되고, 내용을 분석하고 다른 학생들과 비교하는 데 유용한 방법이다. 그러나 이 방법은 이러한 자유와 융통성에 제한을 가져올 수 있다. 왜냐하면 자서전법의 커다란 장점이 학생들로 하여금 자유롭게 의사표현을 하는 것인데, 학생이 중요하게 생각하는 것은 제쳐놓고 덜 중요한 정보만 요구할 수도 있기 때문이다.

9) 누가기록

누가기록(cumulative records)은 다른 학생과 구별되는 한 학생의 조직적이고 지속적인 정보의 기록이라고 할 수 있다(이재창, 2011). 그렇기 때문에 누가기록에 수록된 자료는 모든 학생에게 공통된 것이나 개인에게만 특별한 자료를 포함하도록 신축성을 허용한다. 누가기록은 담임교사, 교과목 담당교사, 전문상담교사, 교장이나 교감 등이 필요할 때 쉽게 찾아 해석할 수 있도록 잘 조직될 필요가 있다.

누가기록의 목적은 학생 개인의 의미 있고 대표할 만한 특성을 표현하는 객관적인 정보를 기록하는 것이다. 누가기록은 학생이 지속적으로 보이는 경향과 성장 유형이다. 교사나 전문상담교사, 그리고 학교행정가에 의해서 장기간에 걸쳐 수집된 자료로 구성된 누가기록은 학생 개개인의 전반적인 모습과 그의 배경을 제공한다. 교사나 전문상담교사, 교장이나 교감은 누가기록에 기록된 정보를 가지고 학생으로 하여금 학교에 잘 적응할 수 있도록 도움을 줄 수 있다. 뿐만 아니라 누가기록은 학생으로 하여금 자기자신의 신체적 · 학업적 · 정서적 · 사회적 발달 상황을 올바르게 이해하도록 돕는 데에도 매우 유용하다.

누가기록이 된 학교생활기록부는 최소의 공간에 최대의 정보를 수록할 수 있는 학생에 관한 모든 정보와 자료를 기록해 두는 정보 보관소라고 할 수 있다. 일반적으로 누가기록에 기록하는 내용은 가족사항, 건강사항, 신체발달사항, 학교의 입학일자, 학교성적, 진로지도, 진로활동, 창의적 체험활동, 전 학년의 성적, 모든 검사의 결과, 성격과 행동 특성, 학교활동, 일화기록 등이다. 이 외에도 교사나 전문상담교사와의 면담내용의 결과 등도 포함될 수 있다.

제 12 장

학생의 발달 이해

1. 아동 · 청소년의 발달이론의 기초

1) 피아제의 인지발달

피아제(J. Piaget)는 인지발달을 뇌와 신경계의 성숙과 환경의 상호작용의 결과라고 믿었다. 피아제의 인지발달이론에서는 도식(schema), 적응(adaptation), 그리고 조직화(organization)라는 개념이 중요한 의미를 갖는다. 그리고 평형화(equilibrium)의 개념이 중요한 의미를 갖는다. 도식은 스키마(schema)라고도 하는데, 외부 환경을 인식하는 사고의 틀로서 사물이나 사건에 대한 전체적인 윤곽을 잡아 준다.

도식은 하나의 생각이나 행동 패턴으로, 아동이 자신의 세계를 해석하며 지속적으로 쌓아 온 기초 지식 혹은 선행 조직자(advanced organizer)이다. 적응은 환경과의 직접적인 상호작용을 통해 도식을 형성하고 수정하는 것을 말한다. 주변 환경의 요구에 부합하는 적응은 동화(assimilation)와 조절(accommodation)이라는 두 가지를 통해 이루어진다.

동화는 아동이 기존에 가지고 있던 도식에 근거하여 새로운 경험이나 환경을 해석하는 과정이다. 예를 들어, 아동이 처음으로 고양이를 보면 동물에 대해 가지고 있던 기존의 도식 중에서 가장 비슷한 도식인 개라고 생각할 수 있다. 새로운 대상인 고양이를 해석하기 위해 동일하게 다리 네 개와 털이 있는 익숙한 도식을 활용함으로써 그것에 적응하려고 하는 것이다. 그러나 개라고 생각했던 고양이의 생김새, 걷는 모습, 울음소리 등에서 개와 다른 특성이 있다는 것을 알게 되면, 아동은 자신이 경험한 것을 다시 해석하려고 할 것이다.

조절은 기존의 도식으로 새로운 경험이나 환경이 완전하게 해석되지 않을 때 새로운 도식을 수정함으로써 고양이라는 새로운 범주를 추가하여 새로운 도식을 형성하는 과정이다. 앞서 아동은 다리가 넷인 동물에 대한 도식을 수정하여 고양이라는 새로운 도식을 형성하게 된다. 여기서 조절은 기존 구조의 부적합성으로 인해 인지 갈등을 유발하고, 이로 인해 평형 상태가 깨어지면 다시 평형 상태를 얻기 위한 재평형화가 이루어지는 일련의 과정 내에서 일어난다. 따라서 조절은 도식의 질적인 확장이다.

조직화는 아동이 새로운 도식을 형성하면서 서로 밀접하게 연관된 하나의 인지 체계를 만들기 위하여 기존의 도식을 다른 도식들과 연결하고 재배열하는 내적 과정을 말한다. 예를 들어, 자전거, 전동 킥보드, 자동차와 같은 개발 도식을 더 상위의 구조인 '탈 것'으로 구조화하는 것이다. 이처럼 조직화의 목적은 적응 과정을 촉진하는 것으로, 아동은 기존의 도식들을 환경의 요구에 맞추어 새롭고 더욱 복잡한 인지 구조로 끊임없이 조직화해 나간다.

피아제는 이처럼 아동이 세상을 탐구하고 도식을 조직화하면서 일어나는 심리 구조의 변화가 단계적으로 이루어진다고 제안했다. 이러한 인지발달 단계는 감각운동기(0～2세), 전조작기(2～7세경), 구체적 조작기(7～11세경), 형식적 조작기(11세 이후)의 네 단계로 구분된다.

(1) 감각운동기(0～2세)

감각운동기(sensorimotor stage)는 영아가 인생의 첫 2년 동안 자신의 주변 세계에 대해 눈, 코, 입, 귀, 촉감과 같은 오감을 통해 들어오는 정보들을 운동 능력과 통합하여 사고하고 운동하는 시기이다. 발달이 일어나는 출발점은 잡기, 빨기, 그리고 조잡한 신체활동과 같은 타고난 행동 유형이다. 예를 들어, 빠는 행동을 통하여 모든 대상이 똑같이 빨 수 있는 특성을 가지고 있는 것은 아니라는 것을 곧 자각하게 된다. 입술과 입은 대상들의 형태, 크기, 견고성, 부드러움, 따뜻함을 기록해 두게 된다.

영아는 18개월경이 되면 말을 하거나 몸짓을 사용하는데, 이는 상징을 사용할 능력이 생겼다는 것을 의미한다. 또한 이 시기의 영아들은 장난감 전화기를 귀에 가져다 대거나 장난감 빵을 입으로 가져가 먹는 등 가상놀이(pretend play)를 시작하는데, 이것 역시도 상징을 사용하는 것이다. 이 시기에 이루어지는 가장 중요한 것은 대상영속성(object permanence)에 대한 개념의 발달이다. 대상영속성은 대상이 계속 존재한다는 것, 즉 시각이나 촉각 등을 통해 직접 느끼고 사물이 눈에 보이지 않아도 사물은 나의 감각과는 독립적으로 계속 존재한다는 개념이다. 예를 들어, 대상영속성이 형성된 영아는 입고 있던 옷을 벗어 옷장에 넣고 보이지 않게 되더라도 옷은 여전히 존재한다는 것을 안다. 하지만 감각과 운동 능력에 의존해 대상을 파악하는 영아는 대상이 보이지 않을 때에는 그것은 없는 것이라고 생각한다.

(2) 전조작기(2~7세경)

전조작기(preoperational stage)는 약 2세부터 7세의 시기로, 이 시기가 되면 사물과 사건을 상징으로 표상할 수 있게 된다. 이 시기의 유아들은 아직 개념적인 조작 능력이 충분히 발달하지는 않지만, 정신적 표상에 의한 사고가 가능해진다. 인간의 상징적 사고 중 가장 대표적인 것은 언어이다. 생후 1년을 전후로 첫 단어를 시작하여 두 단어의 시기를 거쳐 점차 성인과 같은 언어를 획득하게 된다.

유아들은 언어 사용 능력이 급속히 발달하고 상상력이 풍부해져서 가상놀이 및 상징화 활동이 증가한다. 그러나 아직 판단의 직관성이나 보존(conservation) 개념 및 위계적 분류(hierarchical classification) 능력이 부족하고, 모든 사고가 자기중심성(egocentrism)을 벗어나지 못하며, 물활론적(animism) 사고에 의해 지배를 받는다. 특히 내면적 사고로의 이행과 지각적 예민성의 증가는 이 시기의 유아들에게 있어서 주목할 만한 현상이다. 즉, 언어발달과 상징적 활동의 증가가 이 시기 유아들의 사고를 내면적 사고로 이행하게 하고, 행동이나 대상을 표상할 수 있게 한다. 또한 유아는 대상의 전체를 종합적으로 탐색하지 못하는 데 반해, 나이가 들어갈수록 지각적 예민성이 증가하여 전체와 부분을 동시에 지각하고, 복잡한 대상을 체계적이며 종합적으로 탐색할 수 있게 된다.

(3) 구체적 조작기(7~11세경)

구체적 조작기(concrete operational stage)는 약 7세부터 11세까지로, 아동이 문제를 해결하거나 이유를 생각할 때 정신적 조작이 가능한 단계이다. 피아제는 이를 논리적 조작이라고 하였고, 이는 충분히 가역적인 행동의 내면화된 체계라고 했다. 구체적 조작기 동안, 아동은 구체적인 문제에 적용될 수 있는 논리적 사고 과정을 발전시킨다. 전조작기의 유아와는 달리, 구체적 조작기의 아동은 보존문제를 해결하고 자신의 대답에 관한 옳은 추론을 제공하는 데 어려움이 없다.

사고와 지각 간의 불일치에 직면했을 때, 이 시기의 아동은 지각적 결정과는 반대로 인지적이고 논리적인 결정을 한다. 아동은 더 이상 지각적 경계에 머물지 않으며, 7세와 11세쯤이 되면 전조작기 유아의 지적 활동을 제한하던 모든 인지적 조작을 할 수 있다. 이 시기의 아동은 자신의 지각에 탈중심화하고 변환에 주의를 기울이며, 가장 중요한 것은 지적 조작의 가역성을 획득하게 된다는 것이다.

게다가 구체적 조작기의 아동은 전조작기의 유아보다 더 사회적이고 덜 자아중심적이다. 언어는 의사소통을 위해 주로 사용된다. 처음으로 아동은 진실한 사회적 존재가 된다. 구체적 조작기의 사고는 전조작기의 사고를 능가한다. 서열화, 유목화의 논리적 조작을 위한 도식들이 나타난다. 인과성, 공간, 시간, 그리고 속도의 개념이 발달한다. 본질적으로 구체적 조작기의 아동은 모든 측면에서 전조작기 유아의 지적 활동보다 우수한 지적 활동 수준에 도달한다.

전조작기 아동의 사고는 추론보다는 지각에 의해 지배되고, 자아중심적, 중심화, 변환에 대한 무능력, 그리고 가역적인 조작의 무능력으로 특징 짓는다. 논리적 사고에 대한 이러한 방해물들은 전조작기 유아의 보존문제를 해결하지 못하는 데에서 나타난다. 반면, 구체적 조작기의 사고는 전조작기의 사고를 지배했던 모든 특징으로부터 자유롭게 된다. 구체적 조작기의 아동은 보존문제를 해결할 수 있다. 구체적 조작기 아동의 사고는 덜 자아중심적이다. 아동은 자신의 지각을 탈중심화할 수 있다.

(4) 형식적 조작기(11세 이후)

형식적 조작기(formal operational stage)는 약 11세 이후부터의 시기를 말한다. 이 시기의 청소년들의 인지 구조는 거의 완전한 성숙의 수준에 이르게 되고, 사고의 논리적 조작이 자유로워져서 거의 모든 문제를 해결할 수 있게 된다. 그들은 논리적 조작을 폭넓게 적용할 수 있고, 가설적 언어문제를 다룰 수 있으며, 과학적 추리와 가설 설정, 검증 등을 할 수 있다. 또한 문제를 해결하기 위해 체계적으로 문제를 검토하거나 필요한 전략을 세울 수 있으며, 현 상태에 초점을 맞추는 데 머무르는 것이 아니라 미래를 가상할 수도 있다. 이 시기의 청소년들은 더 이상 실재에 의존함으로써 방해 받는 일 없이 추상적인 것을 다룰 수 있으며, 가역적 사고가 더 융통성 있게 이루어진다. 따라서 전형적으로 어른과 같은 사고를 할 수 있는 인지 형태를 갖추었다고 할 수 있다.

이처럼 형식적 조작기의 사고는 유연하고 탄력적이어서 청소년은 문제를 해결하기 위해 다양한 인지적 조작을 수행할 수 있다. 또한 하나의 문제를 다양한 관점에서 다룰 수 있고, 거의 모든 가능성을 미리 고려해 보기 때문에 예상치 못한 결과로 당황하는 경우는 거의 없다.

2) 프로이트의 심리성적발달

프로이트(S. Freud)는 몇 명의 성인을 대상으로 하는 정신분석 치료를 통해 한 사람의 성인기의 성격이 어떠한지를 결정하는 데 아동기의 초기 경험들이 결정적 역할을 한다고 보았다. 프로이트는 성격발달을 일련의 단계를 거치는 이동으로 보았다. 각 단계는 성적 에너지인 리비도가 방출되는 신체영역을 반영하는데, 그러한 이유에서 프로이트의 발달단계를 심리성적발달 단계(psychosexual developmental stages)라고 한다.

프로이트에 의하면 아동은 세 단계에서 갈등에 직면하는데, 갈등이 잘 해결되지 않으면 과도한 리비도가 그 단계에서 지속적으로 투입되어 고착(fixation)이 발생한다. 고착이 발생하는 이유는 어떤 한 단계에 지나치게 탐닉하는 경우와 욕구가 깊이 좌절된 경우이다. 이는 이후 단계에서 갈등을 다루는 데 이용할 수 있는 에너지가 감소하게 되어 다음 단계에서 갈등을 성공적으로 해결하는 데 어려움이 생긴다.

프로이트의 심리성적 발달단계는 다음과 같다.

(1) 구강기

구강기(oral stage)는 출생에서부터 18개월까지 지속된다. 이 시기에는 리비도가 입과 입술, 혀 등 먹고 마시고 빨고 깨무는 행동과 관련된 부위에 집중된다. 영아의 깨물고 빠는 행동은 구강기적 욕구를 만족시키고 영아로 하여금 세상을 탐색하도록 한다. 그러나 구강기적 욕구에 고착되거나 욕구가 좌절될 경우에는 구강기를 지나서도 구강기의 욕구 충족에 집착하는 성격이 된다.

영아들은 입술의 긴장을 해소하고 쾌를 얻기 위해 주로 어머니에게 의존하게 되는데, 어머니로부터 얻는 젖이나 음식은 어머니가 자기를 사랑하고 인정하는 것으로 받아들여서 안심하게 된다. 그렇지 못하면 어머니가 자기를 사랑하지 않으며 거부하는 것으로 받아들여서 불안해 하게 된다. 어린 시절에 입술의 만족을 가져다주는 풍족한 음식과 사랑을 받지 못하고 구강기에 고착된 사람은 타인들이 자기의 어머니처럼 해 주기를 바라고, 뿐만 아니라 자신의 노력이 아닌 남에게 의존하면서 욕구를 채우려고 하고, 모든 것을 희생시키면서까지 남에게 인정받으려고 한다. 다른 사람보다 먹고 마시는 것에 몰두하고, 스트레스를 받으면 다른 사람들보다 흡연, 음주, 손톱 물어뜯기와 같이 입과 관련된 활동을 통해 긴장 감소를 시도하며, 화가 나면 언어적 공격을 할 가능성이 높다.

(2) 항문기

항문기(anal stage)는 약 18개월에서부터 3세까지를 말한다. 이 기간 동안 항문에 리비도가 집중되고, 성적 쾌감은 배설 시 발생하는 자극으로부터 얻는다. 이 시기의 중요한 사건은 배변 훈련인데, 부모나 양육자에 의해 어떤 방식으로 배변훈련이 시도되었는지에 따라 성격 특성이 달라진다.

배변훈련을 시작할 때 어머니가 사용하는 방법이나 청결에 대한 태도, 나아가 통제의 정도 등도 중요한 영향을 미치게 된다. 이 시기에 배설에 대한 지나친 간섭이나 처벌하는 방식으로 배변훈련을 받는다면 부적절한 상황이나 장소에서 배설을 하거나, 자기의 배설물로 자신의 몸이나 옷을 더럽히는 것으로 분노를 표현하면서 부모에게 반항한다. 나중에 성인이 되면 무책임하고, 무질서하며, 낭비하거나 사치를 일삼게 되기도 한다. 또 참아야 했던 배설에 대해 반발의 의미로 자신이 갖고 있는 소유물이나 돈을 함부로 사용한다. 그들은 자신이 무언가를 가지고 있다는 사실이 불안하고, 그러한 불안을 없애기 위하여 가지고 있는 것은 어떠한 것이든 다 써버리려는 경향이 있다. 특히 엄격한 배변훈련은 부적절하기 때문에 이로 인한 분노의 표현은 잔인하고, 파괴적이며, 공격적이다.

반면, 반대로 부모의 격려와 칭찬으로 배변훈련을 받은 아이들은 자신이 한 일에 더 많은 가치를 부여하고, 또한 어린 시절에 배설을 통제한 경험이 부모를 기쁘게 해 준 것처럼 성인이 되어서도 자신과 다른 사람을 기쁘게 하려는 행동을 하게 되고, 무엇이든지 잘 베푸는 박애적인 성격으로 드러난다. 하지만 지나치게 배변훈련을 한 경우에는 다른 행동에도 영향을 미치게 됨으로써 성인이 되어서도 고집이 세고, 복종적이며, 인색하거나 냉담하고, 지나치게 청결한 특성을 드러내어 보이기도 한다.

(3) 남근기

남근기(phallic stage)는 4～5세 무렵이 이 시기에 해당하며, 리비도는 생식기관으로 이동한다. 남근기의 유아는 이성의 부모에게는 애정을 느끼고 동성의 부모에게는 질투와 경쟁심 및 증오를 느끼게 된다. 남자아이가 어머니를 차지하고 아버지를 대신하려는 욕망을 오이디푸스 콤플렉스(oedipus complex)라고 한다. 이는 우연히 아버지를 죽이고 엄마와 결혼한 오이디푸스 렉스라는 소포클레스의 희곡에 나오는 인물의 이름을 따서 명명한 것이다. 반면, 여자아이는 이에 비견할 만한 감정을 엘렉트라 콤플렉스(electra complex)라고 부른다. 이는 아버지의 죽음에 대한 복수로 남동생으로 하여금 엄마와 그녀의 애인을 죽이도록 한 그리스의 인물 엘렉트라의 이름을 따서 명명한 것이다.

오이디푸스 콤플렉스는 동성의 부모와 동일시(identification)하는 과정을 통하여 극복할 수 있다. 오이디푸스 콤플렉스를 극복한 아이는 자신의 성역할 정체감을 얻게 되어 자신감 있는 성인으로 성장할 토대를 마련한다. 즉, 남자아이는 아버지와 동일시하여 아버지의 행동 양식을 자신의 행동 기준으로 삼으며, 딸은 어머니와 동일시하여 여성으로서의 역할을 수행하게 된다. 그러나 사망이나 이혼 등으로 인하여 동일시할 대상이 부재인 경우, 부모가 심각한 성격장애가 있는 경우, 혹은 구강기나 항문기에 고착되어 있는 경우에는 오이디푸스 콤플렉스를 적절하게 해소되지 못한 상태로 남게 된다. 이 경우, 성장 후에 성적 정체감 형성 및 이성관계에 어려움을 경험하게 된다.

(4) 잠재기

잠재기(latency stage)는 6세에서 12세까지의 기간에 해당한다. 이 기간은 성적 혹은 공격적 충동이 덜 활발한 때이다. 이런 변화는 일정 부분은 신체 변화에서 기인하기도 하고, 성격에서 자아와 초자아가 발달하는 데에서 기인한다. 이 기간 동안에 아동들은 지적 혹은 사회적인 측면을 추구하는 데 주의를 기울인다. 이런 이유로 잠재기를 '사회화 시기'라고 부른다. 그러므로 잠재기는 새로운 갈등에 직면해서 새로운 특성이 나타나는 시기라기보다는 아동의 경험이 확장되는 시기이다. 예를 들어, 남근기에 채택된 부모와의 동일시는 위인이나 선생님 등 다른 권위적 인물과의 동일시로 확장된다.

잠재기의 아동들은 이렇게 성적인 측면에서 리비도 에너지가 수면 상태에 빠져 있어 다른 쪽으로 전위됨으로써 성적이지 않은 활동으로, 즉 운동이나 지적인 관심, 친구관계와 우정 등으로 나타난다. 일반적으로 리비도가 승화되는 이 시기는 아이들의 교육에서 지극히 중요하며, 정신적, 문화적으로 풍부한 활동력이 나타난다. 그런 점에서 잠재기는 성욕 단계에서 마지막으로 일어나는 중요한 발달을 준비하는 시기인 것이다. 그런데 이때 유혹이라는 외부의 영향은 수면 상태에 있는 리비도를 깨워 잠재기가 중단되거나 심지어는 단절까지 불러일으킬 수도 있다.

잠재기의 조기 중단에서 발생되는 성적인 조숙은 다른 요인들과 마찬가지로 신경증의 병인이 될 수 있음은 물론, 성욕에 대한 방벽을 쌓는 데 실패하여 조기에 중단되는 결과를 낳게 된다. 그러므로 이 시기의 아동들을 성적으로 자극하는 일이 없어야 한다. 특히 부모의 성행위를 보거나 음란물에 노출되는 것은 잠재기 아동들에게는 매우 위험하다고 볼 수 있다. 한편, 잠재기가 지나는 동안에 아동들은 자신의 무능력의 상태를 도와주고, 자신의 필요를 충족시켜 주는 사람들에게 사랑을 느끼게 된다. 이때 충분한 애정으로 돌봄과 사랑을 받은 아동들은 나중에 풍족한 리비도를 지닌 강하고 능력 있는 사람으로 자라나게 된다.

(5) 성기기

성기기(genital stage)는 청소년기 후반과 성인기에 해당된다. 이 시기에는 이성과의 성욕 발산을 지향하는 것이 특징이며, 처음에는 자애적 행동(narcissistic behavior)으로 출발하여 점차 사회화한다. 특히 성기기가 시작되는 초기 성기기가 일반적으로 질풍노도의 시기라고 부르는 사춘기에 해당되는데, 이때는 당사자는 물론 많은 부모도 힘들어 하는 시기이기도 하다. 사춘기는 부분적인 리비도의 발달로 본능이 통합된 후 새롭게 형성되고 성장한 정신의 활동 초기에 해당되기 때문에 방향은 물론 힘의 강약, 그리고 방법의 선택 등이 좌충우돌하며 많은 어려움을 겪기 때문이다.

그러나 한편 이같이 혼란스러운 사춘기가 자아의 성장 발달의 좋은 기회를 제공하기도 한다. 즉, 정신적 혼란 속에서 갓 형성된 정신은 안정을 찾기 위해 이전에 고착되었던 리비도 만족을 재시도하기도 하는데, 이때 경험되는 리비도 만족은 이전에 고착되었던 리비도를 활성화시킴으로써 자아의 성숙에 도움이 되기 때문이다. 이처럼 남근기 이후의 리비도 발달 과정은 잠재기를 거쳐 사춘기와 성기기에 이르러 평생 성인의 삶을 살아가게 된다.

이 단계에서 개인은 성적 혹은 공격적 충동들을 더 잘 조절하고 그것들을 사회적으로 용인되는 방식으로 승화시켜서 조금씩 빈번히 방출한다. 이런 방식으로 개인은 자기중심적 쾌락을 추구하던 유아에서 사회화가 잘된 성인으로 변화된다. 이런 점에서 성기기의 성격은 당연히 도달하는 종착점이라기보다는 추구해야 할 이상이며, 심리성적발달의 완벽한 최고 정점이다.

3) 에릭슨의 심리사회적 발달

에릭슨(E. Erikson)은 인간의 생애주기의 발달 과정을 8단계로 제안하였다. 각 심리사회적 단계에서는 위기가 발생하는데, 위기는 각 단계에 놓여 있는 개인에게 부과된 생리적 성숙과 사회적 요구로부터 발생된 인생의 전환점이라고 할 수 있다. 이처럼 생애주기의 각 단계마다 위기가 궁극적으로 어떻게 해결되는가에 의해 결정된다. 에릭슨은 위기를 부정적으로 보지 않았다. 즉, 전환점이기 때문에 개인의 발달 과정에서 겪는 어려운 상황에서 극복해야 할 생존을 위한 원천이라고 보았다. 각 단계마다 해당 연령, 생애주기, 적응 대 부적응 방식, 관계 범위, 덕목은 〈표 12-1〉과 같다.

표 12-1 에릭슨의 심리사회적 발달단계

단계	연령	생애주기	적응 대 부적응	관계 범위	덕목
1	0~1세	유아기	기본적 신뢰감 대 불신감	어머니	희망
2	1~3세	아동기	자율성 대 수치심, 의심	부모	의지
3	3~6세	놀이나이	주도성 대 죄책감	가족	목적
4	6~12세	학교나이	근면성 대 열등감	학교	유능감
5	12~20세	청년기	자아정체성 대 역할 혼돈	또래집단	충성
6	20~40세	젊은 성인기	친밀감 대 고립감	배우자, 협동 대상	사랑
7	40~65세	성인기	생산성 대 침체성	자녀, 다음 세대	배려
8	65세~	성숙기	자아통합 대 절망	인류	지혜

출처: 김완일, 김옥란(2015). 성격심리학.

에릭슨의 심리사회적 발달단계에서 대립적으로 나타나는 적응 대 부적응 방식에 대해 구체적으로 살펴보면 다음과 같다(송현주 외, 2021; 신명희 외, 2017).

(1) 1단계 유아기: 기본적 신뢰감 대 불신감

에릭슨의 심리사회적 발달 단계의 첫 번째 1단계의 적응 대 부적응 방식의 특성은 기본적 신뢰감 대 불신감(basic trust vs. mistrust)이다. 이 시기는 0~1세로, 프로이트의 구강기에 해당한다. 이 시기의 위기는 유아가 세상을 신뢰할 수 있느냐 없느냐이며, 신뢰의 성패는 주 양육자인 어머니와의 관계 태도가 좌우한다(정옥분, 2014). 어머니가 아이의 욕구와 신체적 · 심리적 필요를 적절히 충족시켜 주고 일관성 있는 돌봄을 주면 아이는 어머니를 신뢰하게 된다. 그러나 부적절하게 반응하거나 일관성 없는 돌봄은 아이에게 불신감을 가지게 한다.

에릭슨은 기본적인 신뢰감을 형성한 아이는 다른 상황에서도 신뢰적인 태도를 가진다고 했다. 일반적인 신뢰감은 타인과 본인에 대한 믿음을 포함한다. 또한 모유 수유 시 어머니가 아이 스스로 자신을 충분히 신뢰할 만한 존재로 여기도록 하는 능력도 포함된다. 에릭슨은 이 단계를 인생에서 가장 중요한 시기로 보았다. 그 이유는 이 시기에 신뢰감을 형성하는 것이 생의 후반에 맺게 되는 모든 사회관계에서의 성공적인 적응에 영향을 주기 때문이다. 그러나 에릭슨이 신뢰감만을 강조하여 불신감의 효용을 무시하지는 않았다. 그는 건강한 인간 발달을 위해서는 불신하는 능력도 필요하다고 보았다. 중요한 것은 신뢰와 불신과의 비율이며, 신뢰감이 좀 더 우세해야 한다.

(2) 2단계 아동기: 자율성 대 수치심, 의심

에릭슨의 심리사회적 발달 단계의 두 번째 2단계의 적응 대 부적응 방식의 특성은 자율성 대 수치심, 회의(autonomy vs. shame and doubt)이다. 이 시기는 약 1~3세로, 프로이트의 항문기에 해당한다. 이 단계의 위기는 자율적인 사람이 되느냐 회의와 수치심을 가진 사람이 되느냐는 점이다(정옥분, 2014). 관계의 범위는 어머니에서 아버지까지 관계가 확대되어 다원적 인간관계가 시작되는 시기이다.

이 시기의 아동은 자율성을 가지려고 자의적 선택을 시도함으로써 자신의 의지를 나타내려고 한다. 또한 근육 발달로 대소변의 통제와 보행을 시작하면서 주변 탐색이 가능하고 음식도 스스로 먹으려고 한다. 언어에서도 자율성이 나타난다. '나' '내 것이야'란 단어를 반복해서 사용하며, 특히 '아니야'라는 단어에서 자율성을 찾아볼 수 있으며, 이를 통해 모든 외적인 통제를 거부한다.

이런 변화 시 부모는 사회적으로 적절한 행동을 하도록 훈련을 시켜야 한다. 이 시기의 아동의 욕구나 행동들은 비현실적이고 안전하지 않아서 보호와 통제가 필요하다. 이때 과보호하여 자신의 한계를 시험할 기회를 제공하지 않으면 아동은 자신에 대해 수치심과 의심을 갖게 되나, 적절한 보호와 통제는 아동이 자기통제력과 성숙한 자유의지의 발달을 하도록 돕는다. 예를 들어, 배변훈련을 통해 때와 장소를 가릴 줄 알게 되며 유아가 사회의 기대나 압력을 알아 가게 된다. 만약 배변훈련 시 실수를 한다든지, 신체적 통제나 자기조절 기술이 충분히 발달하지 못해서 사회적 기대에 적절한 행동을 못하면 수치심과 회의를 느끼게 된다.

수치심은 타인에게 자신이 안 좋게 보인다고 생각할 때 갖는 느낌이며, 회의는 자신이 강한 존재가 아니어서 타인에게 통제받는다는 것을 느끼면 나타난다. 과한 수치심을 느끼는 유아는 수치심을 주는 자들에 대하여 큰 내적 분노나 반항을 하게 된다. 수치심은 자신이 노출되어 있다는 의식과 관련이 있고, 회의는 몸의 앞뒤에 대한 의식과 관련이 깊다.

이런 아이들은 과한 수치심을 주는 부모에 대해 비밀스러운 분노를 갖는다. 교사와 보호자에게 있어서 가장 주의할 점은 유아의 충분한 신체발달이 형성되지 않은 상태에서 강압적 혹은 무리한 배변 · 보행 · 식사 · 언어 훈련은 실패에 따른 부정적 발달 특성으로 이어진다는 것을 명심해야 한다. 비교하여 강요하거나 비전문가인 교사나 보모에 의한 집단 탁아 등은 앞과 같은 부작용을 유발하는 조건이 된다. 이때의 덕목인 의지는 자율성에서 성장하며, 자기제한과 자유 선택을 실행하려는 결심이며, 분별력과 판단력을 가지고 자신의 추동을 통제하는 것이다. 그리고 자존심을 지키며 자아를 회복시키는 올바른 방어이며 자기조절 능력이다.

(3) 3단계 놀이나이: 주도성 대 죄책감

에릭슨의 심리사회적 발달 단계의 세 번째 3단계의 적응성 대 부적응 방식의 특성은 주도성 대 죄책감(initiative vs. guilt)이다. 이 시기는 3~6세로, 프로이트의 남근기에 해당한다. 이 시기의 성인의 활동에 대한 관심과 성인의 일에서 자기의 능력을 평가하려는 시기이다. 아동의 행동은 상상적인 측면을 포함하여 목표지향적이며 경쟁적이다. 보통 에너지와 호기심이 넘치고, 활동 수준이 높고, 놀이활동을 통해 더욱 자유롭고 공격적으로 행동하며 활동 반경을 점차 넓혀 간다(정옥분,

2014). 프로이트의 오이디프스 콤플렉스의 시기로서 남아에게는 남근기적 형태가 남아 있다.

이 시기의 아동은 자신이 계획한 대로 주변 상황이 통제되었을 때 그 결과가 긍정적이고 바람직하였다면, 이로 인한 외부의 긍정적 반응이 뒤따르고 이를 통해 아동은 주도성을 획득하며 강화된다. 반면에 결과가 바람직하지 못하고 부정적이면 외부의 반응 또한 부정적일 것이고, 이는 아동의 주도적인 행동을 나쁜 행동으로 몰아가 죄책감을 형성하게 만든다.

부모가 아동의 주도적 활동과 환상을 처벌하거나 억압하면 아동은 새로운 활동을 나쁜 것이라고 느끼고 죄책감을 발달시킨다. 지나치게 엄격한 훈육 또는 윤리적 태도를 강요할 때 죄책감이 형성된다. 이 시기의 인간관계는 부모에서 다른 식구들까지 확대된다. 아동이 자신의 호기심이나 공격적 행위를 적절히 제한하지 못하면 범법자 취급을 받아 죄책감이 생기게 된다. 그러므로 자신과 타인을 보호하기 위해 제한 영역을 설정하는 것과 이 제한을 벗어날 때 오류를 범했다는 것을 배울 필요가 있다.

(4) 4단계 학교나이: 근면성 대 열등감

에릭슨의 심리사회적 발달 단계의 네 번째 4단계의 적응 대 부적응 방식의 특성은 근면성 대 열등감(industry vs. interiority)이다. 이 시기는 6~12세로, 프로이트는 잠재기의 비활동적 시기로 보았으나 에릭슨은 역동적이고 활동적인 시기로 보았다(정옥분, 2014). 학교나이부터는 단순한 놀이가 아닌 스스로도 생산적이라는 느낌을 원한다. 사회적인 수단을 다루는 학습의 시작은 건전한 자기평가에 있어서 중요하다.

에릭슨은 이 단계를 자아 성장의 결정적인 시기라고 보았으며, 기초적인 인지적 기술과 사회적 기술을 습득하면서 가족의 범주를 넘어 넓은 사회에서 통용되는 유용한 기술들을 배우고 숙달하고자 한다고 보았다. 예를 들어, 미개 사회에서는 사냥과 농업 기술을 학습한다. 그리고 문명이 고도화된 사회에서는 읽기, 쓰기, 셈하기 등의 인지적 기술을 획득하기 위해서 학교에 들어가서 또래와 놀고 일하는 것을 학습하게 된다.

이 시기의 과제는 성실한 사람이 되느냐 열등한 사람이 되느냐이다. 학교에서 인간관계가 확장된다. 이때 아동은 또래, 선후배, 교사와의 관계에서도 사회적 기술을 습득하여 원만한 인간관계를 형성하여야 한다. 또한 인지적 · 신체적 측면에서 또래와 동등하거나 더 높은 수준의 능력을 보여 주어 자신의 능력에 대한 긍정적 평가로 자기확신을 가지며, 외부로부터 긍정적인 평가를 받게 되면 자신의 능력에 대한 긍지와 믿음을 갖게 된다. 근면성은 소속된 사회에서 성공적으로 기능하고 경쟁하는 데 필요한 기술을 습득하는 능력이다(정옥분, 2014). 이 시기에 근면성이 발달하지 못하고 실패를 반복하면 부적절감과 열등감을 느끼게 된다. 이런 열등감은 전 단계에서 성공적으로 극복하지 못했거나, 또는 사회나 학교가 아동에 대한 편견적 태도를 보일 때 발달한다.

(5) 5단계 청년기: 자아정체감 대 역할 혼돈

에릭슨의 심리사회적 발달 단계의 다섯 번째 5단계의 적응 대 부적응 방식의 특성은 자아정체감 대 역할 혼돈(identity vs. role confusion)이다. 이 단계는 12~20세로, 프로이트의 성기기에 해당하며, 발달과업은 자아정체감의 확립이다(정옥분, 2014). 에릭슨은 이 시기가 1단계만큼 중요한 시기이며, 이 시기에 긍정적인 자아정체감 확립의 성패가 다음 단계의 성패를 결정한다고 보았다.

이 시기에는 개인의 동일성과 연속성에 다시 의문을 갖게 된다. 이는 유년기 초기와 비슷하게 빠른 신체적 성장과 성기기적 성숙이 나타나기 때문이다. 내면에서의 급격한 생리적 변화와 구체적인 성인의 과업을 직면하면서 성장과 발달을 하는 청소년들은 자신이 생각하는 자신의 모습과 타인들이 보는 자신의 모습이 어떻게 다른지 신경을 쓰기 시작한다. 또한 새로운 사회적 압력과 요구에 직면하게 된다. 그러나 대응방법을 몰라 당황하면서 의심 없이 받아들이던 자기 존재에 대해서 새로운 경험과 탐색이 시작된다.

자아정체감은 자기동일성에 대한 자각, 자신의 위치, 능력, 역할, 그리고 책임에 대한 분명한 인식이다. 청소년은 자아정체감을 형성하려고 하나 쉽지 않아 고민하고 방황한다. 이런 시간이 길어지면 정체감의 혼미, 즉 역할 혼돈으로 이어진다. 그래서 동료 집단 안에서 동일시 대상을 찾거나 혹은 위인이나 영웅에게서 동일시의 대상을 찾으려고 하면서 다양한 활동에 참여하기도 한다.

(6) 6단계 젊은 성인기: 친밀감 대 고립감

에릭슨의 심리사회적 발달 단계의 여섯 번째 6단계의 적응 대 부적응 방식의 특성은 친밀감 대 고립감(intimacy vs. isolation)이다. 이 단계는 성인 초기로서 청소년 말기부터 성인 중기가 시작할 때까지의 기간에 해당된다. 이 시기에 부모로부터 독립하고 책임감 있는 성숙한 성인으로 기능하게 된다.

이 시기는 인생의 모습이 결정되는 시기이다. 인생의 모습은 한 사람이 어떤 친구, 직업, 가치관, 배우자를 선택하고, 어떤 형태의 가정생활을 만들고, 어떻게 노동과 여가의 균형을 유지하는지를 의미한다. 직업과 배우자를 결정하는 시기로, 발달과업은 타인과의 친밀감 형성이다. 이전에 긍정적 정체감을 형성한 사람만이 참된 친밀감을 이룰 수 있다. 긍정적 정체감을 확립하지 못한 사람은 타인과 친밀감 있는 관계를 형성하지 못하고 고립되어 자신에게만 몰두하게 된다. 심리적 고립감은 과도하거나 형식적인 인간관계에서 형성된다.

친밀감은 사람들과 가까워지는 과정에서 자아 상실의 두려움 없이 타인과 솔직하며, 위하고 싶어지고, 좋아하는 관계를 형성하는 능력을 의미한다. 친밀한 관계의 사람들은 상대방의 생각을 이해하고, 상호 간에 애정, 존중, 그리고 자신감을 느끼며 함께 변화할 수 있다. 친밀감은 많은 희생이 있더라도 소속과 협력 관계를 튼튼히 하고, 관계를 지탱하는 윤리적 힘을 발달시키기 위해 개인이 헌신할 수 있는 능력을 요구한다. 소외감은 친밀한 관계를 피하면서 발생하고 자신의 자아가 상실되거나 타인의 자아가 위협적으로 느껴져 접촉을 두려워하여 생긴다.

(7) 7단계 성인기: 생산성 대 침체성

에릭슨의 심리사회적 발달 단계의 일곱 번째 7단계의 적응 대 부적응 방식의 특성은 생산성 대 침체성(generativity vs. stagnation)이다. 이 단계는 중년기로, 대략 40～65세까지이며, 인간의 완전한 성숙기에 해당된다. 두 사람 간의 친밀성이 확립된 후 관심은 두 사람만의 관계를 넘어서 그 밖의 사람으로 확장된다. 가정적으로는 자녀 출산, 양육 및 교육을 하게 되며, 사회적으로는 다음 세대 양성에 관심과 노력을 기울이게 된다. 또 학문적 · 예술적 업적이나 직업적인 성취를 통해서도 생산성이 발휘된다. 생산성의 우선적인 관심은 자녀를 생산하고 잘 양육하여 다음 세대가 건전하게 발전될 수 있게 후성설적인 톱니바퀴 역할을 훌륭하게 수행하는 것이다. 이 단계의 사랑은 인간과 역사에 대한 연민으로부터 샘솟는 사랑이다. 그런 의미에서 생산성은 본질적으로 다음 세대를 일으키고 이끄는 것에 대한 관심이다.

생산성을 제대로 발휘되지 못하면 침체감이 형성된다. 이 경우에는 타인에 대한 사랑보다는 자신의 욕구에 더 치중하는 경향을 보이며, 타인에 대한 관대함이 결여된다. 그리고 신체적 문제 혹은 환경적인 요인에 의해 다음 세대를 양육하거나 교육하지 못해서 생산적인 책임을 수행하지 못하는 사람도 있다. 지나친 자기연민, 또는 인간과 세계에 대한 신뢰가 없을 때 이런 현상이 나타난다. 이런 측면이 곧 침체성으로 나타난다. 침체성은 사람들을 돌보거나 양육하려는 동기와 열정이 결핍돼서 형식적으로만 책임을 감당하려고 한다. 자녀를 소유하려고만 하지 다음 세대를 위한 마음으로 사랑하지 못할 때 부모는 침체성에 빠진 사람이다. 중년기의 덕목은 배려이다. 배려는 베품, 전수, 자기의 것을 넘겨 주는 것을 감수할 수 있는 능력이다.

(8) 8단계 성숙기: 자아 통합 대 절망감

에릭슨의 심리사회적 발달 단계의 여덟 번째 8단계의 적응 대 부적응 방식의 특성은 자아 통합 대 절망감(ego-integration vs. despair)이다. 마지막 8단계의 위기는 자신의 인생, 경험, 의미 등을 온전히 수용하고 통합하느냐 혹은 자신의 모든 것을 부정하고 후회하며 절망에 빠지느냐이다. 이 시기는 인생을 마무리하는 단계이자, 방대한 지식과 경험들 속에서 삶의 의미를 되새기고 수용하는 시기이다.

노년기에는 신체적 노화와 직장의 은퇴, 친구와 배우자의 죽음 등으로 인하여 무력감을 느끼게 되는 일이 많다. 에릭슨은 이 시기의 성패는 신체적 · 사회적 · 퇴보를 어떻게 수용하는가에 달려 있다고 주장했다. 대부분 노년기에 자신의 전 생애를 돌아보면서 자신의 생애가 가치 있는 삶이었는지를 생각해 보게 된다. 자신의 삶을 무가치하게 느끼면 절망에 빠지게 된다. 그러나 절망 속에서도 자기 나름대로 인생의 의미를 찾고 보람을 느끼게 되면 인생에 대한 지혜를 획득하게 된다. 이 지혜를 통하여 더 높은 인생철학으로 통합을 이루어 나간다. 자기의 인생을 만족스럽게 돌아보는 사람은 자아 통합을 이룬 사람으로, 자신의 위치와 자신의 과거를 받아들인다.

어떤 식으로든 사물과 사람들을 돌봐 왔고, 부모로서 또는 물리적 · 관념적 결과물의 생산자로서 경험이 있으며, 그 과정의 성패에 자신을 적응한 사람만이 앞의 일곱 단계를 이룰 수 있다. 이것이 자아 완성이다. 축적된 자아 통합의 결여나 상실은 죽음에 대한 두려움으로 이어지며, 삶을 변화시키기에는 시간이 부족하다고 생각하며 절망으로 표출된다. 그리고 하나의 커다란 회한에 이르지 못한 천 가지의 작은 혐오가 절망을 덮어 버린다. 이 단계에서는 사람의 모든 갈등이 조화롭게 통일되며 성숙한 경지에 도달한다.

4) 콜버그의 도덕발달

콜버그(L. Kohlberg)의 도덕발달이론의 단계 개념은 피아제가 발견한 도덕발달의 초기 이론에 기반을 둔다. 콜버그는 당시의 시대적 상황을 고려하여 정의(justice)에 상당한 관심이 있었으며, 도덕성의 주된 요소를 도덕적 판단력으로 보았다. 콜버그는 도덕적 딜레마를 제시하고 그 반응을 분석하여 도덕적 판단의 발달 단계를 3수준 6단계로 구분하였다(박보라, 2011).

인간 생명의 가치, 도덕 행위의 동기, 도덕 판단과 그 정당성 등이 담겨 있는 도덕적 딜레마 이야기를 제시하였고, 자신이 그 이야기의 내용과 같은 상황에 놓여 있다면 어떤 행위를 할 것인지 그리고 그 이유는 무엇인지 등을 질문하였다. 연구대상자들이 비록 발달의 정도가 다르고 모두 도덕관념의 발달이 최고 단계까지 도달하는 것은 아니더라도 똑같은 발달단계를 거친다는 것이 발견되었다.

이러한 도덕적 딜레마는 하인츠 딜레마(Heinz's dilemma)라는 제목으로 콜버그가 자신의 박사학위 논문에서 도덕적 판단력이 출현하는 장면으로 설정하였다. 이 딜레마를 가지고 고민하는 것이 바로 도덕적 판단의 과정이며, 여기서의 결론이 바로 그 사람의 도덕적 판단력의 수준이 된다.

시카고에 사는 중하류층의 소년 72명을 주요 표집 대상으로 하였는데, 10세, 13세, 16세의 연령층이었다. 후에 더 어린 아동과 비행아동, 그리고 타 도시의 소년, 소녀 및 다른 나라 출신의 소년, 소녀도 더 참가시켜 그의 연구에서 표집 대상을 크게 확장하고 다양화하였다. 콜버그는 다음과 같은 딜레마 상황을 제시하였는데, 그런 상황에서 각 연령별 아동에게 도덕적 판단을 하도록 요구했다. 그리고 그렇게 판단한 이유를 물어서 도덕적 판단의 근거로 삼았는데, 탈옥수의 이야기, 중대장의 이야기, 하인츠의 이야기 등이 곧 딜레마의 상황으로 제시되었다. 그 결과 아동의 도덕성 발달은 단계적으로 이루어진다고 결론지었다. 이 중에서 한 예로 하인츠 딜레마는 다음과 같다(박보라, 2011).

> 유럽에 특수한 종류의 암을 앓아 죽음에 임박한 하인츠 부인이 있었다. 의사가 그 부인을 구할 수 있다고 말한 단 하나의 약이 있었는데, 그 약은 최근에 그 마을의 약제사가 발견한 라듐 종류였다. 그 약을 만드는 데에도 값이 비싼 편인데, 약제사는 제조비 대가로 열 배나 더 요구하였다. 그는 라듐 재료에 200달러, 그리고 거기에다 그 약 한 알에 2,000달러를 더 요구하였다. 하인츠 부인의 남편 하인츠는 아는 사람을 모두 찾아가 돈을 빌렸으나 약값의 절반인 1,000달러밖에 구하지 못하였다. 그는 약제사에게 가서 아내가 죽어가고 있으니 그 약을 싸게 팔거나, 뒷날에 갚게 해 달라고 부탁했다. 그러나 약사는 "안돼요, 나는 오랜 세월 매우 힘들여 이 약을 발견했으니 돈을 벌어야겠소"라고 말했다. 하인츠는 절망하게 되어 마침내 약방을 부수고 들어가 아내를 위해서 약을 훔쳤다. 하인츠는 과연 그렇게 해도 되었을까?

콜버그에 의하면, 단계는 아동과 세계의 상호작용의 균등화의 모습이지 생물학적 · 신경학적 구조의 직접적인 전개이거나 성숙의 직접적인 반영이 아니다. 이것은 사회적 상호작용을 강조한 듀이(J. Dewey)의 영향을 받은 것으로, 아동 자신의 조직화의 재구조화로 이끄는 것이 단계라는 것을 뜻한다. 콜버그에 의하면 질적으로 구분되는 도덕발달 수준을 크게 3가지로 구분하고, 각 도덕 수준을 다시 하위의 두 단계로 구분하였다. 콜버그의 도덕발달 단계는 〈표 12-2〉와 같다.

표 12-2 콜버그의 도덕발달단계

수준	1수준: 전인습적 도덕	2수준: 인습적 도덕	3수준: 후인습적 도덕
단계	1단계: 처벌 및 복종 지향	3단계: 착한 소년, 소녀 지향	5단계: 사회계약 지향
	2단계: 도구적 상대주의	4단계: 법과 질서 지향	6단계: 보편적 · 도덕적 원리

출처: 박보라(2011). 콜버그의 인지적 도덕발달 이론에 대한 비판적 분석.

각 도덕의 수준은 전인습적 도덕(preconventional morality), 인습적 도덕(conventional morality), 후인습적 도덕(postconventional morality)이다.

(1) 전인습적 도덕

전인습적 도덕 수준의 아동은 도덕적 규칙이나 선악의 개념은 알고 있으나, 이 개념을 행위의 물리적 · 신체적 결과(벌, 강화, 호의의 교환) 또는 도덕의 규칙을 강요하는 사람의 힘이나 권력과 관련지어 해석한다. 이 단계에서는 옳고 그름의 의미가 자신의 주관적인 감정의 측면에서 규정된다. 옳은 것이란 벌을 피하고 보상을 가져오는 것이다. 자신이 그것을 좋아하면 그것은 옳은 것이며, 좋아하지 않으면 그른 것으로 간주된다.

자기중심성이 지배하며, 자신의 주관적 감정이 판단을 좌우하는 정서적 수준의 이해라고 불 수 있다. 9세 미만 아동의 도덕적 이해는 이러한 수준이라고 지적하고 있다. 많은 청소년, 범죄에 가담하는 성인들 중에도 아직 이 수준에 머물러 있는 사람이 많이 있음을 지적하고 있다. 이 수준은 다시 처벌 및 복종 지향(punishment and obedience orientation)과 도구적 상대주의(instrumental relativism)로 나누어 설명된다.

① 1단계: 처벌 및 복종 지향

행위의 물리적 및 신체적 결과가 선악 판단의 기준이 되며, 그러한 결과가 어떤 의미 또는 가치를 나타내고 있는지 여부에는 관심이 없다. 1단계의 아동은 단순한 신체적 · 물리적 힘이 복종이나 도덕 판단의 기준이 된다. '큰 물고기는 작은 물고기를 잡아먹는다'라든가, '힘이 곧 정의다'라든가, '적자생존'과 같은 힘의 원리가 가장 의미 있는 것으로 되어 있다. 따라서 옳고 그름의 판단은 권력을 가진 자로부터의 신체적 벌을 피하기 위한 것으로, 즉 외부에서 강제로 주어진 것으로 판단한다. 하인츠의 딜레마에서 이 시기의 아동들의 전형적인 대답은 하인츠가 약을 훔친 것은 나쁘다는 것이다. 그 이유는 "법에 어긋나니까" "훔치는 것은 나쁘니까"였다. 더 자세히 물었을 때 훔치는 것은 "벌을 받을 것이므로" 나쁘다고 했다.

② 2단계: 도구적 상대주의

올바른 행위란 자기 자신의 필요 혹은 다른 사람들의 필요를 충족시켜 주는 행위이다. 공정성, 상호성 또는 공정한 분배 등의 개념이 나타나지만, 이것은 반드시 상거래와 같이 물리적이며 실용적인 관점에서 해석된다. 상호성이라는 것은 말하자면, "네가 내 등을 긁어 주니까 나도 네 등을 긁어 주겠다"고 하는 생각이며, 신의를 지킨다든가 감사를 느낀다든가 또는 긍정을 기한다든가 하는 생각과는 거리가 멀다. 이 단계는 기본적으로 '내 것'부터 먼저 손에 넣고 싶어 한다. 즉, 자신이 필요하고 원하는 것을 다른 사람이 해 줄 때 그것이 옳다고 생각한다. 하인츠는 "아내를 구하기 위해 훔치는 것이 정당하다고 하겠으나, 약제사의 입장에선 나쁘다고 생각할 수 있"고 말했다. 즉, 각자의 욕구와 쾌락에 따라 상대적으로 결정한다.

(2) 인습적 도덕

인습적 도덕 수준에서는 집단의 가치, 집단의 실제, 규칙에 대한 인식으로 바뀐다. 이 수준의 아동은 자신의 행동이 자신에게 미치는 결과에 상관없이 집단의 기대를 어느 정도 충족시켰느냐에 따라 평가한다. 즉, 개인의 감정이나 집단이나 국가의 기대를 따르는 것이 그 즉각적인 결과와는 상관없이 그 자체로서 가치를 가진다. 이 수준의 아동은 법과 규칙이 공동체의 이익과 질서를 유지시켜 주는 것으로 내재적 가치를 인정하고 내면화하면서 현 질서체계를 유지하려는 이른바 법 유지적 관점(positive-law conception)을 갖는 경향이 있다. 인습적 도덕 수준에 있는 아동의 특징은 집단을 귀중히 여기고 집단에 대한 소속감을 갖는다. 이기주의의 한계성과 불만족성을 인식하고 집단 협동의 필요성을 깨닫는 데 필요한 인지 상태라고 할 수 있다. 이 수준은 다시 착한 소년, 소녀 지향(good boy & girl orientation)과 법과 질서 지향(maintenance of social order & authority) 단계로 설명된다.

① 3단계: 착한 소년 소녀 지향

이 단계에서 도덕은 타인과 좋은 관계를 유지하는 것으로서 칭찬받고 싶어 하고 타인을 기쁘게 해 주고 도와주려는 방향으로 생각하고 행동한다. 이 단계에서 행동은 동기에 의해서 판단되는 경우가 많다. 규칙과 역할의 목적을 이해하고, 행동의 결과와 그 행동의 의도를 잘 이해한다. 예를 들어, 아동들은 "하인츠는 생명을 구하려고 애썼다" "아내를 사랑했다" "절망적인 것이 도둑질을 하게 된 유일의 이유이다"라고 강조했다.

그러나 반대로 약제사의 동기는 "나쁘다. 즉, 탐욕스럽다" "자기 이익만 생각했다" "자신에게만 관심이 있고 다른 생명에는 무관심하다"라고 말했다. 어떤 소년은 약제사에 대해 증오를 표시하며 감옥으로 보내야 한다고도 했다. 또 어떤 소년은

"사랑하는 남편, 공정치 못한 약제사, 이해심 있는 재판관"에 대해 말하면서 하인츠가 감옥에 가지 않으리라고도 했다. 즉, 소년들은 옳고 그름의 판단 기준을 착함의 동기나 감정에서 찾았다.

② 4단계: 법과 질서 지향

이 단계에서는 다른 사회적 의무와 갈등을 일으킬 때 법을 준수하는 것이 중요하다고 생각하게 된다. 사회 질서와 권위를 유지하는 방향으로 행동하지만, 사회 질서와 법률의 존재 이유와 그 기능에 대한 개념을 가지고 있다는 점에서 3단계와 다르다. 즉, 소년들은 하인츠를 동정하지만 그렇다고 도둑질을 용서하지는 않았다. 즉, 모두가 그럴 만한 이유가 있을 때마다 법을 어긴다면 사회는 혼란 상태가 될 것이라고 했다. 또 어떤 소년은 "하인츠는 아내를 사랑했으나 약을 훔쳤기 때문에 약값을 치르고 감옥에 가야 한다. 그 이유는 법은 사회 조직의 결정적 요소로서 존중되어야 하니까"라고 대답했다. 즉, 사회를 위한 법의 기능을 전체로서 개념화할 수 있었다. 질서의 필요성, 혼란의 방지, 모든 사람의 의무와 책임의 중요성을 이해하고 있었다.

이 단계에 있는 사람은 법에 대하여 이야기하고 싶어 하며, 심지어 그 법을 조목조목 법제화하려고 한다. 이들은 법과 규칙을 사람의 존경과 복종을 명하는 중요한 것으로 인식하며, 사람은 한 구성원으로 법 아래에 있다고 보고 일정한 가치체계나 사회 전체 입장에서 이를 파악한다.

(3) 후인습적 도덕

후인습 도덕 수준에서는 도덕적 가치나 원리가 그 가치를 표방하는 개인이나 집단의 권위와는 관계없이 그 자체로서 타당성을 가진다고 생각한다. 이 수준에서의 옳고 그름의 판단은 객관적인 원리에 의해 이루어진다. 개인이 공감하는 인류 공유의 기준, 정의, 기본적 권리, 인간 존중의 측면에서 판단된다.

합리적이고 이성적인 개인은 자신의 감정이나 다른 사람의 명령을 넘어서서 객관적으로 옳다고 생각하는 것을 발견하고 존경할 수 있어야 한다고 생각한다. 사회 정의, 공정성, 기본권 등의 개념이 존중된다. 이 수준은 다시 사회계약 지향(social-contract orientation)과 보편적·도덕적 원리 지향(universal ethical principle orientation) 단계로 설명된다.

① 5단계: 사회계약 지향

이 단계에서는 사회적 관계와 개인의 권리가 존중되며, 사회적 법률은 상호 합의에 의해 변화될 수 있는 것으로 본다. 다수를 위한 최대의 선이 강조된다. 공리주의적 색채를 가지고 일반 개인의 권리라는 관점에서 사회 전체를 비판적으로 검증하고 합의를 본 기준의 관점에서 판단하는 사회계약 지향이 특징이라고 할 수 있다. 개인의 가치의 상대성을 인정하면서도 그와 동시에 합의에 도달하는 방법상의 원리를 강조한다. 법적 관점이 중요시되지만, 법의 사회적 유용성에 대한 합리적 고려에 따라 법이 바뀔 수도 있다는 것 역시 중요시된다.

이 수준에 있는 아동은 이러한 이성적 검토에 위배되는 법을 언제든지 바꿀 수 있다고 강조한다. 법은 함께 공존하기 위하여 인간들에 의하여 만들어진 것으로, 인간은 법을 우상화할 필요가 없다고 생각한다.

② 6단계: 보편적 · 도덕적 원리 지향

콜버그는 이 단계에 이르면 자신의 일신상에 미치는 결과를 떠나 최종적으로 시대, 사회, 법을 초월한 정의, 상호성, 존중 등의 보편적 원리를 추구하게 된다고 했다. 예를 들어, 계율과 같이 구체적인 규칙이 아니라 추상적인 윤리이다. 하인츠는 아내를 위해 도둑질할 권리는 없지만, 보다 상위의 도덕적 권리를 갖고 있다고 했다. 즉, 모든 개인은 절대적 가치를 갖고 있고, 모든 생명은 고유의 가치를 갖고 있다. 이것이 곧 보편적 원리로서 누구에게나 적용된다. 하인츠가 약을 훔쳤더라도 이는 사람의 생명을 구하기 위한 것이다. 그러므로 기소되어서는 안 되며, 기소된다면 불공정한 것이라고 응답할 가능성이 있다.

콜버그는 6단계에 대한 이론적 정의의 기초가 된 사례가 소규모 엘리트 표집에서 추출되었다는 점을 인정했다. 여기서 엘리트는 철학에 관한 정규교육을 받았고, 도덕적인 지도자가 될 만한 자질이 있으며, 실제로 그런 역할을 한 사람이라는 것을 의미한다. 예수, 부처, 공자, 소크라테스, 간디, 마더 테레사 등도 이러한 엘리트의 한 예이다. 콜버그는 대부분의 사람이 2~4단계에 속하고, 6단계는 찾아보기 어렵다고 보았다.

2. 초등학생의 발달적 특징

1) 초등학생의 발달적 특징

아동기는 만 6세부터 12세까지를 말하며, 학령기라고도 한다. 일반적으로 초등학교에 입학하여 졸업할 때까지의 시기에 해당된다. 최근에는 초등학교 고학년 시기인 만 10세경부터 12세까지를 사춘기 또는 초기 청소년기로 따로 분류하기도 한다. 아동기는 생활의 중심이 가정에서 학교로 옮겨지기 때문에 인간관계도 부모, 형제와 같은 가족으로부터 또래, 교사 등과 같은 외부 인물로 확대된다. 학교생활을 통해 아동은 많은 사회적 관계를 형성하게 되며, 또래집단의 비중이 점차 커지게 되므로 이 시기를 또래집단기(gang age)라고도 한다.

이 때에 부모의 영향력은 영아기나 유아기에 비해 감소하는 것으로 알려져 있다. 부모와의 관계는 아동기 이전에 이미 그 기초가 형성되었기 때문에 일생을 통해 자녀에게 가장 큰 영향을 미친다고 할 수 있다. 또한 성적 욕구가 일시적으로 잠재해 있다는 점에서 잠복기라고도 한다. 같은 아동기라고 하더라도 초기에 해당되는 1학년 아동과 후기에 해당되는 6학년 아동은 심리적 · 신체적 발달에서 현저한 차이가 있다. 초등학생의 발달적 특성을 살펴보면 다음과 같다(송현주 외, 2021; 신명희 외, 2017).

(1) 신체발달

아동기의 신체발달은 그 속도가 비교적 완만하고, 대근육과 소근육의 발달이 더욱 강하고 정교해지며, 신체 비율이 성인과 거의 유사해진다. 몸통이나 팔다리가 가늘어지고, 어깨가 넓어지며, 머리 크기는 신장의 1/7～1/8 정도로 성인과 점점 비슷한 모습을 갖추게 된다. 아동기에는 1년에 평균 5.5cm씩 키가 자라며, 체중은 2.7kg씩 늘어나게 된다. 5～6세경부터 유치가 빠지기 시작하여 영구치로 대치되는데, 12세경에 어금니가 나면서 얼굴 모습도 성인과 비슷해진다. 평균적인 키는 남아가 여아보다 크다. 그러나 남아보다 여아의 사춘기가 조금 일찍 시작되기 때문에 10～11세에 도달하면 여아가 남아보다 크다.

(2) 운동 기능의 발달

아동기에는 이전과 같은 급격한 변화가 일어나지는 않지만 이미 획득한 지각 및 운동 능력들이 더 세분화되고 정교해진다. 던지기나 뛰어오르기, 달리기와 같은 대근육을 사용하는 기본적인 운동 능력은 아동기에 더욱 발달하며, 이런 운동을 기반으로 게임을 즐기게 된다. 협응 능력의 발달을 잘 나타내는 공놀이도 연령이 증가함에 따라 공을 보다 멀리 던지고 보다 잘 받을 수 있게 된다. 줄넘기가 가능한 연령은 6세 정도이고, 작은 네모 안으로 정확하게 뛸 수 있는 연령은 7세 정도이다. 이러한 협응 능력의 발달로 자전거나 인라인스케이트를 잘 탈 수 있게 되고, 수영, 자전거 타기, 줄넘기, 야구, 농구, 축구 등 다양한 체육활동을 잘할 수 있게 된다. 그런데 이 시기의 문제점 중 하나가 체육활동과 관련된 안전사고이다. 그러므로 아동이 건강과 안전수칙을 잘 지키도록 조직화된 체육활동이 제공될 필요가 있다.

운동 능력의 발달은 사춘기까지 성별 차이를 보이지 않다가, 사춘기가 시작되면서 남아가 여아보다 앞서게 된다. 남아는 야외놀이 활동을 선호하여 운동 능력의 발달에 필요한 대근육 활동을 더 많이 하고, 17세까지 운동 능력이 계속적으로 발달한다. 반면에 여아는 13세경에 최고조에 달하며, 13세경 후부터는 운동 능력의 발달이 쇠퇴하거나 기존의 능력을 유지하게 된다.

오늘날 대부분의 아동이 운동량이 부족하다고 볼 수 있다. 초등학교도 근거리에 위치하고, 방과 후 시간도 신체적 놀이 대신에 조용한 학습활동으로 이루어지기 때문이다. 그러나 규칙적인 운동은 아동에게 많은 장점을 가져다준다. 규칙적인 운동으로 인하여 인내심이 길러지고, 수면 습관이 좋아지며, 비만 방지에도 도움이 된다. 또한 심장질환을 예방해 주는 효과뿐 아니라 집중력 향상으로 학습 능력도 증진시켜 준다.

(3) 인지발달

아동기에 가장 뚜렷하게 나타나는 변화는 인지발달이라고 할 수 있다. 구체적 조작기에 들어서면서 좀 더 세련된 방법으로 상징을 사용하고 논리적으로 생각하며 어떠한 사물이나 상황의 한 측면에 국한되지 않고 여러 측면을 고려하여 사고한다. 뿐만 아니라 다른 사람이 나와 다르게 생각할 수 있다는 점을 이해한다.

구체적 조작기에 이르러 아동의 자아중심성은 점차 감소한다. 학교생활에서 자신의 생각과 다른 친구의 생각을 비교할 수 있게 되면서 사고의 폭이 확장된다. 다시 말해 전조작기의 자아중심성과 중심화로부터 탈중심화한다.

구체적 조작기의 아동은 지식의 양이 늘어나고 자기중심성을 극복할 뿐 아니라 논리적 조작을 할 수 있게 된다. 구체적 조작기에는 보존개념, 조망수용, 유목화, 서열화 개념을 획득한다. 구체적으로 살펴보면 다음과 같다(송현주 외, 2021).

첫째, 보존개념은 물체의 외형적인 변화에도 불구하고 더하거나 빼지 않는 한 그 물체의 질량은 그대로 보존된다고 판단할 수 있는 능력이다. 이러한 보존개념은 가역성, 보상성, 동일성이라는 세 가지의 개념이 미리 획득되어야만 가능하다. 대체로 수에 대한 보존개념은 5~6세, 길이에 대한 보존개념은 6~7세, 무게, 액체, 질량, 면적에 대한 보존개념은 7~8세, 그리고 부피에 대한 보존개념은 11~12세에 획득된다.

둘째, 조망수용은 다른 사람의 입장, 감정, 인지 등을 추론하여 이해할 수 있는 능력을 의미한다. 아동들에게 어떤 이야기의 줄거리를 말해 주고 상황을 설명해 주었을 때, 아동은 그 이야기의 주인공이 느끼는 감정을 이해할 수 있게 된다. 또한 타인의 사고 과정이나 행동의 원인을 추론하고 이해하는 인지적 조망 능력도 획득하게 된다. 이러한 조망수용 능력은 아동의 학년이 높아질수록 더 높아진다. 조망수용 능력은 성차를 보이는데, 전반적으로 여아의 감정 조망수용 능력이 남아보다 더 높게 나타나는 것으로 보인다.

셋째, 유목화는 물체의 공통 속성에 따라 분류하고 한 대상이 하나의 유목에 속하는 것으로 분류할 수 있는 능력이다. 유목화 개념이 획득되지 않은 유아기에는 색깔과 크기가 다른 여러 모양의 물건을 주고 이를 일정한 속성에 따라 분류하라고 지시하면 정확하게 분류하지 못한다. 그러나 아동기에는 물체를 공통 속성에 따라 분류한다. 만약 8세의 아동에게 10개의 빨강 유리구슬과 5개의 파랑 유리구슬을 보여 주고 빨강 유리구슬과 파랑 유리구슬 가운데 어떤 것이 더 많은지 물어보면 아동은 대부분 빨강 유리구슬이 더 많다고 대답한다.

넷째, 서열화는 아동기인 구체적 조작기의 또 다른 특성으로서 사물을 영역별로 차례대로 배열할 수 있는 능력을 의미한다. 유아기에는 길이가 다른 여러 개의 막대기를 놓고 순서대로 나열하라고 하면 많은 오류를 보인다. 그러나 아동기에는 특정한 속성에 따라 유목으로 나누면서 동시에 거의 시행착오 없이 상호관계에 따라

막대기를 순서대로 배열하는 것이 가능하다. 서열화 개념은 수들 간의 관계를 이해하는 데 결정적인 역할을 하므로 수학을 배우는 데 필수적이다.

(4) 언어발달

생득론적 입장에서 Chomsky(1988)는 인간은 보편적으로 모국어를 자유롭게 사용할 수 있게 발달하도록 생물학적으로 설계되어 있다고 제안했다. 그에 의하면 인간의 모든 언어는 보편문법(universal grammar)을 따르며, 인간은 언어의 기초를 가지고 태어난다. 보편문법은 영아가 1차 언어 자료를 입력으로서 개별의 문법을 출력으로서 낳는 언어습득장치(language acquisition device: LAD)라고 할 수 있다. 즉, 영아가 어떤 언어권에서 태어나든 적은 노력으로도 모국어를 습득할 수 있다는 것이다. 나아가 언어발달도 역시 신체발달과 같이 생물학적 시계에 의해 움직이므로 언어발달의 결정적 시기(critical period)가 존재한다.

아동은 언어를 능숙하게 사용하게 됨에 따라 자신의 의사를 잘 표현하고 자신의 문제를 스스로 해결해 나갈 수 있는 능력을 갖게 된다. 말의 길이가 길어지고 문장도 복잡해진다. 6세경에 이미 언어의 기본적 구문이 이해되고, 7세경에는 수동형 문장을 사용할 수 있게 된다.

아동기에는 읽기 능력도 발달하는데, 아동 개개인마다 발달 시기와 능력에 차이가 있다. 일반적으로 쓰기 능력은 읽기 능력이 어느 정도 발달된 후에 나타난다. 아동들은 처음 글쓰기를 할 때 글씨를 틀리게 쓰는 경우가 많다. 예를 들어, 글자를 쓸 때 일반적으로 단어의 소리를 이용하여 글자의 기본 형태를 생각해 내기 때문에 글자를 소리 나는 대로 쓰거나 종종 거꾸로 쓰기도 한다.

하지만 초등학교 시기에 이러한 경향은 사라지고 글자를 바르게 쓸 수 있게 될 뿐만 아니라 나아가 자신들의 생각을 글로 표현하는 능력이 점차 발달하게 된다. 초등학교 시기에는 어휘력도 급속히 발달함에 따라 언어의 사용량도 풍부해지고 동의어에 대한 이해도 가능해진다. 특히 대화하는 상대방의 지위, 연령, 성별, 이해 정도, 사고방식 등을 조금씩 알게 되고, 이런 상황에 맞도록 자신의 언어를 선택하고 조절할 수 있는 의사소통 능력을 발달시킨다. 아동기는 언어발달의 중요한 시기이므로 정확하고 다양한 언어 경험을 하도록 주의 깊은 지도가 필요하다.

(5) 도덕성 발달

콜버그의 도덕발달단계에 의하면, 아동기는 2수준인 3, 4단계가 아동기의 도덕성 발달단계에 해당한다. 즉, 2수준은 인습적 도덕 수준으로, 3단계는 '착한 소년, 소녀 지향' 단계와 4단계 '법과 질서 지향' 단계로 구성된다. 3단계는 타인을 도와주고 기쁘게 하는 행동인지의 여부가 옳고 그름을 판단하는 준거가 된다. 아동은 부모, 교사, 또래들로부터 착한 아이라는 승인을 얻기 위해 부모, 교사, 또래, 학교의 도덕 기준을 자신의 도덕적 판단 기준으로 삼는다. 그러므로 아동의 도덕성 발달을 위해 부모나 교사가 자신의 도덕적 발달과 도덕적 행위가 아동들에게 본보기가 될 수 있도록 솔선수범할 필요가 있다.

4단계는 법과 질서를 지향하는 단계이다. 초등학교 고학년 아동은 자신이 속한 사회 집단의 규칙과 약속을 기반으로 도덕적 판단을 한다. 예를 들어, 학급에서 한 학생이 잘못된 행동을 했을 때, 4단계의 도덕적 추론이 가능한 아동은 학급의 규칙과 교사 및 학생들과의 약속에 기반을 두고 그 친구의 행동을 판단한다. 결국 학급의 규칙이나 질서를 중시하는 아동은 국가와 사회의 질서와 법 역시 반드시 지켜야 한다는 인식을 갖게 된다. 그렇기 때문에 학교나 학급에서 도덕교육은 매우 중요하다고 할 수 있다.

(6) 사회성 발달

아동은 초등학교에 입학하면서부터 가정 밖에서 보내는 시간이 점점 많아진다. 또한 또래와의 관계가 활발해짐에 따라 부모에 대한 의존에서 탈피하여 심리 · 사회적 독립을 추구하기도 한다. 아동들은 학교생활이 시작되면서부터 연령이나 능력이 비슷한 또래들과 상호작용을 하면서 자기 자신에 대해 새롭게 지각한다. 그리고 아동은 타인과 상호 소통하는 방식을 획득하게 되고 집단에 대한 소속감을 발달시키게 된다. 아동은 보통 8～9세 정도에는 또래집단에 참여하여 그 집단의 가치와 행동 유형을 배우게 된다. 이때 아동은 또래들은 자신을 비춰 주는 거울의 역할을 하기 때문에 그들의 의견이나 반응에 매우 민감하게 된다.

또래집단의 가장 중요한 기능은 사회화라고 할 수 있다. 아동은 친구를 통하여 자신이 속한 사회에서 수용되는 것과 수용되지 못하는 것을 배우고 가치관을 학습하며 타협과 협동심을 배운다. 친구로부터 인정받는 것은 곧 자신을 지각하는 자아

개념의 형성에 중요한 역할을 한다. 이처럼 아동에게 있어서 또래집단은 부모나 교사와 같이 강화원과 모델링의 역할도 한다.

또래들이 다양한 친사회적 행동이나 반사회적 행동을 하자는 압력이 있을 때 친사회적 행동에 대해서는 동조성이 크게 변화하지 않았다. 반면, 반사회적 행동에 대해서는 동조성이 상당히 증가한 것으로 보고되었다. 결국 또래집단의 문화가 학업성취도 혹은 학교나 부모와 같은 성인에 대해 부정적인 태도를 갖게 되면 그만큼 또래집단이 아동에게 미치는 부정적 영향은 클 수밖에 없다.

한편, 아동기 후기는 생리적 · 성적 성장이 시작되는 시기로서 자의식이 발달하고 이성에 대한 일시적인 혐오기를 거치게 된다. 이 시기에 아동은 자기주장을 강하게 하고 부모에 대한 반항을 시작하는 등 부모를 당황하게 만들곤 한다. 아동은 유아기와는 달리 가치관이나 사고, 정서 상황 등의 추상적인 차원에서 자아개념을 획득하기 시작한다. 또한 초등학교에 입학하면서 성에 따라 기대되는 역할이 다르다는 사실을 인식하게 된다. 성역할 고정관념은 초등학교에 들어가면서 뚜렷이 증가하여 6학년 때에는 성인과 비슷한 고정관념을 갖는다고 보고되고 있다. 최근에는 양성적인 성역할에 대한 관심이 커지면서 지나친 성역할 구분이 사회 적응을 저해한다는 의견이 대두되고 있다.

3. 중 · 고등학생의 발달적 특징

1) 청소년기의 발달적 특징

청소년기라는 말은 라틴어 adolescere, 즉 성숙한 사람으로 성장해 간다(to grow into maturity)는 말에서 유래하였다. 청소년기는 아동기에서 성인기로 이행하는 과도기적 단계로서 급격한 신체발달로 인해 불안정과 불균형에 직면하게 되며, 그로 인해 일시적인 긴장과 혼란을 경험하는 시기로 알려져 왔다. 청소년기는 질풍노도의 시기(time of storm and stress), 제2의 탄생(the second birth), 주변인(marginal man) 등으로 불리어 왔다. 이와 같은 명칭처럼 청소년기는 자의식과 현실 적응 사이에서 혼돈, 갈등, 긴장, 외로움 등의 감정을 경험하고, 신체적, 사회적으로 새로운 변화를 맞아 크든 작든 다양한 갈등과 스트레스를 경험하게 된다.

청소년기는 일반적으로 중학교 입학 이후부터 고등학교 시기까지라고 알려져 왔으나, 최근에는 성숙의 가속화 현상으로 초등학교 4, 5학년부터 시작되는 것으로 보기도 한다. 아동기와 청소년기의 가장 큰 차이는 성적 성숙이라고 볼 수 있다. 이로 인해 청소년은 생리적 욕구의 조절, 새로운 존재로서의 자아정체감 수립 등의 발달 과제를 해결해야 한다. 중 · 고등학생의 발달적 특성을 살펴보면 다음과 같다 (송현주 외, 2021; 신명희 외, 2017).

(1) 신체발달

아동기와 청소년기의 명확한 차이는 신체적 발달상의 변화이다. 생리적으로 청소년기는 뇌 속에 있는 성장 조절 내분비선인 뇌하수체의 활동이 증가하면서 시작된다. 신체의 외형적 발달은 물론이고 내면적 발달이나 운동 기능, 그리고 생식 기능에 있어서도 급격한 변화를 보인다.

청소년기는 성장 급등(growth spurt)을 경험하는 시기로 키와 체중의 변화 및 2차 성징이 나타난다. 일반적으로 여자 청소년이 12세에 성장 급등의 절정을 경험하는데 비해, 남자 청소년은 14세에 성장 급등의 절정을 경험하여 여자 청소년이 남자 청소년보다 성장 속도가 빠르다.

여자는 여성다운 체형으로, 남자는 남성다운 체형으로 바뀌어 성차가 뚜렷이 나타난다. 따라서 태어나서 처음으로 9～13세까지는 여자가 남자보다 키가 더 크고 체중이 더 나간다. 평균적으로 청소년의 키는 98%가 16～17세에 이루어진다. 즉, 남자는 21세경에 키 성장이 멈추고 여자는 좀 더 일찍 키 성장이 멈춘다. 여자는 골반이 넓어지고 피하지방이 축적되어 여성다운 체형으로 변모한다. 반면, 남자는 어깨가 넓어지고 근육이 발달하여 남성다운 체형으로 변모한다. 또한 얼굴 모양은 둥근 형에서 길쭉한 형으로 변화하고, 머리 크기가 신체에서 차지하는 비중이 적어지며 코와 입이 크고 넓어져서 전체적인 윤곽이 달라진다.

외적인 신체 변화와 더불어 청소년기에 일어나는 내분비선의 변화는 청소년의 신체적 · 심리적 발달에 큰 영향을 미친다. 특히 사춘기에 일어나는 여러 가지 변화는 청소년들을 당황하게 만든다. 일반적으로 테스토스테론(testosterone)은 남성 호르몬, 에스트로겐(estrogen)은 여성 호르몬이다. 이 두 가지 호르몬은 남녀 모두에게서 발견되지만 상대적인 양의 차이에 따라 남성과 여성의 차이가 생긴다.

사춘기가 되면 난소와 고환이 발달함에 따라 성호르몬의 분비가 증가된다. 성호르몬은 주로 생식선에서 분비되어 생식기관을 성장 · 발달시킴으로써 2차 성징을 발현시키고, 생식 행동을 유발하는 호르몬이다. 테스토스테론은 고환과 음낭 및 음경이 커지고, 음모와 액모가 발생되며, 턱수염이 나는 것에 관여한다. 이에 비해 에스트로겐은 월경 유발, 여성 생식기의 발육 촉진과 자궁 확대 등 여성의 2차 성징의 발현에 관여한다. 이에 남자는 몽정이 시작되고, 여자는 초경이 시작된다.

청소년은 신체적 성장이 완만하던 아동기와는 달리 급격한 신체 변화를 겪으면서 자신의 신체, 용모에 대해 지대한 관심을 갖고 급격히 변화해 가는 신체적 특징에 대해 극도로 신경과민이 된다. 자신의 신체에 지대한 관심을 갖는 것은 청소년기 동안에 지속되지만 특히 사춘기에 더욱 심해진다. 이 시기에는 대개 자신의 용모와 신체적 조건에 대해서 불만족스러워 한다. 일반적으로 청소년이 자신의 신체상에 대해 만족할수록 학업 성취가 높고 행복감을 더 느낀다.

(2) 인지발달

청소년기는 피아제의 인지발달단계에서 형식적 조작기에 해당한다. 청소년기 사고의 특징은 추상적이고 여러 가지 가설을 세우고 이를 검증하는 자료를 수집할 수 있는 가설연역적인 사고가 가능하다. 또한 속담이나 격언에 대해 그 속에 담긴 추상적 의미까지 이해할 수 있다.

청소년기의 인지발달은 지적 과제를 훨씬 용이하고 빨리, 그리고 효율적으로 성취하는 양적 증가와 인지 과정에서의 변화와 관련된 질적 증가가 모두 일어난다. 청소년기 사고의 특성은 명제적 사고, 가설연역적 사고, 조합적 사고, 이상적 사고를 특징으로 한다(이숙, 우희정, 최진아, 이춘아, 2009).

첫째, 명제적 사고가 가능하다. 초등학교 시기의 아동은 눈에 보이는 구체적인 사실에 대해서만 사고가 가능했으나, 중 · 고등학교 시기의 청소년은 삼단논법과 같은 추상적인 개념도 이해할 수 있다.

둘째, 가설연역적인 사고가 가능하다. 다양한 현상에 대해 여러 가지 가설을 세우고 이를 검증하는 자료와 근거를 수집할 수 있다.

셋째, 조합적인 사고가 가능하다. 아동은 시행착오에 의해 문제해결을 한다. 그러나 청소년은 문제해결을 위해 사전에 계획을 세우고, 문제해결에 필요한 변인만을 체계적으로 조합하고 구성하는 조합적 추리를 할 수 있다.

넷째, 이상주의적 사고를 한다. 구체적 조작기의 아동은 구체적 사실에 한해서 제한된 사고를 한다. 이에 비해 청소년은 자신과 다른 사람들에게 이상적이었으면 하는 특성들에 대해 사고할 수 있다.

청소년은 급격한 신체적 · 정서적 변화로 인해 자신의 외모와 행동에 너무 몰두해 있다. 그렇기 때문에 다른 사람들도 자신만큼 관심이 있다고 생각하여 자신의 관심사와 타인의 관심사를 구분하지 못하는 자기중심성이 두드러진다. 아동기의 자기중심성은 조망수용 능력이 발달되지 못해서 타인의 관심사를 구별하지 못하지만, 아동기와 청소년기의 자기중심성은 다르다.

청소년기의 자아중심성은 흔히 자신은 특별하고 독특한 존재라서 자기의 경험이나 감정 세계는 다른 사람과 근본적으로 다르다고 믿는 경향을 뜻하는 개인적 우화(personal fable)와 과장된 자의식으로 인해서 자기가 타인의 집중적인 관심과 주의의 대상이 되고 있다고 믿는 경향을 의미하는 상상적 청중(imaginary audience)이라는 말로 표현된다.

개인적 우화는 한편으로 청소년으로 하여금 자신감을 갖게 하고 힘든 일을 성취하는 힘을 부여하는 긍정적 측면도 있지만, 다른 한편으로는 위험하고 과격한 행동을 쉽게 저지를 수 있게 하는 부정적 측면도 있다. 그래서 주변에서 오토바이 폭주, 음주운전, 본드 흡입 등으로 친구가 죽거나 심하게 다치는 것을 보면서도 자신도 같은 행동을 하면 같은 결과를 가져온다는 생각을 하지 못하는 것이다. 또한 상상적 청중 척도에서 높은 점수를 나타내는 청소년은 부정적 자아개념을 갖는 경향이 높고, 길거리에서 담배를 피우는 소년은 다른 소녀들로부터 열광적인 반응을 상상한다.

비행을 저지르는 청소년들은 개인적 우화가 더욱 심각하고 오랫동안 지속되는 경우가 많다. 이러한 경향은 자신의 행동이 사회적으로 용인되지 않음을 인식하면서도 자신의 비행을 합리화하고 싶은 욕구와 맞물리면서 자신의 일탈 행동의 탓을 다른 사람이나 사회에게 돌리고 비난하는 투사 형태의 방어기제를 보이는 것이다.

(3) 자아정체성 발달

청소년기에는 나는 누구인가?' '나는 무엇이 되기를 원하는가?' 등 자신에 대한 근원적인 의문을 가지고 자기이해와 자기탐색에 열중한다. Erikson에 의하면, 청소년기에는 자아정체감의 위기를 경험한다. 이 위기를 성공적으로 해결하면 유능하고 책임 있는 존재로서의 자신에 대한 일관성 있고 안정된 느낌을 갖게 된다. 학자들은 청소년기의 중요한 발달과업으로 자아정체감을 들고 있다.

자아정체감은 청소년기에 형성되고 완료되는 것이 아니라 일생을 통해 이룩해야 할 중요한 문제이다. 그런데 청소년기는 자아정체감 형성의 결정적인 시기라는 점에서 매우 특별하다. 청소년기에 자아정체감을 성취한 사람은 신념, 직업 등에 대해 스스로 의사결정을 할 수 있고 적응 능력이 뛰어나다. 반면, 자아정체감이 혼미한 사람은 가출이나 비행 등의 문제를 겪을 가능성이 높다.

(4) 사회성 발달

청소년기의 정서는 변화무쌍하여 질풍노도의 시기로 불리기도 한다. 그러나 청소년은 점차 자기애 상태 혹은 자기중심성에서 벗어나 정서적으로 성숙하게 된다. 많은 청소년은 부모로부터 탈출하고 싶어 하면서 동시에 자신이 실제로 얼마나 부모에게 의존하고 있는지를 깨달으면서 끊임없이 갈등을 느낀다. 부모와 청소년의 주된 갈등은 학업 성취, 형제우애, 또래관계, 정리정돈, 게임중독, 신체청결과 같은 일상적인 일들에 관한 것이다. 이는 독립을 위한 행동이라고 할 수 있다.

청소년기에게 가장 애정적이고 지원적인 또래관계는 친한 친구와의 관계인 우정이다. 우정은 전 생애의 어느 시기보다 청소년기에 보다 가깝고 강렬하다. 청소년들은 깨어 있는 시간의 절반 이상을 친구들 및 급우들과 함께 있고, 집에서 시간을 보낼 때에도 자기 방에서 지내는 편이고, 가족과 함께 있을 때보다는 친구들과 함께 있을 때 편안해 한다.

청소년기에 겪게 되는 현저한 변화 중의 하나는 동성 친구와의 친밀한 우정에서 이성에 대한 우정과 낭만적인 애정으로 전환하는 것이다. 친구에 대한 관심이 동성 또래집단에서 이성 또래집단으로 옮겨 가는 것은 성인기로 가는 정상적이고 건전한 이동 과정이다. 청소년은 이성교제를 통해 정상적인 인격 형성을 도모할 수 있고, 성인 남녀의 역할을 배움으로써 사회적 기술과 예의를 배운다.

청소년기의 이성교제는 초기에는 재미를 목적으로 여러 사람과 자유롭게 교제하는 것이 특징이다. 그러다가 점차 한 사람에게 열중하게 되어 두 사람만의 시간을 가지기를 원한다. 그러나 자유로운 이성교제는 많은 청소년의 불건전한 성관계를 가져오고 십대 임신이나 성병 감염의 위험을 초래하기도 한다. 사실 성에 관한 정보는 여러 경로로 범람하고 있지만 왜곡된 정보가 너무 많은 것이 현실이다.

(5) 도덕성 발달

콜버그의 도덕발달단계에 의하면, 청소년기는 사회적 규범과 의무를 준수하려는 인습적 수준에 해당한다. 도덕발달단계의 2수준인 인습적 도덕 수준에서는 의미 있는 타인들에게 인정과 칭찬을 받는 것이 도덕적인 행위라고 생각하는 3단계와 법과 질서를 지키고 개인의 의무를 중시하는 4단계가 있다.

3단계의 도덕발달단계에 이른 청소년은 착한 소년, 소녀가 되기를 지향한다. 11～17세의 청소년은 타인의 관점과 의도를 파악하고 다른 사람의 기대에 부응하는 것을 매우 중요하게 여긴다. 이 단계의 청소년은 부모, 교사, 또래 등 의미 있는 타인들에게서 칭찬을 받는 것이 도덕적 행위라고 생각한다. 그러한 이유에서 이 단계에 이른 청소년은 대인관계 유지를 위해 의리, 충성, 신의를 중시한다.

4단계의 도덕발달단계에 이른 18～19세의 청소년은 법과 질서를 기준으로 도덕적 판단을 한다. 이 단계에 이른 청소년은 법을 어기거나 공공의 질서를 심각하게 위배하였는지 여부를 중시한다. 도덕발달은 가치 판단과 의사결정이 필요한 복잡한 심리적 과정이라고 할 수 있다. 꾸준한 생각과 행동의 연습이 없으면 갑작스럽게 도덕적 행동을 하기는 어렵다. 그러므로 어려서부터 도덕적 가치 판단에 대한 학습과 도덕적 의사결정에 대한 연습이 필요하다.

4. 아동 · 청소년을 지도하는 교사의 역할

현대 사회에서 교사는 단순한 지식이나 기능만을 가르치는 것이 아니라 학생 개개인의 원만한 인격 형성을 위한 제반활동을 수행할 것이 요구된다. 즉, 교사의 역할은 학습지도뿐만 아니라 학생 개개인의 건전한 성장과 발달을 돕기 위한 전반적인 생활지도활동까지를 포함한다.

그렇다면 교육의 과정에서 교사들은 어떠한 역할을 할 것이 요구되는가? 혹은 어떤 역할을 수행하고 있는가? 교사가 수행하는 역할은 학급경영에서, 학습지도에서, 생활지도에서, 그리고 직장인이라는 측면에서 다양하다. 이처럼 교사가 수행해야 하는 역할을 여러 측면에서 살펴볼 수 있지만, 교사의 역할을 교사와 학생의 심리적 관계를 중심으로 다음과 같은 14개의 항목으로 나누어 살펴볼 수 있다(김종운 외, 2019).

1) 사회 대표자로서의 역할

교육의 중요한 기능 중의 하나가 인류가 이루어 놓은 지식과 문화를 학생들에게 전수하는 사회화의 기능이다. 교육에서 교사는 사회의 가치와 규범, 그리고 생활양식을 대표하는 위치에 있다. 교사는 학생의 여러 가지 행동에 대하여 수용할 것은 수용해 주고 칭찬해 주며, 경우에 따라서는 조언을 통하여 사회와 문화가 기대하는 바가 무엇인지를 가르치며, 교사 자신의 태도와 행동을 표면적 교육과정과 잠재적 교육과정을 통하여 문화적 가치를 표현하게 된다. 그러므로 교사가 은연중에 하는 말과 행동이 학생들의 사회화의 질을 결정하는 중요한 역할을 한다.

2) 평가자 혹은 판단자로서의 역할

교사가 학교현장에서 수행하는 많은 일 가운데 학생에 관한 올바른 판단을 요구하는 경우가 많다. 학생들의 성적 처리, 교과발달과 행동발달의 평가와 기록, 수상대상자의 결정, 처벌 대상자에게 처벌 규정을 적용하는 일 등 교사는 판단자, 혹은 평가자의 역할을 수행한다. 이러한 판단이 적절한 것이냐 그렇지 않은 것이냐는 교사의 자질과 윤리에 관한 문제이다. 교사의 평가나 판단 그 자체는 학생의 자아개념 형성에, 나아가 일생에 중요한 영향을 줄 수 있다. 이러한 사례는 우리 주변에서 쉽게 찾아볼 수 있다.

3) 지식 원천으로서의 역할

학생들에게 필요한 지식을 가르치는 일은 교사의 중요한 임무 중의 하나이다. 이런 이유에서 교사에게서는 살아 있는 교과서의 역할이 기대된다. 교사가 가지고 있는 지식의 수준과 이해 정도는 학생들의 지적 · 정서적 자극이나 학업 성취와 밀접한 관련이 있는 점으로 보아 지적 탐구의 출발점이자 공급처로서 교사의 역할은 중요하다.

4) 학습 조력자로서의 역할

교사의 역할이 지식 전달자라고 하여 단순히 지식의 전달에 그쳐서는 안 될 것이다. 이는 오히려 교사에 대한 불신을 일으키고 사교육을 조장하게 될 가능성도 있다. 그러므로 교사는 교수 · 학습 과정에서 학생들이 스스로 중요한 지식을 이해하고, 새로운 지식을 찾아내며, 배운 지식을 적용하여 새로운 문제를 해결할 수 있도록 돕는 유능한 학습 조력자의 역할을 수행하여야 한다.

특정한 개념이나 원리를 학생의 발달단계에 맞게 설명하는 일, 학생의 학습 유형에 맞는 학습 과정을 마련해 주는 일, 학습에 있어서 당면하게 되는 어려움을 극복하도록 조력하는 일 등은 일반인들이 쉽게 넘보기 힘든 전문적 능력을 필요로 하는 일들이며 역할이다.

5) 공정한 중재자로서의 역할

학교나 학급에서 학생들끼리 의견이 일치하지 않거나 대립하는 현상은 흔히 있게 마련이다. 중요한 것은 이러한 갈등을 교사가 정서-중심적으로 대처하기(emotion-focused coping)보다는 문제-중심적으로 대처하는(problem-focused coping) 모델이 될 필요가 있다. 사람이 모여 사는 어느 사회나 갈등이 있기에 이러한 갈등을 어떻게 중재와 타협을 통해 합리적으로 대처하고 해결할 것인지가 중요하다.

최근 국회에서 벌어지는 모습이나 노사 간 갈등, 주장을 위한 폭력의 사용 등은 바로 이러한 합리적 문제해결이나 갈등 해결력을 제대로 배우지 못한 결과라고 할 수 있다. 이러한 측면에서 공정한 심판으로서, 그리고 중재자로서의 역할이 중요하다.

6) 훈육자로서의 역할

학생들이 사회에서와 마찬가지로 학교에서도 질서와 정해진 규칙을 지키도록 하기 위해서 적절한 훈육을 일관성 있게 해 주는 것은 학교 당국이나 부모, 그리고 학생 자신들도 교사에게 기대한다. 교사가 훈육을 소홀히 하면 학교나 학급에서 학생들이 무질서해지고, 사고가 빈발하며, 심지어 학교폭력이나 집단따돌림이 더 많이 발생한다. 교사의 훈육 역할의 적절성 여부는 학교의 질서 유지뿐만 아니라 학생들의 학업성취도에도 적지 않은 영향을 주기에 그 역할은 중요하다.

7) 동일시 대상자로서의 역할

어려움에 부딪혔을 때나 몹시 화가 났을 때, 사람들이 쉽게 취하는 행동은 부모나 교사 등 의미 있는 타인들(significant others), 즉 동일시 대상이 했던 행동의 형상이 대부분이다. 학교에서 학생들의 중요한 동일시 대상은 바로 교사이다. 그러므로 교사의 여러 가지 행동 특성은 학생들에 의해 잘 모방되고 부지불식간에 무의식에 입력된다. 교사의 말투, 당혹스러운 상황에서의 행동, 수업 중의 필체, 생활 태도, 가치관까지 동일시의 내용이 될 수 있다.

8) 불안 제거자로서의 역할

성장 과정에서 학생들은 자연스럽게 여러 가지 불안을 겪게 된다. 현실에 대한 경험과 이해 부족에서 오는 학생들의 불안은 많은 경험을 가진 어른의 도움을 필요로 한다. 현실 상황에 대한 적절한 설명과 학생들에게 불필요한 불안을 주지 않도록 상황을 통제하는 일 등은 교사가 수행해야 할 중요할 역할이다.

9) 자아 옹호자로서의 역할

성장 과정에 있는 학생들이 당면하게 되는 문제들 중에는 자신감을 잃고 열등감을 느끼는 일이 많다. 예를 들면, 학급에서 상위권에 드는 학생들 중에서도 학급 석차가 1~2위 떨어지면 자신감을 잃고 좌절하는 경우가 될 수 있다. 이때 교사는 학생들로 하여금 자신을 잘 돌보게 하고 용기를 갖도록 하여 다시 성공감을 맛보게 해 줌으로써 학생들의 자아를 옹호해 주고 자신감을 가지도록 하는 영적 스승 같은 중요한 역할을 수행한다.

10) 집단지도자로서의 역할

학교교육은 개별상담과 지도를 통해서도 이루어지지만, 학교교육의 특성상 대부분의 경우에 집단적으로 이루어진다. 따라서 교사는 그것이 소집단이든 학급집단이든, 혹은 학년 전체 집단이든 집단의 사기를 높이고 응집력(cohesiveness)을 높이기 위해 집단지도자로서의 역할을 수행하게 된다.

11) 부모 대리인으로서의 역할

학생들은 부모에게서 구할 수 있는 조언을 교사에게서 찾으려는 경우가 많고, 교사들은 학생들을 대할 때 부모의 마음으로 대하는 경향이 있다. 학생들 중에는 부모에게서 받을 수 없었던 만족을 교사에게서 구하는 경우가 흔하다. 최근 사회가 다변화되어 가는 것과 함께 이혼과 별거 등 가정 붕괴로 인해 결손 가정이 늘어 가고 있기 때문에 부모 대리인으로서의 교사의 역할은 그 중요성이 점점 더해지고 있다.

12) 적대 감정의 대상으로서의 역할

학생들은 일상생활에서 적지 않은 좌절감을 경험하게 된다. 문화의 표준을 학생들에게 제시하고 이에 순응할 것을 요구하는 이가 부모나 교사와 같은 성인이다 보니 좌절감에서 폭발되는 적대 감정의 대상은 대부분 성인이 된다. 학교 상황에서는 그 적대 감정의 화살이 그 표적인 교사에게 향할 수밖에 없다. 이때 기꺼이 그들의 표적이 되어 주고 대화로서 그들의 적대 감정이나 분노 감정을 수용하는 것은 그들의 정신 건강을 위해서도 대단히 유익한 일이다. 또한 학생들은 적대 감정이나 분노 감정을 사회적으로 수용 가능한 형태로 해소하는 방법을 배우는 소중한 기회를 갖게 된다.

13) 친구로서의 교사

학생들 중에는 교사를 때로는 삼촌이나 이모같이, 때로는 다정한 친구같이, 때로는 멘토같이, 때로는 상담자로 대하기를 원한다. 교사가 학생들의 개인적 기쁨이나 감정을 함께 나누어 준다는 것은 교사와 학생 간의 라포(rapport)를 형성하도록 할 뿐만 아니라 학업 성취로도 연결된다. 흔히 학생들 중에는 교사가 너무 다정하고 좋아서 그 선생님이 담당하는 과목을 좋아하게 되었다고 말하는 것이 그 좋은 예가 될 것이다. 교사와 학생과의 관계에 있어서 교사는 교권을 내세우는 형식적 관계와 함께 친구로서 언제나 마음을 털어놓을 수 있는 비형식적 관계가 병행되어야 한다.

14) 애정 상대자로서의 역할

교사에게 자기가 아끼는 물건을 선물하려는 초등학교 1학년 아동의 교사에 대한 애정부터 남자교사에게 연정을 품고 고민하는 고등학교 여학생의 애정에 이르기까지 교사들은 학생의 애정 상대자가 되는 경우가 많다. 또한 학교현장에는 '잊지 못할 선생님'으로 기억될 만큼 학생들로 하여금 존경과 친화감을 느끼게 하는 교사들이 많으며, 선생님에게 애틋한 정을 갖고 있는 학생들도 많다. 이때 교사는 역할모델이 되는 성인으로서 학생들이 그러한 감정을 합리적인 방식으로 처리할 수 있도록 도와야 하는 역할을 맡게 된다.

제 13 장

청소년문화의 이해

1. 청소년문화의 기초

1) 청소년문화의 개념과 여러 관점

청소년문화는 청소년기에 서로의 생활방식과 공동의 의미를 공유하고, 공동의 목적과 행위를 공유하는 커뮤니케이션이라고 할 수 있다. 쉽게 말하면, 청소년문화는 청소년기라는 연령대를 함께하면서 유사한 공감대를 형성하는 특정 부류의 청소년 집단이 서로의 가치관, 언어, 몸짓, 여가 활용, 취향, 취미, 인간관계 등에서 일상으로 보이는 특징적 생활양식을 말한다(장수한, 2020).

청소년문화를 바라보는 시각도 변화하고 있다. 즉, 청소년을 기성세대에 종속되어 있어 보호와 육성의 대상으로 보는 관점에서 새로운 변화의 돌파구로 바라보는 시각으로 변화하고 있다. 여기서는 청소년문화를 바라보는 다양한 관점에 대해 살펴보기로 한다(박진규, 2003).

첫째, 청소년문화를 미숙한 문화로 보는 관점이다. 이는 기성세대인 성인의 입장에서 보는 관점이다. 청소년이 만들어 내는 삶의 양식이나 방식은 정신적으로 성숙되어야 하고, 사회적으로 다양한 경험이 부족하고 기회가 주어지지 않았기 때문에 준비하는 단계의 문화로 본다. 그러므로 청소년은 어느 정도의 보호와 감독이 필요하다고 보는 입장이다.

둘째, 청소년문화를 비행문화로 보는 관점이다. 이것도 역시 기성세대인 성인의 입장에서 보는 관점이다. 청소년은 공부보다는 놀기를 좋아하고, 성인음란물, 술, 담배, 이성교제 등을 즐기며 사회적 일탈에 쾌감을 느낌으로써 그들 문화의 정체성을 찾으려고 한다고 본다. 그러므로 청소년은 부모나 교사, 그리고 성인의 보호와 감독이 필요하다고 생각한다.

셋째, 청소년문화를 하위문화로 보는 관점이다. 이는 청소년문화를 기성문화에 미치지 못하고 아류문화 혹은 하위문화로 보는 관점이다. 그러므로 일정한 발달단계를 거쳐 청소년이 성인에 이르게 되면 그들의 예전 청소년문화가 일시적으로 나타나는 것으로 본다.

넷째, 청소년문화를 대항문화로 보는 관점이다. 이는 청소년들이 기성세대의 문화를 거부하고 대항하는 문화를 만들어 가면서 개혁과 개방, 그리고 변화를 요구한다고 보는 관점이다.

다섯째, 청소년문화를 하나의 새로운 문화로 보는 관점이다. 이는 문화의 다양성의 입장에서 볼 때 각각의 집단이 저마다의 독특한 문화를 만들어 유지하는 것처럼, 청소년문화 역시 청소년 집단이 그들만의 문화를 만들고 유지하는 것일 뿐이라고 본다.

2) 청소년문화의 구성요소

문화는 라틴어로 cultura이다. 이는 기른다 혹은 재배한다는 말에서 유래하였다. 그 당시에 인간 생존과 생활 전반은 농작물을 재배하여 풍요롭게 수확하는 것을 중요하게 여겼다. 결국 문화는 인간의 작용과 변화의 산물을 총칭하는 것으로, 인간이 이뤄 낸 역사적 · 사회적 결과물을 의미한다.

문화는 여러 가지 요소로 구성되어 있다. 문화인류학자들은 이러한 구성요소를 음악의 연주곡목에 비유하여 문화 레퍼토리(cultural repertoire)라고 한다. 청소년문화의 레퍼토리, 즉 청소년문화의 구성요소는 수많은 요소로 구성되어 있지만 대표적으로 가치, 규범, 상징, 언어, 이데올로기를 들 수 있다. 구체적으로 살펴보면 다음과 같다(박진규, 2003).

(1) 가치

가치(value)는 옳고 그름 혹은 선과 악에 대해 인간이 가지고 있는 평가 기준이나 신념체계, 그리고 행동을 지배하는 중요한 감정체계를 의미한다. 흔히 사회나 집단에는 그 구성원 사이에 공유되는 가치가 있다.

(2) 규범

규범(norm)은 사회구성원이 가치에 입각하여 주어진 상황에서 옳고 그른 것의 규칙을 만들어 체계화시킨 행위 규칙을 의미한다. 즉, 규범은 사람들이 다른 사람과의 관계에서 지켜야 할 규칙을 말하는데, 이러한 측면에서 규범은 고도의 사회성을 가지게 된다. 이처럼 규범에 따라 사람들은 특정한 상황에서 해야 할 무엇과 해서는 안 되는 무엇을 제시받는다. 나아가 상대방이 나의 말과 행동에 대해 어떻게 반응할 것인지를 예측할 수도 있다.

(3) 상징

상징(symbol)은 무엇을 나타내는 대상물, 몸짓, 소리, 색깔, 문양, 디자인을 의미한다. 예를 들어, 십자가, 깃발, 스포츠팀의 문양, 하트와 같은 것이 있다. 청소년들이 즐겨 입는 패션, 의사소통의 수단인 은어나 비속어, 몸짓이나 힙합댄스, 문신 등은 문화의 상징적 표시들이라고 할 수 있다.

(4) 언어

언어(language)는 사회집단의 산물이고, 표준화된 의미를 가진 발음 형식으로서 사회적으로 구조화된 체계를 의미한다. 언어가 사회의 산물이기도 하지만 일단 하나의 언어체계로 정형화되면 그 사회구성원의 생각과 행동에 영향을 미치게 된다. 따라서 사회구성원들이 어떤 언어를 사용하느냐에 따라 대상 세계를 인식하는 방식과 해석하는 관점도 달라지게 된다.

(5) 이데올로기

이데올로기(ideologie)는 인간의 사고 특성의 일반적인 태도나 신념체계에 영향을 미치는 이념이나 가치를 의미한다. 이처럼 신념체계에 영향을 미치는 이데올로기는 문화의 근본문제에 대한 방향지시적 역할을 한다. 예를 들어, 자본주의나 사회주의에 대한 확고한 신념체계, 현세주의나 내세주의에 대한 신념체계 등은 우리의 일상생활에서 행동의 준거가 되는 중요한 이데올로기라고 할 수 있다.

3) 청소년문화의 일반적인 특성

앞서 살펴본 바와 같이, 청소년문화는 청소년 시기에 형성되는 고유한 삶의 양식이라고 할 수 있다. 청소년들은 가정, 학교, 사회에서 여러 사람과 상호작용하면서 그들만의 문화를 창조하고 유지하며 변화시킨다. 또 다른 측면에서 청소년문화는 청소년 세대만의 문화로서 하나의 독립된 문화가 아니라 전체 사회의 문화 내에서의 하나의 하위문화로서 전체 사회의 문화와 밀접하게 관련되어 서로 영향을 주거나 받고 있다.

청소년문화는 성인세대의 문화적 특성과 청소년의 창조적 특성이 혼재된 과도기적 문화라고 할 수 있다. 여기서는 청소년문화의 일반적인 특성에 대해 살펴보고자 한다(정하성, 유진이, 2012).

첫째, 뚜렷한 상징문화가 없다. 한국의 청소년문화는 아직 청소년 생활양식의 특성을 한마디로 표현할 만한 상징성을 발견하기가 어렵다. 흔히 청소년의 상징문화로 스마트폰, UCC, 1인 방송, 아이돌 문화를 이야기하기도 한다. 하지만 상징성은 전체 집단의 특성을 대변하고 생각할 수 있는 것이어야 하기 때문에 청소년 상징문화라고 하기에는 한계가 있다.

둘째, 다양성의 증가이다. 청소년들은 언어, 몸짓, 놀이, 교복, 스마트폰, 간식, TV 드라마 등에서 획일적인 특성을 보인다. 반면, 음악, 댄스, 영화 등과 같은 여가활동의 장르에서 매우 다양한 특성을 보이고 있다. 심지어 학업 성적에 대한 관점, 직업관, 직업선호도, 이성관, 성개방성에 있어서도 종전과는 판이하게 달라지고 있는 것이 현실이다. 즉, 사회적 행위 규범의 틀이 더 넓어지고 문화교류와 소비패턴도 다양화될 뿐만 아니라 청소년의 행위나 사고, 문화행위의 양식도 다양하게 나타나고 있다.

셋째, 학교문화로 한정되어 인식되고 있다. 대개의 청소년들은 명문 상급학교에 진학이라는 목적을 가지고 치열한 경쟁 속의 학교나 학원에서 하루의 대부분을 보내고 있다. 청소년들은 정해진 교육과정의 틀 안에서 자신들의 의지와 상관없이 획일적인 학교문화에 적응하거나 강요당하면서 생활한다고 해도 과언이 아니다. 결국 학교문화는 제도적 획일성, 선발 위주의 관행, 학업 성적 제일주의, 형식적 관계를 특성으로 한다.

넷째, 소비성 문화의 성격을 지닌다. 청소년의 문화활동은 대부분 생산적인 활동이라기보다는 스트레스를 해소하기 위한 수단이라고 할 수 있다. 청소년들은 공부나 부모나 교사 혹은 또래와의 갈등으로 인해 느끼는 스트레스를 해소하기 위해서 혹은 여가 시간을 활용하기 위해 노래방, PC방, 공연장, 영화관 등의 공간에 가는 경우가 있다. 이들 공간이 생산적인 문화활동을 위한 장소로 활용되기보다는 단지 시간을 때우고 스트레스를 해소하기 위한 장소로 활용되고 있음을 알 수 있다.

다섯째, 대중문화 위주의 문화 편중 현상이 뚜렷하다. 이는 청소년들이 누리는 문화가 대중매체에 의해 매우 큰 영향을 받고 있다는 사실과 관련된다. 이러한 대중문화 편중 현상은 대중문화가 중독성이 있다는 점, 창작과 같은 능동적인 문화 활동보다는 수동적이고 수용성이 높은 활동이라는 점에서 정체성 확립 과정에 있는 청소년의 정서와 사고에 부정적인 영향을 끼칠 수 있다.

여섯째, 감각지향적이다. 오늘날 사회 일각에서는 이성의 우월성을 강조하는 전통적인 관념을 비판하고 인간의 감각적인 측면을 강조하기도 한다. 그런데 이러한 입장에 치우치다 보면 감각적이고 즉각적인 것만을 추구하는 경향이 나타나게 된다. 문화적 성숙도가 낮은 청소년들은 인간의 감각적인 측면을 강조하는 이러한 흐름을 무비판적으로 수용하여 감각지향적인 문화를 향유하려는 태도를 지니게 된다.

일곱째, 최근 청소년들은 성에 대하여 상당히 개방적이고 책임성이 결여된 태도와 행동을 나타내고 있다. 많은 심리학자는 청소년기의 중요한 특징 중의 하나로 성적 에너지의 급격한 증가를 들고 있으며, 이로 인해 청소년들은 이성에 대한 관심과 성적 활동을 추구하게 되며 이러한 경향은 생물학적·발달적 측면에서 자연스러운 일로 보아야 한다고 주장한다.

성의식 개방 정도를 알아보기 위해 흔히 사용되는 혼전 성관계에 대해서 이제 순결 자체를 문제 삼는 것은 구시대적 사고방식이라고 단정하는 등 청소년들은 과거에 비하여 훨씬 개방적인 태도를 보이고 있다. 뿐만 아니라 성인과의 원조교제, 즉 성매매 가능성에 대해서도 상당히 우려할 만한 태도를 보이고 있다. 이와 같은 성의식 및 행동들이 일부 청소년들에게만 국한된 문제가 아니라 일반 청소년들에게까지 급속히 확산되고 있다는 데 문제의 심각성이 있다.

특히 인터넷이나 통신수단의 발달로 인하여 기존의 집촌 형태의 매춘이나 유흥업소에서 미성년자를 고용하여 매매춘이 이루어지는 방식과는 달리 주로 전화방이나 인터넷 채팅을 통해 은밀하게 성을 사고파는 방식이 주로 이루어지고 있다. 더욱 우려되는 것은 성매매에 참여하는 청소년들이 이를 죄의식 없이 받아들이는 사례가 증가하고 있다는 점이다.

여덟째, 자기표현이 강하다. 최근 청소년들은 자신만의 개성을 매우 중요하게 생각한다. 기성세대가 수용하기 어려운 의상, 액세서리, 문신, 헤어스타일 등도 청소년들은 강한 자기표현이라고 생각하는 경향이 강하다. 이러한 청소년들의 행동방식은 개성과 현실적인 즐거움을 찾고 행복을 추구하려는 경향을 내포하고 있다고 할 수 있다. 따라서 미래에 대한 도전보다는 지금 여가를 즐기고 자신이 하고 싶은 일에 대한 욕구가 강하다고 하겠다.

2. 청소년문화의 영역별 이해

1) 청소년의 대중문화

(1) 대중문화의 개념

19세기 말부터 20세기 초까지 자본주의 사회의 출현과 함께 형성된 대중문화는 민주주의와 상업주의의 발전에 따라 급성장하였다. 이러한 급격한 사회 변화는 상류층 중심으로 이루어졌던 고급문화를 밀어내고 중산층을 중심으로 대중문화가 자리 잡게 되었다. 대중문화는 고급문화와 대비되어 사용되며, 대중사회를 바탕으로 대중을 대상으로 소비되는 문화라고 할 수 있다(신국원, 2001). 이러한 대중문화의 특징은 대중에 의해 향유되는 문화, 대중매체에 의해 전파되는 문화, 대중사회에서 생성되는 독특한 문화, 대중화 현상을 낳는 문화의 네 가지로 요약될 수 있다.

(2) 대중문화 수용자로서의 청소년

청소년문화를 분석하는데 초점이 되는 것은 대중문화이다. 그 한 예로 텔레비전의 가요 프로그램을 보면 쉽게 느낄 수 있듯이, 오늘날 주류적인 대중가요의 가장 열광적인 수용층은 청소년층이다. 흘러간 가요를 들려주는 일부 프로그램을 제외한 대부분의 가요 프로그램에서 방청석을 메운 채 환호하는 청중의 대부분이 이들 청소년들이다. 이들 청소년들의 반응에 따라 대중가요 시장의 판도가 바뀌고 인기의 흐름이 좌우된다.

기성세대는 대중음악에 대한 청소년들의 열광을 광란 혹은 맹목적 동경 등의 용어로 표현하며 비판적으로 바라보는 경우가 많다. 반면에 청소년문화에 동정적인 입장에서는 대중음악에 대한 청소년들의 열광을 자연스러운 일시적 과정 정도로 이해하는 태도를 보인다. 이 두 가지 시각은 상당히 상반된 입장의 표현으로 볼 수 있지만 두 가지 모두 청소년들의 문화 수용행위를 수동적이고 맹목적인 것으로 본다는 점에서 사실상 공통적이다. 그러나 청소년들의 문화 수용이 자신들이 처한 삶의 조건과 외적으로 강요되는 지배적인 가치에 대한 나름의 대응이라고 본다면 관점이 달라질 수 있다. 여기서 중요한 것은 청소년들이 다만 주어진 대중문화를 수동적으로 소비하는 것이 아니라 주어진 한계에서나마 나름대로 자신들의 일상생활의 부분으로 구성한다는 점이다.

(3) 청소년 대중문화의 문제점

청소년은 대중문화의 홍수 속에서 대중문화의 긍정적인 측면뿐만 아니라 부정적인 측면도 함께 받아들이게 된다. 여기서는 대중문화가 청소년에게 미치는 부정적인 측면에 대해 살펴보기로 한다(장수한, 2020).

첫째, 소비성이다. 뉴미디어와 영상매체의 발달과 같은 첨단 매체의 영향으로 청소년은 대중문화의 소비자로서 청소년의 개성, 창의성, 자발성은 무시되고 지나친 소비 위주의 일방적인 문화 추종이 심화된다. 청소년의 소비양식은 즉흥적이고 충동적이며, 물질적인 것에 강한 집착과 가치를 부여하는 생활양식을 보인다.

둘째, 폭력성과 선정성이다. TV, 영화, 인터넷, 게임할 것 없이 어디서든 폭력적인 장면을 청소년들은 쉽게 접할 수 있다. 대중매체가 청소년에게 영향을 미치는 이유를 살펴보면, 청소년의 일상생활에서 매체가 차지하는 비중이 날로 증가한다는 점, 청소년기는 일종의 정보 추구 시기이며 그에 의해 인성 또는 가치관이 형성되는 시기라는 점, 청소년이 접하는 대중매체의 많은 부분이 여과 없이 청소년에게 노출되고 있다는 점, 이러한 매체가 점차적으로 폭력화 또는 선정화되어 간다는 점이다. 이것은 대중매체의 폭력성이 인간에게 미치는 영향에 대해 설명하고 있는 사회학습이론과 연관된다.

셋째, 모방성이다. 한국 사회도 점점 외모지상주의 사회로 치닫고 있다. 특히 외모를 강조하는 대중매체의 영향으로 '외모가 경쟁력이다'라는 관념이 우리 사회의 지배적인 분위기로 자리를 잡고 있다. TV만 켜면 나타나는 연예인이나 모델 등 날씬한 몸매가 매력적인 모습으로 부각되면서 청소년들에게까지 영향을 미쳐 일찍부터 다이어트에 매달리게 만드는 등 왜곡된 외모지상주의 문화가 청소년들의 건강

마저도 위태롭게 하고 있다. 영상매체의 영향을 많이 받고 자란 2000년대 이후의 신세대들에게는 학습기관으로서 대중매체의 역할이 공교육에 거의 맞먹고 있으며, 대중매체가 지닌 상업성으로 말미암아 아름다움에 대한 강박관념과 외모지상주의가 만연되고 있다.

(4) 청소년의 대중문화에 대한 여러 시각

청소년의 삶을 이해하려면 대중문화에 대한 이해가 필연적이다. 이들에게 일상문화는 더 이상 대면적 상호작용의 산물에 국한된 것이 아니기 때문이다. 대중문화와 가상공간을 통한 정보 교류가 이들의 삶에서 차지하는 비중은 상당히 크다. 대중가수들은 청소년들의 마음을 대변해 주고 있으며, 청소년들 역시 적극적인 대중문화 수용자로서 자신들의 대변자를 만들어 가고 있다. 여기서는 청소년 대중문화에 대한 여러 시각을 살펴보기로 한다(정하성, 유진이, 2012).

첫째, 청소년 대중문화는 새로운 창조문화라는 시각이다. 청소년의 대중문화는 뉴미디어의 발달과 빠른 보급으로 인해 즉각적이고 다양한 형태의 대중문화를 형성해 가며 그들의 정체성을 만들고 있다. 컴퓨터통신의 발달과 보급은 동시에 여러 사람이 자신의 생각을 나눌 수 있다는 점에서 대중문화에 대한 비판적 수용과 창조가 가능하게 되었다. 이러한 현상은 스마트폰의 보급을 통해 대중문화를 보다 손쉽게 접하고 향유할 수 있도록 가속화되었다.

둘째, 청소년의 대중문화는 개성의 추구라는 시각이다. 대중매체는 개인이 혼자서 즐길 수 있는 대중문화를 창조해 낸다. 또한 자신이 적극적으로 참여할 뿐만 아니라 소비하는 문화활동을 가능하게 한다. 한국의 청소년들은 입시교육의 부담으로 인한 짧은 여가시간, 건전한 여가활동 프로그램의 부족, 여가활동의 장소나 여건 부족 등을 경험하고 있다. 그런데 이러한 짧은 여가시간을 대중매체에 몰입함으로써 문화적 욕구를 충족시키고 있다고 할 수 있다.

셋째, 청소년의 대중문화는 정보화의 과정이라는 시각이다. 청소년에게 컴퓨터와 스마트폰은 가장 친밀한 매체이다. 이와 관련된 여러 청소년 대중문화의 새로운 모습들이 속속 등장하고 있다. 20세기 후반에 정보통신기술의 발달을 계기로 정보와 지식의 중요성이 높아지는 현상이 두드러지고 있다. 청소년들은 정보통신기술을 통해 정보와 지식의 생산, 유통, 소비가 생활의 중심이 되는 현상을 경험하고 있다.

2) 청소년의 성문화

(1) 청소년의 성행동

청소년기는 다른 어느 시기보다도 성행동 능력이 활발하다. 청소년들의 성행동에 영향을 주는 요인으로는 학교에서의 성교육, 매스미디어, 선정적인 잡지, 영화, 비디오, 친구나 데이트 상대의 압력 등이 모두 고려될 수 있으나, 그중 데이트는 혼전 성행동에 가장 강력한 영향을 준다(이세희, 2006). 청소년들이 이성교제를 할 때 성행위를 허용할 수 있다는 사람은 과거에 비해 점차 늘어나고 있고, 성행동을 처음 경험하는 시기도 점차 빨라지고 있다. 『MBC 청소년 백서』(2000)에 의하면, 청소년들이 처음 성관계를 경험하는 시기는 대개 중학교 말경인 것으로 나타났다.

이처럼 청소년들이 성에 대해 개방적이고 성경험의 시기가 빨라지는 데에는 여러 가지 요인이 있을 수 있다. 무엇보다도 청소년들이 사용하고 있는 인터넷의 영향도 매우 크다고 할 수 있다. 청소년들은 이성과의 만남을 쉽게 가질 수 있는 온라인 공간에서, 1:1 채팅이나 집단 만남을 통해 성욕구와 성행위를 자유롭게 표현하는 것이 익숙해지게 된다. 더욱이 청소년들이 가장 많이 접하는 생활공간이 스마트폰이나 컴퓨터상의 온라인으로 이동하면서 청소년들은 성에 대한 정보에 무차별적으로 노출되고, 네티즌들 간에 성에 대한 감정과 욕구를 자유롭게 표출시키는 문화가 정착되고 있다.

(2) 청소년의 성역할

성역할 집중화 현상은 성역할에 대한 고정관념이 증가하는 것을 의미한다. 청소년기에는 성역할 집중화 현상이 일어난다. 우리 사회에는 보편적인 성역할 고정관념이 만연해 있다. 가령, 여자의 경우에는 부드럽다, 따뜻하다, 수동적이다, 의존적이다, 얌전하다, 나약하다 등이 있다. 그리고 남자의 경우에는 딱딱하다, 냉정하다, 공격적이다, 독립적이다, 강하다 등이 지배적이다.

성역할 집중화 현상은 남녀 청소년 모두에게서 나타나지만, 특히 여자 청소년들에게서 더 보편적인 현상이라고 할 수 있다(허혜경, 김혜수, 2002). 청소년기에 성역할 집중화 현상이 일어나는 이유는 청소년기의 발달적 특성 때문이라고 볼 수 있다. 즉, 사춘기 동안에 남성적 · 여성적 외모와 신체 조건을 갖게 된 청소년들은 부모와 사회가 요구하는 성역할에 대한 기대를 갖게 되고, 이성에 대한 관심이 증가하면서 보다 고정적인 성역할에 충실하게 된다.

Bandura(1977)에 의하면, 청소년은 사회와 부모가 요구하는 성역할을 부모의 행동을 동일시하면서 행동하게 된다. 그리고 인간이 사회구성원으로서 성장과 발달을 시작하는 최초의 생활환경인 가정에서 자녀의 성장과 발달에 중요한 인적 환경인 부모의 양육태도와 부모-자녀 간의 의사소통 양상은 청소년들의 성역할 형성에 많은 영향을 준다. 또한 자녀 양육 시에 가지는 부모의 성역할 유형이 자녀의 성역할 유형의 형성과 발달에 절대적인 영향을 준다. 결국 청소년의 성역할에는 부모의 양육태도가 매우 중요하다고 할 수 있다.

(3) 청소년의 성문화 실태

① 이성교제

상대방 성에 대해 청소년들은 일차적으로 이성교제의 충동을 가지며, 실제로 이를 실천한다. 청소년들은 이성교제를 함으로써 이성과 서로 기쁘고 즐거운 시간을 갖는다. 예를 들어, 청소년들은 영화나 음악 감상, 파티, 여가 선용을 이성의 친구와 함께함으로써 이성교제가 오락적 기능을 갖는다. 또 이성과 교제를 함으로써 또래 간에 인기를 끌 수 있다. 즉, 멋있는 데이트 상대와 함께함으로써 성취감을 갖는다. 그리고 이성교제를 함으로써 자신의 장단점을 알게 되고, 자기반성과 사회화 그리고 친밀성 등을 진행시킴으로써 원만한 인격 형성을 이룰 수 있다. 또한 성적 탐구의 장을 제공하며 성정체성을 확립하게 해 준다. 그 외에도 이성교제의 경험은 청소년에게 궁극적으로 배우자 선택의 기회로 활용되기도 한다.

청소년들의 이성과의 접촉은 보통 단체활동을 통하여 이루어진다. 비록 1:1의 데이트를 하는 청소년들이 있기는 하지만 대부분 청소년기의 이성교제는 동성과의 접촉의 연장으로 이루어진다. 이성교제는 처음에는 동성끼리만 상호작용할 뿐 이성 간의 접촉은 없다가 남녀 청소년 집단 간에 상호작용이 이루어지기 시작하고 남녀 집단의 리더 사이에 커플이 형성되면서 집단의 붕괴가 일어나기 시작한다. 그 후에 집단구성원들도 커플을 형성하고 적극적으로 데이트에 참여한다.

현재 청소년들이 이러한 단체활동을 통해서만 이성과의 사귐을 시작하는 것은 아니다. 즉, 친구 소개, 동창, 소개팅, 폰팅, 헌팅, 채팅 등 이성 친구를 만나는 방법이 다양해지고 있다. 이성교제 현황은 청소년 10명 중 4~5명이 미팅이나 소개팅의 경험을 가지고 있고, 그중 약 25%가 현재에도 이성 친구를 사귀고 있으며, 이성 친구를 사귄 경험이 없는 청소년들 중에서도 과반수 이상이 이성교제를 원하고 있는 것으로 나타났다. 청소년들 사이에는 만남의 일수를 따져 벌이는 30일 파티, 100일 파티, 200일 파티, 300일 파티 등의 의식이 있다. 이를 보면 청소년들이 이성을 접할 수 있는 기회를 다양하게 만들면서 그들의 독특한 문화를 창조해 가고 있음을 알 수 있다.

하지만 이성교제는 청소년 성문제의 가장 중요한 과제이다. 이성교제가 비록 성적 만족에 목적하지는 않더라도, 성적 욕구 충족의 기회를 용이하게 해 주므로 각자 상대자의 성적 욕구행위를 어느 정도까지 허용할 것인가가 문제가 된다. 청소년들은 이성 친구를 사귀면서 새로운 세계를 접하게 된다. 이성교제의 범위는 어디까지인가에 대해 한 반을 대상으로 조사한 결과, 손잡기가 35%, 포옹이나 키스가 각각 20%를 넘어 청소년들이 좀 더 적극적인 관계를 원하고 있음을 알 수 있다. 미혼모 시설에 오는 미혼모 중 절반가량이 잘못된 이성교제로 임신된 경우라고 밝혔다. 또한 홀트아동복지회에서는 10대 미혼모가 20대 미혼모를 앞지르기 시작했다고 한다. 여기서의 문제는 10대들이 이성과의 만남에서 아무런 준비가 되어 있지 않다는 것을 보여 주기도 한다.

② 성폭력

성폭력에 대한 법적 개념은 존재하지 않는다. 다만 「형법」과 성폭력에 관한 특별법인 「성폭력범죄의 처벌 등에 관한 특례법」에서 성폭력 범죄에는 어떤 죄가 포함되는가를 각각 나열하고 있다. 성폭력에 대한 일반적인 개념은 성폭력이란 상대방의 동의 없이 강제적으로 성과 관련된 폭력을 행사하는 것을 말한다. 따라서 강간뿐만 아니라 추행, 성희롱, 성기 노출 등 성을 매개로 인간에게 가해지는 모든 신체적 · 언어적 · 정신적 폭력을 포괄한다.

성폭력의 유형은 음란한 농담을 하여 불쾌감을 느끼게 하는 것, 성적으로 비꼬는 말을 하여 모욕하는 것, 상대방의 의사에 관계없이 성생활 등 사생활에 대해 꼬치꼬치 캐묻는 것, 성적인 언어를 쓴 쪽지를 보내거나, 외설적인 글, 책 등을 보게 하는 것, 음란한 손짓이나 몸짓을 하는 것, 음란한 눈빛으로 뚫어지게 쳐다보거나 추파를 던지는 것 등이 있다. 또 피해자의 성기나 몸을 만지거나 가해자의 성기나 몸을 만지게 하는 일, 키스, 음란행위 등 성적 접촉을 한 폭력과 같은 성추행이나 가해자나 피해자의 성기를 노출하는 것, 그리고 강간, 인신매매, 강제매춘, 음란전화, 음란통신, 성적 가혹행위 등이 있다.

우리나라 전체 성폭력의 95% 이상이 남성이 여성에게 폭력을 가하는 형태이고, 전체 성폭력의 약 30%가 10대 청소년에 의해 자행되고 있으며, 전국 여고생의 45.6%가 성추행을 당한 경험이 있는데 그 가해자의 99.3%가 남자친구인 것으로 나타났다. 여고생 중 강간을 당한 경험이 있는 경우가 전체 여고생의 2.8%로 응답된 바 있으나 이 비율은 실제보다 매우 적게 반영된 것으로 보아야 한다. 또 청소년을 대상으로 하는 성폭행 빈도는 우리나라가 세계 2위로서 청소년 성폭력 문제는 매우 심각하다고 할 수 있다.

③ 성매매

청소년 성매매는 성인이 돈을 주고 미성년자와 성관계를 갖는 것을 말한다. 청소년 성매매는 어른들이 어린 청소년에게 금전적인 지원이나 기타 편의를 제공하는 대가로 청소년을 성행위의 대상으로 삼는 것을 말하며, 성인뿐 아니라 성을 파는 청소년의 행위까지 포괄적으로 정의한다. 「청소년의 성보호에 관한 법률」(제2조 제3항)에도 청소년을 알선한 자 또는 청소년을 실질적으로 보호 · 감독하는 자 등에게 금품이나 기타 재산상 이익, 직무 · 편의제공 등 대가를 제공하거나 약속하고 성교행위 또는 유사 성교 행위, 성을 사는 행위로 규정하고 있다. 청소년 성매매는 상대가 대부분 여학생이며, 청소년 사이에서 급속히 퍼져나가는 점과 일단 청소년 성매매를 한 경험이 있는 성인은 지속적이고 상습적으로 한다는 점이 문제가 있다. 또한 돈을 매개로 기업형이 되어 가거나 다른 범죄의 매개가 된다는 점에서 심각성이 대두된다. 청소년 성매매의 특성은 먼저 성인 남성은 주로 20～30대이며, 10대 소녀는 13～19세까지 다양하며, 청소년들의 신분도 학생, 중퇴생, 재수생 등 다양하게 분포되어 있다.

④ 미혼모

미혼모는 원치 않는 임신을 통해 결혼하지 못한 상태에서 아이를 낳은 여성을 말한다. 통계청(2018)에 의하면, 2018년 기준 미혼부의 수는 7,768명인데 비해 미혼모는 약 2.7배 많은 21,254명으로 2015년 24,487명, 2016년 23,936명, 2017년 22,065명으로 감소 추세를 보이고 있다. 연령별로 살펴보면 청소년 한부모인 24세 이하의 비율은 전체 미혼모의 약 8.8%, 미혼부는 약 2.5%이다.

혼전 임신의 경우 여성이 선택할 수 있는 대안은 상대방과 결혼, 독신으로 자녀 양육, 인공유산 등이 있으나 어느 것이든 개인의 일생에 큰 타격을 받지 않을 수 없다. 10대의 미혼모들은 의학적, 사회적, 교육적으로 대단한 위기에 놓여 있으므로 여러 영역의 전문가들의 도움이 필요하다. 우리나라에서는 미혼모 및 사생아에 대한 사회적 인식이 매우 부정적이다. 그러므로 미혼모 문제는 더욱 음성화되어 가고 있으며, 따라서 낙태도 성행할 수밖에 없다.

⑤ 사이버 음란물

인터넷은 익명성을 특징으로 한다. 따라서 도덕적으로 금기시되거나 쉽게 드러내기 어려운 성의 문제를 아주 노골적으로 묘사하고 있기 때문에 그것이 가지는 효과는 긍정적이든 부정적이든 매우 크다고 할 수 있다. 인터넷상에서의 성은 실제 삶에 있어서 다양한 성을 반영한다. 즉, 성의 좋고 나쁜 면, 아름답고 추한 면을 모두 담고 있다. 또한 인터넷상에서의 성은 다양한 방식으로 표현되고 있다. 성과 관련된 사설 게시판(BBS), 음란물 사이트, 사이버섹스(음란채팅), 성에 관련된 정보 및 지식 제공과 상담 등이 있다. 즉, 인터넷상에서의 성은 긍정적인 측면과 부정적인 측면을 모두 갖고 있다.

인터넷 음란표현물은 인터넷 이전의 성과 관련된 경험과 유사한 측면이 있다. 그러나 기존의 매체와 비교해 훨씬 더 접촉이 용이하다. 우선 인터넷상에서의 음란물의 무제한성이 이들의 접촉을 강화시킬 수 있다. 현재 인터넷상의 음란물은 연령에 제한 없이 누구나 접촉이 가능하게 되어 있다.

인터넷 환경에서는 음란표현물이 일단 사이트에 등록되고 나면 유료정보를 제외하고는 그 정보에 접근할 수 있는 자격이나 능력에 제한이 없다는 개방성으로 인해 접근이 무차별적으로 이루어지고 있다. 따라서 외설, 음란물의 해악이 널리 급속도로 확산될 것이라는 가능성에 대한 우려도 크다.

3) 청소년의 인터넷 1인 방송문화

(1) 인터넷 1인 방송의 개념

인터넷 1인 방송은 유튜브, 아프리카TV, 트위치TV, 페이스북 등과 같은 소셜 네트워크 또는 인터넷 플랫폼을 통해 개인이 중심이 되어 다양한 콘텐츠를 소재로 실시간 방송을 하거나 직접 제작한 동영상을 편집하여 시청자들에게 제공하는 서비스를 의미한다. 즉, 정해진 시간과 공간에서 시청해야 하는 기존의 TV 방송과는 다르게 1인 방송은 인터넷 이용이 가능하고, 태블릿 PC나 스마트폰 등의 휴대기기를 소지하고 있다면 시공간의 제약 없이 동영상을 편리하게 시청할 수 있다(김민서, 2019).

아프리카TV가 개국하면서 인터넷 1인 방송의 시대가 시작되었으며, 대중화가 된 것은 모바일 기술의 향상 및 방송 콘텐츠 제작 도구의 보급과 스트리밍 기술의 발전을 통해 이루어졌다고 볼 수 있다. 인터넷 1인 방송의 형식은 동영상 서비스 제공 유형에 따라 온디맨드 방식과 스트리밍 방식으로 분류할 수 있다(김기한, 2022). 온디맨드(On-Demand) 방식은 주문형 양방향 서비스로서 소비자가 어떠한 것에 대한 수요를 원하면 공급자가 언제든 서비스를 제공하는 것을 말한다. 예를 들어, 우리가 흔히 접하는 VOD(Video On Demand) 서비스가 온디맨드 방식이라고 할 수 있다. 반면, 스트리밍(streaming) 방식은 인터넷에서 음성, 동영상을 실시간으로 재생할 수 있는 기법으로서 방송사가 아닌 개인이나 단체가 제작한 음성이나 동영상을 다운로드의 과정 없이 실시간으로 시청할 수 있도록 서비스를 제공하는 것을 말한다.

(2) 인터넷 1인 방송 기획자의 개념

1인 미디어는 인터넷상에서 가장 개인화한 서비스인 블로그나 SNS(트위터, 페이스북, 카카오스토리)를 대표할 수 있으며(김기한, 2022), 이를 기반으로 누구나 실시간으로 정보를 공유하고, 자신의 의견을 자유롭게 표현할 수 있는 수평적 커뮤니케이션의 공간이다. 1인 미디어 가운데 인터넷 플랫폼을 이용하여 텍스트가 아닌 오디오와 영상을 통해 콘텐츠를 제공하는 서비스를 선행연구나 대중매체, 언론 등에서는 1인 미디어, 개인방송, 인터넷 방송, 인터넷 개인방송 등으로 다양하게 정의하여 사용하고 있다(김민서, 2019).

인터넷 1인 방송의 진행자를 지칭하는 말은 대표적인 여러 플랫폼에서 다양한 명칭으로 사용하고 있다. 유튜브에서는 크리에이터(Creator) 또는 유튜버(Youtuber), 트위치TV에서는 스트리머(Streamer), 아프리카TV에서는 BJ(Broadcasting Jockey)로 불리고 있다(김민서, 2019).

(3) 청소년의 인터넷 1인 방송에 대한 인식

청소년 개개인은 게임 방송, 먹방, 뷰티 방송이라는 세 가지 방송 콘텐츠의 분류에 따라서 인터넷 1인 방송에 대하여 어떻게 인식하고 있을까? 먼저 세 가지 방송 콘텐츠인 게임 방송, 먹방, 뷰티 방송에 대해 살펴보고, 청소년의 인터넷 1인 방송에 대한 인식을 긍정적인 측면과 부정적인 측면에서 살펴보기로 한다(김민서, 2019).

① 게임 방송

긍정적 측면에서 게임 방송을 주로 시청하는 청소년들이 규정된 틀과 형식에 맞추어 방송되는 지상파 방송과 다르게 인터넷 1인 방송은 정해진 규정이 약하기 때문에 다양한 콘텐츠로 진행되는 방송을 선택하여 시청할 수 있는 점에 대해 흥미를 느끼고 있다.

부정적 측면에서 게임 방송을 주로 시청하는 청소년들 모두가 방송의 내용보다는 크리에이터의 욕설에 대한 경각심을 드러냈다. 게임 방송을 시청하는 연령대는 대부분 10대, 20대가 많으며, 특히 초등학생들이 인터넷 1인 방송을 대다수 시청하고 있다는 점을 우려하였다. 옳고 그름을 판단하기 어려운 연령대의 초등학생이 폭력적이거나 욕설이 포함된 방송을 시청하고 욕설을 그대로 따라하거나 폭력적인 행동이 유행으로 번지는 것에 대한 걱정의 목소리가 높다. 참여 청소년 스스로도 게임 방송을 즐겨 시청하고 있지만, 욕설을 사용하는 것이 도덕적으로 어긋나는 언행이고 개선되어야 할 문제점으로 인식하고 있는 것으로 보였다.

② 먹방

긍정적 측면에서 먹방을 주로 시청하는 청소년들이 인터넷 1인 방송을 배고픔을 참기 힘들 때 방송을 시청함으로써 먹는 것에 대한 대리만족을 느끼는 것으로 나타났다. 배고픔을 느끼는 것은 인간의 본능이기 때문에 사람이라면 모두가 배고플 때 음식을 섭취하기를 원한다. 연구 참여 청소년들은 본인이 배고픔을 해소할 수 없을 때, 크리에이터가 자신을 대신하여 먹고 싶은 음식을 섭취하는 모습을 방송으로 보게 될 때 만족감을 느낀다고 하였다. 최근에는 자율감각 쾌락 반응(Autonomous Sensory Meridian Response: ASMR), 즉 ASMR 먹방이 인터넷 1인 방송을 시청하는 시청자들 사이에 유행으로 퍼지고 있는데 음식과 관련된 소리가 좋아서 소리 위주로 진행하는 방송을 시청한다는 참여 청소년도 있었다. ASMR 먹방은 음식 섭취하는 소리 외에 음식을 만드는 과정에서 나는 소리, 씹을 때 입 안에서 나는 소리 등 소리가 중심이 되어 방송이 진행된다. 인터넷 1인 방송은 시청자기 원하는 것이 무엇인지 파악하고, 그것에 초점을 맞춰 방송을 진행한다는 의견이 있다. 지상파 방송의 경우, 시청자의 욕구와는 상관없이 방송사의 틀에 맞춰 만들어진 방송을 시청자가 선택하여 시청했다면, 인터넷 1인 방송은 시청자들의 욕구를 반영하여 시청자가 중심이 되는 방송을 만들어서 진행한다는 것이다.

부정적 측면에서 먹방을 주로 시청하는 청소년들은 인터넷 1인 방송을 먹방이라는 콘텐츠 자체로는 문제가 없지만, 방송을 진행하는 크리에이터의 태도나 언행에 따라서 문제가 될 수도 있다고 말하였다. 단순히 먹는 모습으로만 방송을 진행한다면 문제가 되지 않지만, 많은 양의 음식을 무리하게 섭취한다거나 진행 중에 욕설을 섞는다면 청소년에게 좋지 않은 영향을 줄 수 있다고 인식하고 있었다.

③ 뷰티 방송

긍정적 측면에서 뷰티 방송을 주로 시청하는 청소년들이 화장품에 대한 정보나 자신에게 맞는 화장법을 배울 수 있다는 점을 긍정적으로 인식하고 있었다. 요즘 시대에는 초등학교 고학년이 되면 자연스럽게 외모에 관심을 가지게 된다. 여자의 경우에는 특히 피부미용과 화장을 하는 것이 유행처럼 번져 관심이 쏠리게 된다. 인터뷰에 참여한 청소년 스스로도 청소년 시기에 화장을 하면 좋지 않다는 것을 인식하고 있었지만, 자신을 꾸미기 위해서 화장을 하고 있는 것으로 보였다. 인터넷 1인 방송을 통해서 화장법이나 화장품의 정보를 습득하는 만큼 유행하는 패션과 코디법에 대한 정보를 얻을 수 있다는 것에 긍정적 의견이 있었다. 옷에 대한 정보를 얻을 수 있다는 점에서는 남자 청소년도 긍정적으로 생각하고 있었다.

부정적 측면에서 뷰티 방송을 주로 시청하는 청소년들은 인터넷 1인 방송을 뷰티 용품을 홍보하고 설명하는 크리에이터가 허위 정보나 상품 구매를 촉구하는 듯한 방식의 방송에 불편한 내색을 드러냈다. 또한 뷰티 방송으로 인해 화장을 너무 과하게 한다거나 청소년의 신분임에도 불구하고 화장을 할 수밖에 없는 사회적 분위기에 대해서 불만을 이야기하였다.

4) 청소년의 팬덤문화

(1) 팬덤문화의 개념

팬덤(fandom)이라는 용어는 광신도를 뜻하는 패내틱(fanatic)의 팬(fan)과 나라 또는 영지를 뜻하는 접미사 덤(-dom)을 붙인 합성어이다. 즉, 팬덤은 특정 스타와 특정 문화생산물을 열정적으로 좋아하는 집단을 의미하고(Jenkins 2006), 특정한 인물이나 장르를 열정적으로 좋아하여 빠져든 사람들이 만든 집단, 혹은 그러한 문화를 포괄적으로 지칭하는 개념이다(이동연, 2001).

과거에 팬덤이라는 용어는 정해진 틀 속에서 부정적인 시선이 대부분이었으며, 스타에게 맹목적으로 매달리고 숭배함으로써 문화산업에 의해 동원되는 수동적이고 무력한 존재들이며, 스타들에게 포섭된 존재라는 인식이 많았다(김창남, 2003). 이처럼 과거에 팬덤은 부정적이고 일탈적인 현상으로 바라보는 시선이 대부분이었다. 하지만 최근 이러한 팬덤을 바라보는 시각이 부정적이고 일탈적인 측면으로부터 벗어나 긍정적이고 생산적인 측면으로 바뀌었다. 즉, 무비판적인 소비자가 아니라 능동성과 저항성의 의미를 부여하며 주체적이고 새로운 의미를 생산해 내는 활동 주제라는 것이다.

(2) 청소년의 팬덤활동

과거 청소년의 팬덤활동은 팬덤활동에 심취되어 있는 청소년에게서 수업 불참, 지각, 무단조퇴나 무단결석, 학업 태만 등의 모습이 나타나 학교생활 부적응과 관련이 있다고 보는 부정적인 시각이 있었다. 팬덤이라는 문화 자체가 사회 내에서 가치를 인정받지 못하는 문화, 즉 주변적인 문화에서 나타난다고 보았기 때문이다.

이러한 시각은 팬덤이 열광하는 대상이 고급문화가 아니라 대중스타, 만화 등과 같은 대중문화로서 사회적으로 열악한 계층들의 향유물로 취급되는 것들이고, 팬은 사회적으로 주변적이고 무력한 집단으로서 남성보다는 여성, 성인보다는 청소년, 상류층보다는 중하류층에서 많이 나타나는 것이 일반적이라고 보았다. 이런 시각에서 보면 팬덤은 열악한 사회적 자원을 가진 사회세력과 하급문화로 취급되고 있는 대중문화가 결합한 것이라고 부정적으로 여긴 것이다.

최근에는 청소년의 팬덤활동에 대한 긍정적인 부분이 많이 부각되고 있는데, 1980년대 이후 팬덤활동에 관한 연구가 활발해지면서 팬을 능동적인 수용자로 평가하는 시각이 나타났다. 즉, 청소년은 팬덤활동을 통해 억눌렸던 감정 발산, 스트레스 해소, 생활만족도 향상, 정서적 위로, 삶의 활력소를 제공받고, 긍정적인 여가활동을 하게 된다. 나아가 청소년은 팬덤활동을 통해 다양한 친구를 만나고 새로운 경험을 할 수 있는 기회를 얻는다.

뿐만 아니라 청소년은 팬덤활동을 통해 기존의 수동적인 미디어 관객과는 다른 적극적인 미디어 참여자가 된다. 즉, 청소년은 팬덤활동을 통해서 문화의 일방적이고 모방적인 수용자가 아니라 팬덤을 형성하여 문화를 즐기고 변화시키며 새로운 문화를 창조하고 있다. 또한 청소년은 자발적인 팬덤활동을 통해 형성한 독특한 스타일로 자신의 정체성을 구성하고, 다른 사람들에게 스스로를 소개하고 특별한 존재로 구별 짓는다. 청소년에게 누군가의 팬이 된다는 것은 자신이 생각하는 특정 스타나 이상적인 인물에 대한 충성도뿐만 아니라 이들을 매개로 만나는 사람들과 함께 느끼는 동일시와 정체성 형성, 그리고 인간적 교감 등 다양한 경험을 할 수 있는 기회와의 만남을 의미한다.

팬덤은 유명인이나 스타에 대한 충성도를 표현함으로써 자신의 정체성을 찾고 현재의 불만족스러운 삶이나 결핍을 채우고 보완하기 위해 끊임없이 시도하는 것이다. 결국 청소년의 팬덤활동은 그들만의 독특한 문화를 만들고 밖에서 채우지 못하는 다양한 사회 · 문화적 자본들을 생산하고 채우고자 하는 욕구와도 같다고 할 수 있다(임세희, 2015).

(3) 청소년 팬덤문화의 특성

현재 대중문화는 수없이 많은 스타를 탄생시키고 있으며, 그만큼 팬덤활동도 활발해지고 있다. 팬덤활동에는 20대 이상의 소위 누나팬, 이모팬, 삼촌팬이라고 불리는 연령층도 있으나 대부분이 10대의 청소년이다. 팬덤문화의 중심에 있는 청소년의 팬덤문화의 특성은 다음과 같다(정하성, 유진이, 2012).

① 맹목적인 추종자

팬덤문화의 특성 중에서 맹목적인 추종자는 과거 팬덤활동 초기부터 현재까지 계속되는 팬덤의 대표적인 특성이라고 할 수 있다. 이들은 대부분 좋아하는 스타를 위해서 무엇이든 할 각오가 되어 있다. 팬덤문화의 중심에 있는 청소년 중에는 학교생활과 학업을 소홀히 하고, 이로 인해 가족과의 관계가 원만하지 않은 경우도 종종 있다. 그럼에도 불구하고 좋아하는 스타를 보기 위해 장소와 시간에 상관없이 스타가 있는 곳은 어디든지 따라다닌다. 또한 스타가 선호하는 음식이나 물품, 스타의 말투나 성격, 사고방식에 이르기까지 모든 것을 동일시하려는 경향도 두드러지게 나타난다.

② 극성팬의 등장

최근 급격히 늘어나는 아이돌 스타와 더불어 팬덤 중에서도 '사생팬'이라는 용어가 생겨났다. 사생팬은 문자 그대로 연예인의 사생활(私生活)을 쫓는 팬을 말한다. 이들은 자기가 좋아하는 스타의 일거수일투족을 팬 이상의 감정으로 쫓는다는 점에서 맹목적인 추종자와 크게 다를 바가 없다. 일부에서는 사생팬을 스토커로 보는 시각도 있다. 그만큼 사생팬들은 스타의 사적인 부분까지 쫓아 알고자 하며, 그것이 스타로 하여금 위협감을 느끼는 지경에 이르기도 한다.

스토커와 유사한 사생팬은 집, 미용실, 공연장 등 어디든 빼놓지 않고 따라다니면서 좋아하는 스타와 경쟁관계에 있는 스타나 스캔들이 있는 스타를 비난하고, 자신의 마음을 전달하기 위해 혈서, 충성맹세, 고가의 선물도 서슴치 않는다. 이런 행동은 팬덤문화의 부정적인 현실이며, 바람직한 팬덤문화 형성과 정착을 위해서도 개선될 필요가 있는 부분이다. 반면, 사생팬의 또 다른 모습은 스타의 사생활을 존중하고 안티로부터 보호하는 것이다. 좋아하는 스타의 열애설이나 비판받을 행동을 알게 되더라도 존중하고 지지해 준다는 점에서 스토커와 유사한 사생팬과는 반대되는 매우 긍정적이고 바람직한 팬덤의 모습이라고 할 수 있다.

③ 욕구 해소 및 정체성의 확인

대부분의 팬덤활동은 초등학교 고학년 때부터 시작되는 경우가 많다. 이들은 중학교에 진학하면서 조금 더 활동 시간이 많아지고 조직적이며 심지어 극단적인 활동을 하는 모습을 나타낸다. 그렇지만 20대 이후 성인이 되면서 과거에 비해 모든 것에 대한 활동이 줄어들게 된다. 다른 연령대보다 청소년기에 팬덤활동이 많은 가장 큰 이유는 스타를 통한 욕구 해소라고 할 수 있다.

청소년은 팬덤활동을 통해 자신의 정체성을 확인하기도 한다. 청소년들은 학교와 학업, 행동에 대한 기성세대의 제약 등 많은 부분에서 자신들의 욕망을 억압받고 있다. 따라서 청소년 팬덤활동은 자신의 욕망을 스타에 대한 열렬한 관심과 애정을 통해 해소하고자 한다. 특히 팬들 간의 교류와 소통 그리고 연대 의식은 이들만의 독특한 사회공동체를 만들어 내기도 한다. 이 공간에서 느끼는 소속감과 행복감은 팬이기 때문에 가능한 것이며, 팬들 스스로는 현실도피가 아닌 보다 인간적이고 민주적인 이상적 공동체의 형상을 통해 현실에 대한 대안을 제공하는 것이라고 할 수 있다. 즉, 과중한 학교 공부와 스트레스에 지쳐 있는 10대들의 욕구불만을 해소하는 해방구 역할을 하고 있는 것이다.

④ 대중문화의 소비자이자 창조자

대중매체와 인터넷의 발달은 청소년들이 문화를 능동적으로 소비하는 주체자가 되게 하는 동시에 다양한 문화를 만들어 내는 창조자가 되게 하였다. 청소년의 팬덤문화는 단순히 스타를 쫓고 그에 열광하는 것만으로 만족하지 않으며 자기화하려는 경향을 나타내기도 한다. 이렇게 시작된 것이 팬클럽 카페에서 가장 많이 볼 수 있는 팬픽(fanfic) 현상이다. 팬픽은 팬(fan)과 픽션(fiction)의 합성어로, 팬들이 좋아하는 인기 가수나 영화 또는 만화의 등장인물을 주인공으로 쓴 소설이다. 청소년들은 팬픽을 통해 인기 대상을 자기화하려는 경향이 생겨났는데, 팬이 원하는 어떠한 방향으로도 이야기를 전개할 수 있으며, 각자의 방식으로 이야기를 구성함으로써 자신의 생각을 자유롭고 다양하게 표현할 수 있다. 팬픽으로 시작한 창작활동은 인터넷 소설이라는 장르를 만들었고, 책과 영화로 만들어지기도 하고 있다.

Fiske(1996)는 팬덤을 스타에 대한 맹목적인 추종이라는 시선에서 벗어나 새로운 시선으로 보아야 한다고 주장하였다. 그는 팬덤을 단순한 수용, 소비가 아니라, 생산성의 측면에서 이해해야 함을 강조하였다. 스타와 관련된 수많은 이미지는 팬들에 의해 전환되고, 재생산되고, 소비된다. 이 과정을 통해 스타는 재해석되며, 팬들은 기획사와의 일방적 관계를 거부하며 팬들 스스로의 문화생산물들을 만들어 적극적으로 공유한다. 즉, 문화 생산의 주체일 뿐만 아니라 문화 창조자로서의 역할도 하고 있다.

5) 청소년의 사이버문화와 온라인 게임문화

(1) 사이버문화의 개념

사이버문화는 사이버(cyber)와 문화(culture)의 합성어이다. 21세기가 도래한 시점에서 사이버 공간은 인간에게 새로운 가능성을 제시하는 공간으로서 현실 세계의 확장된 공간이다. 이러한 사이버 공간을 통해서 개인 간의 통신은 물론이고 전자상거래, 회의, 토의 등이 활발하게 이루어지며 무한가치를 창출하고 있다.

사이버문화라는 것은 그 시대를 살아가는 사람들이 사이버 공간 속에서 만들어낸 문화라고 할 수 있으며, 그것은 서로가 사람답게 사는 것을 인정해 주는 집단들이 모여서 이루는 개별적인 활동의 집합체로 해석할 수 있다.

(2) 청소년의 게임문화

2000년 이후 급속히 발전하고 있는 한국의 온라인 게임은 특히 청소년층의 일상에 깊숙이 침투되어 있다. 1990년대 후반 이후 급속하게 발달한 인터넷과 온라인 게임은 청소년의 여가문화를 크게 바꾸어 놓았다. 10대 청소년들의 98.1%가 매일 인터넷을 이용하고, 인터넷 이용 시간은 주 평균 16.9시간에 이르는 것으로 보고되었다(통계청, 2018). 또한 인터넷 이용의 주된 이유는 게임이다. 한국콘텐츠진흥원의 2018년 게임 이용자 실태조사 연구에 따르면, 게임 경험률은 전체 평균 67.2%를 보였다. 여기서 중요한 것은 10대 청소년층의 게임 경험률이다. 만 9세 이상 19세 미만의 청소년들을 살펴보면, 나이가 어릴수록 대체로 게임을 이용하는 비율이 증가하고 있다. 특히 10대 청소년의 경우에는 91.9% 이상이 게임을 이용하고 있는 것으로 나타났다. 플랫폼별로 살펴보면 스마트폰의 보급으로 인해 쉽게 접할 수 있는 모바일게임이 88.3%로 가장 이용률이 높았고, 다음으로 온라인 게임이 59.6%를 차지해 아직까지도 청소년들에게 온라인 게임이 큰 영향을 끼친다고 볼 수 있다.

(3) 사이버문화와 온라인 게임문화의 특성

① 자유성

사이버문화가 갖는 가장 큰 특징은 자유성에 있다. 현실의 공간에서는 사람들이 비교적 자유롭게 자신의 생각이나 행동을 표현한다고는 하지만, 어느 정도 타인과의 조화를 의식하면서 자신의 행동에 제한을 두게 된다. 이에 비하면 사이버 공간에서는 이러한 행동의 제한을 받지 않으며, 개인의 행동을 제한하는 단서들도 비교적 없는 편이다. 사이버 공간의 자유는 상상의 자유, 변신의 자유, 이동의 자유, 그리고 교류의 자유 등으로 표현된다.

② 익명성

사이버 공간이 갖는 자유 중에서 그것에 큰 힘을 실어 주는 것은 바로 익명성이다. 나를 밝히지 않고 내가 가진 생각을 자유롭게 표현할 수 있는 곳이 바로 사이버 공간이다. 익명성은 사이버 공간 속의 자유라는 큰 힘의 기본 바탕이라고 할 수 있다. 이것은 사회적 관습과 자신의 정체성의 압력에서 벗어나 솔직하고 적극적인 태도로 행동할 수 있다는 점에서 사이버 공간의 사생활과 자유를 증대시키는 역할을 한다는 긍정적인 측면을 가지고 있다. 즉, 소통을 활성화시킴으로써 자유롭게, 수평적으로 대등한 상호관계를 형성할 수 있게 해 준다. 이는 현실 사회에서 자신의 의견을 말하지 못하는 계층에 큰 선호도를 갖게 한다. 그러나 익명성이 갖는 다른 한 면은 규범과 도덕성에서 벗어난 행위들도 자유롭게 할 수 있다는 부정적인 측면이다. 즉, 사이버 공간이 갖는 익명성의 특징은 현실 속에서 내가 가진 제약들, 심지어 나의 신분, 위치, 도덕성의 제약을 가진 사람들에게 이러한 제약들이 주는 스트레스나 압박에서 벗어나 해소할 수 있는 공간으로서의 역할을 해 주고 있다는 사실이다.

③ 정보의 공유성과 개방성

사이버 공간에서의 정보는 연령 수준이나 지위나 자격에 제한 없이 모든 수신자가 접속할 수 있기 때문에 무한한 개방성을 지니고 있다. 이와 같은 정보의 개방성 때문에 사이버 공간에서의 정보 교환은 정보의 질적 그리고 양적인 측면에서 많은 사람에게 유익한 의사소통의 장을 제공해 주기도 하고, 유용한 정보를 획득하거나 창출할 수 있는 기회와 능력을 신장시켜 준다. 한편으로는 정보의 선별 능력이 없는 미성년자들이나 특정의 정보에 호기심이 많은 청소년들에게 외설이나 음란물과 같은 유해한 정보를 확산시켜 주게 된다는 염려도 있다.

④ 시간과 공간의 초월성

사이버 공간에서의 의사소통은 현실 공간에서의 의사소통과는 달리 사이버 공간에서 정보를 송수신하게 되므로 참여자들은 시간과 장소에 제약을 받지 않고 언제든지 정보를 주고받을 수 있다. 사이버 공간에서는 참여자들의 공간적 거리가 문제되지 않기 때문에 지구 반대편에 살고 있는 사람과의 의사소통이 이웃 사람과의 의사소통과 다를 것이 없다. 이러한 사이버 공간에서 만나는 대상도 일대일에서 수천 명이 될 수 있으며, 자신의 메시지를 보내고 받는 것도 물리적인 위치나 한계에 좌우되지 않는다. 일단 사이버 공간상의 정보는 항상 네트워크(network)에 저장되어 있으므로 언제라도 원하는 시간대에 원하는 정보에 접속할 수 있다. 따라서 청소년들이 찾고자 하는 자료가 외국에 있어도 몇 번의 마우스 클릭만으로도 해당 인터넷 사이트에 접속하여 원하는 자료를 얻을 수 있다는 장점이 있다. 그러나 시공간의 초월성 역시 부작용이 있다. 즉, 이렇게 정보의 유통에 있어서 공간에 대한 제약이 없기 때문에 한 국가에서 특정 유해 정보에 대한 유통을 통제한다고 할지라도 다른 국가에서 띄운 동일한 정보나 유사한 정보까지 통제한다는 것은 불가능하다.

⑤ 자기정체성의 표현

사이버 공간은 자신이 원하는 모습과 이미지를 아주 다양하게 만들어 낼 수 있는 자기정체성을 표현할 수 있다는 특성이 있다. 사이버 공간에서 개인의 첫 인상은 ID에서 나타난다. 즉, 사이버 공간에서 각 개인은 자신이 만들어 낸 ID를 통해 타인과 교류함으로써 ID를 통해 타인에게 나타나는 나 자신의 이미지를 내가 새롭게 만들 수 있다는 자유를 경험하게 되며, 자신의 정체성을 시험하고 확인하는 기회를 갖게 된다. 그러나 사이버 공간에서 자유롭게 자신의 이미지를 만들어 가는 것이 항상 긍정적인 결과를 가져오는 것은 아니다. 예를 들어, 어른이 자판만 두드리면

순식간에 어린이가 될 수 있고, 남성이 여성이 될 수가 있다. 사람들은 현실 세계에서는 바꾸는 것이 불가능했던 것들(나이, 성별, 외모 등)을 손쉽게 바꾸어 상대방에게 나의 실제와 다른 모습을 제시한다.

⑥ 수평적 관계

사이버 공간에서는 각 개인의 나이, 종교, 지위와 같은 사회적 조건이나 제약들이 제시되지 않기 때문에 상대방을 대하는 데 있어 선입관에 치우치지 않기 때문에 각 개인 간의 관계가 수평적이다. 실제로 사이버 공간상의 각종 동호회나 전문가들의 뉴스그룹의 경우, 사회적 맥락에 대한 편견 없이 공통된 목적과 관심사에 의해 보다 친밀한 관계가 유지되고 있다. 이처럼 사회 조직이나 제약들의 부재로 인해 집단을 지배하는 사람이 없어 모두가 평등하게 의사결정에 참여하므로 자신의 의견을 개진할 평등한 기회를 제공하기는 한다. 하지만 이러한 평등성으로 인해 효율적인 의사결정을 이루기 어렵고, 사회적 규준을 무시하고 자신의 생각을 자주 바꾸며 제어되지 않는 행동을 나타내기도 한다.

6) 청소년의 소비문화

(1) 청소년 소비자의 개념

청소년 소비자(adolescent consumer)는 연령 또는 생활주기를 기준으로 분류된 소비자 유형의 하나로서 10대 소비자(teen-age consumer)가 된다. 이러한 분류에는 명확한 기준이 있는 것이 아니어서 청소년 소비자의 범위를 어떻게 보느냐는 학자들마다 견해가 완전히 일치하지는 않지만, 통상적으로 13~18세의 중 · 고등학생을 청소년 소비자라고 일컫는다. 청소년을 대상으로 하는 대부분의 연구에서도 13~18세를 청소년으로 보고 있다.

과거에는 청소년들이 소비자로 인식되기보다는 가족소비의 의존자로 생각되어 왔다. 그러나 오늘날의 청소년들은 자유재량에 의하여 소비액이 많아지고, 가족생활이 핵가족화되면서 가족의 구매의사 결정에서도 청소년 소비자의 영향력이 커지고 있다. 또한 소비의 관심영역이 과거에는 음료나 과자류, 패스트푸드 등 단순히 먹고 마시는 차원에 머물러 있었지만, 이제는 의류, 화장품과 같은 패션 상품뿐만 아니라 오락, 영화 등 엔터테인먼트 산업으로까지 확대되고 있으며, 소비를 당연시하고 소비 자체를 즐거움으로 여기고 있다.

(2) 청소년 소비자의 특성

소비자 발달단계에서의 청소년 소비자는 아동 소비자와 성인 소비자의 중간에 위치하며, 이들과 구별되는 몇 가지 생활양식과 소비 특성을 살펴보면 다음과 같다(이기춘, 2004).

첫째, 부모로부터 독립된 소비자의 행동을 하려는 경향이 강하다. 즉, 부모에게 의존하던 소비행동에서 벗어나 독자적으로 소비의사결정을 하려는 경향이 강해진다. 청소년 스스로 독립적인 소비행동을 하려는 경향이 강해질 뿐만 아니라 부모들도 청소년에게 어느 정도의 독립성을 허용하게 됨으로써 청소년 소비자의 구매의사결정 권한이 향상되어 아동기에 비해 소비자로서의 역할이 크게 확대된다.

둘째, 또래집단의 영향력이 커지는 청소년기가 되면서 일상생활의 대부분을 학교에서 보낼 뿐 아니라 가족보다는 친구나 동료집단과의 동일시 행동이 중요한 관심사항이 되면서 생활양식에서 의식적인 변화가 나타나기 시작한다. 청소년기가 되면서 부모와의 의사소통이 급격히 감소하고, 특히 나름대로의 하위소비문화를 만들어 가는 시기가 되면서부터 또래집단이 청소년의 소비생활에 가장 중요한 역할을 하는 집단으로 기능한다. 동료집단과 소비와 관련된 의사소통을 나눌 뿐 아니라 소비행동이 동료들 사이에서 인정받기 위한 하나의 수단으로 작용하기도 한다.

셋째, 대중매체의 영향력을 크게 받는 세대로 지금의 청소년들은 기성세대와 달리 정보의 획득이나 감각의 발달을 문자가 아닌 영상을 통해 깨우친 N세대이다. 영상세대인 청소년들은 '좋고 싫음의 판단' '남과 다른 나를 표현' '자기만의 표현'에 대해 상당히 중요하게 생각하며 가치관을 형성해 가는 경향을 보인다.

넷째, 성인 소비자로 나아가기 위한 이행 과정으로 볼 수 있다. 청소년기의 과도기적인 특성으로 인해 아동기와 청소년기의 소비 관련 경험들은 성인이 될 때까지 지속되어 성인 소비자행동의 유형을 결정한다(이기춘, 2004). 청소년기에 건전하게 형성된 소비 습관은 성인이 되어 경제활동을 할 때에도 계속적인 영향을 미칠 수 있기 때문에 청소년기의 소비행동이나 소비문화가 중요하다고 할 수 있다.

다섯째, 빠른 속도로 변화하는 환경적 자극에 접하게 되고 동시에 전통적 가치관과 새로운 가치관 사이에서 혼란을 경험하게 되는 청소년은 소비와 관련해서 자신의 위치나 역할, 능력에 대해 갈등을 겪게 된다. 그로 인해 이러한 갈등이나 스트레스를 해소하기 위한 나름의 수단이나 방안을 마련하게 되는데, 이것이 과시소비, 충동구매, 모방소비 등의 바람직하지 못한 소비행동으로 표출되고 있다.

(3) 청소년의 소비문화의 특성

청소년들의 소비문화의 특성에 대한 조사 결과(맹영임 외, 2003)에 의하면, 일반적으로 아동은 4세경부터 독립적으로 구매하기 시작하고, 7세에서는 TV광고를 통한 모방학습이 이루어지며, 9~10세에서는 상품에 관한 정보 습득이 TV광고를 통해 이루어지고, 10세부터는 TV광고를 통해 가치체제마저 영향을 받는다. 그러나 나이가 증가함에 따라 청소년들은 설득적 광고에 저항이 크고 제품을 더 잘 이해하며 더욱 세련된 소비자가 된다. 청소년 소비자의 소비 특성을 살펴보면 다음과 같다(오진숙, 2007).

첫째, 청소년들이 감각지향적인 소비를 한다는 것이다. 1980년대 이후에 태어난 오늘날의 청소년들은 비교적 풍부한 물질적 지원을 받고 자란 세대이다. 그들은 서구의 개인주의와 다원주의적 문화와 문물을 접하면서 성장하며, 정보화 시대로 진입하는 사회의 변화를 몸으로 겪으며 성장하고 있다. 이들은 부모세대보다는 높은 소비지향성을 지니며, 소득이 없는 계층이면서도 패션에의 열정이 대단한, 자기표현이 적극적인 세대이다. 청소년들은 감각적인 분위기와 느낌을 선호해서 제품 선택 시 기능보다는 스타일과 패션을 중시하며, 제품 그 자체보다도 서비스나 분위기를 중요하게 고려한다.

둘째, 청소년 소비자들은 소비에서 광고의 영향을 많이 받는다. 청소년의 80%가 광고에서 얻은 정보가 물건을 살 때 도움을 준다고 생각하고 있었다. 광고를 하는 제품은 광고를 안 하는 제품보다 더 믿을 수 있다고 생각하며, 제품의 다른 요소는 잘 모르지만 광고가 마음에 들어서 그 제품을 사기도 한다는 것이다.

셋째, 청소년 소비자들은 차별화의 소비 특성을 가지고 있다. 차별화란 청소년 소비자들은 다른 사람들이 가지고 있지 않은 독특한 재화나 서비스를 구매하고, 구매한 재화나 서비스의 사용방식을 달리함으로써 자신을 타인들과 구분 지으려고 한다. 이런 차별화는 곧 다양화를 의미하기도 한다. 청소년들은 무언가 차별화되고 독특한 것이면 일단 매력을 느끼고 접근한다. 그리고 청소년들은 자신만을 위한 소비 공간을 형성하여 특정 소비행동 양식을 공유함으로써 나름대로의 소속감을 얻고자 한다.

넷째, 과시소비 성향을 들 수 있다. 청소년 소비자의 과시소비는 여러 가지 형태로 표현될 수 있지만, 우리나라 청소년 소비자의 경우에 가장 대표적인 과시소비 형태는 브랜드 제품 선호와 구매, 외제품 선호와 구매로 표현된다.

다섯째, 청소년 소비자는 충동구매와 모방소비의 경향이 있다. 청소년들의 경우 고학년이 될수록 용돈의 액수가 많아지고 혼자 물건을 사는 기회가 늘어나면서 무계획적으로 물품을 구입하려는 충동적 소비가 확산되고 있다. 많은 기업도 이들을 주요 고객으로 보고 화려한 광고와 자극적인 선전문구 등의 광고기법을 동원하여 청소년들의 충동구매 심리를 부채질하고 있다. 이에 편승하여 값비싼 제품이나 유명 상표를 구입하여 자신을 돋보이게 하려는 소비 행태도 나타나고 있다. 자신감 결여를 외모 치장이나 고가 제품 소유를 통해 보상받으려는 대리만족의 소비 행태라 할 수고 있다. 특히 광고나 선전을 통해 대중화된 스타일을 자신의 주관적 판단 없이 다른 사람들이 구입하는 제품을 반드시 사려는 모방소비도 강하게 나타나고 있다.

7) 청소년의 비행문화

(1) 청소년 비행의 개념

청소년 비행은 법적으로 미성년자가 법률에 위배되는 행동을 하는 것을 의미한다. 흔히 청소년 비행은 청소년기에 도덕적 · 윤리적 · 사회적 · 법률적 측면에서 옳지 못한 행동을 하는 것을 의미한다(옥양련, 박금식, 2001). 일반적으로 청소년 비행에는 지위범행(status offense)과 범법행위가 포함된다.

지위범행은 청소년들에게만 금지되는 행동들로서 무단결석, 가출, 약물남용과 같이 「형법」에는 저촉되지 않으나 특정 연령층에 의해 행해지는 일탈 행동들이 여기에 해당된다. 반면에 범법행위는 성인이나 청소년 모두에게 불법이 되는 행동들로서 살인, 폭행, 성매매 등의 다양한 행동이 여기에 포함된다. 이런 점에서 비행은 범죄보다 더 포괄적인 개념이다.

청소년 비행은 청소년 범죄와 같은 의미로 이해하기도 하는데, 우리나라의 경우에는 청소년 범죄와 같은 의미로 이해하며, 청소년 범죄에 대하여 10세 이상 19세 미만의 소년에 의한 범죄행위, 촉법행위, 우범행위를 말한다(「소년법」 제2조 및 제4조). 여기서 범죄행위는 10세 이상 19세 미만인 소년의 형벌 법령에 저촉되는 행위를 말한다. 촉법행위는 형벌 법령을 위반하였으나 10세 이상 14세 미만인 형사미성년자의 행위로서 형사책임을 묻지 않는다. 그리고 우범행위는 보호자의 정당한 감독에 복종하지 않는 성벽을 지녔거나, 정당한 이유 없이 가정에서 이탈하여 범죄성을 지닌 사람 또는 부도덕한 사람과 교제하거나 자기 또는 타인의 덕성을 해롭게 하는 성벽이 있어 그 자체는 범죄가 아니지만 범죄를 저지를 우려가 있다고 인정되는 행위이다.

(2) 청소년 비행의 특징

청소년 범죄의 현황을 토대로 청소년 비행의 특징을 살펴보면 다음과 같다(김종운 외, 2019).

① 청소년 폭력의 집단화

청소년 폭력은 개인보다는 2인 이상 집단적으로 이루지는 것이 일반적이다. 청소년 폭력 집단은 동네나 학교의 친구들을 중심으로 자연스럽게 구성되어 경미한 폭력행위를 사용하며, 함께 어울리는 수준의 패거리 집단, 조직적인 규율을 갖고 학교 주변을 무대로 금품 갈취, 편싸움 등을 벌이는 불량서클, 그리고 엄격한 위계질서 속에서 성인 폭력조직과 연계성을 갖고 영역 확보를 위해 흉기 등으로 싸움을 하는 폭력 하부 조직이 있다.

2018년 청소년 백서에 의하면, 2017년 청소년 범죄 유형별 분포 현황을 보면 전체 청소년 범죄자 72,759명 중 재산범이 29,056명(39.9%)으로 가장 높은 비중을 차지하였고, 다음으로 폭력범이 21,043명(28.9%), 교통사범이 9,239명(12.7%), 강력범이 3,463명(4.8%), 저작권법 위반사범이 128명(0.2%) 순이었다.

특히 재산범 중 절도범의 비율이 지속적으로 약 70~80% 정도를 차지하고 있는 것으로 보아 생계형 청소년 범죄에 대한 대책 마련이 필요하다. 또한 2017년 전체 청소년 범죄자의 연령을 살펴보면, 18세가 25.9%(18,838명)로 가장 높은 비율을 차지하였고, 이어 17세 23.9%(17,358명), 16세 22.5%(16,391명), 15세 17.0%(12,376명), 14세 10.6%(7,703명), 14세 미만이 0.1%(93명)의 순으로 나타났다. 최근 10년간 청소년범 죄자의 연령 추세를 볼 때, 17~18세의 청소년 범죄자의 비율이 증가하고 있어 이들을 위한 대책 마련이 시급하다고 할 수 있다.

② 청소년 범죄의 저연령화

최근 10년간 전과가 있는 청소년 범죄자의 비율을 살펴보면 증감을 반복하고 있다. 전과를 가진 청소년 범죄자의 비율은 2008년 30.8%에서 2013년 41.6%까지 증가한 이후 감소세로 나타나 2017년에는 37.4%로 기록되었다. 그러나 4범 이상 청소년 범죄자의 비율은 계속 증가하고 있는데, 2008년 7.0%에서 2017년 14.1%로 두 배 증가하였다. 이는 청소년 범죄의 상습화가 심각한 수준에 있고, 향후 재범률이 높은 청소년 범죄자에 대한 체계적인 교정교육과 지속적인 사후관리가 필요함을 시사한다.

③ 청소년 범죄의 흉악화

2018년 청소년백서에 나타난 청소년 범죄의 종류를 보면, 폭행, 상해, 성폭행, 공갈이라는 폭력범이 늘어 가고 있어 청소년의 범죄가 성인과 다름없이 흉악화되고 있음을 알 수 있다. 이런 청소년 범죄 경향의 요인은 무엇보다도 청소년을 둘러싼 사회환경의 악화이다. 소비성 산업이 빚어내는 퇴폐 향락의 분위기 만연, 자극적인 매체물, 인터넷 공간에서의 익명성과 중독, 맞벌이 등에서 오는 가정 분위기의 냉각화 등 현재의 사회 상황은 육체적으로 성인이 되어 있어도 정신적으로는 미숙한 청소년들에게는 위험이 가득한 상태이다.

(3) 청소년 비행의 유형

① 음주와 흡연

보건복지부(2017)의 '청소년건강행태온라인조사'에 따르면, 2015년부터 2017년까지 학년별 음주율의 연도별 추이를 살펴보면, 남녀 학생 모두 2015년부터 2017년까지 최근 3년간 증감을 반복한 것으로 나타났다. 2017년 청소년의 처음 음주 경험 연령은 남학생 12.9세, 여학생 13.5세로, 남녀 학생 간의 차이는 0.6세였다. 위험음주율은 남학생이 8.8%로 여학생의 위험음주율(7.6%)보다 높았으며, 남학생과 여학생 모두 전년대비 위험음주율이 증가한 것으로 나타났다. 이는 초등학생 대상의 음주 예방교육을 강화하여야 할 필요성을 시사한다.

2017년 청소년의 흡연율은 남학생의 경우 9.5%, 여학생은 3.1%로 나타나 남학생의 흡연율이 여학생의 흡연율보다 높은 수준으로 나타났다. 연도별로 살펴보면, 남학생의 흡연율은 2015년부터 2017년까지 지속적으로 감소하는 경향을 보인 반면, 여학생의 흡연율은 2015년 3.2%, 2016년 2.7%로 나타나 소폭 감소하였다가 2017년에는 3.1%로 2016년 대비 0.4%p 증가하였다.

2017년 청소년의 처음 흡연 경험 연령은 12.9세, 매일 흡연 시작 연령은 13.8세로 나타났고, 성별에 따라 살펴보면 남학생의 경우 처음 흡연 경험 연령은 12.8세, 여학생은 13.1세로 나타났으며, 매일 흡연 시작 연령은 남학생 13.8세, 여학생 13.7세로 나타나 성별에 따른 큰 차이는 없는 것으로 나타났다. 한편, 2017년 주 1일 이상 가정 내 간접흡연 노출률은 남학생 27.3%, 여학생 28.4%로 나타났다.

음주와 흡연은 청소년의 영양 상태에 문제를 초래할 뿐만 아니라, 주요 성분인 알코올이나 니코틴은 약리 작용뿐만 아니라 음식의 섭취를 기피하게 만들거나 편식을 초래하기 때문에 영양 섭취가 중요한 성장기 아동 및 청소년에게는 그 악영향이 더욱 커질 수 있다. 특히 10~19세 청소년의 음주와 흡연은 법적인 차원에서, 그리고 사회적 차원에서도 많은 문제의 원인이 될 수 있으므로 이에 대한 지도와 대책이 시급하다.

② 가출

최근 사회문제인 가족 간의 갈등과 가족해체의 가속화 등으로 인하여 청소년 가출이 지속적으로 증가하고 있으며, 이들은 가출로 인하여 건강 악화는 물론이고 절도, 폭행, 성매매 등 범죄 및 비행 등의 문제를 일으키거나 범죄의 대상이 되는 사례가 빈번히 발생하여 사회적 부작용이 심각한 실정에 이르고 있다. 또한 청소년들의 가출 연령이 점점 낮아지고, 6개월 이상의 장기 가출과 반복적인 가출이 늘어나는 경향이 나타나고 있다.

우리나라 청소년 가출의 유형을 가출 목적에 따라 제시하면 크게 시위성 가출, 유희성 가출, 방랑성 가출, 추방형 가출, 생존형 가출로 구분할 수 있다(홍봉선, 남미애, 2001). 첫째, 시위성 가출은 가출 그 자체보다는 가출로 인한 효과로 가족이나 주위 환경을 변화시키기 위한 목적으로 가출을 하는 경우이다. 둘째, 유희성 가출은 단순히 친구들과 어울리며 자유를 만끽하고 성적인 행위나 술과 담배를 부모의 간섭 없이 즐기려는 쾌락을 위해 하는 가출이다. 셋째, 방랑성 가출은 밖에서 생활하는 것이 좋아 1∼2년 밖에서 배회하면서 사는 것이 생활이 되어 버린 경우이다. 넷째, 추방형 가출은 가족이나 주위 환경으로부터 가출을 하도록 떠밀려 나온 경우로서 이들의 가족은 가출 청소년에게 무관심, 방임 등의 태도로 일관하며 청소년에게 어떠한 관심이나 사랑도 주지 못하고, 가족으로서의 기능을 제대로 수행하지 못하는 경우가 대부분이다. 다섯째, 생존형 가출이다. 가족으로부터의 신체적 · 심리적 · 정신적 학대를 받고 생존을 위해 어쩔 수 없이 도망쳐 나온 유형이다. 흔히 고통을 피하려고 하는 가출은 대개 일회성으로 끝나는 경우가 많으나, 쾌락을 추구하고자 하는 가출은 일회성으로 끝나기보다는 상습적으로 하는 가출이 되기 쉽고 그만큼 교정하기 어렵다.

③ 절도

절도의 개념과 유형, 절도 비행은 다양한 유형과 형태로 존재한다. 단순 절도죄는 타인이 점유하고 있는 재물을 절취함으로써 성립하는 범죄이다. 우리나라 「형법」 제329조에는 "타인의 재물을 절취한 자는 6년 이하의 징역 또는 1천만 원 이하의 벌금에 처한다"고 규정하고 있다. 우리나라의 수사 당국에서는 절도 범죄를 범행 수법을 기준으로 하여 침입 절도, 치기 절도(소매치기, 날치기, 들치기), 차량이용 절도, 속임수 절도 등으로 구분하고 있다.

절도의 심리적인 특성 중의 하나는 처음에 상당한 준비를 하고 계획한 후에 실행을 했든지 아니면 우연히 기회가 와서 실행을 했든지 간에 어떠한 계기를 통해서 한 번 절도에 성공하면 그 이후에 돈을 지불하고 물건을 사는 것이 멍청한 행동인 것처럼 느껴진다는 것이다.

따라서 죄책감이 사라지는 도덕 불감증의 심리 상태에 빠지게 되며, 절도 행각이 들통이 날 때까지 계속해서 반복적으로 절도를 하게 된다는 점이다.

④ 약물남용

약물이 국내에 유입된 역사는 해방, 한국전쟁 등의 중요한 계기가 작용한다. 1945년 해방 이후 귀국 동포들 중에 아편 중독자들이 섞여 들어온 것을 시작으로, 1950년대에는 한국전쟁 당시에 부상한 군인들 사이에 모르핀 중독자가 생겨나게 되었다. 그리고 1970년에는 마리화나나 히로뽕(메스암페타민)이 미군과 일본을 통해 들어와서 1980년대에는 히로뽕 중독자가 급증하였고, 약물을 구입할 능력이 되지 않는 청소년 사이에는 시너나 본드 등의 유해 약물을 흡입하는 경우가 크게 증가하였다.

최근에는 진해제류의 대용 약물들이 국내에서 대규모로 유통되고 있는 것으로 알려져 있다. 그러나 이러한 유해 약물들은 청소년들의 뇌기능에 치명적인 손상을 가져올 수 있는 것으로 알려져 있어 큰 사회문제가 되고 있다. 일반적으로 성인 약물 중독자들은 매우 어린 시기에 음주를 시작한 경향이 있다고 한다. 따라서 청소년들의 흡연과 음주를 줄인다면 향후에 보다 강한 약물남용을 줄일 수 있을 것이다.

⑤ 성적 일탈

청소년 비행 중에서도 청소년들의 성적 일탈 문제는 최근 들어 급속히 사회문제로 떠오르고 있다. 과거에 비해 청소년들의 육체적 · 정신적 성숙이 빨리 진행되고, 남녀 공학 중 · 고등학교가 증가하면서 상대적으로 이성과 만날 수 있는 기회가 매우 증가되었으며, 또한 초고속 통신망의 발달은 인터넷을 통해 불특정 다수의 이성과 교제할 수 있는 기회를 대폭 증가시키고 있기 때문이다. 따라서 청소년들의 성적 일탈의 모습도 과거와는 상당히 다른 모습을 보여 주고 있다. 과거에 청소년들이 할 수 있는 성적 일탈은 주로 강간과 같은 전통적인 형태가 대다수를 차지했다. 최근에는 청소년 성매매라는 새로운 사회문제로 골치를 앓게 되었다.

⑥ 사이버 일탈

사이버 공간은 현실에서는 불가능한 것을 가능하게 하고, 억제된 욕구를 쉽게 표현하게 하는 기회를 제공하기 때문에 여러 일탈의 가능성을 높인다. 인터넷의 활용 비중이 커 가면서 청소년들은 게임에 몰두하고, 음란물 접촉, 저속한 속어와 욕설의 사용, 사이버 성폭력, 해킹 등 여러 형태의 일탈을 일삼고 있다.

⑦ 도로교통법 위반

청소년들에 의한 도로교통법 위반 사례를 살펴보면, 오토바이 운전이 대부분이다. 무면허, 헬멧 미착용, 신호위반 등이 구체적인 비행내용이며, 배달을 하는 청소년들의 위험한 운전도 심각하다. 한편, 거리의 무법자로 불리는 오토바이 폭주족들의 문제는 어제오늘의 일이 아닌 고질적인 문제로서 이들은 집단을 이루어 주행하는 차량들을 위협하면서 쾌감과 스릴을 느끼고, 심지어 폭주 단속을 하는 교통경찰관을 치고 달아나는 등 각종 사고를 유발하고 있다.

심지어 청소년 중에는 음주운전으로 인한 교통사고를 야기하기도 한다. 대검찰청(2017)에 따르면, 2017년 기준 연령대별 음주운전 인명사고 발생 건수는 19세 이하 283건, 그중 사고로 인한 사망은 18명으로 나타났으며, 지난 2013년부터 2017년의 기간 동안에 청소년 운전자에 의한 음주운전 사고는 총 2,468건으로 집계되었다.

부록

1. 「학교폭력예방 및 대책에 관한 법률」
(약칭: 「학교폭력예방법」)

2. 「학교폭력예방 및 대책에 관한 법률시행령」
(약칭: 「학교폭력예방법 시행령」)

부록 1

「학교폭력예방 및 대책에 관한 법률」(약칭: 「학교폭력예방법」)

[시행 2021. 9. 29.] [법률 제32018호, 2021. 9. 29., 타법개정]

제1조(목적) 이 법은 학교폭력의 예방과 대책에 필요한 사항을 규정함으로써 피해학생의 보호, 가해학생의 선도 · 교육 및 피해학생과 가해학생 간의 분쟁조정을 통하여 학생의 인권을 보호하고 학생을 건전한 사회구성원으로 육성함을 목적으로 한다.

제2조(정의) 이 법에서 사용하는 용어의 정의는 다음 각 호와 같다. 〈개정 2009. 5. 8., 2012. 1. 26., 2012. 3. 21., 2021. 3. 23.〉

1. "학교폭력"이란 학교 내외에서 학생을 대상으로 발생한 상해, 폭행, 감금, 협박, 약취 · 유인, 명예훼손 · 모욕, 공갈, 강요 · 강제적인 심부름 및 성폭력, 따돌림, 사이버 따돌림, 정보통신망을 이용한 음란 · 폭력 정보 등에 의하여 신체 · 정신 또는 재산상의 피해를 수반하는 행위를 말한다.

1의2. "따돌림"이란 학교 내외에서 2명 이상의 학생들이 특정인이나 특정집단의 학생들을 대상으로 지속적이거나 반복적으로 신체적 또는 심리적 공격을 가하여 상대방이 고통을 느끼도록 하는 모든 행위를 말한다.

1의3. "사이버 따돌림"이란 인터넷, 휴대전화 등 정보통신기기를 이용하여 학생들이 특정 학생들을 대상으로 지속적, 반복적으로 심리적 공격을 가하거나, 특정 학생과 관련된 개인정보 또는 허위사실을 유포하여 상대방이 고통을 느끼도록 하는 모든 행위를 말한다.

2. "학교"란 「초 · 중등교육법」 제2조에 따른 초등학교 · 중학교 · 고등학교 · 특수학교 및 각종학교와 같은 법 제61조에 따라 운영하는 학교를 말한다.

3. "가해학생"이란 가해자 중에서 학교폭력을 행사하거나 그 행위에 가담한 학생을 말한다.

4. "피해학생"이란 학교폭력으로 인하여 피해를 입은 학생을 말한다.

5. "장애학생"이란 신체적 · 정신적 · 지적 장애 등으로 「장애인 등에 대한 특수교육

법」 제15조에서 규정하는 특수교육이 필요한 학생을 말한다.

제3조(해석 · 적용의 주의의무) 이 법을 해석 · 적용하는 경우 국민의 권리가 부당하게 침해되지 아니하도록 주의하여야 한다. 〈개정 2021. 3. 23.〉

제4조(국가 및 지방자치단체의 책무) ① 국가 및 지방자치단체는 학교폭력을 예방하고 근절하기 위하여 조사 · 연구 · 교육 · 계도 등 필요한 법적 · 제도적 장치를 마련하여야 한다.

② 국가 및 지방자치단체는 청소년 관련 단체 등 민간의 자율적인 학교폭력 예방활동과 피해학생의 보호 및 가해학생의 선도 · 교육활동을 장려하여야 한다.

③ 국가 및 지방자치단체는 제2항에 따른 청소년 관련 단체 등 민간이 건의한 사항에 대하여는 관련 시책에 반영하도록 노력하여야 한다.

④ 국가 및 지방자치단체는 제1항부터 제3항까지의 규정에 따른 책무를 다하기 위하여 필요한 행정적 · 재정적 지원을 하여야 한다. 〈개정 2012. 3. 21.〉

제5조(다른 법률과의 관계) ① 학교폭력의 규제, 피해학생의 보호 및 가해학생에 대한 조치에 관하여 다른 법률에 특별한 규정이 있는 경우를 제외하고는 이 법을 적용한다. 〈개정 2021. 3. 23.〉

② 제2조 제1호 중 성폭력은 다른 법률에 규정이 있는 경우에는 이 법을 적용하지 아니한다.

제6조(기본계획의 수립 등) ① 교육부장관은 이 법의 목적을 효율적으로 달성하기 위하여 학교폭력의 예방 및 대책에 관한 정책 목표 · 방향을 설정하고, 이에 따른 학교폭력의 예방 및 대책에 관한 기본계획(이하 "기본계획"이라 한다)을 제7조에 따른 학교폭력대책위원회의 심의를 거쳐 수립 · 시행하여야 한다. 〈개정 2012. 3. 21., 2013. 3. 23.〉

② 기본계획은 다음 각 호의 사항을 포함하여 5년마다 수립하여야 한다. 이 경우 교육부장관은 관계 중앙행정기관 등의 의견을 수렴하여야 한다. 〈개정 2012. 3. 21., 2013. 3. 23.〉

1. 학교폭력의 근절을 위한 조사 · 연구 · 교육 및 계도

2. 피해학생에 대한 치료 · 재활 등의 지원
3. 학교폭력 관련 행정기관 및 교육기관 상호 간의 협조 · 지원
4. 제14조 제1항에 따른 전문상담교사의 배치 및 이에 대한 행정적 · 재정적 지원
5. 학교폭력의 예방과 피해학생 및 가해학생의 치료 · 교육을 수행하는 청소년 관련 단체(이하 "전문단체"라 한다) 또는 전문가에 대한 행정적 · 재정적 지원
6. 그 밖에 학교폭력의 예방 및 대책을 위하여 필요한 사항

③ 교육부장관은 대통령령으로 정하는 바에 따라 특별시 · 광역시 · 특별자치시 · 도 및 특별자치도(이하 "시 · 도"라 한다) 교육청의 학교폭력 예방 및 대책과 그에 대한 성과를 평가하고, 이를 공표하여야 한다. 〈신설 2012. 1. 26., 2013. 3. 23.〉

제7조(학교폭력대책위원회의 설치 · 기능) 학교폭력의 예방 및 대책에 관한 다음 각 호의 사항을 심의하기 위하여 국무총리 소속으로 학교폭력대책위원회(이하 "대책위원회"라 한다)를 둔다. 〈개정 2012. 3. 21., 2019. 8. 20.〉

1. 학교폭력의 예방 및 대책에 관한 기본계획의 수립 및 시행에 대한 평가
2. 학교폭력과 관련하여 관계 중앙행정기관 및 지방자치단체의 장이 요청하는 사항
3. 학교폭력과 관련하여 교육청, 제9조에 따른 학교폭력대책지역위원회, 제10조의2에 따른 학교폭력대책지역협의회, 제12조에 따른 학교폭력대책심의위원회, 전문단체 및 전문가가 요청하는 사항

[제목개정 2012. 3. 21.]

제8조(대책위원회의 구성) ① 대책위원회는 위원장 2명을 포함하여 20명 이내의 위원으로 구성한다.

② 위원장은 국무총리와 학교폭력 대책에 관한 전문지식과 경험이 풍부한 전문가 중에서 대통령이 위촉하는 사람이 공동으로 되고, 위원장 모두가 부득이한 사유로 직무를 수행할 수 없을 때에는 국무총리가 지명한 위원이 그 직무를 대행한다.

③ 위원은 다음 각 호의 사람 중에서 대통령이 위촉하는 사람으로 한다. 다만, 제1호의 경우에는 당연직 위원으로 한다. 〈개정 2013. 3. 23., 2014. 11. 19., 2017. 7. 26.〉

1. 기획재정부장관, 교육부장관, 과학기술정보통신부장관, 법무부장관, 행정안전부장관, 문화체육관광부장관, 보건복지부장관, 여성가족부장관, 방송통신위원회 위원

장, 경찰청장

2. 학교폭력 대책에 관한 전문지식과 경험이 풍부한 전문가 중에서 제1호의 위원이 각각 1명씩 추천하는 사람

3. 관계 중앙행정기관에 소속된 3급 공무원 또는 고위공무원단에 속하는 공무원으로서 청소년 또는 의료 관련 업무를 담당하는 사람

4. 대학이나 공인된 연구기관에서 조교수 이상 또는 이에 상당한 직에 있거나 있었던 사람으로서 학교폭력 문제 및 이에 따른 상담 또는 심리에 관하여 전문지식이 있는 사람

5. 판사 · 검사 · 변호사

6. 전문단체에서 청소년보호활동을 5년 이상 전문적으로 담당한 사람

7. 의사의 자격이 있는 사람

8. 학교운영위원회 활동 및 청소년보호활동 경험이 풍부한 학부모

④ 위원장을 포함한 위원의 임기는 2년으로 하되, 한 차례에 한정하여 연임할 수 있다. 〈개정 2021. 3. 23.〉

⑤ 위원회의 효율적 운영 및 지원을 위하여 간사 1명을 두되, 간사는 교육부장관이 된다. 〈개정 2013. 3. 23.〉

⑥ 위원회에 상정할 안건을 미리 검토하는 등 안건 심의를 지원하고, 위원회가 위임한 안건을 심의하기 위하여 대책위원회에 학교폭력대책실무위원회(이하 "실무위원회"라 한다)를 둔다.

⑦ 그 밖에 대책위원회의 운영과 실무위원회의 구성 · 운영에 필요한 사항은 대통령령으로 정한다.

[전문개정 2012. 3. 21.]

제9조(학교폭력대책지역위원회의 설치) ① 지역의 학교폭력 문제를 해결하기 위하여 시 · 도에 학교폭력대책지역위원회(이하 "지역위원회"라 한다)를 둔다. 〈개정 2012. 1. 26.〉

② 특별시장 · 광역시장 · 특별자치시장 · 도지사 및 특별자치도지사는 지역위원회의 운영 및 활동에 관하여 시 · 도의 교육감(이하 "교육감"이라 한다)과 협의하여야 하며, 그 효율적인 운영을 위하여 실무위원회를 둘 수 있다. 〈개정 2012. 1. 26.〉

③ 지역위원회는 위원장 1인을 포함한 11인 이내의 위원으로 구성한다.

④ 지역위원회 및 제2항에 따른 실무위원회의 구성 · 운영에 필요한 사항은 대통령령으로 정한다.

제10조(학교폭력대책지역위원회의 기능 등) ① 지역위원회는 기본계획에 따라 지역의 학교폭력 예방대책을 매년 수립한다.

② 지역위원회는 해당 지역에서 발생한 학교폭력에 대하여 교육감 및 시 · 도경찰청장에게 관련 자료를 요청할 수 있다. 〈개정 2020. 12. 22.〉

③ 교육감은 지역위원회의 의견을 들어 제16조 제1항 제1호부터 제3호까지나 제17조 제1항 제5호에 따른 상담 · 치료 및 교육을 담당할 상담 · 치료 · 교육 기관을 지정하여야 한다. 〈개정 2012. 1. 26.〉

④ 교육감은 제3항에 따른 상담 · 치료 · 교육 기관을 지정한 때에는 해당 기관의 명칭, 소재지, 업무를 인터넷 홈페이지에 게시하고, 그 밖에 다양한 방법으로 학부모에게 알릴 수 있도록 노력하여야 한다. 〈신설 2012. 1. 26.〉

[제목개정 2012. 1. 26.]

제10조의2(학교폭력대책지역협의회의 설치 · 운영) ① 학교폭력예방 대책을 수립하고 기관별 추진계획 및 상호 협력 · 지원 방안 등을 협의하기 위하여 시 · 군 · 구에 학교폭력대책지역협의회(이하 "지역협의회"라 한다)를 둔다.

② 지역협의회는 위원장 1명을 포함한 20명 내외의 위원으로 구성한다.

③ 그 밖에 지역협의회의 구성 · 운영에 필요한 사항은 대통령령으로 정한다.

[본조신설 2012. 3. 21.]

제11조(교육감의 임무) ① 교육감은 시 · 도교육청에 학교폭력의 예방과 대책을 담당하는 전담부서를 설치 · 운영하여야 한다.

② 교육감은 관할 구역 안에서 학교폭력이 발생한 때에는 해당 학교의 장 및 관련 학교의 장에게 그 경과 및 결과의 보고를 요구할 수 있다.

③ 교육감은 관할 구역 안의 학교폭력이 관할 구역 외의 학교폭력과 관련이 있는 때에는 그 관할 교육감과 협의하여 적절한 조치를 취하여야 한다.

④ 교육감은 학교의 장으로 하여금 학교폭력의 예방 및 대책에 관한 실시계획을 수립 · 시행하도록 하여야 한다.

⑤ 교육감은 제12조에 따른 심의위원회가 처리한 학교의 학교폭력빈도를 학교의 장에 대한 업무수행 평가에 부정적 자료로 사용하여서는 아니 된다. 〈개정 2019. 8. 20.〉

⑥ 교육감은 제17조 제1항 제8호에 따른 전학의 경우 그 실현을 위하여 필요한 조치를 취하여야 하며, 제17조 제1항 제9호에 따른 퇴학처분의 경우 해당 학생의 건전한 성장을 위하여 다른 학교 재입학 등의 적절한 대책을 강구하여야 한다. 〈개정 2012. 1. 26., 2012. 3. 21.〉

⑦ 교육감은 대책위원회 및 지역위원회에 관할 구역 안의 학교폭력의 실태 및 대책에 관한 사항을 보고하고 공표하여야 한다. 관할 구역 밖의 학교폭력 관련 사항 중 관할 구역 안의 학교와 관련된 경우에도 또한 같다. 〈개정 2012. 1. 26., 2012. 3. 21.〉

⑧ 교육감은 학교폭력의 실태를 파악하고 학교폭력에 대한 효율적인 예방대책을 수립하기 위하여 학교폭력 실태조사를 연 2회 이상 실시하고 그 결과를 공표하여야 한다. 〈신설 2012. 3. 21., 2015. 12. 22.〉

⑨ 교육감은 학교폭력 등에 관한 조사, 상담, 치유프로그램 운영 등을 위한 전문기관을 설치 · 운영할 수 있다. 〈신설 2012. 3. 21.〉

⑩ 교육감은 관할 구역에서 학교폭력이 발생한 때에 해당 학교의 장 또는 소속 교원이 그 경과 및 결과를 보고하면서 축소 및 은폐를 시도한 경우에는「교육공무원법」제50조 및「사립학교법」제62조에 따른 징계위원회에 징계의결을 요구하여야 한다. 〈신설 2012. 3. 21., 2021. 3. 23.〉

⑪ 교육감은 관할 구역에서 학교폭력의 예방 및 대책 마련에 기여한 바가 큰 학교 또는 소속 교원에게 상훈을 수여하거나 소속 교원의 근무성적 평정에 가산점을 부여할 수 있다. 〈신설 2012. 3. 21.〉

⑫ 제1항에 따라 설치되는 전담부서의 구성과 제8항에 따라 실시하는 학교폭력 실태조사 및 제9항에 따른 전문기관의 설치에 필요한 사항은 대통령령으로 정한다. 〈개정 2012. 3. 21.〉

제11조의2(학교폭력 조사 · 상담 등) ① 교육감은 학교폭력 예방과 사후조치 등을 위하여 다음 각 호의 조사 · 상담 등을 수행할 수 있다. 〈개정 2021. 3. 23.〉

1. 학교폭력 피해학생 상담 및 가해학생 조사

2. 필요한 경우 가해학생 학부모 조사
3. 학교폭력 예방 및 대책에 관한 계획의 이행 지도
4. 관할 구역 학교폭력서클 단속
5. 학교폭력 예방을 위하여 민간 기관 및 업소 출입 · 검사
6. 그 밖에 학교폭력 등과 관련하여 필요한 사항

② 교육감은 제1항의 조사 · 상담 등의 업무를 대통령령으로 정하는 기관 또는 단체에 위탁할 수 있다.

③ 교육감 및 제2항에 따른 위탁 기관 또는 단체의 장은 제1항에 따른 조사 · 상담 등의 업무 수행에 필요한 경우 관계 기관의 장에게 협조를 요청할 수 있다. 〈개정 2021. 3. 23.〉

④ 제1항에 따라 조사 · 상담 등을 하는 관계 직원은 그 권한을 표시하는 증표를 지니고 이를 관계인에게 보여주어야 한다.

⑤ 제1항 제1호 및 제4호의 조사 등의 결과는 학교의 장 및 보호자에게 통보하여야 한다.

[본조신설 2012. 3. 21.]

제11조의3(관계 기관과의 협조 등) ① 교육부장관, 교육감, 지역 교육장, 학교의 장은 학교폭력과 관련한 개인정보 등을 경찰청장, 시 · 도경찰청장, 관할 경찰서장 및 관계 기관의 장에게 요청할 수 있다. 〈개정 2013. 3. 23., 2020. 12. 22.〉

② 제1항에 따라 정보제공을 요청받은 경찰청장, 시 · 도경찰청장, 관할 경찰서장 및 관계 기관의 장은 특별한 사정이 없으면 그 요청을 따라야 한다. 〈개정 2020. 12. 22., 2021. 3. 23.〉

③ 제1항 및 제2항에 따른 관계 기관과의 협조 사항 및 절차 등에 필요한 사항은 대통령령으로 정한다.

[본조신설 2012. 3. 21.]

제12조(학교폭력대책심의위원회의 설치 · 기능) ① 학교폭력의 예방 및 대책에 관련된 사항을 심의하기 위하여 「지방교육자치에 관한 법률」 제34조 및 「제주특별자치도 설치 및 국제자유도시 조성을 위한 특별법」 제80조에 따른 교육지원청(교육지원청이 없는 경우 해당 시 · 도 조례로 정하는 기관으로 한다. 이하 같다)에 학교폭력대책심의위원회(이하 "심의위원회"라 한다)를 둔다. 다만, 심의위원회 구성에 있어 대통령령으로

정하는 사유가 있는 경우에는 교육감 보고를 거쳐 둘 이상의 교육지원청이 공동으로 심의위원회를 구성할 수 있다. 〈개정 2012. 1. 26., 2019. 8. 20.〉

② 심의위원회는 학교폭력의 예방 및 대책 등을 위하여 다음 각 호의 사항을 심의한다. 〈개정 2012. 1. 26., 2019. 8. 20.〉

1. 학교폭력의 예방 및 대책
2. 피해학생의 보호
3. 가해학생에 대한 교육, 선도 및 징계
4. 피해학생과 가해학생 간의 분쟁조정
5. 그 밖에 대통령령으로 정하는 사항

③ 심의위원회는 해당 지역에서 발생한 학교폭력에 대하여 조사할 수 있고 학교장 및 관할 찰서장에게 관련 자료를 요청할 수 있다. 〈신설 2012. 3. 21., 2019. 8. 20.〉

④ 심의위원회의 설치 · 기능 등에 필요한 사항은 지역 및 교육지원청의 규모 등을 고려하여 대통령령으로 정한다. 〈개정 2012. 3. 21., 2019. 8. 20.〉

[제목개정 2019. 8. 20.]

第13조(심의위원회의 구성 · 운영) ① 심의위원회는 10명 이상 50명 이내의 위원으로 구성하되, 전체위원의 3분의 1 이상을 해당 교육지원청 관할 구역 내 학교(고등학교를 포함한다)에 소속된 학생의 학부모로 위촉하여야 한다. 〈개정 2019. 8. 20.〉

② 심의위원회의 위원장은 다음 각 호의 어느 하나에 해당하는 경우에 회의를 소집하여야 한다. 〈신설 2011. 5. 19., 2012. 1. 26., 2012. 3. 21., 2019. 8. 20.〉

1. 심의위원회 재적위원 4분의 1 이상이 요청하는 경우
2. 학교의 장이 요청하는 경우
3. 피해학생 또는 그 보호자가 요청하는 경우
4. 학교폭력이 발생한 사실을 신고받거나 보고받은 경우
5. 가해학생이 협박 또는 보복한 사실을 신고받거나 보고받은 경우
6. 그 밖에 위원장이 필요하다고 인정하는 경우

③ 심의위원회는 회의의 일시, 장소, 출석위원, 토의내용 및 의결사항 등이 기록된 회의록을 작성 · 보존하여야 한다. 〈신설 2011. 5. 19., 2019. 8. 20.〉

④ 심의위원회는 심의 과정에서 소아청소년과 의사, 정신건강의학과 의사, 심리학자, 그 밖의 아동심리와 관련된 전문가를 출석하게 하거나 서면 등의 방법으로 의견

을 청취할 수 있고, 피해학생이 상담 · 치료 등을 받은 경우 해당 전문가 또는 전문의 등으로부터 의견을 청취할 수 있다. 다만, 심의위원회는 피해학생 또는 그 보호자의 의사를 확인하여 피해학생 또는 그 보호자의 요청이 있는 경우에는 반드시 의견을 청취하여야 한다. 〈신설 2020. 12. 22.〉

⑤ 그 밖에 심의위원회의 구성 · 운영에 필요한 사항은 대통령령으로 정한다. 〈개정 2011. 5. 19., 2019. 8. 20., 2020. 12. 22.〉

[제목개정 2011. 5. 19., 2019. 8. 20.]

제13조의2(학교의 장의 자체 해결) ① 제13조 제2항 제4호 및 제5호에도 불구하고 피해학생 및 그 보호자가 심의위원회의 개최를 원하지 아니하는 다음 각 호에 모두 해당하는 경미한 학교폭력의 경우 학교의 장은 학교폭력사건을 자체적으로 해결할 수 있다. 이 경우 학교의 장은 지체 없이 이를 심의위원회에 보고하여야 한다. 〈개정 2021. 3. 23.〉

1. 2주 이상의 신체적 · 정신적 치료가 필요한 진단서를 발급받지 않은 경우
2. 재산상 피해가 없거나 즉각 복구된 경우
3. 학교폭력이 지속적이지 않은 경우
4. 학교폭력에 대한 신고, 진술, 자료제공 등에 대한 보복행위가 아닌 경우

② 학교의 장은 제1항에 따라 사건을 해결하려는 경우 다음 각 호에 해당하는 절차를 모두 거쳐야 한다.

1. 피해학생과 그 보호자의 심의위원회 개최 요구 의사의 서면 확인
2. 학교폭력의 경중에 대한 제14조 제3항에 따른 전담기구의 서면 확인 및 심의

③ 그 밖에 학교의 장이 학교폭력을 자체적으로 해결하는 데에 필요한 사항은 대통령령으로 정한다.

[본조신설 2019. 8. 20.]

제14조(전문상담교사 배치 및 전담기구 구성) ① 학교의 장은 학교에 대통령령으로 정하는 바에 따라 상담실을 설치하고, 「초 · 중등교육법」 제19조의2에 따라 전문상담교사를 둔다.

② 전문상담교사는 학교의 장 및 심의위원회의 요구가 있는 때에는 학교폭력에 관련된 피해학생 및 가해학생과의 상담결과를 보고하여야 한다. 〈개정 2019. 8. 20.〉

③ 학교의 장은 교감, 전문상담교사, 보건교사 및 책임교사(학교폭력문제를 담당하는 교사를 말한다), 학부모 등으로 학교폭력문제를 담당하는 전담기구(이하 "전담기구"라 한다)를 구성한다. 이 경우 학부모는 전담기구 구성원의 3분의 1 이상이어야 한다. 〈개정 2012. 3. 21., 2019. 8. 20.〉

④ 학교의 장은 학교폭력 사태를 인지한 경우 지체 없이 전담기구 또는 소속 교원으로 하여금 가해 및 피해 사실 여부를 확인하도록 하고, 전담기구로 하여금 제13조의2에 따른 학교의 장의 자체 해결 부의 여부를 심의하도록 한다. 〈신설 2019. 8. 20.〉

⑤ 전담기구는 학교폭력에 대한 실태조사(이하 "실태조사"라 한다)와 학교폭력 예방 프로그램을 구성 · 실시하며, 학교의 장 및 심의위원회의 요구가 있는 때에는 학교폭력에 관련된 조사결과 등 활동결과를 보고하여야 한다. 〈개정 2012. 3. 21., 2019. 8. 20.〉

⑥ 피해학생 또는 피해학생의 보호자는 피해사실 확인을 위하여 전담기구에 실태조사를 요구할 수 있다. 〈신설 2009. 5. 8., 2012. 3. 21., 2019. 8. 20.〉

⑦ 국가 및 지방자치단체는 실태조사에 관한 예산을 지원하고, 관계 행정기관은 실태조사에 협조하여야 하며, 학교의 장은 전담기구에 행정적 · 재정적 지원을 할 수 있다. 〈개정 2009. 5. 8., 2012. 3. 21., 2019. 8. 20.〉

⑧ 전담기구는 성폭력 등 특수한 학교폭력사건에 대한 실태조사의 전문성을 확보하기 위하여 필요한 경우 전문기관에 그 실태조사를 의뢰할 수 있다. 이 경우 그 의뢰는 심의위원회 위원장의 심의를 거쳐 학교의 장 명의로 하여야 한다. 〈신설 2012. 1. 26., 2012. 3. 21., 2019. 8. 20.〉

⑨ 그 밖에 전담기구 운영 등에 필요한 사항은 대통령령으로 정한다. 〈신설 2012. 3. 21., 2019. 8. 20.〉

제15조(학교폭력 예방교육 등) ① 학교의 장은 학생의 육체적 · 정신적 보호와 학교폭력의 예방을 위한 학생들에 대한 교육(학교폭력의 개념 · 실태 및 대처방안 등을 포함하여야 한다)을 학기별로 1회 이상 실시하여야 한다. 〈개정 2012. 1. 26.〉

② 학교의 장은 학교폭력의 예방 및 대책 등을 위한 교직원 및 학부모에 대한 교육을 학기별로 1회 이상 실시하여야 한다. 〈개정 2012. 3. 21.〉

③ 학교의 장은 제1항에 따른 학교폭력 예방교육 프로그램의 구성 및 그 운용 등을 전담기구와 협의하여 전문단체 또는 전문가에게 위탁할 수 있다.

④ 교육장은 제1항부터 제3항까지의 규정에 따른 학교폭력 예방교육 프로그램의 구성과 운용계획을 학부모가 쉽게 확인할 수 있도록 인터넷 홈페이지에 게시하고, 그 밖에 다양한 방법으로 학부모에게 알릴 수 있도록 노력하여야 한다. 〈개정 2012. 1. 26.〉

⑤ 그 밖에 학교폭력 예방교육의 실시와 관련한 사항은 대통령령으로 정한다. 〈개정 2011. 5. 19.〉

[제목개정 2011. 5. 19.]

제16조(피해학생의 보호) ① 심의위원회는 피해학생의 보호를 위하여 필요하다고 인정하는 때에는 피해학생에 대하여 다음 각 호의 어느 하나에 해당하는 조치(수 개의 조치를 동시에 부과하는 경우를 포함한다)를 할 것을 교육장(교육장이 없는 경우 제12조 제1항에 따라 조례로 정한 기관의 장으로 한다. 이하 같다)에게 요청할 수 있다. 다만, 학교의 장은 학교폭력사건을 인지한 경우 피해학생의 반대의사 등 대통령령으로 정하는 특별한 사정이 없으면 지체 없이 가해자(교사를 포함한다)와 피해학생을 분리하여야 하며, 피해학생이 긴급보호를 요청하는 경우에는 제1호, 제2호 및 제6호의 조치를 할 수 있다. 이 경우 학교의 장은 심의위원회에 즉시 보고하여야 한다. 〈개정 2012. 3. 21., 2017. 4. 18., 2019. 8. 20., 2020. 12. 22., 2021. 3. 23.〉

1. 학내외 전문가에 의한 심리상담 및 조언
2. 일시보호
3. 치료 및 치료를 위한 요양
4. 학급교체
5. 삭제 〈2012. 3. 21.〉
6. 그 밖에 피해학생의 보호를 위하여 필요한 조치

② 심의위원회는 제1항에 따른 조치를 요청하기 전에 피해학생 및 그 보호자에게 의견진술의 기회를 부여하는 등 적정한 절차를 거쳐야 한다. 〈신설 2012. 3. 21., 2019. 8. 20.〉

③ 제1항에 따른 요청이 있는 때에는 교육장은 피해학생의 보호자의 동의를 받아 7일 이내에 해당 조치를 하여야 한다. 〈개정 2012. 3. 21., 2019. 8. 20.〉

④ 제1항의 조치 등 보호가 필요한 학생에 대하여 학교의 장이 인정하는 경우 그 조치에 필요한 결석을 출석일수에 포함하여 계산할 수 있다. 〈개정 2012. 3. 21.,

2021. 3. 23.〉

⑤ 학교의 장은 성적 등을 평가하는 경우 제3항에 따른 조치로 인하여 학생에게 불이익을 주지 아니하도록 노력하여야 한다. 〈개정 2012. 3. 21., 2021. 3. 23.〉

⑥ 피해학생이 전문단체나 전문가로부터 제1항 제1호부터 제3호까지의 규정에 따른 상담 등을 받는 데에 사용되는 비용은 가해학생의 보호자가 부담하여야 한다. 다만, 피해학생의 신속한 치료를 위하여 학교의 장 또는 피해학생의 보호자가 원하는 경우에는「학교안전사고 예방 및 보상에 관한 법률」제15조에 따른 학교안전공제회 또는 시·도교육청이 부담하고 이에 대한 상환청구권을 행사할 수 있다. 〈개정 2012. 1. 26., 2012. 3. 21., 2021. 3. 23.〉

1. 삭제 〈2012. 3. 21.〉

2. 삭제 〈2012. 3. 21.〉

⑦ 학교의 장 또는 피해학생의 보호자는 필요한 경우「학교안전사고 예방 및 보상에 관한 법률」제34조의 공제급여를 학교안전공제회에 직접 청구할 수 있다. 〈신설 2012. 1. 26., 2012. 3. 21.〉

⑧ 피해학생의 보호 및 제6항에 따른 지원범위, 상환청구범위, 지급절차 등에 필요한 사항은 대통령령으로 정한다. 〈신설 2012. 3. 21., 2021. 3. 23.〉

제16조의2(장애학생의 보호) ① 누구든지 장애 등을 이유로 장애학생에게 학교폭력을 행사하여서는 아니 된다.

② 심의위원회는 피해학생 또는 가해학생이 장애학생인 경우 심의과정에「장애인 등에 대한 특수교육법」제2조 제4호에 따른 특수교육교원 등 특수교육 전문가 또는 장애인 전문가를 출석하게 하거나 서면 등의 방법으로 의견을 청취할 수 있다. 〈신설 2020. 12. 22.〉

③ 심의위원회는 학교폭력으로 피해를 입은 장애학생의 보호를 위하여 장애인전문 상담가의 상담 또는 장애인전문 치료기관의 요양 조치를 학교의 장에게 요청할 수 있다. 〈개정 2019. 8. 20., 2020. 12. 22.〉

④ 제3항에 따른 요청이 있는 때에는 학교의 장은 해당 조치를 하여야 한다. 이 경우 제16조 제6항을 준용한다. 〈개정 2012. 3. 21., 2020. 12. 22.〉

[본조신설 2009. 5. 8.]

제17조(가해학생에 대한 조치) ① 심의위원회는 피해학생의 보호와 가해학생의 선도 · 교육을 위하여 가해학생에 대하여 다음 각 호의 어느 하나에 해당하는 조치(수 개의 조치를 동시에 부과하는 경우를 포함한다)를 할 것을 교육장에게 요청하여야 하며, 각 조치별 적용 기준은 대통령령으로 정한다. 다만, 퇴학처분은 의무교육과정에 있는 가해학생에 대하여는 적용하지 아니한다. 〈개정 2009. 5. 8., 2012. 1. 26., 2012. 3. 21., 2019. 8. 20., 2021. 3. 23.〉

1. 피해학생에 대한 서면사과
2. 피해학생 및 신고 · 고발 학생에 대한 접촉, 협박 및 보복행위의 금지
3. 학교에서의 봉사
4. 사회봉사
5. 학내외 전문가에 의한 특별교육이수 또는 심리치료
6. 출석정지
7. 학급교체
8. 전학
9. 퇴학처분

② 제1항에 따라 심의위원회가 교육장에게 가해학생에 대한 조치를 요청할 때 그 이유가 피해학생이나 신고 · 고발 학생에 대한 협박 또는 보복 행위일 경우에는 같은 항 각 호의 조치를 동시에 부과하거나 조치 내용을 가중할 수 있다. 〈신설 2012. 3. 21., 2019. 8. 20., 2021. 3. 23.〉

③ 제1항 제2호부터 제4호까지 및 제6호부터 제8호까지의 처분을 받은 가해학생은 교육감이 정한 기관에서 특별교육을 이수하거나 심리치료를 받아야 하며, 그 기간은 심의위원회에서 정한다. 〈개정 2012. 1. 26., 2012. 3. 21., 2019. 8. 20.〉

④ 학교의 장은 가해학생에 대한 선도가 긴급하다고 인정할 경우 우선 제1항 제1호부터 제3호까지, 제5호 및 제6호의 조치를 할 수 있으며, 제5호와 제6호의 조치는 동시에 부과할 수 있다. 이 경우 심의위원회에 즉시 보고하여 추인을 받아야 한다. 〈개정 2012. 1. 26., 2012. 3. 21., 2019. 8. 20., 2021. 3. 23.〉

⑤ 심의위원회는 제1항 또는 제2항에 따른 조치를 요청하기 전에 가해학생 및 보호자에게 의견진술의 기회를 부여하는 등 적정한 절차를 거쳐야 한다. 〈개정 2012. 3. 21., 2019. 8. 20.〉

⑥ 제1항에 따른 요청이 있는 때에는 교육장은 14일 이내에 해당 조치를 하여야 한

다. 〈개정 2012. 1. 26., 2012. 3. 21., 2019. 8. 20.〉

⑦ 학교의 장이 제4항에 따른 조치를 한 때에는 가해학생과 그 보호자에게 이를 통지하여야 하며, 가해학생이 이를 거부하거나 회피하는 때에는 학교의 장은「초·중등교육법」제18조에 따라 징계하여야 한다. 〈개정 2012. 3. 21., 2019. 8. 20.〉

⑧ 가해학생이 제1항 제3호부터 제5호까지의 규정에 따른 조치를 받은 경우 이와 관련된 결석은 학교의 장이 인정하는 때에는 이를 출석일수에 포함하여 계산할 수 있다. 〈개정 2012. 1. 26., 2012. 3. 21., 2021. 3. 23.〉

⑨ 심의위원회는 가해학생이 특별교육을 이수할 경우 해당 학생의 보호자도 함께 교육을 받게 하여야 한다. 〈개정 2012. 3. 21., 2019. 8. 20.〉

⑩ 가해학생이 다른 학교로 전학을 간 이후에는 전학 전의 피해학생 소속 학교로 다시 전학올 수 없도록 하여야 한다. 〈신설 2012. 1. 26., 2012. 3. 21.〉

⑪ 제1항 제2호부터 제9호까지의 처분을 받은 학생이 해당 조치를 거부하거나 기피하는 경우 심의위원회는 제7항에도 불구하고 대통령령으로 정하는 바에 따라 추가로 다른 조치를 할 것을 교육장에게 요청할 수 있다. 〈신설 2012. 3. 21., 2019. 8. 20.〉

⑫ 가해학생에 대한 조치 및 제11조 제6항에 따른 재입학 등에 관하여 필요한 사항은 대통령령으로 정한다. 〈신설 2012. 3. 21.〉

제17조의2(행정심판) ① 교육장이 제16조 제1항 및 제17조 제1항에 따라 내린 조치에 대하여 이의가 있는 피해학생 또는 그 보호자는「행정심판법」에 따른 행정심판을 청구할 수 있다. 〈신설 2012. 3. 21., 2017. 11. 28., 2019. 8. 20.〉

② 교육장이 제17조 제1항에 따라 내린 조치에 대하여 이의가 있는 가해학생 또는 그 보호자는「행정심판법」에 따른 행정심판을 청구할 수 있다. 〈개정 2012. 3. 21., 2017. 11. 28., 2019. 8. 20.〉

③ 제1항 및 제2항에 따른 행정심판청구에 필요한 사항은「행정심판법」을 준용한다. 〈개정 2019. 8. 20.〉

④ 삭제 〈2019. 8. 20.〉

⑤ 삭제 〈2019. 8. 20.〉

⑥ 삭제 〈2019. 8. 20.〉

[본조신설 2012. 1. 26.]

[제목개정 2019. 8. 20.]

제18조(분쟁조정) ① 심의위원회는 학교폭력과 관련하여 분쟁이 있는 경우에는 그 분쟁을 조정할 수 있다. 〈개정 2019. 8. 20.〉

② 제1항에 따른 분쟁의 조정기간은 1개월을 넘지 못한다.

③ 학교폭력과 관련한 분쟁조정에는 다음 각 호의 사항을 포함한다. 〈개정 2019. 8. 20.〉

1. 피해학생과 가해학생간 또는 그 보호자 간의 손해배상에 관련된 합의조정
2. 그 밖에 심의위원회가 필요하다고 인정하는 사항

④ 심의위원회는 분쟁조정을 위하여 필요하다고 인정하는 때에는 관계 기관의 협조를 얻어 학교폭력과 관련한 사항을 조사할 수 있다. 〈개정 2019. 8. 20.〉

⑤ 심의위원회가 분쟁조정을 하고자 할 때에는 이를 피해학생 · 가해학생 및 그 보호자에게 통보하여야 한다. 〈개정 2019. 8. 20.〉

⑥ 시 · 도교육청 관할 구역 안의 소속 교육지원청이 다른 학생 간에 분쟁이 있는 경우에는 교육감이 직접 분쟁을 조정한다. 이 경우 제2항부터 제5항까지의 규정을 준용한다. 〈개정 2019. 8. 20.〉

⑦ 관할 구역을 달리하는 시 · 도교육청 소속 학교의 학생 간에 분쟁이 있는 경우에는 피해학생을 감독하는 교육감이 가해학생을 감독하는 교육감과의 협의를 거쳐 직접 분쟁을 조정한다. 이 경우 제2항부터 제5항까지의 규정을 준용한다. 〈개정 2019. 8. 20.〉

제19조(학교의 장의 의무) ① 학교의 장은 제16조, 제16조의2, 제17조에 따른 조치의 이행에 협조하여야 한다.

② 학교의 장은 학교폭력을 축소 또는 은폐해서는 아니 된다.

③ 학교의 장은 교육감에게 학교폭력이 발생한 사실과 제13조의2에 따라 학교의 장의 자체 해결로 처리된 사건, 제16조, 제16조의2, 제17조 및 제18조에 따른 조치 및 그 결과를 보고하고, 관계 기관과 협력하여 교내 학교폭력 단체의 결성예방 및 해체에 노력하여야 한다.

[전문개정 2019. 8. 20.]

제20조(학교폭력의 신고의무) ① 학교폭력 현장을 보거나 그 사실을 알게 된 자는 학교 등 관계 기관에 이를 즉시 신고하여야 한다.

② 제1항에 따라 신고를 받은 기관은 이를 가해학생 및 피해학생의 보호자와 소속 학교의 장에게 통보하여야 한다. 〈개정 2009. 5. 8.〉

③ 제2항에 따라 통보받은 소속 학교의 장은 이를 심의위원회에 지체 없이 통보하여야 한다. 〈신설 2009. 5. 8., 2019. 8. 20.〉

④ 누구라도 학교폭력의 예비 · 음모 등을 알게 된 자는 이를 학교의 장 또는 심의위원회에 고발할 수 있다. 다만, 교원이 이를 알게 되었을 경우에는 학교의 장에게 보고하고 해당 학부모에게 알려야 한다. 〈개정 2009. 5. 8., 2012. 1. 26., 2019. 8. 20.〉

⑤ 누구든지 제1항부터 제4항까지에 따라 학교폭력을 신고한 사람에게 그 신고행위를 이유로 불이익을 주어서는 아니 된다. 〈신설 2012. 3. 21.〉

제20조의2(긴급전화의 설치 등) ① 국가 및 지방자치단체는 학교폭력을 수시로 신고받고 이에 대한 상담에 응할 수 있도록 긴급전화를 설치하여야 한다.

② 국가와 지방자치단체는 제1항에 따른 긴급전화의 설치 · 운영을 대통령령으로 정하는 기관 또는 단체에 위탁할 수 있다. 〈신설 2012. 1. 26.〉

③ 제1항과 제2항에 따른 긴급전화의 설치 · 운영 · 위탁에 필요한 사항은 대통령령으로 정한다. 〈개정 2012. 1. 26.〉

[본조신설 2009. 5. 8.]

제20조의3(정보통신망에 의한 학교폭력 등) 제2조 제1호에 따른 정보통신망을 이용한 음란 · 폭력 정보 등에 의한 신체상 · 정신상 피해에 관하여 필요한 사항은 따로 법률로 정한다.

[본조신설 2012. 3. 21.]

제20조의4(정보통신망의 이용 등) ① 국가 · 지방자치단체 또는 교육감은 학교폭력 예방 업무 등을 효과적으로 수행하기 위하여 필요한 경우 정보통신망을 이용할 수 있다.

② 국가 · 지방자치단체 또는 교육감은 제1항에 따라 정보통신망을 이용하여 학교 또는 학생(학부모를 포함한다)이 학교폭력 예방 업무 등을 수행하는 경우 다음 각 호의 어느 하나에 해당하는 비용의 전부 또는 일부를 지원할 수 있다.

1. 학교 또는 학생(학부모를 포함한다)이 전기통신설비를 구입하거나 이용하는 데

소요되는 비용

2. 학교 또는 학생(학부모를 포함한다)에게 부과되는 전기통신역무 요금

③ 그 밖에 정보통신망의 이용 등에 관하여 필요한 사항은 대통령령으로 정한다.

[본조신설 2012. 3. 21.]

제20조의5(학생보호인력의 배치 등) ① 국가 · 지방자치단체 또는 학교의 장은 학교폭력을 예방하기 위하여 학교 내에 학생보호인력을 배치하여 활용할 수 있다.

② 다음 각 호의 어느 하나에 해당하는 사람은 학생보호인력이 될 수 없다. 〈신설 2013. 7. 30., 2021. 3. 23.〉

1. 「국가공무원법」 제33조 각 호의 어느 하나에 해당하는 사람

2. 「아동 · 청소년의 성보호에 관한 법률」에 따른 아동 · 청소년대상 성범죄 또는 「성폭력범죄의 처벌 등에 관한 특례법」에 따른 성폭력범죄를 저질러 벌금형을 선고받고 그 형이 확정된 날부터 10년이 지나지 아니하였거나, 금고 이상의 형이나 치료감호를 선고받고 그 집행이 끝나거나 집행이 유예 · 면제된 날부터 10년이 지나지 아니한 사람

3. 「청소년 보호법」 제2조 제5호 가목 3) 및 같은 목 7)부터 9)까지의 청소년 출입 · 고용금지업소의 업주나 종사자

③ 국가 · 지방자치단체 또는 학교의 장은 제1항에 따른 학생보호인력의 배치 및 활용 업무를 관련 전문기관 또는 단체에 위탁할 수 있다. 〈개정 2013. 7. 30.〉

④ 제3항에 따라 학생보호인력의 배치 및 활용 업무를 위탁받은 전문기관 또는 단체는 그 업무를 수행하는 경우 학교의 장과 충분히 협의하여야 한다. 〈개정 2013. 7. 30., 2021. 3. 23.〉

⑤ 국가 · 지방자치단체 또는 학교의 장은 학생보호인력으로 배치하고자 하는 사람의 동의를 받아 경찰청장에게 그 사람의 범죄경력을 조회할 수 있다. 〈신설 2013. 7. 30.〉

⑥ 제3항에 따라 학생보호인력의 배치 및 활용 업무를 위탁받은 전문기관 또는 단체는 해당 업무를 위탁한 국가 · 지방자치단체 또는 학교의 장에게 학생보호인력으로 배치하고자 하는 사람의 범죄경력을 조회할 것을 신청할 수 있다. 〈신설 2013. 7. 30.〉

⑦ 학생보호인력이 되려는 사람은 국가 · 지방자치단체 또는 학교의 장에게 제2항 각

호의 어느 하나에 해당하지 아니한다는 확인서를 제출하여야 한다. 〈신설 2013. 7. 30.〉

[본조신설 2012. 3. 21.]

제20조의6(학교전담경찰관) ① 국가는 학교폭력 예방 및 근절을 위하여 학교폭력 업무 등을 전담하는 경찰관을 둘 수 있다.

② 제1항에 따른 학교전담경찰관의 운영에 필요한 사항은 대통령령으로 정한다.

[본조신설 2017. 11. 28.]

[종전 제20조의6은 제20조의7로 이동 〈2017. 11. 28.〉]

제20조의7(영상정보처리기기의 통합 관제) ① 국가 및 지방자치단체는 학교폭력 예방 업무를 효과적으로 수행하기 위하여 교육감과 협의하여 학교 내외에 설치된 영상정보처리기기(「개인정보 보호법」 제2조 제7호에 따른 영상정보처리기기를 말한다. 이하 이 조에서 같다)를 통합하여 관제할 수 있다. 이 경우 국가 및 지방자치단체는 통합 관제 목적에 필요한 범위에서 최소한의 개인정보만을 처리하여야 하며, 그 목적 외의 용도로 활용하여서는 아니 된다.

② 제1항에 따라 영상정보처리기기를 통합 관제하려는 국가 및 지방자치단체는 공청회 · 설명회의 개최 등 대통령령으로 정하는 절차를 거쳐 관계 전문가 및 이해관계인의 의견을 수렴하여야 한다.

③ 제1항에 따라 학교 내외에 설치된 영상정보처리기기가 통합 관제되는 경우 해당 학교의 영상정보처리기기운영자는 「개인정보 보호법」 제25조 제4항에 따른 조치를 통하여 그 사실을 정보주체에게 알려야 한다.

④ 통합 관제에 관하여 이 법에서 규정한 것을 제외하고는 「개인정보 보호법」을 적용한다.

⑤ 그 밖에 영상정보처리기기의 통합 관제에 필요한 사항은 대통령령으로 정한다.

[본조신설 2012. 3. 21.]

[제20조의6에서 이동 〈2017. 11. 28.〉]

제21조(비밀누설금지 등) ① 이 법에 따라 학교폭력의 예방 및 대책과 관련된 업무를 수행하거나 수행하였던 사람은 그 직무로 인하여 알게 된 비밀 또는 가해학생 · 피해학생

및 제20조에 따른 신고자 · 고발자와 관련된 자료를 누설하여서는 아니 된다. 〈개정 2012. 1. 26., 2021. 3. 23.〉

② 제1항에 따른 비밀의 구체적인 범위는 대통령령으로 정한다.

③ 제16조, 제16조의2, 제17조, 제17조의2, 제18조에 따른 심의위원회의 회의는 공개하지 아니한다. 다만, 피해학생 · 가해학생 또는 그 보호자가 회의록의 열람 · 복사 등 회의록 공개를 신청한 때에는 학생과 그 가족의 성명, 주민등록번호 및 주소, 위원의 성명 등 개인정보에 관한 사항을 제외하고 공개하여야 한다. 〈개정 2011. 5. 19., 2012. 3. 21., 2019. 8. 20.〉

제21조의2(「지방교육자치에 관한 법률」에 관한 특례) 교육장은 「지방교육자치에 관한 법률」 제35조에도 불구하고 이 법에 따른 고등학교에서의 학교폭력 피해학생 보호, 가해학생 선도 · 교육 및 피해학생과 가해학생 간의 분쟁조정 등에 관한 사무를 위임받아 수행할 수 있다.

[본조신설 2019. 8. 20.]

제22조(벌칙) 제21조 제1항을 위반한 자는 1년 이하의 징역 또는 1천만원 이하의 벌금에 처한다.

[전문개정 2017. 11. 28.]

제23조(과태료) ① 제17조 제9항에 따른 심의위원회의 교육 이수 조치를 따르지 아니한 보호자에게는 300만원 이하의 과태료를 부과한다. 〈개정 2019. 8. 20.〉

② 제1항에 따른 과태료는 대통령령으로 정하는 바에 따라 교육감이 부과 · 징수한다.

[본조신설 2017. 11. 28.]

부록 2

「학교폭력예방 및 대책에 관한 법률 시행령」
(약칭:「학교폭력예방법 시행령」)

[시행 2021. 6. 23.] [대통령령 제31789호, 2021. 6. 22., 일부개정]

제1조(목적) 이 영은「학교폭력예방 및 대책에 관한 법률」에서 위임된 사항과 그 시행에 필요한 사항을 규정함을 목적으로 한다.

제2조(성과 평가 및 공표)「학교폭력예방 및 대책에 관한 법률」(이하 "법"이라 한다) 제6조 제3항에 따른 학교폭력 예방 및 대책에 대한 성과는「초·중등교육법」제9조 제2항에 따른 지방교육행정기관에 대한 평가에 포함하여 평가하고, 이를 공표하여야 한다.

제3조(학교폭력대책위원회의 운영) ① 법 제7조에 따른 학교폭력대책위원회(이하 "대책위원회"라 한다)의 위원장은 회의를 소집하고, 그 의장이 된다.

② 대책위원회의 회의는 반기별로 1회 소집한다. 다만, 재적위원 3분의 1 이상이 요구하거나 위원장이 필요하다고 인정하는 경우에는 수시로 소집할 수 있다.

③ 대책위원회의 위원장이 회의를 소집할 때에는 회의 개최 5일 전까지 회의 일시·장소 및 안건을 각 위원에게 알려야 한다. 다만, 긴급히 소집하여야 할 때에는 그러하지 아니하다.

④ 대책위원회의 회의는 재적위원 과반수의 출석으로 개의(開議)하고, 출석위원 과반수의 찬성으로 의결한다.

⑤ 대책위원회의 위원장은 필요하다고 인정할 때에는 학교폭력 예방 및 대책과 관련하여 전문가 등을 회의에 출석하여 발언하게 할 수 있다.

⑥ 회의에 출석한 위원과 전문가 등에게는 예산의 범위에서 수당과 여비를 지급할 수 있다. 다만, 공무원인 위원이 그 소관 업무와 직접적으로 관련하여 회의에 출석하는 경우에는 그러하지 아니하다.

제3조의2(대책위원회 위원의 해촉) 대통령은 법 제8조 제3항 제2호부터 제8호까지의 규정

에 따른 대책위원회의 위원이 다음 각 호의 어느 하나에 해당하는 경우에는 해당 위원을 해촉(解囑)할 수 있다.

1. 심신장애로 인하여 직무를 수행할 수 없게 된 경우
2. 직무와 관련된 비위사실이 있는 경우
3. 직무태만, 품위손상이나 그 밖의 사유로 인하여 위원으로 적합하지 아니하다고 인정되는 경우
4. 위원 스스로 직무를 수행하는 것이 곤란하다고 의사를 밝히는 경우

[본조신설 2016. 5. 10.]

제4조(학교폭력대책실무위원회의 구성 · 운영) ① 법 제8조 제6항에 따른 학교폭력대책실무위원회(이하 "실무위원회"라 한다)는 위원장(이하 "실무위원장"이라 한다) 1명을 포함한 12명 이내의 위원으로 구성한다. 〈개정 2013. 3. 23.〉

② 실무위원장은 교육부차관이 되고, 위원은 기획재정부, 교육부, 과학기술정보통신부, 법무부, 행정안전부, 문화체육관광부, 보건복지부, 여성가족부, 국무조정실 및 방송통신위원회의 고위공무원단에 속하는 공무원과 경찰청의 치안감 또는 경무관 중에서 소속 기관의 장이 지명하는 사람 각 1명이 된다. 〈개정 2013. 3. 23., 2014. 11. 19., 2017. 7. 26.〉

③ 제2항에 따라 실무위원회의 위원을 지명한 자는 해당 위원이 제3조의2 각 호의 어느 하나에 해당하는 경우에는 그 지명을 철회할 수 있다. 〈신설 2016. 5. 10.〉

④ 실무위원회의 사무를 처리하기 위하여 간사 1명을 두며, 간사는 교육부 소속 공무원 중에서 실무위원장이 지명하는 사람으로 한다. 〈개정 2013. 3. 23., 2016. 5. 10.〉

⑤ 실무위원장이 부득이한 사유로 직무를 수행할 수 없을 때에는 실무위원장이 미리 지명하는 위원이 그 직무를 대행한다. 〈개정 2016. 5. 10.〉

⑥ 회의는 대책위원회 개최 전 또는 실무위원장이 필요하다고 인정할 때 소집한다. 〈개정 2016. 5. 10.〉

⑦ 실무위원회는 대책위원회의 회의에 부칠 안건 검토와 심의 지원 및 그 밖의 업무 수행을 위하여 필요한 경우에는 이해관계인 또는 관련 전문가를 출석하게 하여 의견을 듣거나 의견 제출을 요청할 수 있다. 〈개정 2016. 5. 10.〉

⑧ 실무위원장은 회의를 소집할 때에는 회의 개최 7일 전까지 회의 일시 · 장소 및 안

건을 각 위원에게 알려야 한다. 다만, 긴급히 소집하여야 할 때에는 그러하지 아니하다. 〈개정 2016. 5. 10.〉

제5조(학교폭력대책지역위원회의 구성 · 운영) ① 법 제9조 제1항에 따른 학교폭력대책지역위원회(이하 "지역위원회"라 한다)의 위원장은 특별시 · 광역시 · 특별자치시 · 도 · 특별자치도(이하 "시 · 도"라 한다)의 부단체장(특별시의 경우에는 행정(1)부시장, 광역시 및 도의 경우에는 행정부시장 및 행정부지사를 말한다)으로 한다.

② 지역위원회의 위원장은 회의를 소집하고, 그 의장이 된다.

③ 지역위원회의 위원장이 부득이한 사유로 직무를 수행할 수 없을 때에는 지역위원회 위원장이 미리 지명하는 위원이 그 직무를 대행한다.

④ 지역위원회의 위원은 학식과 경험이 풍부하고 청소년보호에 투철한 사명감이 있는 사람으로서 다음 각 호의 어느 하나에 해당하는 사람 중에서 특별시장 · 광역시장 · 특별자치시장 · 도지사 · 특별자치도지사(이하 "시 · 도지사"라 한다)가 교육감과 협의하여 임명하거나 위촉한다. 〈개정 2020. 2. 25., 2020. 12. 31.〉

1. 해당 시 · 도의 청소년보호 업무 담당 국장 및 시 · 도교육청 생활지도 담당 국장
2. 해당 시 · 도의회 의원 또는 교육위원회 위원
3. 해당 시 · 도경찰청 소속 경찰공무원
4. 학생생활지도 경력이 5년 이상인 교원
5. 판사 · 검사 · 변호사
6.「고등교육법」 제2조에 따른 학교의 조교수 이상 또는 청소년 관련 연구기관에서 이에 상당하는 직위에 재직하고 있거나 재직하였던 사람으로서 학교폭력 문제에 대한 전문지식이 있는 사람
7. 청소년 선도 및 보호 단체에서 청소년보호활동을 5년 이상 전문적으로 담당한 사람
8.「초 · 중등교육법」 제31조 제1항에 따른 학교운영위원회(이하 "학교운영위원회"라 한다)의 위원 또는 법 제12조 제1항에 따른 학교폭력대책심의위원회(이하 "심의위원회"라 한다) 위원으로 활동하고 있거나 활동한 경험이 있는 학부모
9. 그 밖에 학교폭력 예방 및 청소년 보호에 대한 지식과 경험이 있는 사람

⑤ 지역위원회 위원의 임기는 2년으로 한다. 다만, 지역위원회 위원의 사임 등으로 새로 위촉되는 위원의 임기는 전임위원 임기의 남은 기간으로 한다.

⑥ 시 · 도지사는 제4항 제2호부터 제9호까지의 규정에 따른 지역위원회의 위원이 제3조의2 각 호의 어느 하나에 해당하는 경우에는 해당 위원을 해임하거나 해촉할 수 있다. 〈신설 2016. 5. 10.〉

⑦ 지역위원회의 사무를 처리하기 위하여 간사 1명을 두며, 지역위원회의 위원장과 교육감이 시 · 도 또는 시 · 도교육청 소속 공무원 중에서 협의하여 정하는 사람으로 한다. 〈개정 2016. 5. 10.〉

⑧ 지역위원회 회의의 운영에 관하여는 제3조 제2항부터 제6항까지의 규정을 준용한다. 이 경우 "대책위원회"는 "지역위원회"로 본다. 〈개정 2016. 5. 10.〉

제6조(학교폭력대책지역실무위원회의 구성 · 운영) 법 제9조 제2항에 따른 실무위원회는 7명 이내의 학교폭력 예방 및 대책에 관한 실무자 및 민간 전문가로 구성한다.

제7조(학교폭력대책지역협의회의 구성 · 운영) ① 법 제10조의2에 따른 학교폭력대책지역협의회(이하 "지역협의회"라 한다)의 위원장은 시 · 군 · 구의 부단체장이 된다.

② 지역협의회의 위원장은 회의를 소집하고, 그 의장이 된다.

③ 지역협의회의 위원장이 부득이한 사유로 직무를 수행할 수 없을 때에는 위원장이 미리 지정하는 위원이 그 직무를 대행한다.

④ 지역협의회의 위원은 학식과 경험이 풍부하고 청소년보호에 투철한 사명감이 있는 사람으로서 다음 각 호의 어느 하나에 해당하는 사람 중에서 시장 · 군수 · 구청장이 해당 교육지원청의 교육장과 협의하여 임명하거나 위촉한다. 〈개정 2014. 6. 11., 2020. 2. 25.〉

1. 해당 시 · 군 · 구의 청소년보호 업무 담당 국장(국장이 없는 시 · 군 · 구는 과장을 말한다) 및 교육지원청의 생활지도 담당 국장(국장이 없는 교육지원청은 과장을 말한다)
2. 해당 시 · 군 · 구의회 의원
3. 해당 시 · 군 · 구를 관할하는 경찰서 소속 경찰공무원
4. 학생생활지도 경력이 5년 이상인 교원
5. 판사 · 검사 · 변호사
6. 「고등교육법」 제2조에 따른 학교의 조교수 이상 또는 청소년 관련 연구기관에서 이에 상당하는 직위에 재직하고 있거나 재직하였던 사람으로서 학교폭력 문제에 대

하여 전문지식이 있는 사람

7. 청소년 선도 및 보호 단체에서 청소년보호활동을 5년 이상 전문적으로 담당한 사람

8. 학교운영위원회 위원 또는 심의위원회 위원으로 활동하거나 활동한 경험이 있는 학부모

9. 그 밖에 학교폭력 예방 및 청소년보호에 대한 지식과 경험을 가진 사람

⑤ 지역협의회 위원의 임기는 2년으로 한다. 다만, 지역위원회 위원의 사임 등으로 새로 위촉되는 위원의 임기는 전임위원 임기의 남은 기간으로 한다.

⑥ 시장 · 군수 · 구청장은 제4항 제2호부터 제9호까지의 규정에 따른 지역협의회의 위원이 제3조의2 각 호의 어느 하나에 해당하는 경우에는 해당 위원을 해임하거나 해촉할 수 있다. 〈신설 2016. 5. 10.〉

⑦ 지역협의회에는 사무를 처리하기 위해 간사 1명을 두며, 간사는 지역협의회의 위원장과 교육장이 시 · 군 · 구 또는 교육지원청 소속 공무원 중에서 협의하여 정하는 사람으로 한다. 〈개정 2014. 6. 11., 2016. 5. 10.〉

제8조(전담부서의 구성 등) 법 제11조 제1항에 따라 다음 각 호의 업무를 수행하기 위하여 시 · 도교육청 및 교육지원청에 과 · 담당관 또는 팀을 둔다. 〈개정 2014. 6. 11., 2020. 2. 25.〉

1. 학교폭력 예방과 근절을 위한 대책의 수립과 추진에 관한 사항

2. 학교폭력 피해학생의 치료 및 가해학생에 대한 조치에 관한 사항

3. 학교폭력 피해학생과 가해학생 간의 관계 회복을 위하여 필요한 조치에 관한 사항

4. 그 밖에 학교폭력의 예방 및 대책과 관련하여 교육감이 정하는 사항

제9조(실태조사) ① 법 제11조 제8항에 따라 교육감이 실시하는 학교폭력 실태조사는 교육부장관과 협의하여 다른 교육감과 공동으로 실시할 수 있다. 〈개정 2013. 3. 23.〉

② 교육감은 학교폭력 실태조사를 교육 관련 연구 · 조사기관에 위탁할 수 있다.

제10조(전문기관의 설치 등) ① 교육감은 법 제11조 제9항에 따라 시 · 도교육청 또는 교육지원청에 다음 각 호의 업무를 수행하는 전문기관을 설치 · 운영할 수 있다. 〈개정 2014. 6. 11.〉

1. 법 제11조의2 제1항에 따른 조사 · 상담 등의 업무
2. 학교폭력 피해학생 · 가해학생에 대한 치유프로그램 운영 업무

② 교육감은 제1항 제2호에 따른 치유프로그램 운영 업무를 다음 각 호의 어느 하나에 해당하는 기관 · 단체 · 시설에 위탁하여 수행하게 할 수 있다. 〈개정 2012. 7. 31., 2012. 9. 14.〉

1. 「청소년복지 지원법」 제31조 제1호에 따른 청소년쉼터, 「청소년 보호법」 제35조 제1항에 따른 청소년 보호 · 재활센터 등 청소년을 보호하기 위하여 국가 · 지방자치단체가 운영하는 시설
2. 「청소년활동진흥법」 제10조에 따른 청소년활동시설
3. 학교폭력의 예방과 피해학생 및 가해학생의 치료 · 교육을 수행하는 청소년 관련 단체
4. 청소년 정신치료 전문인력이 배치된 병원
5. 학교폭력 피해학생 · 가해학생 및 학부모를 위한 프로그램을 운영하는 종교기관 등의 기관
6. 그 밖에 교육감이 치유프로그램의 운영에 적합하다고 인정하는 기관

③ 제1항에 따른 전문기관의 설치 · 운영에 관한 세부사항은 교육감이 정한다.

제11조(학교폭력 조사 · 상담 업무의 위탁 등) 교육감은 법 제11조의2 제2항에 따라 학교폭력 예방에 관한 사업을 3년 이상 수행한 기관 또는 단체 중에서 학교폭력의 예방 및 사후조치 등을 수행하는 데 적합하다고 인정하는 기관 또는 단체에 법 제11조의2 제1항의 업무를 위탁할 수 있다.

제12조(관계 기관과의 협조 사항 등) 법 제11조의3에 따라 학교폭력과 관련한 개인정보 등을 협조를 요청할 때에는 문서로 하여야 한다.

제13조(심의위원회의 설치 및 심의사항) ① 법 제12조 제1항 단서에서 "대통령령으로 정하는 사유가 있는 경우"란 학교폭력 피해학생과 가해학생이 각각 다른 교육지원청(교육지원청이 없는 경우 법 제12조 제1항에 따라 조례로 정하는 기관으로 한다. 이하 같다) 관할 구역 내의 학교에 재학 중인 경우를 말한다. 〈개정 2020. 2. 25.〉

② 법 제12조 제2항 제5호에서 "대통령령으로 정하는 사항"이란 학교폭력의 예방 및

대책과 관련하여 학교의 장이 건의하는 사항을 말한다. 〈개정 2020. 2. 25.〉

[제목개정 2020. 2. 25.]

제14조(심의위원회의 구성ㆍ운영) ① 심의위원회의 위원은 다음 각 호의 어느 하나에 해당하는 사람 중에서 해당 교육장(교육장이 없는 경우 법 제12조 제1항에 따라 조례로 정하는 기관의 장으로 한다. 이하 이 조, 제14조의2 제5항, 제20조 제1항 전단 및 제22조에서 같다)이 임명하거나 위촉한다. 〈개정 2020. 2. 25.〉

1. 해당 교육지원청의 생활지도 업무 담당 국장 또는 과장(법 제12조 제1항에 따라 조례로 정하는 기관의 경우 해당 기관 소속의 공무원 또는 직원으로 한다)

1의2. 해당 교육지원청의 관할 구역을 관할하는 시ㆍ군ㆍ구의 청소년보호 업무 담당 국장 또는 과장

2. 교원으로 재직하고 있거나 재직했던 사람으로서 학교폭력 업무 또는 학생생활지도 업무 담당 경력이 2년 이상인 사람

2의2. 「교육공무원법」 제2조 제2항에 따른 교육전문직원으로 재직하고 있거나 재직했던 사람

3. 법 제13조 제1항에 따른 학부모

4. 판사ㆍ검사ㆍ변호사

5. 해당 교육지원청의 관할 구역을 관할하는 경찰서 소속 경찰공무원

6. 의사 자격이 있는 사람

6의2. 「고등교육법」 제2조에 따른 학교의 조교수 이상 또는 청소년 관련 연구기관에서 이에 상당하는 직위에 재직하고 있거나 재직했던 사람으로서 학교폭력 문제에 대하여 전문지식이 있는 사람

6의3. 청소년 선도 및 보호 단체에서 청소년보호활동을 2년 이상 전문적으로 담당한 사람

7. 그 밖에 학교폭력 예방 및 청소년보호에 대한 지식과 경험이 풍부한 사람

② 심의위원회의 위원장은 위원 중에서 교육장이 임명하거나 위촉하는 사람이 되며, 위원장이 부득이한 사유로 직무를 수행할 수 없을 때에는 위원장이 미리 지정하는 위원이 그 직무를 대행한다. 〈개정 2020. 2. 25.〉

③ 심의위원회의 위원의 임기는 2년으로 한다. 다만, 심의위원회 위원의 사임 등으로 새로 위촉되는 위원의 임기는 전임위원 임기의 남은 기간으로 한다. 〈개정 2020. 2.

25.〉

④ 교육장은 제1항 제2호, 제2호의2, 제3호부터 제6호까지, 제6호의2, 제6호의3 및 제7호에 따른 심의위원회의 위원이 제3조의2 각 호의 어느 하나에 해당하는 경우에는 해당 위원을 해임하거나 해촉할 수 있다. 〈신설 2016. 5. 10., 2020. 2. 25.〉

⑤ 심의위원회의 회의는 재적위원 과반수의 출석으로 개의하고, 출석위원 과반수의 찬성으로 의결한다. 〈개정 2016. 5. 10., 2020. 2. 25.〉

⑥ 심의위원회의 위원장은 해당 교육지원청 소속 공무원(법 제12조 제1항에 따라 조례로 정하는 기관의 경우 직원을 포함한다) 중에서 심의위원회의 사무를 처리할 간사 1명을 지명한다. 〈개정 2016. 5. 10., 2020. 2. 25.〉

⑦ 심의위원회의 회의에 출석한 위원에게는 예산의 범위에서 수당과 여비를 지급할 수 있다. 다만, 공무원인 위원이 그 소관 업무와 직접적으로 관련하여 회의에 출석한 경우에는 그렇지 않다. 〈개정 2016. 5. 10., 2020. 2. 25.〉

⑧ 심의위원회는 필요하다고 인정할 때에는 학교폭력이 발생한 해당 학교 소속 교원이나 학교폭력 예방 및 대책과 관련된 분야의 전문가 등을 출석하게 하거나 서면 등의 방법으로 의견을 들을 수 있다. 〈개정 2020. 2. 25.〉

⑨ 제1항부터 제8항까지에서 규정한 사항 외에 심의위원회의 운영 등에 필요한 사항은 교육장이 정한다. 〈신설 2020. 2. 25.〉

[제목개정 2020. 2. 25.]

제14조의2(소위원회) ① 심의위원회의 업무를 효율적으로 수행하기 위하여 필요하면 심의위원회에 소위원회를 둘 수 있다.

② 제1항에 따른 소위원회(이하 "소위원회"라 한다)의 위원은 심의위원회의 위원으로 구성한다.

③ 심의위원회는 필요한 경우에는 그 심의 사항을 소위원회에 위임할 수 있으며, 이 경우 소위원회에서 심의 · 의결된 사항은 심의위원회에서 심의 · 의결된 것으로 본다.

④ 소위원회는 심의가 끝나면 그 결과를 심의위원회에 보고해야 한다.

⑤ 제1항부터 제4항까지에서 규정한 사항 외에 소위원회의 설치 · 운영에 필요한 사항은 교육장이 정한다.

[본조신설 2020. 2. 25.]

제14조의3(학교의 장의 자체 해결) 학교의 장은 법 제13조의2 제1항에 따라 학교폭력사건을 자체적으로 해결하는 경우 피해학생과 가해학생 간에 학교폭력이 다시 발생하지 않도록 노력해야 하며, 필요한 경우에는 피해학생 · 가해학생 및 그 보호자 간의 관계 회복을 위한 프로그램을 운영할 수 있다.
[본조신설 2020. 2. 25.]

제15조(상담실 설치) 법 제14조 제1항에 따른 상담실은 다음 각 호의 시설 · 장비를 갖추어 상담활동이 편리한 장소에 설치하여야 한다.
1. 인터넷 이용시설, 전화 등 상담에 필요한 시설 및 장비
2. 상담을 받는 사람의 사생활 노출 방지를 위한 칸막이 및 방음시설

제16조(전담기구 운영 등) ① 법 제14조 제3항에 따른 학교폭력문제를 담당하는 전담기구(이하 "전담기구"라 한다)의 구성원이 되는 학부모는「초 · 중등교육법」제31조에 따른 학교운영위원회에서 추천한 사람 중에서 학교의 장이 위촉한다. 다만, 학교운영위원회가 설치되지 않은 학교의 경우에는 학교의 장이 위촉한다.
② 전담기구는 가해 및 피해 사실 여부에 관하여 확인한 사항을 학교의 장에게 보고해야 한다.
③ 제1항 및 제2항에서 규정한 사항 외에 전담기구의 운영에 필요한 사항은 학교의 장이 정한다.
[전문개정 2020. 2. 25.]

제17조(학교폭력 예방교육) 학교의 장은 법 제15조 제5항에 따라 학생과 교직원 및 학부모에 대한 학교폭력 예방교육을 다음 각 호의 기준에 따라 실시한다.
1. 학기별로 1회 이상 실시하고, 교육 횟수 · 시간 및 강사 등 세부적인 사항은 학교 여건에 따라 학교의 장이 정한다.
2. 학생에 대한 학교폭력 예방교육은 학급 단위로 실시함을 원칙으로 하되, 학교 여건에 따라 전체 학생을 대상으로 한 장소에서 동시에 실시할 수 있다.
3. 학생과 교직원, 학부모를 따로 교육하는 것을 원칙으로 하되, 내용에 따라 함께 교육할 수 있다.
4. 강의, 토론 및 역할연기 등 다양한 방법으로 하고, 다양한 자료나 프로그램 등을

활용하여야 한다.

5. 교직원에 대한 학교폭력 예방교육은 학교폭력 관련 법령에 대한 내용, 학교폭력 발생 시 대응요령, 학생 대상 학교폭력예방 프로그램 운영 방법 등을 포함하여야 한다.

6. 학부모에 대한 학교폭력 예방교육은 학교폭력 징후 판별, 학교폭력 발생 시 대응요령, 가정에서의 인성교육에 관한 사항을 포함하여야 한다.

제17조의2(가해자와 피해학생 분리 조치의 예외) 법 제16조 제1항 각 호 외의 부분 단서에서 "피해학생의 반대의사 등 대통령령으로 정하는 특별한 사정"이란 다음 각 호의 경우를 말한다.

1. 피해학생이 반대의사를 표명하는 경우

2. 가해자(교사를 포함한다. 이하 이 조에서 같다) 또는 피해학생이 「학교안전사고 예방 및 보상에 관한 법률」 제2조 제4호에 따른 교육활동 중이 아닌 경우

3. 법 제17조 제4항 전단에 따른 조치로 이미 가해자와 피해학생이 분리된 경우

[본조신설 2021. 6. 22.]

제18조(피해학생의 지원범위 등) ① 법 제16조 제6항 단서에 따른 학교안전공제회 또는 시·도교육청이 부담하는 피해학생의 지원범위는 다음 각 호와 같다. 〈개정 2021. 6. 22.〉

1. 교육감이 정한 전문심리상담기관에서 심리상담 및 조언을 받는 데 드는 비용

2. 교육감이 정한 기관에서 일시보호를 받는 데 드는 비용

3. 「의료법」에 따라 개설된 의료기관, 「지역보건법」에 따라 설치된 보건소·보건의료원 및 보건지소, 「농어촌 등 보건의료를 위한 특별조치법」에 따라 설치된 보건진료소, 「약사법」에 따라 등록된 약국 및 같은 법 제91조에 따라 설립된 한국희귀·필수의약품센터에서 치료 및 치료를 위한 요양을 받거나 의약품을 공급받는 데 드는 비용

② 제1항의 비용을 지원 받으려는 피해학생 및 보호자가 학교안전공제회 또는 시·도교육청에 비용을 청구하는 절차와 학교안전공제회 또는 시·도교육청이 비용을 지급하는 절차는 「학교안전사고 예방 및 보상에 관한 법률」 제41조를 준용한다.

③ 학교안전공제회 또는 시·도교육청이 법 제16조 제6항에 따라 가해학생의 보호

자에게 상환청구를 하는 범위는 제2항에 따라 피해학생에게 지급하는 모든 비용으로 한다. 〈개정 2021. 9. 29.〉

제19조(가해학생에 대한 조치별 적용 기준) 법 제17조 제1항의 조치별 적용 기준은 다음 각 호의 사항을 고려하여 결정하고, 그 세부적인 기준은 교육부장관이 정하여 고시한다. 〈개정 2013. 3. 23.〉

1. 가해학생이 행사한 학교폭력의 심각성 · 지속성 · 고의성
2. 가해학생의 반성 정도
3. 해당 조치로 인한 가해학생의 선도 가능성
4. 가해학생 및 보호자와 피해학생 및 보호자 간의 화해의 정도
5. 피해학생이 장애학생인지 여부

제20조(가해학생에 대한 전학 조치) ① 교육장은 심의위원회가 법 제17조 제1항에 따라 가해학생에 대한 전학 조치를 요청하는 경우에는 그 사실을 해당 학생이 소속된 학교의 장에게 통보해야 한다. 이 경우 해당 통보를 받은 학교의 장은 교육감 또는 교육장에게 해당 학생이 전학할 학교의 배정을 지체 없이 요청해야 한다. 〈개정 2020. 2. 25.〉

② 교육감 또는 교육장은 가해학생이 전학할 학교를 배정할 때 피해학생의 보호에 충분한 거리 등을 고려하여야 하며, 관할구역 외의 학교를 배정하려는 경우에는 해당 교육감 또는 교육장에게 이를 통보하여야 한다.

③ 제2항에 따른 통보를 받은 교육감 또는 교육장은 해당 가해학생이 전학할 학교를 배정하여야 한다.

④ 교육감 또는 교육장은 제2항과 제3항에 따라 전학 조치된 가해학생과 피해학생이 상급학교에 진학할 때에는 각각 다른 학교를 배정하여야 한다. 이 경우 피해학생이 입학할 학교를 우선적으로 배정한다.

제21조(가해학생에 대한 우선 출석정지 등) ① 법 제17조 제4항에 따라 학교의 장이 출석정지 조치를 할 수 있는 경우는 다음 각 호와 같다.

1. 2명 이상의 학생이 고의적 · 지속적으로 폭력을 행사한 경우
2. 학교폭력을 행사하여 전치 2주 이상의 상해를 입힌 경우

3. 학교폭력에 대한 신고, 진술, 자료제공 등에 대한 보복을 목적으로 폭력을 행사한 경우

4. 학교의 장이 피해학생을 가해학생으로부터 긴급하게 보호할 필요가 있다고 판단하는 경우

② 학교의 장은 제1항에 따라 출석정지 조치를 하려는 경우에는 해당 학생 또는 보호자의 의견을 들어야 한다. 다만, 학교의 장이 해당 학생 또는 보호자의 의견을 들으려 하였으나 이에 따르지 아니한 경우에는 그러하지 아니하다.

제22조(가해학생의 조치 거부 · 기피에 대한 추가 조치) 심의위원회는 법 제17조 제1항 제2호부터 제9호까지의 조치를 받은 학생이 해당 조치를 거부하거나 기피하는 경우에는 법 제17조 제11항에 따라 교육장으로부터 그 사실을 통보받은 날부터 7일 이내에 추가로 다른 조치를 할 것을 교육장에게 요청할 수 있다. 〈개정 2020. 2. 25.〉

제23조(퇴학학생의 재입학 등) ① 교육감은 법 제17조 제1항 제9호에 따라 퇴학 처분을 받은 학생에 대하여 법 제17조 제12항에 따라 해당 학생의 선도의 정도, 교육 가능성 등을 종합적으로 고려하여 「초 · 중등교육법」 제60조의3에 따른 대안학교로의 입학 등 해당 학생의 건전한 성장에 적합한 대책을 마련하여야 한다.

② 제1항에서 규정한 사항 외에 가해학생에 대한 조치 및 재입학 등에 필요한 세부사항은 교육감이 정한다.

제24조 삭제 〈2020. 2. 25.〉

제25조(분쟁조정의 신청) 피해학생, 가해학생 또는 그 보호자(이하 "분쟁당사자"라 한다) 중 어느 한 쪽은 법 제18조에 따라 해당 분쟁사건에 대한 조정권한이 있는 심의위원회 또는 교육감에게 다음 각 호의 사항을 적은 문서로 분쟁조정을 신청할 수 있다. 〈개정 2020. 2. 25.〉

1. 분쟁조정 신청인의 성명 및 주소
2. 보호자의 성명 및 주소
3. 분쟁조정 신청의 사유

제26조(심의위원회 위원의 제척 · 기피 및 회피) ① 심의위원회의 위원은 법 제16조, 제17조 및 제18조에 따라 피해학생과 가해학생에 대한 조치를 요청하는 경우와 분쟁을 조정하는 경우 다음 각 호의 어느 하나에 해당하면 해당 사건에서 제척된다. 〈개정 2020. 2. 25.〉

1. 위원이나 그 배우자 또는 그 배우자였던 사람이 해당 사건의 피해학생 또는 가해학생의 보호자인 경우 또는 보호자였던 경우
2. 위원이 해당 사건의 피해학생 또는 가해학생과 친족이거나 친족이었던 경우
3. 그 밖에 위원이 해당 사건의 피해학생 또는 가해학생과 친분이 있거나 관련이 있다고 인정하는 경우

② 학교폭력과 관련하여 심의위원회를 개최하는 경우 또는 분쟁이 발생한 경우 심의위원회의 위원에게 공정한 심의를 기대하기 어려운 사정이 있다고 인정할 만한 상당한 사유가 있을 때에는 분쟁당사자는 심의위원회에 그 사실을 서면으로 소명하고 기피신청을 할 수 있다. 〈개정 2020. 2. 25.〉

③ 심의위원회는 제2항에 따른 기피신청을 받으면 의결로써 해당 위원의 기피 여부를 결정해야 한다. 이 경우 기피신청 대상이 된 위원은 그 의결에 참여하지 못한다. 〈개정 2020. 2. 25.〉

④ 심의위원회의 위원이 제1항 또는 제2항의 사유에 해당하는 경우에는 스스로 해당 사건을 회피할 수 있다. 〈개정 2020. 2. 25.〉

[제목개정 2020. 2. 25.]

제27조(분쟁조정의 개시) ① 심의위원회 또는 교육감은 제25조에 따라 분쟁조정의 신청을 받으면 그 신청을 받은 날부터 5일 이내에 분쟁조정을 시작해야 한다. 〈개정 2020. 2. 25.〉

② 심의위원회 또는 교육감은 분쟁당사자에게 분쟁조정의 일시 및 장소를 통보해야 한다. 〈개정 2020. 2. 25.〉

③ 제2항에 따라 통지를 받은 분쟁당사자 중 어느 한 쪽이 불가피한 사유로 출석할 수 없는 경우에는 심의위원회 또는 교육감에게 분쟁조정의 연기를 요청할 수 있다. 이 경우 심의위원회 또는 교육감은 분쟁조정의 기일을 다시 정해야 한다. 〈개정 2020. 2. 25.〉

④ 심의위원회 또는 교육감은 심의위원회 위원 또는 지역위원회 위원 중에서 분쟁조

정 담당자를 지정하거나, 외부 전문기관에 분쟁과 관련한 사항에 대한 자문 등을 할 수 있다. 〈개정 2020. 2. 25.〉

제28조(분쟁조정의 거부 · 중지 및 종료) ① 심의위원회 또는 교육감은 다음 각 호의 어느 하나에 해당하는 사유가 발생한 경우에는 분쟁조정의 개시를 거부하거나 분쟁조정을 중지할 수 있다. 〈개정 2020. 2. 25.〉

1. 분쟁당사자 중 어느 한 쪽이 분쟁조정을 거부한 경우
2. 피해학생 등이 관련된 학교폭력에 대하여 가해학생을 고소 · 고발하거나 민사상 소송을 제기한 경우
3. 분쟁조정의 신청내용이 거짓임이 명백하거나 정당한 이유가 없다고 인정되는 경우

② 심의위원회 또는 교육감은 다음 각 호의 어느 하나에 해당하는 사유가 발생한 경우에는 분쟁조정을 끝내야 한다. 〈개정 2020. 2. 25.〉

1. 분쟁당사자 간에 합의가 이루어지거나 심의위원회 또는 교육감이 제시한 조정안을 분쟁당사자가 수락하는 등 분쟁조정이 성립한 경우
2. 분쟁조정 개시일부터 1개월이 지나도록 분쟁조정이 성립하지 아니한 경우

③ 심의위원회 또는 교육감은 제1항에 따라 분쟁조정의 개시를 거부하거나 분쟁조정을 중지한 경우 또는 제2항 제2호에 따라 분쟁조정을 끝낸 경우에는 그 사유를 분쟁당사자에게 각각 통보해야 한다. 〈개정 2020. 2. 25.〉

제29조(분쟁조정의 결과 처리) ① 심의위원회 또는 교육감은 분쟁조정이 성립하면 다음 각 호의 사항을 적은 합의서를 작성하여 분쟁당사자와 피해학생 및 가해학생이 소속된 학교의 장에게 각각 통보해야 한다. 〈개정 2020. 2. 25.〉

1. 분쟁당사자의 주소와 성명
2. 조정 대상 분쟁의 내용
가. 분쟁의 경위
나. 조정의 쟁점(분쟁당사자의 의견을 포함한다)
3. 조정의 결과

② 제1항에 따른 합의서에는 심의위원회가 조정한 경우에는 분쟁당사자와 조정에 참가한 위원이, 교육감이 조정한 경우에는 분쟁당사자와 교육감이 각각 서명날인해야

한다. 〈개정 2020. 2. 25.〉

③ 심의위원회의 위원장은 분쟁조정의 결과를 교육감에게 보고해야 한다. 〈개정 2020. 2. 25.〉

제30조(긴급전화의 설치·운영) 법 제20조의2에 따른 긴급전화는 경찰청장과 시·도경찰청장이 운영하는 학교폭력 관련 기구에 설치한다. 〈개정 2020. 12. 31.〉

제31조(정보통신망의 이용 등) 법 제20조의4 제3항에 따라 국가·지방자치단체 또는 교육감은 정보통신망을 이용한 학교폭력 예방 업무를 다음 각 호의 기관 및 단체에 위탁할 수 있다.

1. 「한국교육학술정보원법」에 따라 설립된 한국교육학술정보원
2. 공공기관의 위탁을 받아 정보통신망을 이용하여 교육사업을 수행한 실적이 있는 기업
3. 학교폭력 예방에 관한 사업을 3년 이상 수행한 기관 또는 단체

제31조의2(학교전담경찰관의 운영) ① 경찰청장은 법 제20조의6 제1항에 따라 학교폭력 예방 및 근절을 위해 학교폭력 업무 등을 전담하는 경찰관(이하 "학교전담경찰관"이라 한다)을 둘 경우에는 학생 상담 관련 학위나 자격증 소지 여부, 학생 지도 경력 등 학교폭력 업무 수행에 필요한 전문성을 고려해야 한다.

② 학교전담경찰관은 다음 각 호의 업무를 수행한다.

1. 학교폭력 예방활동
2. 피해학생 보호 및 가해학생 선도
3. 학교폭력 단체에 대한 정보 수집
4. 학교폭력 단체의 결성예방 및 해체
5. 그 밖에 경찰청장이 교육부장관과 협의해 학교폭력 예방 및 근절 등을 위해 필요하다고 인정하는 업무

③ 학교전담경찰관이 소속된 경찰관서의 장과 학교의 장은 학교폭력 예방 및 근절을 위해 상호 협력해야 한다.

[본조신설 2018. 12. 31.]

제32조(영상정보처리기기의 통합 관제) 법 제20조의7 제1항에 따라 영상정보처리기기를 통

합하여 관제하려는 국가 및 지방자치단체는 다음 각 호의 절차를 거쳐 관계 전문가와 이해관계인의 의견을 수렴하여야 한다. 〈개정 2018. 12. 31.〉

1. 「행정절차법」에 따른 행정예고의 실시 또는 의견 청취
2. 학교운영위원회의 심의

제33조(비밀의 범위) 법 제21조 제1항에 따른 비밀의 범위는 다음 각 호와 같다.

1. 학교폭력 피해학생과 가해학생 개인 및 가족의 성명, 주민등록번호 및 주소 등 개인정보에 관한 사항
2. 학교폭력 피해학생과 가해학생에 대한 심의 · 의결과 관련된 개인별 발언 내용
3. 그 밖에 외부로 누설될 경우 분쟁당사자 간에 논란을 일으킬 우려가 있음이 명백한 사항

제33조의2(고유식별정보의 처리) ① 국가 · 지방자치단체 또는 학교의 장은 다음 각 호의 사무를 수행하기 위하여 불가피한 경우 「개인정보 보호법 시행령」 제19조에 따른 주민등록번호 또는 외국인등록번호가 포함된 자료를 처리할 수 있다.

1. 법 제20조의5 제2항에 따른 학생보호인력의 결격사유 유무 확인에 관한 사무
2. 법 제20조의5 제5항에 따른 학생보호인력의 범죄경력조회에 관한 사무

② 법 제20조의5 제3항에 따라 학생보호인력의 배치 및 활용 업무를 위탁받은 전문기관 또는 단체는 다음 각 호의 사무를 수행하기 위하여 불가피한 경우 「개인정보 보호법 시행령」 제19조에 따른 주민등록번호 또는 외국인등록번호가 포함된 자료를 처리할 수 있다.

1. 법 제20조의5 제2항에 따른 학생보호인력의 결격사유 유무 확인에 관한 사무
2. 법 제20조의5 제6항에 따른 학생보호인력의 범죄경력조회 신청에 관한 사무

[본조신설 2017. 6. 20.]

제34조 삭제 〈2021. 3. 2.〉

제35조(과태료의 부과기준) 법 제23조 제1항에 따른 과태료의 부과기준은 별표와 같다.

[본조신설 2018. 12. 31.]

참고문헌

권문일(2012). 학교폭력 예방 및 대처를 위한 사회복지적 개입. 보호관찰, 12(1), 7-37.

교육부, 푸른나무재단(2020). 학교폭력 관계회복 프로그램 안내서. 교육부.

교육부(2007). 성폭력상담매뉴얼. 교육부.

교육부(2009). 전문상담교사 운영 및 활동매뉴얼. 교육부.

교육부(2012a). 학교폭력 사안처리 가이드북. 교육부.

교육부(2012b). 학교폭력 사안처리 Q & A. 교육부.

교육부(2012c). 중 · 고등학생을 위한 성폭력 예방교육 길라잡이(교사용). 교육부 학교폭력근절과.

교육부(2022). 학교폭력 사안처리 가이드북. 교육부.

교육부, 법무부(2009). 굿바이! 학교폭력. 교육부.

김기한(2022). 1인 방송 시작하는 법. 지노.

김광영(2011). 배움터지킴이 제도의 운영실태 및 개선방안에 관한 연구. 석사학위논문, 동국대학교 행정대학원.

김광은(1992). 동료상담자 훈련에 관한 일 연구: 사관생도를 위한 프로그램 개발 및 평가를 중심으로. 박사학위논문, 이화여자대학교 대학원.

김두현(1997). 청소년법과 행정. 삼영사.

김미화(2007). 성폭력 대응을 위한 의료적-법적 가이드라인. 들샘.

김민서(2019). 청소년의 인터넷 1인 방송 시청 경험에 관한 연구. 석사학위논문, 명지대학교 대학원.

김범준(2016). 인터넷 개인방송의 성공요인 분석: 아프리카 TV의 사례를 중심으로. 석사학위논문, 한양대학교 대학원.

김순석(2004). 한국의 학교경찰제 도입에 관한 연구. 석사학위논문, 동국대학교 대학원.
김성태(1983). 발달심리학. 법문사.
김완일, 김옥란(2015). 성격심리학. 학지사.
김용수(2012). 학교폭력 · 성폭력 관련 법령의 이해. 진원사.
김영란, 이정옥(2007). 성폭력 위기개입의 이해. 문용린 외 공저, 학교폭력 위기개입의 이론과 실제. 학지사.
김종운, 박성실, 박춘자, 정보현, 김효은, 강정임, 임은미, 이태곤, 장인영, 양민정, 이정이, 김현희(2012). 학교 집단상담의 이론과 실제. 동문사.
김종운(2019). 상담과 복지 서비스를 위한 상담심리학의 이론과 실제. 동문사.
김종운, 김영훈, 김효은, 박서희, 이태곤(2019). 예비교사를 위한 교직실무. 동문사.
김주선(2009). 법교육 방법이 법의식 형성에 미치는 효과: 고등학교에서의 강의식 법교육과 학생자치 법정 운영을 중심으로. 박사학위논문, 전남대학교 대학원.
김준호(1997). 학교주변폭력의 실태 및 대책. 한국형사정책연구원.
김진(1995). 나누고 싶은 이야기. 뜨인들.
김창남(2003). 대중 문화의 이해. 한울 아카데미.
김태진(2007). 학교폭력 예방을 위한 사회안전망의 구상. 한국경호경비학회지, 13, 169-192.
대검찰청(2018). 2018 범죄분석. 대검찰청.
맹영임, 구정화, 윤철경, 조혜영, 김선아(2003). 청소년 생활문화와 소비에 관한 연구. 한국청소년개발원.
문용린, 김준호, 임영식, 곽금주, 최지영, 박병식, 박효정, 이규미, 임재연, 정규원, 김충식, 이정희, 신순갑, 진태원, 장현우, 장맹배, 강주현, 이유미, 이주연, 박명진(2006). 학교폭력 예방과 상담. 학지사.
문화관광부(2002). 2002 청소년백서. 문화관광부 청소년국.
박동호(2011). 창원지역 중학교 학생들의 학교폭력 실태와 예방대책에 관한 연구. 석사학위논문, 경남대학교 교육대학원.
박명진(2006). 학교폭력 예방을 위한 실제적 지침서. 문용린 외 공저, 학교폭력 예방과 상담. 학지사.
박보라(2011). 콜버그의 인지적 도덕발달 이론에 대한 비판적 분석. 석사학위논문, 중앙대학교 교육대학원.
박세정(1998). 효과적인 학교폭력 대책으로서의 학교경찰연계 제도 도입에 관한 연구. 한국공안행정학회지, 7, 192-201.
박진규(2003). 청소년 문화. 학지사.
박찬주(2008). 청소년의 법의식 신장을 위한 학생자치법정 운영. 석사학위논문, 한국교원대학교 대학원.
법무부, 교육부, 부산광역시교육청(2011). 굿바이! 학교폭력. 법무부 · 교육부 · 부산광역시교육청.

법무부(2007). 2006년도 학생자치법정 시범학교 운영보고서. 법무부.
법무부(2008). 학생자치법정 가이드북. 법무부.
보건복지가족부(2009). 2009 아동 · 청소년백서. 보건복지가족부.
보건복지부(2017). 청소년건강행태온라인조사. 보건복지부.
부산광역시교육청(2020). 학교폭력 사안처리 연수교재. 부산광역시교육청.
서울특별시교육청(2010). 성교육 및 성희롱 · 성매매 예방관리지침. 서울특별시교육청.
송현주, 권미경, 기쁘다, 박다은, 박혜근, 성지현, 송경희, 이새별, 이윤하, 진경선(2021). 최신 발달심리학. 서울평론아카데미.
신국원(2001). 변혁과 샬롬의 대중문화론. IVP.
신명희, 서은희, 송수지, 김은경, 원영실, 노원경, 김정민, 강소연, 임호용(2017). 발달심리학. 학지사.
안선욱(1997). 법에 나타난 플라톤의 도덕교육론. 석사학위논문, 이화여자대학교 대학원.
양정열(2011). 학교폭력과 배움터지킴이 제도에 관한 연구. 석사학위논문, 대진대학교 교육대학원.
연문희, 강진령(2006). 학교상담. 양서원.
옥양련, 박금식(2001). 오늘의 사회문제. 유풍출판사.
윤운성, 김홍운(2003). 생활지도와 상담. 양서원.
원호택(1987). 한국인의 자살에 관한 심리사회적 이해. 현대사회, 26, 66.
윤철경, 조홍식, 김향초, 이규미, 우정자, 윤진선(2006). 위기청소년 지역사회 안전망 실태와 발전방안. 한국청소년상담개발원.
여성가족부(2009). 아동성폭력 대응매뉴얼(학교용). 서울: 여성가족부.
여성가족부(2010). 청소년백서. 여성가족부.
여성가족부(2013). 청소년백서. 여성가족부.
여성가족부(2018). 청소년백서. 여성가족부.
이규미(2006). 학교폭력 상담의 특수성과 전문성. 문용린 외 공저, 학교폭력 예방과 상담. 학지사.
이기춘(2004). 소비자교육의 이론과 실제. 교문사.
이동연 (2001). 팬덤의 기호와 문화정치. 진보평론, 8, 437-449.
이상희, 노성덕, 이지은(2000). 단계별 또래상담프로그램 개발연구. 한국청소년상담원.
이성범(2002). 청소년 문제에 대한 이해와 기독교적 대처방안 연구. 석사학위논문, 칼빈대학교 대학원.
이세희(2006). 청소년의 성행동에 영향을 미치는 요인. 석사학위논문, 가톨릭대학교 대학원.
이수연(2009). 청소년의 자살생각에 관한 연구. 석사학위논문, 원광대학교 대학원.
이숙, 우희정, 최진아, 이춘아(2009). 훈련중심 부모교육. 학지사.
이영란(2009). 소년사법절차에 관한 연구. 소년보호연구, 15, 1-30.
이재창(2011). 인적자원관리의 심리학. 학지사.
이종승(2010). 교육 · 심리 · 사회 연구방법론. 교육과학사.

이지연(2005). 스트레스와 부모-자녀간의 의사소통이 청소년의 자살생각에 미치는 영향. 석사학위논문, 중앙대학교 대학원.

이춘화(1999). 청소년 폭력 가해자와 가해 집단에 관한 연구. 한국청소년개발원.

이현림, 김말선, 박춘자(2012). 학교폭력상담의 이론과 실제. 한국학술정보.

이희창(2008). 지역사회청소년통합지원체계(CYS-net)의 활성화 방안에 관한 연구. 석사학위논문, 신라대학교 대학원.

임세희(2003). 문화적 실천으로서의 팬덤 연구. 석사학위논문, 중앙대학교 대학원.

임영식, 오세진(2003). 외국의 청소년폭력 대책: 지역사회 프로그램을 중심으로. 사회과학연구, 6, 107-147.

장수한(2020). 청소년문화론. 공동체.

정옥분(2014). 발달심리학. 학지사.

정우식(1986). 청소년 문제 그 실상과 대책. 삼성출판사.

정종진(2012). 학교폭력상담: 이론과 실제. 학지사.

정하성, 유진이(2012). 청소년문화. 양서원.

정현미(2009). 성인지적 관점의 폭력예방교육을 위한 법제화 방안. 법학논집, 14(2), 317-341.

조정실, 차명호(2010). 폭력 없는 평화로운 학교 만들기. 학지사.

청소년폭력예방재단(2011). 2010년도 전국 학교폭력 실태조사 보고서. 청소년폭력예방재단.

통계청(2009). 2008년 사망원인 통계결과. 통계청.

통계청(2018). 2018년 한부모가족 실태조사 결과 발표. 통계청.

학교폭력SOS지원단(2008). 학교폭력 위기개입 매뉴얼. 교육부.

한국성폭력상담소(2008). 2007 한국성폭력상담소 상담 동향. 한국성폭력상담소.

한국청소년개발원(1993). 청소년문제론. 서원.

한국청소년상담원(2005). 학교폭력 “어떻게 도와줄 것인가”. 한국청소년상담원.

한국청소년상담원(2010). 솔리언또래상담 학교상담 모형개발. 한국청소년상담원.

한국콘텐츠진흥원(2018). 게임 이용자 실태조사 연구. 한국콘텐츠진흥원.

한영숙(2007). 학교폭력예방 프로그램이 실업계고교생의 분노조절 및 자기존중감에 미치는 효과. 석사학위논문, 동아대학교 교육대학원.

홍봉선, 남미애(2001). 청소년복지론. 양서원.

황응연, 윤희준(1983). 현대생활지도론. 교육출판사.

황정규(1985). 인간의 지능. 민음사.

홍현정(2007). 가출청소년의 성매매 경험과 사회복지서비스에 관한 연구. 석사학위논문, 서울시립대학교 도시과학대학원.

황혜자, 김종운(2006). 학교따돌림의 지도와 상담. 동문사.

허혜경, 김혜수(2002). 청년 심리와 교육. 학지사.

MBC(2000). 청소년백서. 문화방송.

광주타임뉴스(2012. 2. 15.). 광주지방경찰청 사이버안전드림팀 인터넷 '안티카페' 단속.
동아일보(2012. 9. 20.). 학교폭력 시달리던 고교생 끝내 자살.
머니투데이(2012. 1. 13.). 한 중학생 또래 학생들로부터 성추행.
조선일보(2012. 2. 6.). 자살한 대구 중학생 인터넷 게임에서 비극 시작.
조선일보(2012. 1. 2.). 여중생 따돌림으로 인해 정신과 치료 중.
조선일보(2012. 1. 5.). 가출 여중생 집단성폭행한 중학생들.
중앙일보(2012. 1. 10.). 서울 지역 중 · 고교생 학교폭력 조직에 금품 상납.
한겨레(2005. 6. 6.). 배움터지킴이 제도 운영.
한국일보(2012. 1. 31.). 서울 중학생들 또래 학생 집단 구타.
YTN(2011. 12. 23.). 대구 중학생 학교폭력으로 자살.

Allport, G. W. (1961). *Pattern and growth in personality*. Holt, Rinehart & Winston.

Ahmed, E. (2001). Shame management: Regulating bullying. In E. Ahmed, N. Harris, J. Braithwaite, & V. Braithwaite (Eds.), *Shame management through reintegration* (pp. 211–314). Cambridge, Cambridge University Press.

Anastasi, A. (1982). *Psychological testing*. Macmillan.

Austin, S., & Joseph, S. (1996). Assessment of bullying/victim problems in 8 to 11 years-old. *British Journal of Educational Psychology*, *66*, 447–456.

Bandura, A. (1977). *Social learning theory*. Prentice-Hall.

Bigelow, B. J., Tesson, G., & Lewko, J. H. (1996). *Learning the rules: The anatomy of children's relationships*. The Guilford Press.

Carr, R. A. (1993). Peer helping in Canada. *The Peer Facilitator Quarterly*, *11*(1), 15–18.

Catalano, R. F., Arthur, M. F., Hawkins, J. D., Berglund, L., & Olson, J. J. (1998). Comprehensive community-based interventions to prevent antisocial behavior. In R. Loeber & D. P. Farrington (Eds.), *Serious and violent juvenile offenders: Risk factors and successful interventions* (pp. 248–283). Sage Publications.

Chomslry, N. (1988). *Language and problem of knowledge*. MIT press.

Coolidge, F. L., DenBoer, J. W., & Segal, D. L. (2004). Personality and neuropsychological correlates of bullying behavior. *Personality and Individual Differences*, *36*, 1559–1569.

Craig, W. M. (1998). The relationship among bullying, victimization, depression, anxiety, and aggression in elementary school children. *Personality and Individual Differences*, *24*, 123–130.

Craig, W. M., Peters, D., & Konarski, R. (1998). *Bullying and victimization among Canadian school children*. Available online from Applied Research Branch, Strategic Policy, Human Resources Development Canada, http://www.hrdc-dncc.gc.ca/

publications/research/abw-98-28e.shtml.

Crites, J. O. (1978). *Career Maturity Inventory: Administration and Use Manual.* McGraw Hill.

Cronbach, L. J. (1984). *Essentials of psychological testing* (4th ed.). Harper & Row.

Duncan, R. D. (1999). Maltreatment by parents and peers: The relationship between child abuse, bully victimization, and psychological distress. *Child Maltreatment, 4*(1), 45-55.

Elkind, D. (1967). Egocentrism in adolescence. *Child Development, 38,* 1025-1034.

Erikson, E. H. (1963). *Childhood and society* (2nd ed.). Norton.

Erikson, E. H. (1968). *Identity: Youth and crisis.* Norton.

Eysenck, H. J. (1965). The effect of psychotherapy. *International Journal of Psychology, 1,* 99-178.

Fisher, M. (2002). *Youth courts: Young people delivering justice.* American Bar Association.

Fiske, J. (1996). *Understanding popular culture.* Uniwin Hyman.

Garbarino, J. (2001). Understarding and preventing bullying among children: Viewpoint. *National Dropout Prevention Center-Network Newsletter, 13,* 2.

Gibson, R. L., & Mitchell, M. H. (1981). *Introduction to counseling and guidance.* NY: Macmillan.

Herrenkohl, T. K., Maguin, E., Hill, K. G., Hawkins, J. D., & Abbort, R. D. (2000). Developmental risk factors for youth violence. *Journal of Adolescent Health, 26,* 176-186.

Hodges, E. V. E., Malone, M. J., & Perry, D. G. (1997). Individual risk and social risk as interacting determinants of victimization in the peer group. *Developmental Psychology, 33*(6), 1032-1039.

Hodges, E. V. E., & Perry, D. G. (1999). Personal and interpersonal antecedents and consequences of victimization by peers. *Journal of Personality and Social Psychology, 76,* 677-685.

Hoover, J. H., & Oliver, R. (1996). *The bullying prevention handbook: A guide for principals, teachers, and counselor.* National Educational Service.

Inhelder, B., & Piaget, J. (1958). *The growth of logic in the child.* Haper & Row.

Jaffe, M. L. (1976). *Adolescence.* John Wiley & Sons Company.

Jenkins, H. (2006). *Fans, bloggers, and gamers: Exploring participatory culture.* New York UV. Press. 정현진 역 (2008). 팬, 블로거, 게이머. 비즈앤비즈.

Kochenderfer, B., & Ladd, G. (1996). Peer victimization: Manifestations and relations to school adjustment in kindergarten. *Journal of School Psychology, 34*(3), 267-283.

Navig, G. K., Albreksten, G., Anderssen, N., & Qvarnstrom, U. (1999). School-related stress and psychosomatic symptoms among school adolescents. *Journal of School Health*, *69*(9), 362-368.

McLloyd, V. C. (1998). Socioeconomic disadvantage and child development. *American Psychologist*, *53*, 185-204.

Murray, J. P. (1997). Media violence and youth. In J. D. Osofsky (Ed.), *Children in a violent society* (pp. 77-78). The Guilford Press.

Rutter, M. (1985). Family and social influences: Meanings, mechanism and implication. In A. R. Nichol (Ed.), *Longitudinal studies in child psychology and psychiatry*. Willey.

Parks, C. D., & Sanna, L. J. (1999). *Group performance and interaction*. Westview Press.

Pettijohn, T. F. (1998). *Psychology: A connectext* (4th ed.). McGraw-Hill.

Perry, D. G., Hodges, E. E., & Egan, S. K. (2001). Determinants of chronic victimization by peers: A review and a new model of family influence. In J. Juvonen & S. Graham (Eds.), *Peer harassment in school: The plight of the vulnerable and victimized* (pp. 73-104). The Guilford Press.

Prentice, D. A., & Miller, D. T. (1993). Pluralistic ignorance and alcohol use on campus: Some consequences of misperceiving the social norm. *Journal of Personality and Social Psychology*, *64*, 243-256.

Olweus, D. (1991). Bully/victim problems among schoolchildren: Basic facts and effects of a school based intervention program. In D. J. Pepler & E. H. Rubin (Eds.), *The development and treatment of childhood aggression* (pp. 411-449). Lawrence Erlbaum Associates, Publishers.

Olweus, D. (1993). *Bullying at school: What we know and what we can do*. Blackwell Publisher.

Olweus, D. (1994). Bullying at school: Long-term outcomes for the victims and an effective school based intervention program. In L. R. Huesmann (Ed.), *Aggressive behavior: Current perspectives* (pp. 97-130). Plenum Press.

Olweus, D. (1999). Norway. In P. K. Smith, Y. Morita, J. Junger-Tas, D. Olweus, R. F. Catalano, & P. Slee (Eds.), *The nature of school bullying: A cross-national perspective* (pp. 28-48). Routledge.

Ross, D. (1996). *Childhood bully and teasing: What school personnel, other professionals and parents can do*. American Counseling Association.

Salovey, P., & Mayer, J. D. (1990). Emotional Intelligence. *Imagination, Cognition, and Personality*, *9*, 185-211.

Sarah, S., & Pearson, S. S. (2003). Youth Court: A path to civic engagement. *National*

Youth Court Center Policy Brief, 3.

Salmivalli, C., Huttunen, A., & Lagerspetz, K. M. J. (1997). Peer networks and bullying in schools. *Scandinavian Journal of Psychology, 38*, 305–312.

Shertzer, B., & Stone, S. C. (1981). *Fundamentals of counseling* (4th ed.). Houghton Mifflin.

Slee, P. T. (1995). Peer victimization and its relationship to depression among Austrian primary school students. *Personality and Individual Difference, 18*, 57–62.

Smith, P. K., & Shu, S. (2000). What good schools can do about bullying: Findings from a survey in English schools after a decade of research and action. *Childhood, 7*(2), 193–212.

Sudermann, M., Jaffe, P. G., & Schieck, E. (1996). *Bullying: Information for parents and teachers*. The Centre for Children and Families in the Justice System of the London Family Court Clinic. http://www.lfcc.on.ca/bully.htm.

Varenhorst, B. B. (1980). *Curriculum guide for student peer counseling training*. Palo Alto Unified School District.

Williamson, D., & Wells, J. (2004). Making youth court as effective as possible. *Technical Assistance Bulletin, 25*, 6.

찾아보기

인명

내용

저자 소개

김종운(Email: jongun21@hanmail.net)

동아대학교 대학원에서 교육상담 전공으로 박사학위를 받았다. 미국 인디애나 대학교 상담 및 교육심리학과 객원교수, 부산광역시영도구청소년상담복지센터 소장, 부산경남울산상담학회장, 한국상담학회 윤리위원장, 한국교정상담학회 부회장 겸 학술위원장, 2010~2013년 중등임용시험 출제위원, 동아대학교 교육학과 교수를 역임하였다. 현재는 한국최면상담학회 회장, 법원행정처 전문심리위원을 맡고 있으며, 온맘심리상담센터 원장으로 재직 중이다. 한국최면상담학회 수련감독전문상담사, 한국상담학회 학교 및 교정상담전문가, 여성가족부 1급 청소년상담사 등 다수의 자격증과 문화관광부 우수학술도서로 선정된『학교 따돌림의 지도와 상담: 여러 나라의 연구사례』(공역, 동문사, 2006) 및『다문화상담의 새로운 접근: 자기심리학적 상담의 과정』(공역, 시그마프레스, 2011),『만남 그리고 성장을 위한 인간관계 심리학』(2판, 학지사, 2017),『상담과 복지 서비스를 위한 상담심리학의 이론과 실제』(개정판, 동문사, 2019),『한국상담학회 상담학 총서 07 학습상담』(2판, 공저, 학지사, 2022) 등의 저 · 역서가 있으며, '속마음톡톡보드게임'이라는 심리치료 도구를 개발하였다. 국내외 전문학술지에 180여 편의 논문을 게재하였고, 공로를 인정받아 2018년, 2019년에 세계인명사전인『마르퀴즈 후즈후』에 등재되었다.

하미경(Email: hdl2771@hanmail.net)

동아대학교 대학원에서 교육상담 전공으로 석 · 박사 학위를 받았다. 동아대학교 대학원 교육학과 겸임교수, 한국최면상담학회 홍보위원장을 역임하였고, 현재는 한국최면상담학회 부회장겸 학술위원장, 두드림심리상담연구소 원장, 한국폴리텍대학 교양교수로 재직 중이다. 한국교정상담심리학회 1급 집단전문상담사, 한국최면상담학회 1급 전문상담사, 한국사회복지상담학회 수련감독급상담사, 한국청소년상담학회 1급 전문상담사, 한국미술치료상담학회 미술심리상담전문가, 한국정보문화진흥원 인터넷중독전문상담사, 한국심리협회 발달진단전문가, 한국인형치료학회 인형심리진단평가 수련감독급전문가, 한국교육심리학회 학습컨설턴트, 고용노동부 NCS활용 1급 취업지도관 등 다수의 자격증과「긍정심리기반 인형치료 집단프로그램이 지역아동센터 아동의 적응유연성과 낙관성 및 학교행복감에 미치는 효과」(2018) 등 다수의 논문이 있다.

학교폭력 예방 및 학생의 이해
School Violence Prevention and Student Understanding

2023년 3월 20일 1판 1쇄 인쇄
2023년 3월 30일 1판 1쇄 발행

지은이 • 김종운 · 하미경
펴낸이 • 김진환
펴낸곳 • (주) 학지사
04031 서울특별시 마포구 양화로 15길 20 마인드월드빌딩
대표전화 • 02)330-5114 팩스 • 02)324-2345
등록번호 • 제313-2006-000265호

홈페이지 • http://www.hakjisa.co.kr
페이스북 • https://www.facebook.com/hakjisabook

ISBN 978-89-997-2884-6 93370

정가 23,000원